運動營養完全指南

安妮塔·比恩
Anita Bean

國家圖書館出版品預行編目（CIP）資料

運動營養完全指南 / Anita Bean 著 . -- 初版 . -- 臺北市：
墨刻出版：家庭傳媒城邦分公司發行 , 2019.12
　　面；　公分
　　譯自：The complete guide to sports nutrition
　　ISBN 978-986-289-510-8(平裝)

　　1. 運動營養學

528.9013　　　　　　　　　　　　108021630

墨刻出版 運動星球　叢書

運動營養完全指南
The Complete Guide to Sports Nutrition

作　　　　者	安妮塔・比恩 Anita Bean
責 任 編 輯	鈕玉臻、林宜慧、林彥甫
封 面 設 計	袁宜如

發 　行 　人	何飛鵬
總 　經 　理	李淑霞
社　　　長	饒素芬
出 版 公 司	墨刻出版股份有限公司
地　　　址	台北市民生東路 2 段 141 號 9 樓
電　　　話	886-2-25007008
傳　　　真	886-2-25007796
E M A I L	service@sportsplanetmag.com
網　　　址	www.sportsplanetmag.com

發 　　　行	英屬蓋曼群島商家庭傳媒股份有限公司城邦分公司
地　　　址	104 台北市民生東路 2 段 141 號 2 樓
讀者服務電話	0800-020-299
讀者服務傳真	02-2517-0999
讀者服務信箱	csc@cite.com.tw
劃 撥 帳 號	19833516
戶　　　名	英屬蓋曼群島商家庭傳媒股份有限公司城邦分公司

香 港 發 行	城邦（香港）出版集團有限公司
地　　　址	香港灣仔駱克道 193 號東超商業中心 1 樓
電　　　話	852-2508-6231
傳　　　真	852-2578-9337
馬 新 發 行	城邦（馬新）出版集團有限公司
地　　　址	41,Jalan Radin Anum, Bandar Baru Sri Petaling, 57000 Kuala Lumpur, Malaysia
電　　　話	603-90578822
傳　　　真	603-90576622

經 　銷 　商	聯合發行股份有限公司（電話：886-2-29178022）、金世盟實業股份有限公司
製 　　　版	漾格科技股份有限公司
印 　　　刷	漾格科技股份有限公司
城 邦 書 號	LSP004

I S B N 9789862895108
定價 950 元
版權所有 · 翻印必究
初版一刷 2019 年 12 月
初版四刷 2022 年 5 月

CONTENTS

致謝

我要感謝我的丈夫西蒙（Simon），他在我寫這本書的過程中付出的耐心，以及忍受我在電腦前工作無數個小時，也非常感謝我兩位美麗（兼運動型）的女兒克蘿伊（Chloe）和露西（Lucy），她們是我靈感、快樂和滿足的來源，此外，這本書更是獲得各界人士直接或間接的協助，其中包括我多年來有幸會見與合作的運動員、教練和科學家，他們為這本書提供了許多靈感，以及關於運動的寶貴知識與見解，我十分珍惜他們真誠的建議與意見。

前言

我從親身經驗中了解到，營養對於人的運動表現是多麼重要，也是我特訓策略中不可或缺的一部分，毫無疑問地，它幫助了我邁向每一個目標。這些年來，我了解到必須為身體提供適當的燃料，才有精力去協助身體渡過艱苦的訓練與比賽。

一直以來，我最大的挑戰便是攝取足夠的食物。在訓練過程中，我每天大約燃燒5000–6000卡路里，換算成食物，是非常大的份量！飲食搭配訓練不如想像中簡單，我經常需要反覆試驗應該吃多少、什麼時間吃才適合、哪些是快速恢復體能的最佳食物。

在一場大賽之前，有很多事情要仔細考量，但對我來說，營養絕對是首要條件。我必須事先計畫要吃什麼和喝什麼，並確保自己攝取了適量的碳水化合物、蛋白質和脂肪，這並不是件輕鬆的事，尤其當我到其它國家參賽時，就必須事先確認是否能夠取得所需的飲食。

這就是為什麼這本書對像我一樣的運動員來說，是非常有用的參考工具，它清楚簡明的解釋對訓練和比賽有莫大的幫助，同時為飲食攝取上的問題解惑，安妮塔（Anita）試著讓一個相當複雜的主題變得平易近人且令人感到興奮無比。

她總能提供精準的建議，更重要的是，這些建議相當實用，而且易於執行。因此，自1993年首次出版後，《運動營養完全指南》成為英國最暢銷的運動營養書籍，這一點都不令人驚訝，我極力推薦給想從運動中獲得更多好處的人去閱讀它。我本身從這本書中學到很多東西，也相信它會對你有所幫助，無論你只是為了個人健身，還是為下一屆奧運做準備。

詹姆斯・克拉克內爾（James Cracknell），為英國國際划船雙人奧運冠軍和世界紀錄保持者，並獲頒大英帝國勳章。

推薦序

良好的生活品質與是否有規律的運動習性、獨立自主的生活能力、健全的認知功能和隨時保持愉悅的心情等息息相關。相對地，肌肉質量和其功能的降低，往往是導致成年人衰弱與失能的重要原因。改善營養狀況、管控熱量攝取與規律運動習慣被認為是降低繼發性衰老和延長壽命的關鍵因素。因此，如何有效攝取優質蛋白質或營養素並結合適當的身體活動，以改善肌肉蛋白質合成效率，是為預防或降低肌少、衰弱和失能發生的重要健康促進策略。

規律運動是指每周至少進行150分鐘的中、重度運動，大於基礎代謝當量三倍（≥3 METs）的活動，以提升其有氧適能；再加上每周至少兩天阻力和伸展運動訓練，以維持或改善其肌力和平衡能力。然而，目前民眾遵從此運動建議尚缺乏普及，甚至在清醒時也花費過多時間在久坐的生活習性。久坐時間增加可能會提高肌少、衰弱和失能的風險。適當的運動、減少久坐時間可以改善「同化代謝阻抗（anabolic resistance）」（營養素刺激肌肉蛋白質合成之反應失調）的健康問題。

本書自1993年首次出版以來，隨之提供營養如何影響運動表現的知識逐漸增加，相關的運動營養指導方針亦不斷發展與建立。現今此書已出刊至第八版，書內匯集有關運動營養的最新且重要研究資料和信息，包括；來自國際奧林匹克委員會、美國運動醫學會、加拿大營養與飲食學院以及全球數百篇有關運動營養研究結果的共識

建議，特別是在針對營養介入的分期、增補優質蛋白質的時機和如何優化身體組成的方法以契合整體的訓練目標等議題之論述。近年來的研究更熱切的探討，如何讓菁英運動員能在比賽中脫穎而出的營養增補策略；例如"多種可轉運之碳水化合物（multiple transportable carbohydrates）"的運動飲料的開發，它能使身體快速且有效吸收更多的碳水化合物，以提供運動時能量所需。關於運動後如何增補最佳蛋白質類型、數量以及時機，此書亦有最新的建議指南。另外，此書也探討運動員如何遵循個別化補充水分計劃，因此，運動員才能在如何防止運動中脫水和確保不會過度補充水分之間找到折衷方案。

「以食物為先、優化營養組成」來取代過去依賴藥物（或非天然物之膠囊、粉末和凝膠等補充品），以達成提升體適能的策略，是為本書的核心價值和終極目標！本書亦試圖將目前有關運動營養研究成果，濃縮整理為實用的飲食建議指南，以有效制定個別化營養計劃，提升整體運動訓練的效益。據此，余真誠推薦此書給予所有喜好及需要運動的參與者，期望你們能從中體會並學習如何改善營養、增進體能、促進健康的方法，並有效落實執行之。

長庚大學 王鐘賢教授

作者 序言

本書於1993年首次出版，當時運動營養學處於起步階段，運動員幾乎沒有可靠的營養資訊。從那時起，我們對營養如何影響運動和訓練表現的知識不斷累積，新指南也跟著發展，高品質的研究工作也在發表中，直到現在已有大量的研究證明飲食顯著影響運動表現。在過去25年中，我為數百名運動員提供飲食建議，並親眼目睹飲食在支持訓練計畫與幫助運動員實現目標的重要性。

本書的目的是將營養學轉化為運動員可理解與使用的實用資訊，透過一目瞭然的表格，呈現具實證基礎的內容與建議，而非只是根據某人的意見或經驗書寫。所有撰寫的內容都有科學依據作為後盾，其參考資料皆列在本書後面。我很驕傲地說，多年來，這本書一直是許多運動員、訓練員、教練和體育專業人士值得信賴的參考資訊與實用手冊。

有什麼新鮮的嗎？此版已匯集有關運動和運動營養的最新研究和資訊，涵蓋體育界重要組織的共識與建議，其中有：國際奧林匹克委員會、美國運動醫學學院、加拿大營養與與飲食學院，以及世界各地數以千計有關運動營養的研究結果。

自過去的第七版出版至今，運動營養學的研究偏向於新的主題，例如：營養週期化、「低碳水化合物」訓練、蛋白質攝取時機、能量供應和身體組成優化等。遠離低脂飲食的觀念，轉為增加脂肪的攝取曾經蔚為風潮，並被視為有益於運動員。然而，圍繞在低碳水化合物飲食的爭議仍繼續存在，採階段性策略限制碳水化合物對於訓練適應性、身體成分和表現的影響結果為何，新的研究也提供了一些有趣的見解。

現今，熱量、碳水化合物和蛋白質的建議攝入量皆以克／每公斤，而不是以總熱量的百分比表示，這樣更為準確，因為考量到體型的不同。目前也有更多新的飲食建議，像是補充運動後消耗蛋白質的最佳攝入量，以及攝取蛋白質的時機與種類，甚至是代謝效率與彈性等新概念已逐漸演變。

顯而易見地，當人們談到最佳功能的發揮時，單一的飲食設計並不適合所有人。運動員應遵循個人化的飲食計畫，並將他們活動中具體的生理需求納入考量，包括訓練內容、目標設定、實際考量、食物偏好和個人情況。

科學家們尋求讓菁英運動員在長時間賽事中獲得優勢中取得進展，開發了含有「多種可轉運糖」的運動飲料，讓身體每小時吸收更多的碳水化合物。此外，其它改變包括：建議感到口渴前先補充水分，以及避免在長時間賽事中過度飲水的警告。過去嚴格要求運動員快速補充水分，但現今具體的作法是，運動員必須在預防脫水和避免飲水過度之間找到適當的平衡。

儘管市面充斥大量昂貴的補充品，但在獲取營養提升運動表現上，我始終採取「食物優先」的作法！膠囊、粉末和凝膠不能複製天然食物所提供的營養素和其本身複雜的植物化學物質。更重要的是，食物的味道嚐起來比起任何補充品。更加美味可口，帶給我們更多的滿足。如果食物可以幫助身體恢復和提高效能，那麼這對每個運動員來說，這都是一個好消息。

隨著越來越多的運動補充品出現在市面上，我看到狂熱的愛用者與遲疑的消費者一樣多。我很高興能藉由此書指出，科學證據不斷反駁補充品宣稱的功效。儘管如此，我仍在第六章概述了部分補充品的好處與其確切的證據。

安妮塔・比恩（Anita Bean）

在本書中，我試圖將數十年的運動營養研究內容濃縮為一份實用指南，且最終能發展出一套容易實踐的個人化營養方針。我希望這些對你是有用的資訊，並能幫助你充份發揮運動潛能。

運動營養概論

以科學角度來看，人們普遍認為飲食會影響個人健康、運動表現和體能復原。無論是為了健身訓練，還是競賽準備，精心規劃的飲食方針將有助於你的特訓計畫；有效縮短訓練間的恢復期；減少疾病或過度訓練的風險；並幫助你激發運動潛力。

當然，每個人有不同的營養需求，沒有單一的飲食類型適合所有人。有些運動員會比其它運動員需要更多的熱量、蛋白質或維生素，也就是說，每種運動都有其獨特的營養需求。但是，什麼是一般的健康飲食，在科學上是可能找到廣義的共識。以下指南是根據美國運動醫學學院、加拿大營養與飲食學院和國際奧林匹克委員會體育共識會議，有關營養與運動表現的聯合聲明（國際奧林匹克委員會，2011）。

這些團體強調營養策略對於優化菁英的運動表現具有重要性，並且體認到近年來運動營養相關研究的進步，包括營養週期化的需要、考慮運動賽事和目標的特異性和獨特性而發展出專屬的營養計畫，代謝效率和彈性的新概念和熱量供應（攝取的熱量減去運動消耗熱量）；攝取營養時機的重要性，並在訓練後補充優質蛋白質以幫助身體修復或促進肌肉合成；運動三小時內攝取更多的碳水化合物（90克／小時）；維生素D對體能表現的重要性；並需要個人化的補水策略，以防止運動中脫水與發生低鈉血症。他們建議在熱量、碳水化合物和蛋白質的攝取需求上，應考量不同的體型，以每公斤來表示。

本書出版的過程經過詳盡的資料搜集，並結合了許多世界頂級運動營養專家的專業知識。當然，這些指導方針是為了提供你營養攝取與運動表現的關聯性與證據的概述。每個人的情況不同，有些人對不同的飲食策略的反應較好或較差。因此，最重要的就是不斷試驗並找出最適合自己的方式。

而本書的論述皆出自高品質的研究結果，相信會是你很好的開始。

1.熱量

為了提升運動表現並保持身體健康，運動員在嚴苛的訓練期間必須攝取達到他們必須的熱量。當熱量攝取不足時，會導致肌肉流失、表現降低、復原緩慢、荷爾蒙功能紊亂（女性）以及容易疲勞、受傷和生病。研究人員最近驗證了能量可用性（energy availability, EA）的概念，將此定義為飲食攝取量減去運動消耗量，或是減去運動訓練後可用來執行身體所有功能的熱量。在健康成年人中，每天每公斤45卡無脂肪質量（Fat Free Mass, FFM）可達到熱量平衡與最佳健康狀態，有人建議女性每天每公斤30卡為最低門檻（非脂肪質量包括肌肉、器官、體液和骨骼）。低熱量可用性（low EA）可能會影響短期和長期的運動表現，通常發生在熱量攝取不足、熱量消耗過多或是兩者同時存在的情形，稱之為「運動中能量相對不足（Relative Energy Deficiency in Sport, RED-S）」，它是指男性和女性女運動員的相對熱量缺乏或低EA導致的生理功能受損，包括代謝率、月經功能、骨骼健康、免疫力、蛋白質合成和心血管健康，更準確地描繪出過去被稱為「女性運動員三合症」的臨床症狀。

你每天的卡路里需求取決於你的基因組成、年齡、體重、身體組成、日常活動和訓練計畫，你可以透過體重和日常運動量來估計每天所需的卡路里。

步驟1：估算你的休息代謝率（RMR）

休息代謝率（RMR）指的是，如果你什麼都不做，一天休息24小時就會燃燒的卡路里，代表著保持身體正常運轉（包括呼吸和心跳）所需的最低能量。藉由年齡、體重和身高，便可利用Mifflin–St Jeor公式計算出來，此公式被認為比常用的 Harris–Benedict 公式更為精確。

男性

（10 × 體重〔公斤〕）+（6.25 × 身高〔公分〕）－
（5×年齡〔歲〕）+5

女性

（10 × 體重〔公斤〕）+（6.25 × 身高〔公分〕）－
（5×年齡〔歲〕）–161

步驟2：瞭解你的身體活動量（PAL）

這是利用你每日總消耗熱量與休息代謝率的
比率來粗估你日常型態的身體活動。

· 活動量少或久坐（主要是坐著）：1.2

· 輕度活動量（步行和運動1–2次／週）：1.3

· 中度活動量（運動2–3次／週）：1.4

· 活動量（運動3次以上／週）：1.5

· 高度活動量（每天運動）：1.7

步驟3：將PAL乘以RMR，估算出每日卡路里需求

每日卡路里需求=休息代謝率（RMR）×身
體活動量（PAL）

這個數字讓你大致了解保持體重所需的每日
卡路里。如果卡路里攝取不足，則體重會下降，
如果攝取過多，那麼體重就會增加。

休息代謝率（RMR）

休息（靜止）代謝率（RMR）
是維持人體正常代謝活動，例如：呼
吸、維持體溫和消化。具體來說，它
是身體休息且無額外活動下所需的能
量，其消耗的熱量僅足以滿足重要器
官的功能。它與基礎代謝率（BMR）
有著密切的關係，後者只能在清醒狀
態下測量，且在完全休息和空腹的狀
態以及溫度合宜的環境。靜止代謝率
具有嚴格的限制，僅用於臨床或實
驗室環境，它佔你每天燃燒卡路里的
60%–75%，通常男性高於女性。

身體活動包括做家事、散步、在
健身房運動等所有活動，而身體所燃
燒的卡路里取決於你的體重、活動類
型和持續時間。

2.身體組成

在任何的運動中，沒有所謂的單一或「最
佳」身體成分。每個運動員都有體脂肪的最佳範
圍，在這個範圍內，他們的表現會提高健康也不
會受到影響，但不應以持續的低能量可用性為代
價來達成，否則可能會降低表現和損害健康。最
好的方法是根據訓練計畫來維持體重並接受一年
中會發生的變動。

在非賽季期間，應避免體重過度增加，在賽季時間，則應避免快速的減重計畫。減重最佳時機是在基礎訓練階段或賽事結束後，以避免減重時降低運動表現，每天減少約250–500卡的熱量攝取，以緩慢的速度達成減重效果（每週<1），同時增加蛋白質攝取到每天1.8–2.7克／每公斤，以保持身體的肌肉質量。

3.碳水化合物

碳水化合物是大腦和中樞神經系統以及肌肉系統的重要燃料，它以糖原的形式儲存在肝臟和肌肉中。人體的碳水化合物儲存量相對有限，肝臟中可以儲存約100克糖原（相當於400大卡），肌肉細胞中最多可儲存400克糖原（相當於1600大卡）。肝糖的目的是維持血糖水平，當血糖下降時，肝臟中的肝糖分解，將葡萄糖釋放到血液中。肌糖原的目的是促進身體活動，碳水化合物作為燃料比脂肪更具優勢，因為它在每單位體積的氧氣中提供更多的三磷酸腺苷（ATP），因此被認為是更有效的燃料。有充分證據顯示，透過維持高碳水化合物利用率（即糖原儲存和血糖符合所需運動的燃料需求），可以提高長期、持續或間歇性高強度運動的表現。

進行高強度的訓練時，每日的碳水化合物攝取量應配合訓練和補充糖原的燃料需求。碳水化合物攝取的準則是根據體重（代表肌肉體積）和運動負荷量，得出高碳水化合物利用率，如表1.1所示。當你的活動量越大，肌肉量隨之增加，對碳水化合物的需求就越高。雖然過去以碳水化合物佔總能量的百分比作為碳水化合物攝取的準則，但專家現在建議以克／公斤來表示碳水化合物的需求量。當每天持續不超過1小時的低強度和中等強度的日常訓練，每日攝入量的原則分別是每天每公斤3–5克和5–7克。根據訓練時間表的燃料需求，耐力運動員每天每公斤可能需消耗8–12克碳水化合物（70公斤的運動員每天需消耗560–840克）才能儲存足夠的糖原。

為了促進運動後的迅速恢復，專家建議運動後的4個小時每小時每公斤攝取1.0–1.2克碳水化合物。如果將於8小時內再次訓練，那麼運

表 1.1	每日碳水化合物攝取量準則
活動程度	**碳水化合物建議攝取量**
輕度訓練（低強度或基本運動）	每日3–5克／公斤
中等強度訓練（每天約1小時）	每日5–7克／公斤
中高強度訓練（每天1–3小時）	每日6–10克／公斤
高強度訓練（每天4小時）	每日8–12克／公斤

來源：Burke等人，2011

動後盡快補充是很重要的。中等和高升糖指數（GI）碳水化合物食物（請見第50頁）在此期間將促進迅速恢復。以攝取碳水化合物做為補充燃料未達理想時，可在正餐和點心中添加蛋白質可增加糖原儲存，等到運動後過了24小時或更長的恢復期，碳水化合物攝取類型和時間並不那麼關鍵。儘管如此，你仍應盡可能選擇營養豐富的食物來源。

關於運動前的餐點建議，每公斤攝取1–4克的碳水化合物，並根據運動強度和持續時間，在運動前的1–4小時內食用。

在時間短於45分鐘的運動中，攝入多餘的碳水化合物並無助於運動表現優勢。至於長達45至75分鐘的高強度訓練，只需嘴裡含著（不要吞嚥）碳水化合物飲料「漱口」便可改善運動表現。因為碳水化合物會刺激作用於中樞神經系統（大腦）的口腔感受器，從而掩飾疲勞感並降低其感受的接收，使你保持更長時間的運動強度。

然而持續運動超過1小時以上，攝取30至60克碳水化合物則可幫助你維持血糖水平、增加肌糖原的儲存，達到延緩疲勞和增強耐力的功能，其攝取量取決於運動的強度和持續時間，與體型無關。

當你的運動或比賽時間越長且強度越高，對碳水化合物的需求就越多。以前，我們認為人體每小時最多只能吸收60克碳水化合物，但是，近來的研究證明可能更高—可達90克，尤其是持續3小時以上的劇烈運動更為合適。研究發現，與單獨攝取葡萄糖相比，攝入多種易於吸收的碳水化合物（如葡萄糖和果糖）會增加運動過程中碳水化合物的吸收和氧化速率，其中葡萄糖和果糖以2：1的混合，通常可避免胃腸道不適的情形發生。所以根據你的個人喜好和承受能力，也可選擇高GI碳水化合物（例如：運動飲料、能量果膠和能量棒、香蕉、水果棒、穀物或早餐棒）。

然而，最近的研究結果顯示，在糖原耗竭的狀態下進行訓練，可以增強對運動刺激的適應

表1.2	運動前後碳水化合物攝取建議	
飲食計畫	**時間點**	**碳水化合物建議攝取量**
運動前補充	運動前60分鐘（含）以上	運動前1–4小時攝取1–4克／公斤
運動後快速補充	兩個訓練之間且恢復時間少於8小時	運動後4小時每小時攝取1.0–1.2克／公斤，再恢復到每日正常攝取需求
碳水化合物負荷量	長度超過90分鐘持續或間歇性的運動	36–48小時內，每24小時攝取10–12克／公斤

引自：Burke et al.，2011.

性反應並提升運動能力。「低訓練量但高強度的訓練」以及「碳水飲食週期化」(將「訓練前低碳水飲食」的短期計劃納入訓練方案),這個概念在頂尖的耐力運動員中非常流行,訓練策略包括不定期的禁食訓練,隔夜禁食後的訓練,以及一天兩次訓練中,在第一個訓練後不給予碳水化合物的補充等。這些方式顯示,透過改變訊息傳遞和提升對運動的代謝反應,可以增強肌肉對訓練的適應性。然而,重要的是,進行高強度訓練時,身體還是需要儲備高碳水化合物,至於這樣的策略最終是否能提高運動表現尚待更多證據。

4.蛋白質

來自蛋白質的氨基酸,構成人體組織和細胞生成及修復的基礎,也用於製造酶,激素和抗體等。蛋白質還提供了鍛鍊肌肉的(少量)燃料來源。跟不運動的人相比,運動員對蛋白質的需求較高,這些額外的蛋白質用來修補在劇烈運動中和運動後造成的肌肉損傷,及修復體內的肌肉細胞。美國運動醫學學會、美國營養與飲食學會、加拿大營養師學會共同聲明,建議運動員每天蛋白質攝取量為每公斤1.2至2.0克,相當於70公斤的人每天攝取84–140克,比久坐的人每天只需攝取0.75克／公斤的蛋白質多出許多。這些建議也包括一系列訓練計畫,並可以根據個人需求、培訓目標和經驗進行調整。為了促進肌肉修復和生長,攝取蛋白質的時機和蛋白質含量至關重要,而且最好分配一天蛋白質的攝取量,而不是集中在一頓或兩頓餐食中。專家建議每頓主餐以及運動後立即攝入0.25克／公斤的蛋白質或15–25克

蛋白質。研究發現,運動後立即食用碳水化合物和蛋白質可增加恢復能力,並促進肌肉生長。運動後食用的蛋白質類型很重要—高品質的蛋白質,特別是含有白胺酸可快速吸收的蛋白質(如乳清),被認為是使身體恢復的蛋白質最佳選擇。白胺酸既是基質,也會觸發肌肉蛋白質合成(MPS)。攝入2–3克白胺酸就可刺激最大肌肉蛋白質合成。

有些運動員採用高蛋白飲食,認為額外的蛋白質會提升力量和增加肌肉質量,但這是不正確的。透過運動刺激肌肉組織以及適當的(而不是額外的)蛋白質補充可讓肌肉生長。由於許多食物中都含有蛋白質,所以大多數人(包括運動員)所吃的蛋白質都超出了他們的需要,這對身體沒有害處,因為多餘的部分會分解為尿素(並排泄掉),也會充做身體的燃料,只是一旦卡路里攝取超過耗能,則會轉換為能量或儲存為脂肪。

5.脂肪

有一些類型的脂肪是身體不可或缺的—它們是所有的細胞膜、腦組織、神經鞘和骨髓的一部分,也可作為身體器官的緩衝墊。食物中脂肪的脂肪酸以及脂溶性維生素A、D和E,更是運動時重要的能量來源。在美國運動醫學學會、美國營養與飲食學會、加拿大營養師學會的聯合聲明中,目前並未對脂肪攝取提出具體建議。重點應該放在滿足碳水化合物和蛋白質的目標上,而脂肪則構成了整體飲食卡路里的平衡。在此建議,運動員的脂肪攝取量應符合全

民健康指引的脂肪攝入取量，少於每日攝入熱量的35%，而確切的數值取決於個人訓練和身體成分的需求。但是，建議運動員的飲食中至少攝取包含20%的脂肪來作為能量來源，否則他們可能會造成體內脂溶性維生素和必需脂肪酸不足（ACSM／AND／DC，2016）。

此外，衛生單位普遍建議飽和脂肪酸的熱量比例應低11%，讓大部分的攝取量來自不飽和脂肪酸。而Omega–3對運動員特別有幫助，因為它能增加氧氣輸送至肌肉，增加其耐力與肌肉的恢復，並減少炎症和關節僵硬的發生。

6.水分

開始訓練或比賽前確保水分充足是必要的。在運動前2–4小時內攝取5–10毫升／公斤，並避免運動中水分流失。嚴重的脫水會導致肌耐力和力量下降，以及與過熱有關的疾病。國際奧林匹克委員會和美國運動醫學學會、美國營養與飲食學會、加拿大營養師學會建議盡可能平衡你的液體攝取量與液體損失量，並讓水分的流失限制在不超過2%–3%的體重。（例如：75公斤體重的人，水分流失不超過1.5公斤）。運動前後固定測量體重，考慮消耗的液體和尿液流失，以估計運動期間流失的汗水，每減少1公斤就等於流失1公升的汗水。

此外，專家提醒在運動前和運動時不要過度補水，特別是持續超過4小時的運動。喝過多的水可能會稀釋血液，從而使鈉離子降低，儘管這種情況很少見，但仍可能致命。美國運動醫學會建議你在口渴時喝水，或為了維持體重而非增加體重時喝水。

當汗水流失較快（超過1.2升／小時），像是持續2小時以上的劇烈運動時，含鈉的運動飲料是有益的，因為其鈉含量會留住體內水分，並避免汗水快速流失時造成低鈉血症的情形。

運動後，水和鈉都需重新補充，以恢復體內水的平衡，如果沒有迫切恢復的需求，維持正常的飲食即可。但是為了快速恢復，或者嚴重脫水時，建議攝取超過比流汗量多25–50%的液體，像是水加上含鹽食品，即可補充流失的水分和鈉。

7.維生素和礦物質

雖然劇烈的運動會增加身體對維生素和礦物質的需求，但是當飲食均衡且攝取足夠的能量來維持體重，則無需添加營養品。國際奧林匹克委員會、國際田徑總會、美國運動醫學學會、美國營養與飲食學會、加拿大營養師學會（IOC, IAAF and ACSN／AND／DC）認為，大多數運動員能透過食物滿足身體的需求，並不需要補充品的幫助，且沒有證據顯示維生素和礦物質補充品可以改善運動表現。除非飲食受到限制的運動員或食物攝取或選擇受限的情況下（例如：旅行），才可能需要額外補充維生素和礦物質。但運動員應當特別注意對鈣、鐵和維生素D的需求，尤其是女性運動員攝取不足的情形相對普遍。前述（IOC, IAAF and ACSN／AND／DC）

組織都強調，維生素D在肌肉組織與功能上扮演著重要的角色，及人體缺乏該維生素D對健康的風險，因此，維生素D攝取量低且較少暴露在陽光下的人，可能需要服用維生素D補充品。

同樣地，沒有足夠的證明支持運動員需補充抗氧化劑，更建議在訓練中補充抗氧化劑要保持謹慎態度，儘管所產生的氧化應激可能有助於肌肉對運動時的適應。國際奧林匹克委員會還警告不要隨意使用補充品，以避免食入摻有禁用物質的風險。你可以選擇少數具有提升運動表現的補充品，如肌酸、咖啡因、硝酸鹽（在甜菜根汁中發現）、β–丙胺酸和碳酸氫鈉，以及運動飲料、能量果膠、能量棒、蛋白質補充劑等。其他大部分的補充劑都不被認可用來做為體能增加的藥物或補充品。

8.競賽營養補給
比賽前

對於持續超過90分鐘的耐力型運動，在賽前的36–48小時內攝取的碳水化合物（10–12克碳水化合物／公斤／24小時）一定有幫助的。等到比賽前1–4個小時，則依照個人體重攝取每公斤1–4克碳水化合物，食物的類型分配則為碳水化合物含量高、蛋白質含量適中，而脂肪和纖維含量需低，來降低胃腸不適的風險。

比賽中

面對持續時間少於75分鐘的體育活動或賽事，補充碳水化合物對運動表現的提升沒有幫助，但用碳水化合物飲料漱口可能會降低中樞神經系統對疲勞的感覺。至於運動時間達1–2.5小時的賽事中，每小時攝取30–60克碳水化合物將有助於維持血糖和肝醣，並增加耐力。若運動持續時間超過2.5小時，將碳水化合物的攝入量提高到每小時90克則有所幫助，可以採雙重能量補給，例如：運動飲料或含有葡萄糖／麥芽糊精和果糖的混合物製成的能量果膠，來幫助碳水化合物的快速吸收。

比賽後

在賽事結束後的前4–6小時內，可透過攝取1–1.2克碳水化合物／公斤來補充體內糖原。在恢復期，蛋白質（每份15–25克）不但可以促進糖原的恢復，並增強肌肉蛋白質的再合成。另外，再補充超過汗水流失量25–50%的水分。

如何計畫你的訓練飲食

均衡飲食的概念包括提供足夠的熱量、碳水化合物、蛋白質、脂肪、纖維、維生素和礦物質，以滿足身體的需求。這些營養素應攝取自各式各樣的食物。在英國，健康主管單位編製了一份飲食指南，內容詳述涵蓋以五大類食物為中心的均衡飲食（見圖1.1）。

它呈現均衡飲食所需不同類型的食物比例，適用於一天或一週內的食物攝取量，不一定指每一餐飯。儘管並未考量運動員的特別需求，但仍可作為大部份訓練者日常飲食的基礎。運動員相較於久坐不動者的飲食之主要區別是所需熱量和營養素更多，表1.3提供飲食份量計算的實用指南。

水果和蔬菜

每天5–9份

水果和蔬菜含有維生素、礦物質、纖維、抗氧化劑和其它植物營養素，對健康、免疫力和最佳表現至關重要。

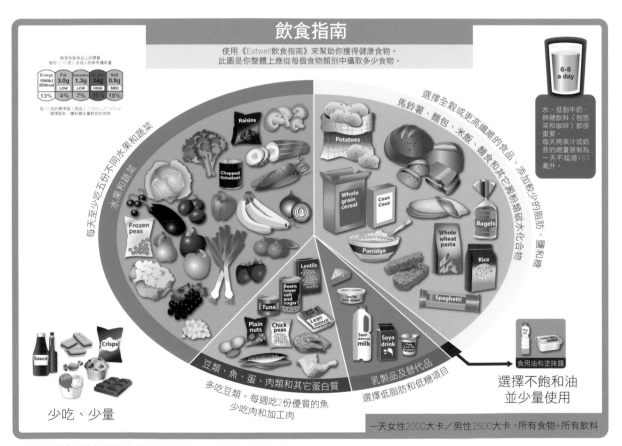

圖1.1 飲食指南

表 1.3		飲食份量計算表	
分類名稱	每日份量	食物	份量大小
蔬菜類	3–5 份	1 份 =80 克	可握在手中的量（2 湯匙）
		綠花椰菜	3 小朵
		紅蘿蔔	1 根中等大小的紅蘿蔔
水果類	2–4 份	1 份 =80 克	網球的大小
		蘋果、梨、香蕉	1 個中型水果
		李子、奇異果、蜜橘	2 個小型水果
高碳水化合物類	4–6（以上）份	1 份 =50 克碳水化合物	握緊拳頭的大小
		碳水化合物（250 克）	網球的大小
		麵包	3 片
		義大利麵、白飯	3 小把（未煮熟，75 克）；或 3 個網球的大小（煮熟，225 克）
		燕麥／麥片（50 克）	2 包份量
高鈣類	2–4 份	牛奶 1 份 = 約 250 毫克鈣	1 杯（200 毫升）
		起司	火柴盒的大小（40 克）
		優格	1 盒（150 毫升）
高蛋白質類	4 份	1 份 = 約 20 克蛋白質	
		肉禽魚類	一盒名片的大小（70 克肉）
		蛋	3 顆
		扁豆／豆類	1 罐／5 湯匙（250 克）
		豆腐	半杯（120 克）
健康油脂類	2–3 份	堅果、種子	2 湯匙（25 克）
		橄欖油／菜籽油／花生／奶油	1 湯匙（15 毫升）
		高油脂海魚	1 片（140 克）/週

高碳水化合物食物

每天4–6份

全麥食品（如麵包、麥片、米飯、麵食、燕麥粥）及豆類、

扁豆和馬鈴薯等食物可維持較高的糖原（儲存於體內的碳水化合物），適用於艱難訓練中補充身體的燃料，並建議食用的穀物中至少有一半是全穀物。

富含鈣的食物

每天2–4份

乳製品、堅果、豆類和罐裝魚是日常飲食中最容易獲取鈣的方法，而且鈣是強健骨骼所必需的。

高蛋白質食物

每天4份

經常運動的人比不常運動的人需要更多的蛋白質，因此日常飲食中應包括瘦肉、家禽、魚、蛋、大豆或植物素肉。另外，豆類、扁豆、乳製品和蛋白質補充品也可納入你每日所需的攝取量。

健康油脂食物

每天2–3份

在堅果、種子、菜籽油、橄欖油、亞麻籽油和高油脂海魚中所發現的油脂可提高肌肉耐力和恢復力，並能預防心臟病。

彈性熱量

這是指是你一天食用水果、蔬菜、穀物、高蛋白質食物、高鈣食物和健康脂肪後剩下的卡路里，活動力越高，可以攝取的卡路里就越多。對於大多數經常訓練的運動員來說，餅乾、蛋糕、布丁、酒精飲料、巧克力或薯片等零食可補充約200–300卡路里，但攝取這些額外的卡路里時，還需要考慮運動飲料和能量棒中添加的糖分、塗在吐司上的果醬，或在咖啡或茶中所放入的糖。

運動與能量

當運動時，身體產生能量的速度必須比靜止時快得多。肌肉收縮開始加劇，心臟跳動得更快，血液加速流到全身，肺部運動更加用力。所有的過程都需要額外的熱量，它們來自哪裡？又如何確保訓練中有足夠的能量？

在我們能夠完整回答這些問題前，首先要了解人體如何產生能量及能量是如何運作的。本章就要進一步說明運動時體內發生哪些變化、身體額外的熱量從何而來，以及提供熱量的燃料如何因運動類型而異。本章也將解釋為何會出現疲勞、如何延緩疲勞，以及如何透過改變飲食使自己在訓練中更加得心應手。

什麼是能量？

雖然我們看不到能量的樣貌，但我們可以從熱反應和物理現象看到並感受到它帶來的影響。但到底什麼是能量？

能量是由三磷酸腺苷（adenosine triphosphate, ATP）中化學鍵的分裂而產生，可視為個

體細胞內能量傳遞的「分子通貨」，三磷酸腺苷的製造本自於人體的細胞中的四種燃料—碳水化合物、脂肪、蛋白質和酒精的分解，經過各種生化反應傳遞與轉化，成為相同的最終產品。

什麼是三磷酸腺苷（ATP）？

三磷酸腺苷是一個小分子，由一個腺苷和三個磷酸基所組成（圖2.1）。

當其中一組磷酸基團分裂時，能量便會釋放出來。當ATP失去其中一組磷酸酯基團時，它會

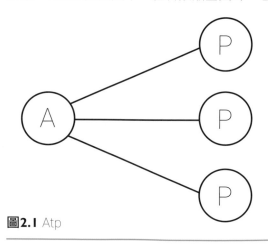

圖2.1 Atp

變成二磷酸腺苷，也就是ADP。部分能量被執行身體功能（如肌肉收縮），但絕大部分（約四分之三）是散發為熱能，這就是為什麼運動時會感到全身發熱。一旦出現這樣的情形，ADP將會轉換回ATP，成為一個連續的循環，也就是ATP形成ADP，然後再轉換為ATP（圖2.2）。

三磷酸腺苷　　　二磷酸腺苷＋磷酸鹽＋能量

圖 2.2 ATP與ADP之間的關係

ATP和ADP的相互轉化

身體在任何時候只能儲存非常少量的ATP。休息時，就僅保存足夠的能量來滿足基本能量需求，使身體保持運作。當你開始運動時，能量需求突然增加，ATP的供應在幾秒鐘內便被耗盡。由於體內需要產生更多ATP才能持續運動，因此必須分解更多的燃料。

能量來自哪裡？

食物和飲料中有四種能產生能量的成分：

- 碳水化合物
- 蛋白質
- 脂肪
- 酒精

當你進餐或喝酒時，這些成分在消化系統中會分解為各種成分或構成要素，然後進入血液循環。碳水化合物被分解成為更小的單醣分子：葡萄糖（最常見的分子）、果糖和半乳糖；脂肪被分解為脂肪酸；蛋白質被分解為氨基酸；酒精大多直接被吸收到血液中。儘管碳水化合物、蛋白質和脂肪還具有其它重要功能，但這些成分最終都將產生能量。

碳水化合物和酒精主要用作短期的能量需求，脂肪則用作長期的能量儲存，而蛋白質可用於「緊急狀態」（例如：當碳水化合物短缺時）或在其失去作用前產生能量。無論快或慢，所有食物和飲料的成分都在分解後釋放能量，但身體在轉換這些物質成為能量上不是很有效率，例如：能量轉換的過程中，僅有20%的能量被拿來使用，其餘都變成熱能。

如何測量能量？

能量以卡路里或焦耳為單位，以科學的角度來說，一卡路里的定義是使1克（或1毫升）水的溫度升高攝氏1度（從14.5到15.5°C）所需的熱量。在國際單位制（SI）中，能量的單位是焦耳（J），一焦耳的定義是施加一牛頓的力（大約102克）使物體移動一公尺所需要的功。

由於卡路里和焦耳僅代表極少量的能量，因此較常使用千卡（kcal或Cal）和千焦耳（kJ）。顧名思義，一千卡的熱量為1000卡路里，一千焦的能量為1000焦耳，你可能已在食品標籤上看過這些單位。當我們在日常生活中提及卡路里時，實際上指的是以大寫C或千卡表示的卡路里，所以，100千卡的食物有足夠的能量使100公升水的

溫度提高攝氏1度。

要將千卡轉換為千焦，只需乘以4.2。例如：
- 1 千卡=4.2千焦
- 10千卡=42千焦

　　要將千焦換算為卡路里，則除以4.2。例如，100克食物可提供400千焦，而你想知道等於多少卡路里，則將400除以4.2即得出等量的卡路里：
- 400千焦÷4.2=95千卡

新陳代謝

　　新陳代謝是體內發生的所有生化反應之總稱，又分為兩個方面：合成代謝是形成更大的分子；分解代謝是將大分子分解為小分子。有氧代謝的過程中需要氧氣，無氧代謝則發生在沒有氧氣的情況下。

　　代謝物是指新陳代謝的產物，換句話說，體內產生的任何東西都是代謝物。人體的能量消耗率稱為新陳代謝率，基礎代謝率（BMR）是在睡眠中維持呼吸和器官功能等基本需求所消耗的卡路里。但是，我們大多數測量的是休息代謝率（RMR），即躺下24小時但未入睡所燃燒的卡路里。

為什麼不同的食物提供不同的能量？

　　食物是由不同含量的碳水化合物、脂肪、蛋白質和酒精製成的。這些營養素在體內分解後，都會提供一定程度的能量。例如：1克的碳水化合物或蛋白質釋放約4大卡的熱量，1克的脂肪釋放9大卡，而1克的酒精釋放7大卡。

各種食物成分的熱量價值

1克提供：
- 碳水化合物4大卡（17千焦）
- 脂肪9大卡（38千焦）
- 蛋白質4大卡（17千焦）
- 酒精7大卡（29千焦）

　　脂肪是能量中密度最高的營養素，它為人體提供的熱量是碳水化合物或蛋白質的兩倍以上，也比酒精來得更多，但脂肪卻不一定是運動時的「最佳」能量來源。

　　所有食物均含有各種營養成分，特定食物的熱量價值取決於其中碳水化合物、脂肪和蛋白質的含量。例如：一片全麥麵包提供的熱量等同於一小包奶油（7克），但是它們的組成卻大不相同，麵包中大部分的熱量（75%）來自碳水化合物，而奶油中幾乎所有的能量（99.7%）來自脂肪。

身體如何儲存碳水化合物？

　　碳水化合物以糖原的形式儲存在肌肉和肝臟中，同時會保留其重量約三倍的水分，肌肉儲存

的糖原大約是肝臟的三倍。糖原是類似於澱粉的大分子，由許多結合在一起的葡萄糖分子組成，但是身體只能儲存相對少量的糖原，也就是說糖原不能無上限供給！就像汽車的油箱一樣，每部車只能容納一定份量的汽油。

正常成人體內糖原的總量約為500克，其中肌肉佔約400克，肝臟佔約100克，這些儲存量相當於2000大卡，所以如果你什麼都不吃，足夠維持一天的時間。這就是為什麼低碳水化合物飲食會導致人們在開始的幾天體重減輕的原因，減

輕的重量幾乎完全是糖原和水分的流失。另外，與久坐的人相比，耐力運動員的肌肉糖原密度更高，因為增加肌肉重量也會提升糖原的儲存能力。

肝糖原的用途是在休息和長時間運動期間保持血糖的水平。少量的葡萄糖出現在血液（約15克，相當於60大卡）和大腦（約2克，相當於8大卡）中。無論在休息或運動時，它們的濃度都保持在非常狹窄的範圍內，使身體的功能維持正常運轉。

21

身體如何儲存脂肪？

脂肪（fat）儲存在脂肪組織（adipose tissue）內，且分佈在人體每個區域。少量的脂肪（約300–400克）儲存在肌肉中，稱為肌內脂肪，但大部分儲存在器官周圍和皮膚下。個人不同部位的脂肪儲存量取決於基因組成和個人賀爾蒙的平衡，一個約70公斤的人可儲存10–15公斤的脂肪。有趣的是，脂肪大多堆積於腹部周圍的人（典型的大肚腩）比脂肪大多堆積於臀部和大腿的人（身體呈水梨型）罹患心臟病的風險更高。

遺憾的是，你對於身體脂肪如何分布是無能為力的，但是你可以改變儲存的脂肪量，如第8章所述。

你可能會發現自己的體型與父母中的一位或兩位相似，男性通常遺傳到父親，而女性則遺傳到母親。女性荷爾蒙往往促成臀部和大腿部位的脂肪儲存，而男性荷爾蒙則易促成腹部周圍的脂肪存儲。這就是為什麼女性通常是「水梨型」身材，而男性多是「蘋果型」身材的原因。

身體如何儲存蛋白質？

蛋白質的儲存方式與碳水化合物和脂肪有所不同。它的作用是形成肌肉和器官組織，主要是用來建構組織，而不是以能量的型式儲存。但如果需要的話，蛋白質仍可以被分解來釋放能量，因此，存有蛋白質的肌肉和器官可視為潛在能量的最大來源。

哪些燃料對於運動最重要？

不論運輸到肌肉細胞及被分解使用，碳水化合物、脂肪和蛋白質都能為運動提供能量。然而，無論身體如何努力運作，酒精在運動過程中都不能直接被肌肉當做能量消耗，只有肝臟具有分解酒精所需的特定酶。你也無法藉由提升運動量來加快酒精的分解，因為肝臟是以固定的速度執行其工作的。不要以為慢跑或喝一杯黑咖啡，便可以輕易代謝掉酒精！

表2.1	體重70公斤的人的能量儲存		
能量儲存	可用潛在能量（大卡）		
	糖原	脂肪	蛋白質
肝臟	400	450	400
脂肪組織	0	135,000	0
肌肉	1,600	350	24,000

引自：Cahill，1976.

至於從蛋白質作為能量燃料的實質混合組成物來看，其貢獻並不大，只有在極為長時間或非常激烈的運動中，蛋白質才會在能量供應發揮重要的角色。在身體應付不同類型的運動時所需的三磷酸腺苷（ATP）的產生主要來自碳水化合物和脂肪的分解。表2.1說明人體內潛在能量是以哪些不同類型燃料儲存。

何時將蛋白質作為能量？

蛋白質通常不是主要的能量來源，但隨著體內糖原儲蓄的枯竭，蛋白質在劇烈運動或長時間運動的後期會發揮相對重要的作用。例如：在馬拉松或長距離自行車比賽的最後階段，當體內糖原即將耗盡時，肌肉（和器官）中的蛋白質可佔人體混合燃料的10%左右的燃料組合。

在半飢餓的狀態採用低碳水化合物飲食時，體內糖原會供應不足，所以較多的蛋白質被分解並提供能量。在低卡路里或低碳水化合物飲食後，減少的體重一半來自蛋白質（肌肉）的損失。有人認為，如果採用低碳水化合物飲食來消耗糖原，就會迫使身體分解更多的脂肪並減輕體重。但是事實並非如此。你的風險是同時失去了肌肉和脂肪，同時也會衍生其它缺點，這些將在第9章中討論。

能量是如何產生的？

人體具有三種主要的能量系統，可用於不同類型的身體活動。這些稱為：

· ATP–PC（三磷酸腺苷—磷酸）系統；

· 無氧糖酵解系統或乳酸系統；

· 有氧系統–包括糖解（碳水化合物）和脂解（脂肪）系統。

靜止休息時，肌肉細胞僅含非常少量的ATP，這個量僅足以維持基本的能量需求，以及使你以最大強度運動約1秒鐘。為了持續運動，人體必須從三個能量系統之一再生產ATP，每個能量系統具有不同的生化途徑和產生ATP的速率。

ATP–PC系統如何運作？

三磷酸腺苷—磷酸肌酸系統（ATP-PC系統）使用儲存在肌肉細胞內的ATP和磷酸肌酸（PC）來產生能量，此能量所爆發的最大肌力和速度可維持6秒鐘的長度。舉例來說，ATP-PC系統的爆發力可用於20公尺的短跑、在健身房的最大力量的一次舉重或一次跳躍。磷酸肌酸是蛋白質、肌酸與磷酸分子連接形成的高能化合物（請參見第24頁的「什麼是肌酸？」），可被視為ATP的備份。磷酸肌酸的工作便是快速再生ATP（請參見第24頁圖2.3），當磷酸肌酸分解為肌酸和磷酸，游離磷酸轉為ADP的一個分子，再形成新的ATP分子。

ATP–PC系統可以非常快速地釋放能量，不過可惜的是，它供應的量非常有限，只能提供3–4大卡的熱量，緊接著，ATP–PC系統產生的能量急劇下降，並且必須從身體其它燃料，像是糖原或是脂肪中產生ATP。當這種情況發生時，其它能量系統將會接替其工作。

無氧糖酵解系統如何運作？

當你開始進行高強度的運動，身體立即啟動無氧糖酵解系統（anaerobic glycolytic system）

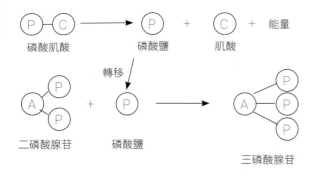

圖2.3 磷酸肌酸分裂釋放能量以快速再生ATP

且它主導了長達90秒的高強度體能活動，例如:在健身房進行負重訓練，或是400-800公尺的快跑。為了滿足突然、巨大的能量需求，葡萄糖甩開通常會使用氧氣的能量產生途徑，選擇了不需氧氣的另類途徑，這樣可以節省大量時間。在30秒的高強度運動後，該系統可貢獻高達60%的能量輸出，而2分鐘後，便下降到只有35%。

無氧糖酵解使用肌肉糖原或葡萄糖形式的碳水化合物作為燃料。糖原分解為葡萄糖，葡萄糖在沒有氧氣的情況下迅速分解，形成ATP和乳酸（見圖2.4）。每個葡萄糖分子在無氧條件下僅能產生兩個ATP分子，這使得其效率非常低，導致體內的糖原含量迅速減少，身體接下來的反應證明了快速產能的服務是要付出代價的。

乳酸逐漸地積累，最終會導致疲勞並進一步阻止肌肉收縮，（與普遍的認知相反，不是乳酸造成，而是氫離子和酸度會讓血液變酸，讓最激烈運動時或運動中引發「燃燒」的感覺）。

什麼是肌酸？

肌酸是人體中天然產生的化合物，可以提供能量，主要由肝臟中的氨基酸中的甘氨酸、精氨酸和甲硫氨酸產生。它從肝臟經血液運輸到肌肉細胞，再與磷酸鹽結合生成磷酸肌酸（PC）。

肌肉細胞每天可消耗約2–3克的肌酸，一旦磷酸肌酸分解為ATP（能量），可再被回收成磷酸肌酸或轉化成另一種稱做肌酸酐的物質，然後經由腎臟代謝，從尿液中排出體外。

飲食中的肌酸可從魚肉（鮪魚、鮭魚、鱈魚）、牛肉和豬肉（每公斤未煮熟的魚或肉中約3–5克肌酸）中獲得。這意味著素食者沒有相關的飲食來源，但是為了增強運動表現，必須大量服用肌酸補充劑，且高於從食物中獲取的合理需求量。你每天至少需要吃2公斤生牛排才能使肌肉中充滿肌酸。

正常成人體重可儲存約120克肌酸，幾乎全部集中在骨骼肌中（快縮肌的肌纖維含量較高，請參見第24頁）。其中60–70%儲存為磷酸肌酸，30–40%儲存為游離肌酸。

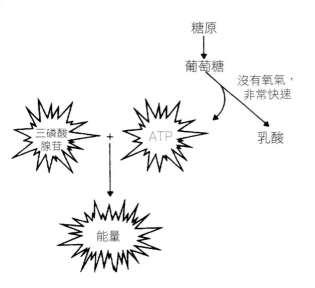

圖2.4 無氧能源系統

有氧系統如何運作？

　　有氧系統可在有氧氣的情況下，藉由分解碳水化合物（糖酵解）和脂肪（脂解）生成ATP（請參見第26頁的圖2.5）。儘管有氧系統無法像另兩種無氧系統一樣快速地產生ATP，但它可以產生更多的能量。當你開始運動時，最初使用的是ATP–PC和無氧糖酵解系統，但幾分鐘後，你的能量供應逐漸轉換至有氧系統。

　　大部分提供有氧糖解作用的碳水化合物來自肌肉糖原。當運動持續超過1小時肌肉糖原濃度降低，血液中額外的葡萄糖變得更為重要。一般來說，經過2個小時的高強度運動（大於70%最大攝氧量），你體內的肌肉糖原就幾乎消耗殆盡。然後，從血液輸送的葡萄糖將與增量的脂肪（脂肪糖解）一起為肌肉提供能量。血液中的

乳酸會怎樣？

　　肌肉產生的乳酸不是浪費的副產品，它構成了寶貴的燃料。當運動強度降低或停止運動時，乳酸有兩種可能的路徑。有些轉化為另一種稱為丙酮酸的物質，然後在有氧氣的情況下被分解為ATP。換句話說，乳酸可產生ATP，並構成有氧運動的寶貴燃料。另一種可能是，乳酸從肌肉的血液被帶到肝臟，在那裡被轉化回葡萄糖，釋放回血液中或作為糖原儲存在肝臟中（稱為糖質新生）。這種機制從肌肉中去除乳酸的過程稱為乳酸穿梭。

　　這說明了為何艱難的訓練後出現肌肉酸痛和僵硬並非乳酸累積的關係。事實上，乳酸通常會在運動後15分鐘內清除。

葡萄糖則來自肝糖分解或運動中攝取的碳水化合物。參與有氧運動時，能量的需求比從事無氧運動慢而且少，因此有更多的時間將足夠的氧氣從肺部運輸到肌肉，而葡萄糖則在氧氣的幫助下生成ATP。在這種情況下，一個葡萄糖參與產生多達38個ATP分子。於是，有氧能量生產的效率約為無氧能量生產的20倍。

無氧運動僅使用體內糖原，而有氧運動同時使用糖原和脂肪，所以可以維持更長的運動時間。它的缺點則是產生能量的速度較慢。脂肪也經由有氧系統被轉化為能量。一個脂肪酸可以產生80至200個ATP分子，其能量生產的多寡取決於脂肪的類型（見圖2.5）。換句話說，脂肪是比碳水化合物更為有效的能量來源，但只有在能量需求相對較低的情況下，它才會在有氧條件下分解為ATP，所以能量的供應效率也較慢。

肌肉纖維類型和能量供應

人體具有數種不同的肌肉纖維類型，大致可分為快縮肌纖維（FT）或II型肌纖維，和慢縮肌纖維的（ST）或I型肌（耐力）纖維。兩種肌肉纖維都使用前述三種能量系統產生ATP，但是快縮肌纖維主要使用ATP–PC和無氧糖酵解系統，而慢縮肌纖維主要使用有氧系統。

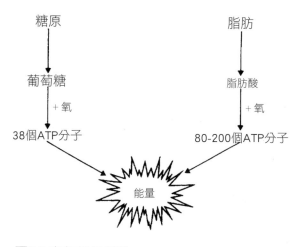

圖2.5 有氧能量系統

每個人生來肌纖維類型的分佈都具有個別特性，快縮肌與慢縮肌纖維的比例在個體間可有相當大的差異。肌纖維類型的比例可能與運動表現息息相關。例如：頂尖短跑運動員的快縮肌纖維比例高於一般人，因此可以產生較大的爆發力和速度。另一方面，長跑運動員具有更多比例的慢縮肌纖維，能在運動時夠更好地發展發展有氧供能和耐力。

有氧運動時，我的肌肉如何決定要使用碳水化合物還是脂肪？

進行有氧運動時，碳水化合物相對於脂肪的使用會因一些因素而不同。最重要的是

1. 運動強度
2. 運動時間
3. 體能水準
4. 運動前飲食

運動強度

當運動強度越高，依賴肌肉糖原作做為能量來源的需求越大。（見圖2.6）無氧運動的當下，能量由三磷酸腺苷（ATP-PC）及無氧醣酵解產生，例如跑步衝刺、重量訓練，及運動期間施以間歇性最大爆發力如橄欖球及足球比賽，是以肌糖原而不是脂肪就做為主要的燃料。

做有氧運動時，肌糖原和脂肪混合的做為能量來源。低強度運動（小於50%最大攝氧量）則由脂肪提供能量，隨著運動強度的增加（例如：跑速的增加），糖原的使用比例要高於脂肪。

進行中等強度的運動（最大攝氧量為50–70%）時，肌糖原將提供大約一半的能量需求，其餘的才來自脂肪。當運動強度超過70%最大攝氧量時，脂肪分解的速度無法趕上能量供應所需，於是由肌糖原滿足75%身體能量需求。

運動長度

肌糖原由於儲存量相對較小，不能無限的提供能量。隨著運動持續進行，肌糖原含量便逐漸降低（見圖2.7），因此，當肌糖原濃度下降時，血糖對於能量需求的貢獻度便增加，用於供能的脂肪比例也隨之提升，但如果沒有碳水化合物的話，能量就永遠無法燃燒。

平均而言，人體有足夠的肌糖原提供90–180分鐘耐力運動的能量；強度越高，肌糖原消耗的速度就越快。

間歇訓練（即混合耐力和無氧運動）時，肌糖原將在45–90分鐘後耗盡。若是進行無氧活動中，肌糖原則在30–45分鐘內用完。

體內肌糖原一旦耗盡，蛋白質就開始增加對體能的貢獻。肌肉的蛋白質會被分解提供胺基酸以產生能量，同時維持體內正常的血糖水平。

體能水準

當我們從事有氧運動時，身體肌肉會在這個過程中逐步的適應，並提升運動表現，隨著運動時間增加身體有能力去利用脂肪當做輔助的燃料。有氧訓練能促進關鍵性脂肪氧化酶（如激素

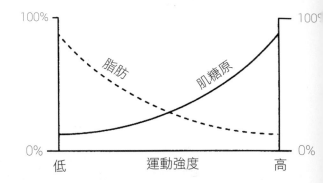

圖2.6 體內混合燃料／運動強度
引自：Costill，1986

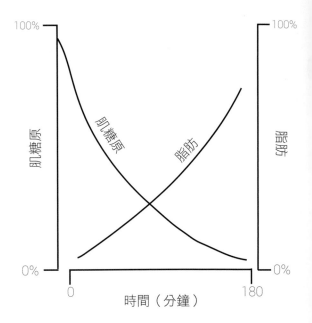

圖2.7 體內混合燃料／運動長度

敏感脂肪酶）的增加數量，這意味人體內脂肪分解為脂肪酸的效率提高。隨著肌肉微血管的擴張，將脂肪酸運送到肌肉細胞。同時，線粒體（

脂肪酸氧化的部位）的數量也增加了，於是增加每個細胞中脂肪酸的燃燒能力。因此，提升有氧體適能可在任何強度的訓練下更快分解脂肪，從而減少糖原的使用（見圖2.8）。

這點很重要，因為糖原的能量供應比脂肪少得多，若比例上使用更多的脂肪，你將能在肌糖原耗盡和產生疲勞之前，持續更長時間的運動。

運動前飲食

低碳水化合物飲食會導致肌糖原和肝糖原的儲存量降低。許多研究認為，運動前的肌糖原儲備對於運動表現至關重要。當肌糖原含量偏低時，會減低在最大攝氧量的70%下維持運動超過1小時的能力（Bergstrom等，1967），還會影響

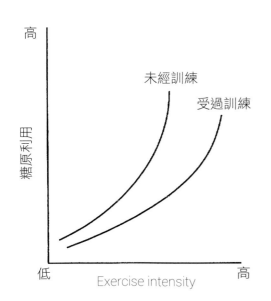

圖2.8 受過體能訓練的人使用較少的糖原但較多的脂肪

體內短時間產生最大能量的表現。

當你的肌糖原儲存量變低時，身體將會極度依賴脂肪與蛋白質，但這絕不是值得推薦的減脂策略，因為你的身體同時會失去瘦肉組織（關於減少體脂肪的正確方式，請參閱第9章）。

我運動時使用了哪些能量系統？

事實上，每項運動或多或少都使用三種能量系統，並非哪個單一能量系統被專門使用，而是依運動進行的時間從三個系統的其中一個獲取能量（請參見第30頁的圖2.9）。在每項運動中，三磷酸腺苷（ATP）一直被使用並由磷酸肌酸替代，而無氧糖酵解和有氧系統的能量供應則取決於運動的強度。

例如，在持續達5秒鐘的爆發力和高強度運動（如開始衝刺）時，現存的ATP存量是身體的主要能源。對於持續5–30秒的高強度與速度的運動（如100–200公尺的短跑），ATP–PC系統為主要的能源，此時肌糖原藉由無氧糖酵解系統分解形成能量。

至於400–800公尺的耐力運動中，肌糖原則是主要的能量來源，並透過無氧和有氧系統產生ATP。有氧運動時，例如：5–10公里的路跑，肌糖原也是主要能量，再透過有氧糖解產過程製造ATP。一旦有氧運動持續2小時或長時間的半程和全程馬拉松，肌糖原、肝糖原，以及來自肌肉

和脂肪組織的脂肪陸續做為主要的燃料。表2.2
總結用於各種運動的能量系統和所需燃料。

開始運動時，身體會產生什麼變化？

當你開始運動時，在最初的幾秒鐘內不需氧氣就能產生能量，然後呼吸和心跳才會趕上能量的需求，因此形成體內乳酸的積累。隨著心臟和肺更加努力的工作，越來越多的氧氣進入體內，碳水化合物和脂肪因此進入有氧分解的過程。如果你的運動相較溫和（即氧氣供應量滿足你的能

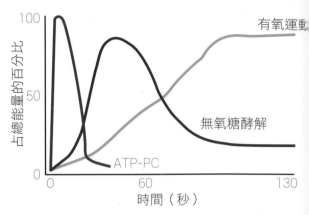

圖2.9 在不同持續時間的運動中能量系統的百分比貢獻

表2.2	不同類型的運動主要使用的能量系統	
運動類型	**主要能量系統**	**使用的主要儲存燃料**
短時間爆發且時間少於6秒	ATP–PC（磷化物）系統	ATP和磷酸肌酸
高強度持續達30秒	ATP–PC系統 無氧糖酵解系統	ATP和磷酸肌酸 肌肉糖原
高強度持續達15分鐘	無氧糖酵解系統 有氧系統	肌肉糖原
中高強度持續15–60分鐘	有氧系統	肌肉糖原 脂肪組織
中高強度持續60–90分鐘	有氧系統	肌肉糖原 血糖 肌內脂肪 組織
中高強度持續超過90分鐘	有氧系統	肌糖原 肝糖原 血糖 肌肉脂肪 脂肪組織

量需求），也就是說身體周圍有足夠的氧氣，因此可以比較容易去清除較早積累的乳酸。如果繼續進行有氧運動，那麼更多的氧氣會被運送到身體周圍，此時更多的脂肪將開始分解為脂肪酸，它們通過血液被帶到肌肉細胞，然後被氧氣分解產生能量。

實際上，無氧系統在進行任何運動的最初幾分鐘會搶先「爭取時間」，然後作用較慢的有氧系統才開始發揮其功能。當運動進行5–15分鐘時（取決於個人有氧健身的強度），體內主要使用碳水化合物（糖原）做為燃料來源。隨著運動時間增長，更多的氧氣被輸送到肌肉，身體將按比例減少使用碳水化合物，但增加對脂肪的消耗。

另一方面，如果你從事非常劇烈的運動（如快速奔跑），乳酸則會迅速在肌肉中積聚。氧氣的輸送一旦無法跟上巨大的能量需求，乳酸就會在體內持續積累，這時你感受到的是疲勞，讓你必須減緩速度，跑得慢一些或停止運動。因此，沒有人可以維持長時間的快速奔跑。

所以你在遠距離比賽或跑步訓練的一開始就跑得太快，你會很早感到疲勞，並被迫大幅度地放慢步伐，因此，搶先一步不一定會帶來任何好處。在比賽開始前進行熱身（像是散步、慢跑或簡單的肢體活動），讓心臟和肺部開始努力地工作，用以增加輸送到肌肉的氧氣量。以適當的速度開始比賽，逐漸提升到最佳速度，可防止大量的「氧債」，並避免體內糖原的早期消耗，如此一來，你可以調配出跑步的最佳節奏來維持更長的時間。

運動中，當體內能量需求突然超過氧氣供應的情況，無氧系統也可以「介入」來協助產生能量。例如，你使用與在平地上相同的速度上坡，能量需求便會增加，身體這時透過無氧系統分解糖原／葡萄糖以產生額外的能量。但是，由於乳酸會逐漸積累，因此只能維持很短的時間，之後可以透過有氧的方式去除乳酸，像是回程往下坡方向跑。

同樣的原理適用於間歇訓練中需要快速爆發力的活動，這時也是進行無氧運動，乳酸因此積累，然後藉由休息的間隔時間將乳酸消除。

什麼是疲勞？

以科學觀點來說，疲勞無法維持能量的輸出或運動的速度，造成訓練時肌肉對能量的需求與ATP形式的能量供應間的不平衡。跑者感到疲勞就不再能保持速度；足球運動員感到疲勞就會影響爭球的速度，同時減損他們的技巧；在健身房裡，你無法繼續舉重；做有氧運動時，你沒辦法保持步伐和強度。主觀來說，你會感受那項運動變得艱難，雙腿可能會有無力感，而且難以推動自己的身體。

為什麼無氧運動會產生疲勞？

從事爆發性的運動時，會涉及到最大能量的輸出，此時疲勞伴隨ATP和磷酸肌酸耗盡而產生。換句話說，身體對ATP的需求超過了當時的供應。

當運動持續30秒至30分鐘，疲勞就會因不同機制造成。這時人體中血液的乳酸代謝速度通常無法與乳酸產生速度保持同步，若高強度運動長達半小時，肌肉酸度持續增加，導致肌肉保持高強度收縮的能力降低。身體不可能永無止盡地持續高強度運動，因為肌肉中的急性酸性環境會抑制肌肉進一步的收縮，最終導致細胞死亡；當高濃度乳酸一旦產生，你會感到該部位的痠痛，這是人體的一種安全防護機制，用來防止肌肉細胞受到破壞。

此時，你需要降低運動強度來減緩乳酸產生的速度及減少乳酸積聚，並使肌肉切換到有氧能量系統，然後身體就能夠持續運動下去。

為什麼在有氧運動中會產生疲勞？

持續進行超過1小時的中度和高強度有氧運動，會造成肌糖原存量耗盡，會使人產生疲勞感，就像車子的汽油用盡一樣。人體肌糖原可供應的能量比脂肪提供的儲存少，至於肝糖原，可以幫助維持血糖水平，並為運動中的肌肉提供碳水化合物，但其儲存量也非常有限，最後，由於肌糖原和肝糖原的消耗和低血糖的關係，產生疲勞的感覺（見圖2.10）。

以中低強度運動持續超過3個小時以上，所產生的疲勞則有其它原因。當糖原儲存量耗竭，體內能量供應系統轉換成來自脂肪的有氧糖原系統，提供大部份（不是全部）低強度運動要用的能量燃料。儘管脂肪儲存量相對較大，但由於脂肪不能快速轉化成能量以滿足肌肉訓練中的能量需求，所以也無法無限期地提供能量。即使你放慢腳步，讓脂肪有時間轉化成能量滿足身體需求，卻還有其他因素也會造成疲勞，其中包括大腦血清素濃度升高致使整體疲勞感和肌肉的急性損傷，以及缺乏睡眠導致的身體疲憊。

如何延緩疲勞？

糖原幾乎用於所有類型的運動中，然而，運動前肌肉中以及某些情況下肝臟所儲存的糖原含量會直接影響運動表現。運動前肌糖原的儲存量越大，保持運動強度並延緩疲勞發生的時間就越長。相反的，次佳的肌糖原儲備則是導致早期疲勞、耐力下降、運動強度減弱及訓練效果降低的主要原因。

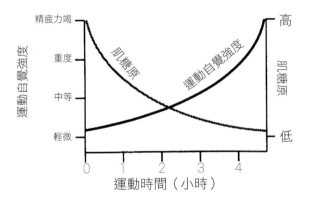

圖2.10 當糖原儲備耗盡時，運動自覺強度增加
引自：Costill, 1986

要藉由降低肌糖原消耗的速度來延遲疲勞，你可以採取調整自己的步調，從低到高逐漸增加一直到最佳強度來達到延遲疲勞的目的。

重點提示

· 人體使用三種能量系統：（1）ATP–PC或磷酸肌酸系統；（2）無氧糖酵解或乳酸系統；（3）有氧系統，包括糖解（碳水化合物）和脂解（脂肪）系統。

· ATP–PC系統為運動最大爆發力提供能量的最長時間為6秒。

· 無氧糖酵解可為短時間高強度運動提供能量，時間從持續30秒倒數分鐘，肌糖原是其主要的燃料。

· 運動強度減弱時，無氧糖酵解中產生的乳酸是進一步產生能量的寶貴燃料。

· 有氧系統通過分解碳水化合物和脂肪來提供能量，以達到長時間、次強度的運動。

· 影響能量系統和體內燃料使用類型的因素是運動強度和持續時間、體能水準和運動前飲食。

- 用於能量的肌糖原比例隨著運動強度的增加而增加，但隨著運動時間的延長而降低。

- 對於大多數持續時間超過30秒的活動，或多或少使用了所有三個能量系統，但只會由其中一個系統主導。

- 進行無氧運動時間短於6秒鐘所產生的疲勞，主要原因來自ATP和磷酸肌酸竭耗；持續到30秒至30分鐘時，則是反應乳酸積累和肌肉細胞的酸度。

- 超過一小時的中度和高強度運動所產生的疲勞通常是因肌肉糖原耗竭所致；當運動時間超過2小時，疲勞則與低肝糖原和低血糖有關。

- 對於大多數的活動，運動表現受肌糖原含量所限制，運動前的低糖原儲存量導致早期疲勞、運動強度減弱和訓練效果降低等現象。

碳水化合物
與運動表現

碳水化合物是幾乎所有類型活動的必須燃料，而儲存在肌肉和肝臟中的糖原含量直接影響你的運動表現。體內的高肌肉糖原濃度可以使訓練達到最佳強度，並獲得更好的訓練效果。相反的，儲量低的肌肉糖原濃度會導致早期疲勞，降低訓練強度和較差的運動表現。

顯然，糖原是任何類型訓練中最重要，也是最有價值的燃料。本章將說明碳水化合物的供應量與運動表現之間的關係。了解如何計算你的碳水化合物需求量，以及近來關於低碳水飲食與訓練的關係，並且分析碳水化合物相關的週期飲食與週期性碳水化合物食用的時間。

每種不同的碳水化合物都會在體內產生不同的反應，因此本章將就食用不同種類碳水化合物食物提供攝取建議。並提供關於升糖指數（GI）的全面資訊。升糖指數是每個運動員營養工具箱中非常重要的部分。最後，將討論在比賽前如何攝入碳水化合物的近期相關資訊。

肌糖原與運動表現的關係

碳水化合物對運動表現的重要性首先是由克里斯滕森（Christensen）和漢森（Hansen）於1939年證實，他們發現高碳水化合物飲食能顯著提高耐力（Christensen和Hansen，1939）。然而，直到1960年代科學家才發現耐力運動的能力與運動前糖原的儲存有關，而高碳水化合物飲食增加的就是糖原的儲存。

透過一項開創性的研究中，被分為三組的運動員，分別給予低碳水化合物飲食、高碳水化合物飲食或中等碳水化合物飲食（Bergstrom et al., 1967）。研究人員測量了腿部肌肉中糖原的濃度，發現食用高碳水飲食的運動員儲存的糖原量是食用中等碳水化合物飲食的運動員的兩倍，甚至是低碳水飲食者的七倍。

之後，運動員被指示以75%最大攝氧量的強度進行穩速自行車訓練，直到感受體力完全耗盡為止。那些食用高碳水化合物飲食的人最終堅持了170分鐘，相對於那些食用中等碳水化合物飲

食（115分鐘）或低碳水化合物飲食（60分鐘）的人維持更長的時間。（見圖3.1）

一小時五十五分鐘

普通（中等）飲食

每天應該攝取多少碳水化合物？

對於大多數運動員，科學家建議採用高碳水飲食，以補充肌肉糖原儲備，並達到最佳常規訓練的適應性。已經有大量證據表示，「高碳水化合物可用性」（即運動過程中糖原水平高和在運動過程中碳水化合物攝取高）可增強時間持續超過90分鐘，或高強度間歇性運動的耐力和運動表現（Hargreaues等人，2004；Coyle，2004；Burke等人，2004；ACSM／ADA／DC，2016；Burke等人，2011）。

此建議是基於以下事實：碳水化合物可用性是耐力型運動的限制因素，因為存在肌肉和肝臟的糖原儲存是受到限制的。這些糖原存儲的耗竭（碳水化合物可用性不足）就是疲勞與運動表現降低的結果。

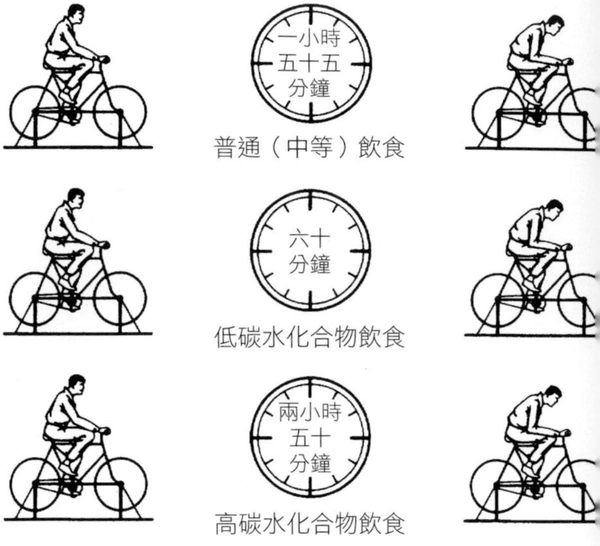

六十分鐘

低碳水化合物飲食

兩小時五十分鐘

高碳水化合物飲食

圖3.1 碳水化合物攝入量對運動表現的影響

如果你運動前的糖原儲備很低，以上現象就會很容易發生。因此為了讓超過90分鐘的鍛鍊或高強度間歇性訓練進行時能夠充分發揮訓練的成效，你應該確定每天的碳水化合物攝取量與訓練中所需消耗的能量需求相符，以此維持鍛鍊前的糖原儲備水平。這會提高耐力，延緩疲憊，並幫

表3.1	每日碳水化合物攝取量準則
活動程度	**碳水化合物攝取建議量**
輕度訓練（低強度或基於技能的鍛鍊）	每日3–5克／公斤
中等強度的訓練（每天約1小時）	每日5–7克／公斤
中高強度訓練（每天1–3小時）	每日6–10克／公斤
極高強度的訓練（每天>4小時）	每日8–12克／公斤

引自：伯克等人，2011年。

助你進行更長更強的鍛鍊（Coyle，1988；Costill & Hargreaues，1992）。

基於先前的研究，1991年國際食品營養與性能表現會議的共識聲明中建議，碳水化合物提供的能量比例應佔每日飲食的60–70%（Williams和Devlin，1992）。

但是，這種方法不是很實用，而且可能會誤導，因為它假定了一種最佳的能量（卡路里）參考值。它並不能為那些能量攝取量很高或很低的人建議最佳的碳水化合物攝取量。例如，對於每天消耗4000–5000大卡的運動員來說，從碳水化合物滿足60%的能量攝取（即600克以上）將超過其糖原的存儲能力（Coyle，1995）。相反的，一位每天消耗2000大卡的運動員，從飲食中得到能量有60%來自碳水化合物（即300克），又將不足以維持肌肉糖原的儲存。

於是，科學家建議根據你的體重和訓練量來計算你的碳水化合物需求（Burke等人，2011；國際奧林匹克委員會，2011；ACSM／AND／DC，2016；國際田徑總會，2007年；Burke等人，2004年；Burke，2001年；Schokman，1999年），因為你的糖原儲存能力與肌肉質量和體重大致成正比，也就是說，當體重越重，肌肉質量就越大，糖原儲存量就越大。又訓練量越大，為了供應肌肉作為燃料，對於碳水化合物需求就越多。這方法的彈性在於它考慮了不同訓練對於能量的需求，並且可以不用考量卡路里的總攝取。

高碳水化合物飲食是否可行？

對於能量需求非常高的運動員來說，高碳水化合物飲食法是有其困難的。許多富含碳水化合物的食物，例如麵包，馬鈴薯和義大利麵，體積份量都非常大也容易令人飽脹，特別當你的碳水化合物來源絕大部分是全穀物和高纖維食物。調查發現，耐力型運動員經常無法攝入建議的高碳水飲食量（Frentsos & Baer, 1997）。

這可能部分源於涉入熱量需求太多，另一部分是運動員們對攝取高碳水化合物的益處尚缺乏認識。有趣的是，大多數鼓勵使用碳水化合物的研究，都使用了液態的碳水化合物（即飲料）來補充膳食的不足。

環法自行車手和超遠程運動員每天需要超過5000大卡的熱量，而他們每日的碳水化合物攝取來源有高達三分之一是液體。因此如果你發現高碳水化合物飲食有困難，可嘗試少量多餐，並以液體形式（例如代餐產品和碳水化合物飲料）來補充食物中碳水化合物的不足（請參閱第155頁）。

根據你的運動強度，表3.1列出每日每公斤所應攝取碳水化合物的含量（Burke，2011年）。大多數每天訓練最多1個小時的運動員需要約每公斤5–7克碳水化合物，但是在密集訓練期間，就可能增加到每日每公斤6–10克碳水化合物。例如，一位每天訓練1小時的70公斤運動員：

· 碳水化合物攝取量=每公斤5–7克碳水化合物

· 每日碳水化合物的建議攝取量=（70×5）–（70×7）=350–490克

低碳水飲食與運動表現

儘管人們普遍認為，要讓那些日復一日的耐力訓練有最好的適應性，就需要利用高碳水化合物飲食來補充肌肉糖原的儲備，對於低碳水化合物與高脂肪（LCHF）飲食法可能的益處仍存在諸多爭論。

該策略的主要思考在是將脂肪當作長時間耐力運動提供的主要燃料，藉此，當碳水化合物可利用量低下，或「低糖原訓練策略」（即肌肉糖原存儲量低且運動期間不攝取額外碳水化合物）的情況下進行訓練，將增強耐力訓練的適應性，同時「訓練」肌肉在運動過程中燃燒更多的脂肪，保留寶貴的糖原，讓肌肉更容易獲得含量豐富的能量來源。換句話說，低糖原訓練策略可能會提高身體燃燒脂肪的能力，最終在超過90分鐘的耐力運動達到更好的運動表現。

這種針對訓練發展出來的新飲食配合訓練方法當然與傳統建議形成鮮明對比。傳統的建議相信訓練過程應始終以高碳水化合物可用性（有高糖原水平並且在訓練過程中攝取碳水化合物）來完成運動。

低碳水化合物飲食有什麼好處？

近年來許多研究陸續探討低碳水化合物高脂肪飲食是否可以增進肌肉燃燒脂肪的能力，進而增加耐力，此類第一批研究是康乃狄克大學於1983年進行的（Phinney et al., 1983）。實驗中，研究人員發現食用低碳水化合物高脂肪飲食4週的運動員，在經歷訓練精疲力竭之前，能平均增加4分鐘的運動量。然而，這是一篇取樣較差的研究，結果也出現誤導。首先，該研究只有五名受試者（數量很少），其中兩名感覺耐力的顯著下降。另外兩名受試者的耐力有小幅度的增加，只有一名受試者的耐力有很大幅度的提升，這樣的結果使得總體研究產生了一些偏差。其次，研究中所實施的運動是在相對較低的強度下進行（最大攝氧量為64%），而不是競賽的強度，這個研究認定也偏離大多數競技運動員的狀況。

從這篇研究後，更多研究陸續發表，採用低碳水化合物高脂肪飲食可以增加肌肉脂肪的儲存和燃燒，並提高肌肉在運動過程中從血液利用脂肪的能力（Muoio et al., 1994; Helge et al.,2001;Lambert et al., 1994）。

進一步的研究則發現，「低糖原訓練」可增進肌肉代謝的適應性：提高粒線體生成過程相關的幾種酶的水平（新的粒線體的形成），讓粒線體的數量增加，以及增加肌肉中脂肪氧化酶的水平（Bartlett et al., 2015;Lane et al.,2015; Hansen et al., 2005; Yeo et al., 2008;Hawley et al., 2011）。因此，透過低碳水化合物可用性的飲食法指出，訓練適應性可能會增強，肌肉利用脂肪作為能量來源的能力也可能會增強。

2005年，丹麥研究人員從一群運動新手身上發現，他們的耐力適應性和運動表現增強，此研究中受訓的新手們，半數是在肌肉糖原耗竭狀態下進行的（每天訓練兩次，因此第二次是在糖原耗竭的狀態），有別於另外半數在糖原完全負載狀態下進行運動（Hensen等人2005）。澳洲皇家墨爾本理工大學（RMIT University）於2008年進行的一項研究發現，那些糖原可用性低下的自行車手進行部分訓練時，體內脂肪燃燒的線粒體酶較高。（Yeo et al., 2008）。然而根據伯明翰大學（University of Birmingham）於2010年進行的一項研究發現，那些在「低糖度狀態下」騎自行車的人，他們的脂肪氧化作用要比在高糖原水平訓練時來的高（Hulston et al, 2010）。

採用「低糖原訓練策略」最簡單方法之一，是藉著睡眠禁食一夜後，隔日早晨進行次高強度的訓練。根據比利時研究人員發現，與非禁食訓練（即高碳水化合物可用性飲食）相比，此方法可以使自行車手的脂肪氧化酶水平更高（Van Proeyen et al., 2011）

澳洲、瑞典和馬來西亞研究人員於2015年各別進行的研究中發現，自行車手在前一天晚上進行了高強度訓練後，先禁食2小時隔天早晨就接著低強度鍛鍊，即「高強度訓練，睡眠，低強度訓練」（Train high, sleep low，見右圖），自行車手體內的肌肉糖原含量低，但代謝適應性基因的轉化水平高於那些糖原含量在較高狀態下進行相同訓練的人(Lane et al., 2015)。換句話說，人體在低碳水化合物儲存量進行長期且定期的訓練，反應在訓練適應力方面，可能有所助益。

然而，從這項自行車運動研究中顯示，肌肉適應性的指標儘管有所增加，但在運動表現方面並沒有改善。研究中揭露：「低糖原訓練」阻礙了自行車手進行高強度訓練的能力，他們的力量輸出明顯降低，對於競技運動員來說，這顯然是不利的。

有趣的是，這些影響只有在菁英或訓練有素的運動員中才能觀察的到，並且在某些研究中提出的運動表現改善的優勢，僅適用於在從事低於最大攝氧量65%強度的運動，即是中度穩定的速度。面對較高的運動強度，碳水化合物終究是主要的燃料來源，這現象被稱為「交叉點」。在一定的強度下，人體開始燃燒比脂肪更多的碳水化合物。所以，對於狀態較差的運動員或未經訓練的人，訓練強度大於最大攝氧量65%以上的人，長期接受低碳水化合物高脂肪做為飲食計劃，不能保證運動表現的優勢（Burke et al., 2004）。

儘管如此，低碳水化合物高脂肪飲食在某些情況下可能有益於運動表現，或至少不會有害。低碳水化合物高脂肪飲食可能適合進行低強度到中等強度訓練的人（例如超耐力跑步者），以及想減重的人或是患有2型糖尿病或胰島素阻抗的運動員（當你的細胞對胰島素的敏感性降低時，無法有效地將碳水化合物當成燃料）。一些研究表示，低碳水化合高脂肪飲食可能比傳統的低脂飲食更能減輕體重，但大規模的資料分析的證據則說，此種飲食法在降低體重和胰島素阻抗方面

「低糖原訓練策略」（training low）

限制碳水化合物的攝取和執行低糖原狀態下的訓練，即「低糖原訓練策略」會改變你的整體休息時的燃料代謝，和運動過程中的燃料利用方式。它觸發了與急性調節過程相關的酶和基因表現，從而調節對運動的適應性反應。產生最大的線粒體酶活性，線粒體含量增加，氧化脂肪的能力增加，以及對葡萄糖作為優先基質的依賴性降低。

「低糖原訓練策略」方式

執行「低糖原訓練」的方法有很多。包括：

長期低碳水化合物飲食

攝取低碳水化合物的飲食（即攝取比訓練所需的能量更少的碳水化合物），並在所有訓練時也採取「低糖原訓練」。這種方法可以改善脂肪適應性，但會降低高強度運動的能力，也可能降低免疫功能，增加患病的風險。

一整夜禁食後進行訓練

這也許是最流行的「低糖原訓練」方法，也是最容易執行的。經過一夜的禁食，並在早餐前進行訓練，並且不在訓練期間攝取碳水化合物（Van Proeyen et al., 2011）。

高強度訓練，睡眠，低強度訓練

晚上進行一次高強度的訓練，以消耗肌肉糖原，隨後一夜禁食，使得肌肉糖原儲存無法被補足。第二天早上，空腹進行一次輕度的訓練（低糖原訓練）。接著，正常攝取整天的食物，來補充糖原儲備。也就是說，在進行高強度訓練階段時，能在碳水化合物可用性較高時完成，而低強度訓練階段時，能在碳水化合物可用性較低時完成（Lane et al., 2015）。

每天訓練兩次

每天兩次訓練間，第一次（高強度）訓練時，要在碳水化合物可利性較高的狀態下執行，而第二次（低強度）訓練時，要在碳水化合物可利用性較低的狀態下執行（Yeo et al., 2008）。如此一來，在第一階段訓練之後，已限制了碳水化合物的攝取，然後在第二階段訓練後，攝取高碳水化合物的飲食來形成循環。

長時間訓練不攝取碳水化合物

在90分鐘以上的長時間訓練中，不攝取碳水化合物，這等於後半段的訓練，是在肌肉糖原含量低的情況下進行（Morton et al., 2009）

恢復期間無碳水化合物

運動後1–2小時內避免攝取碳水化合物，有可能達到更佳的訓練適應性（Pilegaard et al., 2005）。但是，運動後所需的恢復時間可能拉長。

並沒有一定的效果（Pagoto & Appelhans, 2013; Hu et al., 2012; Johnston et al., 2006）。減重最好的方法就是讓卡路里的攝取不足，還能夠長期維持的飲食。

低碳飲食會改善運動表現嗎？

儘管肌肉中的脂肪增加了用作能量來源的途徑，但迄今尚無明確證據表示，長期食用低碳水化合物高脂肪飲食，或是採取低碳水化合物可用性的訓練來減少糖原儲備，有助於提高訓練能力或提高運動表現（Hawley & Leckey, 2015; Maughan & Shirreffs, 2012; Hawley et al., 2011; Morton et al., 2009).）。綜合分析研究得出的結論是恰恰相反的，長期採取低糖原儲存的訓練，反而會阻礙肌肉在高強度運動時，儲存和利用碳水化合物的能力（Burke, 2010）。

加拿大圭爾夫大學有一項具有里程碑意義的研究，研究人員發現，騎自行車的人在連續五天攝入低碳水化合物高脂肪飲食，然後接著攝入一天的高碳水化合物飲食之後進行有氧運動時，能夠更好地利用脂肪作為燃料（研究中，進行的最大攝氧量為70%，20分鐘的騎行過程多燃燒了45%的脂肪，少燃燒了30%的碳水化合物），但是即使他們的糖原存儲已在試驗前充分補足，在高強度運動的試驗中，他們使用碳水化合物作為燃料的能力卻降低（Stellingwerff et al.,2006）。研究人員得出結論，低碳水化合物高脂肪飲食會導致碳水化合物燃燒酶的下調。對於大多數運動員來說是不利的，因為大多數比賽項目都關乎高強度，衝刺或戰術上的節奏變化。

美國堪薩斯州立大學研究人員對20項研究的分析得出結論，低碳水化合物高脂肪飲食無助於菁英運動員的優勢表現，所有運動員（非頂尖族群），卻可以受益於高碳水飲食（Erlenbusch et al., 2005）。

大量研究證明：碳水化合物（而非脂肪）是高強度耐力運動的主要燃料，而碳水化合物的可用性是影響運動表現的限制因素（Hawley & Leckey, 2015）。

澳洲和英國的研究機構做了一項研究，跑者利用跑步機上，以其半程馬拉松95%的速度進行測試，在試驗前攝入不同營養價值的運動餐點（Leckey et al., 2016）。實驗給予試測驗者一和二組的參與者食用果凍形式的碳水化合物，試驗者三和四組的參與者則禁食一夜，再給予無熱量的安慰劑果凍。為了測試當限制使用脂肪作為燃料，是否會阻礙跑步的運動表現，另外給予試驗組二和四組參與者菸鹼酸，這可以阻止在試驗進行中身體去利用儲存的脂肪。研究發現，四組實驗者的跑步距離（20–21公里）或達到體力耗竭的時間（約85分鐘）並沒有差異，這表示即使抑制脂肪分解（脂肪分解），也不會影響運動能力。換句話說，碳水化合物是高強度運動（約最大攝氧量80%）中使用的主要燃料（83–91%）而脂肪僅起到相當小的作用。

低碳水飲食的缺點是什麼？

在低糖原儲存的狀態下進行訓練的缺點主要是會降低你進行高強度運動的能力，使運動感覺更困難，並且降低能量輸出和速度等，甚至根本

無法做什麼高強度的訓練。那些在糖原耗竭狀態下訓練的運動員，他們傾向選擇較少也較低的訓練，因為高強度運動在開始便感到困難。

開普敦大學研究發現，低碳水化合物合併高脂肪飲食，會使得100公里騎行的試驗者在衝刺階段運動表現下降（Havemann et al, 2006）。那些連續六天採用低碳水化合物高脂肪飲食，接著一天再攝取高碳水化合物飲食的自行車手，與那些在7天都是攝取高碳水化合物飲食的自行車手相比，在100公里賽程的衝刺階段，無法產生同等的能量輸出。另外，英國伯明罕大學的一項研究從訓練有素的自行車手身上，測得低糖狀態下訓練的人和在高糖狀態（高碳水化合物可用性）下訓練的人相比，在一小時計時賽中的運動表現並沒有差別，但是，採低糖飲食計劃組在執行高強度間歇訓練時的能量輸出明顯降低。近期，一項針對競技山地車手的研究發現，那些遵循低碳水高脂肪飲食的人，在高強度運動時，會出現能量輸出和運動表現下降的現象（Zajac et al., 2014）。

反覆的「低糖原訓練策略」的另一個缺點是容易生病，受傷和過度訓練（短期過度訓練）。過度訓練的主要症狀是運動表現下降，休息和運動時的疲勞感強烈，以及情緒狀態改變。英國伯明罕大學的一項研究發現，當跑者在執行連續11天的強度運動時，攝取高碳水化合物飲食（每日8.5克/公斤）的跑者運動表現會比攝取「正常」碳水化合物（每日5.4克/公斤）更好，疲勞程度也更低，並且能有較好的情緒狀態（即，出現過度訓練的症狀更少）（Achten et al., 2004）。

在歷經連續幾天的高度訓練，所有運動員的運動表現均會下降，但攝取高碳水化合物飲食之運動員的表現明顯好得多。因此，很難理解運動員在低碳水化合物飲食下是如何應付訓練的負荷。在此，作者推測，訓練品質在此期間也是隨之下降，因為即使是攝取一般正常的碳水化合物份量，就會導致運動表現降低。

你可以在運動前或運動中服用咖啡因（1–3毫克/公斤，相當於70公斤的運動員攝取70–210毫克）來克服運動能力的下降。在一項研究中，那些糖原耗盡的自行車手，於騎行4公里的試驗之前先攝取一些咖啡因，他們的運動表現就比未攝取咖啡因的人好，但是與那些糖原沒有耗盡狀態下的自行車手相比，他們的表現是一樣的（Silva-Cavalcante etal., 2013）。澳洲研究人員也表示，在進行高強度間歇訓練之前1小時攝取咖啡因，能改善糖原耗盡後的能量輸出（Lane et al., 2013）。然而，這樣的能量輸出仍然低於他們有正常糖原存儲量時進行相同訓練的能量輸出。簡要歸納，咖啡因可減少運動中的勞累和疲

低糖訓練，高糖競賽？

「低糖訓練」及「高糖競賽」的概念在菁英運動員中已經是非常流行的。該策略包括在比賽前以低碳水化合物可利用性進行訓練，然後在比賽前再採取高碳水化合物飲食（Hawley & Burke, 2010）。這個想法的概念是，「低糖原訓練」會迫使肌肉適應去使用脂肪而不是碳水化合物作為燃料，並增強肌肉對訓練的適應性，而在比賽前以高碳水化合物利用率進行訓練，能為持續90分鐘以上的比賽中應能提供運動表現優勢。但是，研究表示，長期利用脂肪當作燃料實際上會損害人體使用糖原的能力，迄今為止也未能顯示出任何重要的運動表現優勢。大多數來說，碳水化合物仍是較優先的燃料來源。

勞感（請參見第118頁）。

另一種替代方案是在訓練過程中採用「碳水化合物漱口」(carbohydrate mouth–rinsing)法（請參見第63頁），以幫助你保持訓練強度（或至少避免明顯的降低），並防止肌肉蛋白質分解（Bartlett et al., 2015）。碳水化合物漱口法（完整的在嘴裡沖洗浸潤碳水化合物液體，再將此液體吐出）可讓中樞神經系統（大腦）產生作用，以掩蓋疲勞感，減少勞累的感覺，從而持續更長的運動時間。

運動營養完全指南

漱口和吐出的動作，會刺激口腔感應器，該感應器會告訴大腦將要攝取碳水化合物。如果能夠將此碳水化合物液體吞下，利用其中所含的熱量可能會更有效果，但對於那些想要執行低糖原訓練，或是在高強度運動中掙扎於低碳水計劃的運動員來說，這是一個好的策略。結合使用以上兩種方法可以帶來更大的表現。利物浦約翰·摩爾大學（Liverpool John Moores University）於2015年進行的一項研究發現，在低糖狀態下執行高強度間歇訓練過程時，有使用碳水化合物漱口和攝取咖啡因的運動員，比那些只漱口但不攝取咖啡因的運動員延長了13分鐘的運動，更比那些沒有漱口也不攝取咖啡因的運動員（安慰劑），延長29分鐘的運動量（Kasper et al., 2015）。

目前，為什麼低糖原訓練無法轉化為有效的運動表現，這的確切原因尚未不明，研究人員認為這可能是因為研究時間太短，而無法衡量運動表現的改善，或這些運動表現的改善與先前所觀測的指標沒有關係，又或是研究人員無法有效衡量與察覺出在現實競賽中，已經發生的運動表現之改變（Burke, 2010）。此外，可能是因為「低糖原訓練」的缺點（即降低訓練的數量和強度）抵消潛在的好處（Hawley & Burke, 2010）。換句話說，「低糖原訓練」事實上可能反而損害糖原生成，而不是保留糖原（Stellingwerff et al., 2006）。

值得注意的是，來自肯亞和埃塞俄比亞的世界頂級耐力運動員，他們攝取的高碳水化合物達9–10克/公斤，符合當前ISSN和美國運動醫學學院的建議，也似乎印證了低碳水化合物與高脂肪飲食法與運動表現的背道而馳（Onywera et al., 2004; Beis et al., 2011）。

碳水化合物週期化訓練

該領域是個正在進行中的研究，一些菁英運動員嘗試一種稱為「碳水化合物週期化訓練」的新策略，該策略在運動計畫中，將短期的「低糖原訓練」納入其中。

許多耐力運動員遵循這個週期的訓練計畫，藉此調整碳水化合物在不同階段的攝取量，並反映每個訓練週期的不同訓練需求。在低強度訓練時或訓練週期剛開始時，最適合採用「低糖原訓練」方案。相反的，在運動員準備挑戰比賽需要體能達到巔峰時，以較高的強度或在訓練週期的後期，進行「質量」訓練時，最好確保是在碳水化合物可用性較高的體況下進行。

基本上，低強度訓練會在低糖原儲存下開始進行，高強度訓練則會在高糖原儲存下進行。這樣的概念將碳水化合物的攝取量與你的訓練量相互匹配，用以改善「代謝靈活性」，即肌肉在燃燒脂肪和碳水化合物之間進行轉換的能力，目的是兼顧身體組成和運動表現。這種雙重優勢的好處是，一可利用「低糖原訓練」（即脂肪適應）的好處，二可以保持高強度訓練時所應有之運動表現。

總之，低糖原飲食對進行高強度的鍛鍊，對你是不利的，如前所述，你會感覺困難得多，也

就是說，運動員感覺他們不能像往常一樣保持高能量輸出。然而，你可以在「低糖原訓練」之前和期間服用咖啡因，和/或在鍛鍊期間利用碳水飲料漱口法解決問題（請參閱第44頁）。

低糖原訓練和高糖度訓練之間取決的平衡有許多因素，包括訓練目標，訓練的頻率和強度，生活方式和個人體組成。顯然，每個人對飲食和訓練方式的反應都不一樣，沒有一種適合每個人的方法。但是，將糖原耗損和糖原滿載的訓練方法結合到你的訓練計畫中，可以提高你身體使用燃料的效率。

碳水飲食週期化有何益處？

對增進運動表現而言，此飲食訓練看來已有成效。法國、澳洲和英國的研究人員共同進行研究，讓鐵人三項運動員採用碳水化合物週期化訓練策略（以高碳水化合物飲食應付晚間的高強度訓練，再經由睡眠期間，空腹不進食來應付晨間的低強度訓練，也就是「高強度訓練，睡眠，低強度訓練」）3週後，與那些全程訓練都接受高碳水化合物訓練的人相比，他們的騎行效率（每大卡熱量可產生的能量輸出）提高了11%，10公里跑步表現提高了2.9%，高強度運動中的力竭時間提高了12.5%，體脂肪也減少了1%（Marquet et al., 2016）。一項針對相同團隊進行的後續研究發現，在短短六天內使用「低糖度儲存睡眠」（sleeping low）的策略即睡前人體就是低糖原儲存可將20公里計時賽的表現提高3.2%。

近期，澳洲體育學院的一項研究在21位競走比賽中的菁英，比較了高碳水化合物飲食（60–65%碳水化合物），週期化碳水化合物飲食（相同的巨量營養素，但在一天之內或幾天之內週期化的分配）和低碳水化合物高脂肪飲食（碳水化合物<50克）的運動表現差異。但只有採用高碳水化合物或週期化碳水化合物飲食的運動員，才提高了10公里路跑的比賽表現。而低碳水化合物高脂肪飲食的運動員則沒有任何進步。儘管他們在運動中燃燒的脂肪比例較高，但它們肌肉產生能量的效率降低，影響的關鍵是，不論任何速度都需要夠多的氧氣。

這些結果顯示，在特定的訓練階段中採用週期化碳水化合物飲食（即在低強度的訓練提供低的碳水化合物可利用性）的確可以產生有利新陳代謝的適應性、改善運動表現還可以強化身體組成。

如何執行週期化碳水化合物飲食？

簡單來說，「週期化」意思是將你的訓練拆分為更短，更易於管理的「週期」，每個週期進行特定要素的訓練（例如有氧耐力、速度、強度、力量），然後再進入下一個「週期」。最長的周期稱為大周期，通常以一年為限。然後將這一年分成2–6個較短的訓練週期，稱為中周期，每個中周期會跨越幾個星期。各個中周期都強調特定的訓練目標，例如有氧耐力，肌力或速度，並漸漸增加強度。接著，將每個中周期劃分為一周一周的微週期，並在這些微週期中計畫每天不同的訓練內容。

基礎訓練階段

這個階段著重進行較長且低強度的訓練，目標是建立耐力來增加新陳代謝靈活性。處於「建構」階段不需要大量的碳水化合物，所以可以採取「低碳水化合物」來應付部分階段的訓練。

另外，如果你需要達到身體組成的調整目標（降低體內脂肪或增加肌肉），那麼就可以在這個階段進行。「低糖原訓練」的執行方法有很多種。例如你可以選擇全天攝取低碳水化合物及高脂肪的食物，那麼你會在低糖度狀態下執行所有的訓練課程。這種方法可以改善脂肪的適應性，缺點是你在進行高強度訓練時會感到吃力。當運動強度超過最大攝氧量（VO2max）的65%時，碳水化合物便是主要的燃料來源。低碳水化合物飲食若同時配合高強度的訓練計畫，容易導致免疫功能降低並增加患病的風險。

最實用的方法是在一夜的禁食後，使用早餐前空腹進行訓練，然而應該是一個低強度的訓練課程。如果你想在晚上進行低糖原訓練，那麼請在午餐時間減少碳水化合物的攝取（主要攝取高蛋白食物和蔬菜），然後在晚上訓練後和早餐時食用碳水化合物。

有一些自行車手使用「高強度訓練，睡眠，低強度訓練」方式。晚上進行高強度的訓練，以消耗肌肉糖原，隨後經過一夜禁食，讓肌肉糖原儲藏無法被補足。第二天早上，空腹進行一次輕度的訓練（低糖原訓練）。接著，在一天的剩餘時間裡以正常的飲食來補充糖原儲備，讓隨後的

微週期飲食計畫範例

此範例飲食展示如何在48小時的訓練課程期間內，調整計畫你的飲食。

第一天（高強度訓練）

早餐：粥，香蕉，蜂蜜。

點心：水果，堅果。

午餐：飯，雞肉，蔬菜。

點心：水果，吐司，蜂蜜。

夜間訓練（高強度訓練時）：運動飲料，香蕉，能量膠或果乾。

訓練後：蛋白質飲料。

晚餐：烤魚，沙拉。

第二天（低強度訓練）

早餐（選擇性）：雞蛋。

早上訓練期間（長時間，低強度）：水。

訓練後：碳水化合物和蛋白質飲料。

點心：吐司，蜂蜜，優格，水果。

午餐：義大利麵，魚，沙拉。

點心：水果，堅果，燕麥棒。

晚餐：地瓜，雞肉，蔬菜。

高強度的訓練可以在較高的碳水化合物利用性狀態下進行，而低強度的訓練就在較低的碳水化合物可用性狀態下進行。

如果每天進行兩次訓練，你可以在碳水化合物可用性較高的情況下進行第一次（高強度）訓練（即訓練期間糖原水平高且運動期間攝取碳水化合物），而在碳水化合物利用性較低的情況下進行第二次的（低強度）訓練。第一次的訓練後停止攝取碳水化合物，然後在第二次的訓練後，再攝取高碳水化合物的食物。

發展（賽前）階段

這是強度增加的階段。訓練模式從長時間的有氧運動切換到以速度和能量輸出為目標，逐步要求更短、更困難的高強度訓練。由於碳水化合物是進行任何高強度運動的主要燃料，因此在進行重要的訓練之前，請確定已充分攝取碳水化合物。你需要在訓練前，訓練中和訓練後吃更多的粥、義大利麵和馬鈴薯，並補充含有糖份的食物（例如香蕉、果乾、運動飲料、能量棒和能量膠）。攻頂大山或衝刺訓練前若缺乏碳水化合物會影響你無法產生預期的力量輸出和速度。但是你仍然可以在你的微週期中採取「低糖原飲食訓練」（請參見第47頁）。基本說來，這個階段就是需要足夠的精力來達成訓練目標。

比賽階段

接近重要比賽的時候，訓練量通常像倒三角錐下降，在這段時間，練習的總量減少，但增加頻率做短而高強度的訓練。總體上你會消耗較少的熱量，這時為了避免體重增加，就需要調整食物攝取量。當你的比賽時間超過90分鐘，碳水化合物負載總量就相當重要，其中包括增加碳水化合物（每日10–12克/公斤）攝取量，並在運動前的最後36–48小時內減少脂肪攝取。在比賽當日，將碳水化合物做為最重要的燃料，許多研究證實，在高強度運動中攝取碳水化合物，運動表現能得到顯著改善。環法自行車賽的車手，在比賽中會對碳水化合物攝取採取週期化的策略，遇到賽程較長較艱難的路段，車手攝取的碳水化合物比起難度較低時增多。選手們在賽後也會攝取更多的碳水化合物，為下一階段補足能量。

休息階段

當比賽結束正在休養生息時，維持週期化飲食仍然重要。當你消耗的熱量相對變少，因此，如果要避免體重增加，就需要調整碳水化合物（並檢查脂肪和酒精）的攝取。一些教練建議，在休息階段期間，體重的增加不應該超過比賽體重的5–8%。

微週期的營養攝取

應付任何一週不同的培訓計劃，都有比較辛苦和較輕鬆的過程，而你的營養攝取量也應該反應這一點。在高強度的訓練前吃適量的碳水化合物，不但能應付更挑戰的訓練也會最大程度地提高訓練的效果。相反，休息日和較輕鬆的訓練，就不需要相同的攝取量，所以這些天可以減少碳水化合物和總熱量的攝取。如果你剛好想減掉幾公斤的體重，同時有足夠的精力去應付訓練，這種有彈性的飲食搭配你的訓練計劃特別有效。

訓練與免疫力

在激烈的訓練期間或緊接著耐力比賽之後，許多運動員覺得他們變得更容易感染輕微的呼吸

道疾病，例如感冒和喉嚨痛。中等以上強度的訓練可以增強你的免疫系統，但是長時間的劇烈訓練則會降低免疫細胞的功能。此類變化導致防護能力「門戶大開」，此時，病毒和細菌比較易侵入，增加了感染風險。一般認為，劇烈運動與壓力激素（如腎上腺素和皮質醇）的水平升高有相當的關係，因此而抑制免疫系統。其它因素，如壓力、睡眠不足和營養不良也會降低免疫力。

一個健康的飲食計劃能滿足你能量需求，並提供免疫細胞功能所需充足微量營養素（鐵、

什麼是「代謝效率」？

代謝效率（Metabolic efficiency, ME）的概念最早是由運動營養師和運動生理學家鮑勃・西博哈（Bob Seebohar，2014）在2014年所提出，指的是人體在不同運動強度下利用存儲的碳水化合物和脂肪的能力。理論上，透過改善代謝效率，應能夠保留有限的糖原儲備，並增加脂肪燃燒能力。「代謝效率」訓練的重點是低強度的有氧訓練，通常包括策略性的「低糖原訓練」課程（請參閱第39頁），和「適度」的碳水化合物攝取量。在耐力和超耐力運動員中，這是一種頗為流行的訓練方法，可以改善運動表現和身體組成分（減少脂肪）。由於在訓練過程中不攝取碳水化合物，因此它也可能適合運用在那些在比賽中容易出現胃腸道問題（請參閱第285頁），並且難以吸收碳水化合物的運動員。

對於遵循週期化訓練課程的運動員，代謝效率訓練最好在基礎訓練階段進行。此階段進行較多的低強度有氧運動，較少的高強度訓練。適應性的產生通常需要4到10週。主要營養策略概述如下：

血糖控制

要做到這一點，可以吃低升糖的食物，均衡的攝取碳水化合物、蛋白質和脂肪，並強調高纖維食物（例如全穀物、水果和蔬菜）的攝取。鮑勃・西博哈建議碳水化合物的攝取量應「適度」而不是過低，並依照週期化的訓練課程，根據不同能量需求，配合調整碳水化合物的攝取量。

營養攝取時間

西博哈Seebohar建議在長時間的低強度訓練前2–4小時食用低升糖餐，並避免在低強度課程訓練期間攝取其它碳水化合物（例如運動飲料、能量棒、能量膠和果乾）。訓練課程後，可以攝取含蛋白質和碳水化合物的餐食或點心來補足能量。

鋅、鎂、錳，維生素A、C、D、E、B6、B12和葉酸），同時是維持免疫防禦能力重要的一環。因為在較艱難的訓練階段執行短期的節食，都可能會導致免疫功能喪失，使你更容易感染。

以下是一些避免與訓練相關免疫力低下的有效方法：

· 平衡熱量的攝取與消耗量–攝取不足會增加皮質醇水平。

· 食用富含營養素能增強免疫力的食物–維生素A、C和E，維生素B6、鋅、鐵和鎂。最佳來源是新鮮水果、蔬菜、全穀類、豆類、扁豆、堅果和種子。

· 避免低碳水化合物飲食。糖原存儲量低下與皮質醇水平的增加，和免疫細胞的抑制有關。

· 在持續時間超過1小時的劇烈運動中，補充運動飲料（每100毫升約含6克碳水化合物，每小時提供30–60克碳水化合物）。這可以降低運動後壓力賀爾蒙，防止免疫力的下降（Bishop, 2002）。

· 多喝水。可以增加唾液的產生，其中包含的抗菌蛋白可以抵抗經由空氣傳播的細菌。

· 在執行高強度訓練期間，適量的抗氧化補充劑或維生素C補充劑，有助於降低上呼吸道感染的風險（Gleeson, 2011）。在一項關於超級馬拉松運動員的研究中，比賽前7天每天服用維生素C補充劑（1500毫克）的人，在比賽後呈現較低的壓力賀爾蒙，這表示他們免於感染的防護力更高（Peters et al., 2001）。

· 麩醯胺酸補充劑可以減少感染的風險。劇烈運動後體內麩醯胺酸水平最多可下降20%（Antonio, 1999），使免疫系統承受更大的壓力。

· 艱苦的訓練過程可以服用4週的紫錐菊，有助於刺激人體自身的免疫細胞生成，增強免疫力並降低患感冒的風險（Karsch–Völk et al, 2014）。

· 劇烈訓練期間服用槲皮素補充劑（1000毫克/天）可降低上呼吸道感染的風險（Nieman et al., 2007）。

· 益生菌補充品有助於減輕呼吸道疾病的嚴重程度和持續的時間，並增強免疫力（Gleeson, 2008）。

· 規律的在一天口含醋酸鋅含片（相當於每日劑量>75毫克鋅），可縮短感冒時間達40%（Hermila, 2011）。但是吞服鋅片單劑的效果未有證實。

哪種碳水化合物最好？

碳水化合物通常根據其化學結構進行分類。最簡單的方法是將它們分為兩類：單醣（糖）和複合多醣（澱粉和纖維）。這些術語是指分子中糖單元的數目。

簡單的碳水化合物是由1或2個糖單元所組成。這些非常小分子包含單醣（1個糖單位）：

如葡萄糖（葡萄糖），果糖（水果糖）和半乳糖；雙糖（2個糖單位）：如蔗糖（食用糖，由葡萄糖和果糖分子結合在一起）和乳糖（由葡萄糖和半乳糖分子結合在一起）。

複合多醣是較大的分子，通常由成百上千個的糖單元（主要是葡萄糖）連接在一起。它們包括澱粉、直鏈澱粉和支鏈澱粉，以及非澱粉多醣（膳食纖維），例如纖維素、果膠和半纖維素。

在單醣和複合多醣之間的是葡萄糖聚合物和麥芽糊精，包含3至10個糖單元。它們是由玉米澱粉在食品加工過程中部分分解而成，廣泛用作調味食品的膨脹劑和增稠劑，例如調味料、乳製甜點、嬰兒食品、布丁和軟性飲料。它們相對於蔗糖具有較低的甜度和較高的能量密度，因此是運動飲料和代餐中的常用成分。

實際上，許多食物都包含簡單碳水化合物和複合碳水化合物，這使得傳統的食物分類為「單」和「複合」等非常混亂的糖類。例如，餅乾和蛋糕包含麵粉（複合多醣）和糖（簡單醣），而香蕉取決於它們的成熟程度包含糖和澱粉。

糖對運動員有害嗎？

糖是一種碳水化合物，這意味著它是人體的能量來源之一。儘管有許多負面評論，但是少量的糖不太可能會造成傷害，並且，只要你在運動期間保持適當的糖攝取量，它可能對你的運動表現有所幫助。持續超過一個小時的高強度運動中，以固體食物（例如香蕉、果乾、能量膠或能量棒）或飲料的方式來攝取補充糖分，可以維持血糖濃度，節省糖原並增加耐力。在長時間劇烈運動後的2小時內，糖也有助於促進快速的糖原補充。

然而，糖的主要問題之一是引起齲齒。研究表示，攝取大量運動飲料、能量棒和凝膠的運動員們，有嚴重的蛀牙和齲齒問題（Needleman等人，2015）。這些含糖量很高的補給，在運動過程中經常食用，對牙齒尤其有害。糖的另一個問題是它沒有真正的營養價值（除了提供能量）。它使食物和飲料更可口，易於過度食用。儘管糖

身體需要多少糖？

目前沒有針對運動員具體建議攝取糖量。根據英國的科學營養諮詢委員會（SACN）建議每天攝取的熱量「游離」（添加）糖最多只佔5%，一般人每天攝取2000大卡的話，約等於為25克的糖（科學營養諮詢委員會，2015）。「游離糖」已取代了「添加糖」這個術語，用於描述食物中添加的糖，和那些天然存在於蜂蜜、糖漿和水果汁中的游離糖。但不包括牛奶中的糖分和食物細胞結構內所含的糖，例如水果和蔬菜。目前年齡在19–64歲的平均攝取量，男性為68克，女性為49克（Bates et al., 2014）。

該建議旨在減少肥胖的風險和改善牙齒健康。

不是唯一的增胖來源，但它可能導致熱量過度攝取，尤其是與大量脂肪，以蛋糕、巧克力、餅乾和零食的形式結合在一起時。

糖有時不僅無法使飢餓感被滿足，反而會讓我們想吃更多！高糖攝取量與肥胖症和第二型糖尿病有關，但導致這些疾病的主要原因是熱量攝取過多而不是糖本身。一些科學家認為，攝取高糖會導致胰島素阻抗，這代表人體細胞對胰島素（負責將葡萄糖從血液中輸送到肌肉的激素）的反應變弱，並且攝取高糖容易導致脂肪的儲存。由於人體在攝取糖後會產生較少的胰島素，經常運動可以減少糖對身體的負面影響。這是人體適應運動的多種方式之一：讓身體對胰島素更為敏感（Hawley & Lessard, 2008）。換句話說，您只需較少的胰島素即可完成相同的工作，您的身體學會更有效地處理糖分。

糖的許多負面健康影響被認為是來自果糖（佔蔗糖分子的一半）所致。大量攝取果糖會增加血液中三酸甘油酯（脂肪）的含量，從而增加心血管疾病的風險。但是，經常運動可以阻止這種情況發生。因為有助於人體增加脂蛋白脂酶的生成，此酶可清除血液中循環的脂肪並將其轉化為能量（Seip & Semenkovich, 1998）。在瑞士洛桑大學的一項研究中，志願者食用高果糖飲食（果糖含量為30%）時，他們的血脂濃度增加了，但是當他們將這種飲食與適度的有氧運動相結合時，血脂濃度卻沒有增加（Egli et al., 2013）。換句話說，運動可以防止攝取過多果糖所引起的血脂增加。

總而言之，運動員無需擔心過度使用糖，因為它對血液胰島素和血脂的影響，與久坐靜態活動的人身上之效果並不相同。糖能提升長時間高強度運動的耐力，不過要注意減輕對牙齒的損害是很重要，例如可以大口吞下運動飲料，減少在口腔浸潤的時間，最後用水沖洗漱口。

並非所有的碳水化合物都一樣

簡單的碳水化合物分子較小，與複合碳水化合物相比，吸收速度更快，容易導致血糖大量快速上升。

不過，想要了解糖，並非那麼簡單。例如，蘋果（含有簡單的碳水化合物）中的單醣碳水化合物含量很高，但其血糖升高幅度卻很小，且持續時間較長。許多含澱粉的食物（複合的碳水化合物），例如馬鈴薯和麵包，都被非常快速地消化和吸收，並導致血糖迅速升高。因此，關於簡單碳水化合物提供快速釋放的能量，複合碳水化合物提供緩慢釋放能量的古老觀念是錯誤的，也有所誤導。

就運動表現的角度來說，重要的是碳水化合物從小腸吸收到血液的速度有多快。這種轉移越快，碳水化合物就可以越快地被肌肉細胞（或身體的其它細胞）吸收利用，從而對您的訓練和恢復產生影響。

升糖指數

為了更準確地描述不同食物對血糖水平的影響，科學家提出了升糖指數（GI）。升糖指數

概念最初是為了幫助糖尿病患者控制血糖水平而設計，但它的參考值對規律運動者和運動同樣有用。根據對血糖水平的即時影響，將食物從0到100分級，這個度量可表示出當食物消化後轉化為葡萄糖的速度。血糖上升越快，該指數的等級越高。為了公平的進行比較，將所有食物與參考食物（例如葡萄糖）以等量的碳水化合物進行測試。升糖指數非常有用，因為它可以告訴您身體對食物的反應。如果您需要快速上升血液和肌肉細胞中的糖原儲存（例如，運動後立即啟動糖原的補充），則應選擇高升糖指數食品。1997年，世界衛生組織（WHO）和聯合國糧食及農業組織（FOA）批准使用升糖指數對食品進行分類，並建議應使用升糖指數指導人們的食物選擇。

升糖指數如何得出？

食物的升糖指數值由測量10位或以上健康的人，餵食含50克碳水化合物的食物前後血糖數值得到的。例如，烤馬鈴薯測試時，受測者要

吃250克馬鈴薯，因其中包含50克碳水化合物。在接下來的2小時內，每15分鐘採集一次血液樣本，並測量血糖水平。血糖水平繪製在圖表上，曲線下的面積經過電腦計算（見圖3.2）。另一情況下，同樣的10個人食用50克的葡萄糖（即參考食物）。將他們對測試食物（例如馬鈴薯）的反應，與對50克葡萄糖（參考食物）的血糖反應進行比對。

升糖指數以百分比形式呈現，該百分比是指將食用馬鈴薯後所得的曲線下面積，除以食用葡萄糖後的曲線下面積得出的。受測食物的最終升糖指數值是10個人的平均升糖指數值。因此，烤馬鈴薯的升糖指數為85，這意味著吃烤馬鈴薯所升高的血糖值，是食用等量葡萄糖的血糖升高值的85%。

附錄1（「升糖指數和升糖負荷」）列出了許多大眾食品的升糖指數值。大多數介於20和100之間。運動營養學家將食物分類為高升糖指數（71-100），中升糖指數（56-70）和低升糖指數（0-55）這種分類有助於參考，也使得運動前，運動中和運動後在選擇合適的食物時變得容易。簡而言之，升糖指數越高，該食物經人體吸收增加的血糖值越高。通常，精製澱粉類食品（包括馬鈴薯、白米飯和白麵包）以及含糖食品（如軟性飲料和餅乾）的升糖指數很高。例如，烤馬鈴薯（升糖指數85）和白米（升糖指數87）產生的高血糖，與食用純葡萄糖幾乎相同（是的，你沒有看錯！）。較不精製的澱粉類食品（麥片粥、豆類、扁豆、早餐穀物麥片）以及水果和奶

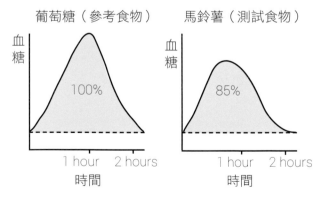

葡萄糖（參考食物）　　馬鈴薯（測試食物）

血糖

100%

1 hour　2 hours
時間

血糖

85%

1 hour　2 hours
時間

圖3.2 測量食物的升糖指數

表3.2	影響食品GI的因素	
因子	如何作用	食物實例
顆粒大小	食物加工處理後會減少顆粒大小，使得澱粉更容易被消化酶作用。越小的顆粒（即較多的加工），升糖指數更高。	大多數的精緻早餐麥片，如玉米片和米脆麥片，比穀物麥片或麥片粥的升糖指數高。
澱粉糊化度	越糊化（與水溶脹）的澱粉，有更大的表面面積被酶所接觸與消化，愈容易消化的食物，血糖上升的速度愈快，即為高升糖指數。	煮熟的馬鈴薯（升糖指數高）；餅乾（升糖指數較低）。
直鏈澱粉與支鏈澱粉的比例	有兩種澱粉型式：直鏈澱粉（長直分子，很難被酶接觸）和支鏈澱粉（分支分子，更容易被酶接觸）。含有越多的直鏈澱粉的食品，消化較慢，即低升糖指數。	豆、扁豆、豌豆和印度香米具有高直鏈澱粉含量，即低升糖指數；小麥粉產品含有高支鏈澱粉含量，即高升糖指數。
脂肪	脂肪會減慢胃排空的速度，減慢消化速度並降低升糖指數。	洋芋片比起水煮馬鈴薯，有較低的升糖指數；在麵包中添加奶油或起司可降低升糖指數。
糖（蔗糖）	蔗糖被分解為一個分子的果糖和一個分子的葡萄糖。果糖在肝臟中會緩慢地轉化為葡萄糖，使血糖升高幅度較小。	甜餅乾、蛋糕、甜早餐麥片、蜂蜜。
可溶性纖維	可溶性纖維增加食品在消化道中的黏度，減緩消化，使血糖升高較慢，即降低了升糖指數。	豆、扁豆、豌豆、燕麥、燕麥粥、大麥、水果。
蛋白質	蛋白質減慢了胃排空的速度，因此減緩了碳水化合物的消化，使血糖升高幅度較小，即降低了升糖指數。	豆類、扁豆、豌豆、義大利麵食（均包含蛋白質和碳水化合物）。雞肉和米飯一起食用會降低米的升糖指數。

製品的升糖指數較低。它們產生的血糖與葡萄糖相比，上升幅度要小得多。

世界上只有少數幾個中心提供合法的升糖指數測試服務。澳洲雪梨大學的人類營養部門是升糖指數研究領域的先峰，已有二十多年的研究成果，測量了數百種食物的升糖指數。國際升糖指數表已由美國臨床營養學雜誌（（Foster-Powell and Brand-Miller, 1995;Foster-Powell et al., 2002））發表。但是，隨著商業食品的配方重新更改，新版和修訂的數據不斷被添加到列表中，可以在網站www.glycemicindex.com（請注意該網站的美國拼寫–請勿與www.glycaemicindex.com混淆）搜尋的到。

什麼造成高升糖或低升糖食物？

影響食品的升糖指數因素包括食品粒子的大小，碳水化合物的生化組成（直鏈澱粉與支鏈澱粉的比例），烹飪程度（影響澱粉糊化），以及

為什麼義大利麵食的升糖指數低？

義大利麵食的升糖指數低，因為未糊化的澱粉顆粒，被物理性的包裹在麵團裡，就像海綿狀網絡的蛋白質（麵筋）中。煮得較彈牙的義大利麵升糖指數較低，若煮更長的時間到非常柔軟，升糖指數較高。在這方面，義大利麵是蠻獨特的，並且任何形狀和大小的義大利麵都具有較低的升糖指數（30至60）。

脂肪、糖、蛋白質和纖維的含量。這些因素如何影響食品的升糖指數，見表3.2。

如何計算餐點的升糖指數？

表3.3	如何計算一頓餐點的升糖指數			
食物	碳水化合物（克）	總碳水化合物%	升糖指數	對餐點升糖指數的貢獻
柳橙汁（150毫升）	13	21	46	21%×46=10
Weetabix穀物（30克）	29	47	69	43%×69=32
牛奶（150毫升）	7	11	27	15%×27=3
1片吐司	13	21	70	27%×70=15
總量	62	100		餐點升糖指數=60

引自：改編自利茲等人，2000。

迄今，僅單一食物的升糖指數被直接測量。實務上若有方法了解一頓餐點的升糖指數會更為有用，因為通常我們的餐點是包含多種食物的。

透過計算餐點的總碳水化合物含量，估算每種食物對總碳水化合物含量的貢獻，就可以得出餐點的升糖指數。表3.3顯示如何計算典型早餐的總

一窺低升糖飲食

本質上，低升糖指數飲食包含低升糖指數的碳水化合物食物，以及低脂蛋白質食物，和健康脂肪：

- **新鮮水果**–水果越酸，升糖指數越低。蘋果，梨子，柳橙，葡萄柚，桃子，油桃，李子和杏子的升糖指數值最低，而鳳梨，木瓜和西瓜等熱帶水果的升糖指數較高。然而，由於這些水果的平均大小份量不大，因此升糖負荷較低。

- **新鮮蔬菜**–大多數蔬菜的碳水化合物含量都非常低，沒有升糖指數值（你需要吃很大量才能顯著增加血糖）。馬鈴薯是例外，它的升糖指數很高。建議與蛋白質／健康脂肪一起食用或用低升糖指數澱粉類蔬菜代替（見下文）。

- **低升糖指數澱粉類蔬菜**–其中包括甜玉米（升糖指數46–48），地瓜（升糖指數46）和芋頭（升糖指數37）。

- **低升糖指數麵包**–包括石磨全麥麵包（非普通全麥麵包），水果或麥芽麵包，帶有穀物顆粒麵包，含有大麥，黑麥，燕麥的麵包，大豆和敲碎的小麥或含有葵花籽或亞麻籽的麵包；薄餅和皮塔麵包（無酵餅），裸麥粉麵包（黑麥仁），酸麵團麵包。

- **低升糖指數早餐穀物**–包括麥片粥，麥片穀物和其它燕麥或黑麥的麥片，以及高麩皮穀物例如All Bran這個牌子，一種高纖維麥麩早餐穀物）。

- **低升糖指數穀物**–包括保加利亞小麥，麵條，燕麥，義大利麵食，印度香米（非糙米或白米）。

- **豆類和扁豆**–鷹嘴豆，腰豆，焗豆，菜豆，綠豆，黑眼豆，皇帝豆，豌豆和扁豆。

- **堅果和種子**–杏仁，巴西豆，腰果，榛子，松子，開心果，花生；葵花籽，芝麻，亞麻籽和南瓜種子。

- **魚，瘦肉，家禽和雞蛋**–這些不含碳水化合物，因此沒有升糖指數值。

- **低脂乳製品**–牛奶，起司和優酪乳的鈣和蛋白質非常重要。盡可能選擇較低脂的。

升糖指數。

　　快速估算一頓簡單的餐點，例如吐司配豆子，你可以假設一半的碳水化合物來自吐司，另一半來自豆類。因此，你可以將兩種食物的升糖指數值相加，然後除以2：（70+48）÷2=59。如果兩種食物的比例不均，例如75%的牛奶：25%的早餐穀物麥片–那麼可以將75%的牛奶升糖指數，加上25%的早餐穀物麥片升糖指數。

　　然而，這只是粗略的數值，不能準確的預測。紐西蘭奧塔哥大學的科學家發現，升糖指數明顯高估了個人對餐後血糖的反應（Dodd et al., 2011）。

升糖指數的缺點是什麼？

　　有效補充糖原和最小化脂肪存儲的關鍵是，保持穩定的血糖和胰島素水平。當葡萄糖水平高時（例如，食用高升糖指數食品後），會產生大量胰島素，這會將多餘的葡萄糖分流儲存到脂肪細胞中。然而，真正重要的是，大量的碳水化合物和食物的升糖指數值所產生之綜合作用。

　　升糖指數的最大缺點是，它沒有考慮食物的份量。例如，西瓜的升糖指數為72，因此被歸類為高升糖指數食物。但平均一片（120克）只會攝入6克碳水化合物，不足以顯著提高血糖水平。你需要至少吃6片（720克）才會攝入50克碳水化合物（升糖指數測試中使用的碳水化合物量）。同樣的，許多蔬菜似乎具有較高的升糖指數，這些蔬菜就會被排除在低升糖指數飲食之

外。但是，它們的碳水化合物含量很低，所以它們對血糖水平的影響很小。也就是說，儘管升糖指數較高，但升糖負荷（升糖指數×每分所含的碳水化合物克數，除以100）較低。

　　另一個缺點是某些高脂食品的升糖指數低，這帶來了錯誤的正面印象。例如，洋芋片或薯條的升糖指數低於烤馬鈴薯的升糖指數。脂肪會降低食物的消化速度，但是飽和脂肪和反式脂肪的含量很高（請參閱第178和182頁），會增加血液中的膽固醇。重要的是，不要僅根據升糖指數選擇食物，還要評估脂肪的類型（即飽和或不飽和），並避免含有大量飽和或反式脂肪的食物。

什麼是升糖負荷？

　　透過升糖負荷（GL）的概念可以更準確地計算血糖（和胰島素水平）的升高。這個概念源自美國哈佛醫學院沃爾特·威利特教授發明的數學方程式。它的計算方法是將食物的升糖指數，乘以每份食物所含的碳水化合物含量，然後除以100。一單位的升糖負荷大致相當於1克葡萄糖的血糖作用。它清楚表示碳水化合物的質和升糖指數的數量。

　　升糖負荷=（升糖指數X每份碳水化合物含量）÷100，所以對於西瓜來說：

升糖負荷=（72×6）÷100=4.3

	升糖指數值	升糖負荷值	每日總升糖負荷
低	0–55	0–10	0–80
中	56–70	11–19	80–120
高	71–100	>20	>120

進食少量的高碳水化合物，高升糖指數的食物（例如白麵包），或是大量的低升糖指數的食物（例如義大利麵食），都會導致高升糖負荷，並且引起血糖和胰島素大量增加。

運動員的血糖反應

科學家發現高升糖指數食物，對有定期鍛鍊的運動員之血液葡萄糖和胰島素的影響，比非規律運動者小。那是因為規律運動會增加胰島素敏感性，並改善人體細胞對葡萄糖的吸收利用（Hawley & Lessard, 2008）。換句話說，你的身體學會更有效地處理葡萄糖。澳洲雪梨大學的研究發現，當運動員吃高升糖指數的食物時，他們產生的胰島素比升糖指數表所預測的更低。再換句話說，他們血液中血糖與胰島素的起伏，與靜態久坐的人群不同。這被認為是與調節肌肉中葡萄糖攝取和胰島素訊號有關關鍵蛋白質的活性增強有關。升糖指數表僅作為了解各種食物可能會在身體如何反應的粗略指南。

身體需要多少纖維？

膳食纖維是用來描述在植物中不被消化的複雜碳水化合物。它包括纖維素、果膠、葡聚醣、菊糖和關華豆膠。英國科學諮詢委員會推薦，人體每天攝取30克纖維。而平均攝取量在英國大約是18克／天，大大少於推薦量。纖維能夠幫助你消化系統正常工作並且可以改變餐食的升糖反應。可溶性纖維減慢了碳水化合物的消化，延緩血糖上升，也有助於降低低密度脂蛋白膽固醇。最豐富的來源是豆類、扁豆、燕麥、黑麥、水果和蔬菜。非水溶性纖維–主要在全麥麵包、全穀物和全麥早餐穀物，全麥義大利麵食、糙米和蔬菜中–幫助加快食物通過腸道的速度，並防止便秘和腸道問題。

相反的，吃少量的低碳水化合物，高升糖指數的食物（例如西瓜），或是大量低升糖指數的食物（例如豆子），則產生低升糖「負荷」。這影響血糖升高幅度較小，且持續時間更長。為了最佳化糖原的存儲，並最大程度地減少脂肪的存儲，應努力去達到較小或中等的升糖負荷–少量多餐，避免碳水化合物過多，並堅持同時均衡攝取碳水化合物、蛋白質和健康脂肪。

飲食中不需要完全摒除高升糖食物。關鍵是少量的吃或與蛋白質或少量健康脂肪一起食用，

才有較低的胰島素水平和較少量的脂肪積存。例如，將烤馬鈴薯（高升糖指數食物）與起司、焗豆或鮪魚（低升糖指數食物）一起食用，蛋白質和脂肪都會延緩消化過程，減慢葡萄糖的釋放。

我應該使用升糖指數還是升糖負荷？

升糖指數仍然是被研究最多的議題，同時也是最可靠的健康指標之一。在哈佛大學的研究中，低升糖指數飲食與慢性病（如心臟病、第2型糖尿病、腸癌、上消化道和胰腺癌）相關。尤其是低升糖指數與高級別的高密度脂蛋白膽固醇（好膽固醇）有關（請參見第178頁）。因此，如果你攝取低升糖指數飲食，那麼你的「好膽固醇」水平就會很高，患心臟病的風險會更低。在1999年，世界衛生組織（WHO）和糧食及農業組織（FAO），建議大眾以低升糖指數的食物作為飲食基礎來預防慢性病。

此外，總體飲食的總升糖負荷是預測疾病風險的參考。換句話說，升糖負荷只是加強了這種關係，這表示人們食用高升糖指數食品的頻率越高，健康風險就越大。

以升糖負荷做為飲食建議的缺點，是最終可能攝取含大量脂肪和/ 或蛋白質的低碳水化合物飲食。藉著升糖指數表（附錄1）為你比較同類食物（例如不同類型的麵包），不必擔心碳水化合物含量非常低食物（例如西瓜的升糖指數）。

攝入碳水化合物的時機
運動前

訓練之前吃什麼、什麼時候吃以及吃多少會影響你的運動表現、力量和耐力。但矛盾的是，食用碳水化合物會增加肌肉細胞中碳水化合物的燃燒，延遲疲勞的發生。許多研究得出的結論是，與空腹訓練相比，運動前進食碳水化合物會改善運動表現（Chryssanthopoulos et al.,2002; Neufer et al., 1987; Sherman et al., 1991;Wright et al., 1991）。

空腹運動會燃燒更多的脂肪嗎？

在空腹狀態下進行訓練，例如早晨第一件事就先訓練，會誘發身體燃燒掉較高比例的脂肪，和較低比例的碳水化合物做為能量。這是因為過夜禁食後血糖和胰島素水平處於最低水平，而升糖指素處於最高水平。於是促進脂肪從脂肪細胞離開，並傳送到肌肉中被燃燒利用。不過，這不一定代表你會燃燒更多的熱量或損失更多的體內脂肪。減肥最重要的是攝取的熱量要少於你在24小時內消耗的熱量。

於是乎，你可能會更快感到疲勞或降低運動強度，反而消耗更少的熱量–減少體內脂肪的消耗！當運動表現是你的主要目標，那麼在禁食狀態下訓練幾乎可以肯定會降低你的耐力。

而且，如果肌力和肌肉質量是重要目標，那麼簡單的一餐後再訓練會更好。過夜禁食後，當

肌肉糖原和血糖水平較低時，肌肉將燃燒更多的蛋白質作為燃料。因此，您可能最終會失去來之不易的肌肉！

運動前什麼時候進食最好？

理想情況下，你應該在訓練前的2至4個小時之間進餐，並留足夠的時間讓胃部安定下來，提升你的舒適感不會太飽也不會太餓。這有助於增加肝臟和肌肉糖原水平，並增強你的後續表現（Hargreaves et al., 2004）。顯然，運動前進食的確切時間取決於你的運動計畫日程安排和計畫訓練的時間。

北卡羅萊納大學的研究人員發現，在運動前3小時吃適量的高碳水化合物，低脂肪的餐點後，在執行持續35至40分鐘的中等強度到高強度運動時，可以看到運動表現得到改善（Maffucci & McMurray, 2000）。在這項研究中，參與者能夠跑得更長一些。研究人員要求參與者在進食六小時或三小時之後，在跑步機上以中等強度跑步30分鐘，並間隔每30秒以高強度跑步，然後直到他們跑不動為止。結果發現如果運動員在訓練前3小時吃完飯，則跑步時間要比6小時前吃完飯長得多。

如果你在進食和訓練之間的間隔時間過長，則會有發生低血糖的風險–低血糖–這肯定會損害你的表現。你會過早疲勞，感到頭昏眼花，也有受傷的危險。另一方面，以穩定的血糖水平進行訓練將使你的訓練時間更長、更有力。

要吃多少碳水化合物？

訓練前的餐點大小和時機是相互關聯的。距離訓練開始的時間越近，就應該減少餐食量（以便排空胃），而如果在訓練或比賽之前有更多時間則可以食用份量較大的餐點。建議份量是運動前1–4小時攝取1–4 克／公斤的攝取量（Burke, 2007）。大多數研究建議，運動前約3小時，進食200–300克碳水化合物或2.5克／公斤的碳水化合物（Rodriguez et al., 2009）。拉夫堡大學的研究人員從運動前進食的跑者身上發現，其路跑耐力比不進食的提高升了9%（Chryssanthopoulos et al., 2002 ）。舉例來說，體重70 公斤，則可攝取175 克碳水化合物，接著你可能要嘗試找出最適合您的食物或飲料分量與確切的進食時間。

一些運動員可以在運動前的2–4 個小時內大量進食，而不會感到不舒適，當然也有運動員感到不適，因而傾向吃零食或流質餐。

運動前吃什麼食物最好？

運動前是吃高升糖指數，還是低升糖指數的食物，一直是爭議的領域。許多建議採用低升糖指數飲食的專家主張這種膳食將在運動過程中提供持續的能量。確實，雪梨大學進行了許多精心設計的研究都支持這個建議。例如，研究人員發現，當一群自行車手在運動前1小時食用低升糖指數的扁豆飲食（升糖指數=29），比食用高升糖指數食物（葡萄糖飲料，升糖指數 = 100；或烤馬鈴薯，升糖指數= 85）的車手持續運動的時間長了20分鐘（Thomas et al., 1991.）。在本研究中使用扁豆是因為它具有相當低的升糖指數，當

然你也可以選擇許多其它低升糖指數的食物或食物組合。例如，新鮮水果、牛奶或優格都是合適的，或者是碳水化合物、蛋白質和健康脂肪的混合物–例如穀物加牛奶、雞肉三明治或烤馬鈴薯加起司。第60頁上方的方框中，列出一些運動前零食和餐點的建議。

在其它研究中（Thomas et al., 1994;DeMarco et al., 1999），研究人員定期採集自行車手的血液樣本，發現低升糖指數飲食在運動的後期會產生較高的血糖和脂肪酸水平，這顯然對耐力運動有利。換句話說，低升糖指數飲食在運動和恢復過程中能夠產生持續的碳水化合物來源。

英國的一項研究證實，穀物、玉米片、白麵包、果醬和運動飲料的高升糖指數飲食相比，穀物麥片、水果和牛奶等低升糖指數飲食可使運動員在運動時燃燒更多的脂肪（Wu et al., 2003）。這樣的好處在運動初期就可以　發揮出來，脂肪氧化的差異甚至在15分鐘後就很明顯。

英國拉夫堡大學2006年的一項研究，比較運動前3小時進食低升糖指數餐點的跑者，比在運動前食用高升糖指數的餐點，前者較後者跑的時間更長（約8分鐘）（Wu & Williams, 2006）。研究人員認為，運動表現的改善歸因於食用低升糖指數餐後脂肪氧化的增加，有助於補償運動實驗後期跑者的糖原氧化率降低的情況。換句話說，低升糖指數餐使參與者在運動過程中能夠燃燒更多的脂肪和更少的糖原，進而提高耐力。這也並不一定是經驗法則，因為其它研究發現，運

訓練前的餐點

運動前2-4小時：

- 三明治／麵包卷／貝果／捲餅等，包入雞肉，魚，起司，雞蛋或花生醬和沙拉
- 烤帶皮馬鈴薯佐豆子，起司，鮪魚，涼拌捲心菜或雞肉
- 番茄意大利麵通心粉，配起司和蔬菜
- 雞肉，配米飯和沙拉
- 蔬菜和大蝦或豆腐炒麵或炒飯
- 抓飯或米飯／魚／蔬菜餐
- 雜豆火鍋與馬鈴薯
- 雞肉和蔬菜砂鍋與馬鈴薯
- 用牛奶泡成的麥片粥
- 全麥穀物麥片（例如麩皮或小麥片，什錦麥片或Weetabix小麥早餐穀物麥片），加牛奶或優格
- 魚和馬鈴薯派

訓練前的點心

運動前1-2小時：

- 新鮮的水果
- 杏桃乾、棗乾或葡萄乾
- 冰沙果昔（自製或現成的）
- 優格
- 奶昔（自製或代餐奶昔）
- 能量或營養棒
- 穀物棒或燕麥甜餅
- 吐司加蜂蜜或果醬
- 牛奶煮燕麥粥或全麥穀物麥片

動前膳食的升糖指數，對運動表現的影響很小，車手無論是吃扁豆（低升糖指數），還是馬鈴薯（高升糖指數）都保持相同的持續時間（Febbraio & Stewart, 1996）。希臘的一項研究在8個自行車手身上也發現，運動前30分鐘攝入高升糖指數或低升糖指數食物（包含相同量的碳水化合物），不會看到有任何運動表現的差異（Jamurtas et al., 2011）。這顯然沒有一個明確的答案，但是你最需要考慮的是運動前進食的時間。

高升糖指數食品對爭取運動表現的你會更加「危險」，特別是當你對血糖的波動很敏感的時候（Burke et al., 1998）。弄錯時機可能會在輕度低血糖的情況下開始運動。請記住，高升糖指數食物會導致血糖迅速升高，然後在某些人身上會看到血糖又再短暫地下降。最安全的策略是運動前堅持低升糖指數的飲食，一旦運動時間超過60分鐘，則在運動過程中補充高升糖指數的碳水化合物。

運動期間

對於持續時間少於45分鐘到1小時的耐力運動，只要運動前幾天已經攝入了足夠的碳水化合物，讓肌肉糖原維持水平高，並在運動前2–4小時吃含有碳水化合物的餐點，就不需要再攝取水以外的任何東西。（Burke et al, 2011；國際奧林匹克委員會，2011；Desbrow et al, 2004）。肌肉糖原通常不是持續時間少於1小時的運動表現限制因素。

公認的是，長時間運動（超過1–2小時）時食用碳水化合物可提高運動表現，但自1990年代後期的研究發現，少量碳水化合物（漱口）就有益於持續45–75分鐘的高強度運動（大於75%最大攝氧量）（Carter et al.,2004; Below, 1995; Jeukendrup et al., 1997）。不過。背後原因是完全不同的。

運動持續45–75分鐘

使用碳水化合溶液漱口，運動表現增強的作用是來自中樞神經系統（大腦）的調節，而不是因為增加碳水化合物的攝入而導致的。研究人員發現，即使不吞嚥碳水化合物溶液，而是以漱口的方式浸潤口腔5–10秒也能改善運動表現（Carter, 2004; Burke et al., 2011）。

拉夫堡大學的一項研究發現，與安慰劑相比，使用碳水化合物漱口水的跑者，在執行30分鐘的跑步機試驗能跑得更快，並且跑得更遠（Rollo et al., 2008）。比利時根特大學的研究也發現，與安慰劑相比，自行車手在使用碳水化合物飲料漱口後，可提早2.4分鐘完成1小時的高強度計時試驗（Pottier et al, 2010）。不過，若與安慰劑相比，真正吞飲碳水化合物飲品，反而不能改善運動表現。在巴西和澳洲研究人員系統性的研究11項進行中的個案，發現其研究中11項9項（即並非所有研究）顯示在持續約1個小時的中度至高強度運動，可以看到運動表現的顯著提高，進步的範圍從1.5–11.6%（de Ataide e Silva et al., 2013）。

漱口法的利用，在糖原耗竭或禁食狀態下

而不是飯後運動更為有效，也是一種「低糖原訓練」的補充品（請參閱第41頁）。「低糖原訓練」是一些運動員會使用的策略，可以在耐力訓練過程中引起更大的訓練適應性，並促進使用脂肪作為燃料（請參閱第38–45頁）。主要缺點是在執行高強度的運動時會感到較疲乏，使得運動員無法達到以往訓練時的難度。所以，使用碳水化合物漱口，可以在某種程度上改變這種情況。

澳洲皇家墨爾本理工大學的研究人員將受測車手分為禁食過夜與餐後組，進行一個小時自行車模擬測試的運動表現相比，受測車手在過夜後糖原耗盡況下的表現要好過餐後。高強度運動時漱口水與咖啡因一起使用，其運動表現更具有優勢。在利物浦約翰摩爾大學進行的一項隨機雙盲研究中，運動員在執行晨間45分鐘的定速跑步並接續執行間歇高強度運動，直到疲乏為止（即他們執行「低糖原訓練」），然後分別給予這些糖原耗盡的運動員有或沒有咖啡因的碳水化合物溶液（Kasper et al, 2015）。那些使用碳水化合物溶液的人比對照組（安慰劑）的運動時間長了16分鐘，而那些同時又服用咖啡因的人則可以再繼續運動29分鐘（分別為52分鐘、36分鐘和65分鐘）。因此，這種策略對於運動員在糖原耗竭狀態（低糖原訓練）下進行的訓練是有利的。

漱口水的作用被認為是口腔中的碳水化合物受體向大腦發出信號，告知食物即將到來。這些感受激活了大腦的愉悅感和獎勵中心，並且超越了對體力輸出和疲勞的感知，因此，即使您實際上並未攝取任何碳水化合物，也可以繼續執行訓練。換句話說，無需攝取碳水化合物即可獲得碳水化合物增強運動表現的功效。

因此，對於持續45–75分鐘的運動，您無需攝取任何碳水化合物–只需漱洗或沖洗浸潤碳水化合物飲料或吮吸甜食，就可以提升您的表現。對於那些在運動過程中難以食用任何東西，有胃腸道問題的運動員，這種策略可能是有益的。不盡人意的是，由於各種生理機置、生理和營養的原因，胃腸道問題在跑步者和耐力運動員中尤為普遍，也還是需要許多緩解的方法（見第285頁方框）。

運動持續1–2.5小時

對於持續時間超過60–90分鐘的中高強度運動，食用碳水化合物可以幫助維持血糖水平，延緩疲勞並使您在更高強度下維持更長的運動時間（P.chmüller et al, 2016；Coggan & Coyle, 1991;Coyle, 2004;Jeukendrup, 2004）。當肌肉糖原儲備耗盡時，食用碳水化合物可以幫助您繼續執行訓練。

在運動的第一個小時，您的大部分碳水化合物能量都來自肌肉糖原。在那之後，肌肉糖原的存儲量大大減少，因此肌肉必須開始使用其他來源的碳水化合物。那就是血糖（葡萄糖）。當您繼續努力的訓練，肌肉會從血液中吸收越來越多的葡萄糖。最終，在2到3個小時後，肌肉所需能量會完全被血糖和脂肪補足。聽起來很簡單方便，但可惜的是，這個過程不可能無限期地進行下去，因為血糖供應最終會匱乏。這些血糖有些

來自某些氨基酸，有些來自肝臟糖原。當肝糖原儲備不足時，您的血糖水平將下降，導致最後無法繼續進行相同強度的運動。這就是為什麼運動2至3個小時後，若不攝取碳水化合物，會導致暫時性低血糖的原因。這種狀態下，您會感到非常疲勞和頭昏眼花，肌肉會感到非常沉重，並且感到訓練變得非常困難。換句話說，肌肉和肝臟糖原的消耗以及低血糖的狀態，會導致您降低運動強度直到完全停止運動。這個現象在馬拉松比賽中稱為「撞牆期」。

那麼，額外攝取碳水化合物將能夠幫助保持血糖水平，並使您的運動時間更長。紐西蘭奧克蘭理工大學的研究人員對73項先前的研究進行了分析，發現運動過程中碳水化合物的補充攝取，可使運動表現提升多達6%（Vandenbogaerde& Hopkins, 2011）。

研究得到的共識建議是每小時攝取30–60克碳水化合物（IOC, 2011; Burke et al，2011；Rodriguez et al. 2009；；Coggan & Coyle, 1991）。這與有氧運動中肌肉可氧化的單一類型碳水化合物（例如葡萄糖）的最大量相匹配，因為負責腸道中碳水化合物吸收的轉運蛋白已經達到飽和。所以每小時攝取超過60克以上葡萄糖，並不能改善您的能量輸出或減輕疲勞。

運動持續超過2.5小時

持續超過2.5小時的劇烈運動，大量攝取最高達90克/小時的碳水化合物是有益的。伯明翰大學的研究發現，可以透過攝取碳水化合物 -「多種可運輸的碳水化合物」的混合物–葡萄糖+果糖，或麥芽糊精+果糖，以2：1的比例來克服葡萄糖轉運蛋白飽和的問題，由此增加腸道對碳水化合物的吸收，以及肌肉中的氧化速率（IOC, 2011; Jeukendrup, 2008），同時還可能會增加體液攝取量。

葡萄糖和果糖在小腸中是透過不同轉運蛋白分子吸收。這些分子的運輸能力是有限的。例如，葡萄糖透過鈉-依賴型葡萄糖共同轉運蛋白一類（SGLT1）只能以最大60克/小時的效率轉運。這意味著，由於葡萄糖共同轉運蛋白趨近完全飽和，因此每小時攝取60克以上的葡萄糖，不會再帶來任何運動表現上的優勢。多餘的葡萄糖會停留在小腸中更長的時間。但是，與葡萄糖一起食用果糖，可以利用果糖轉運蛋白（GLUT5），增加吸收並輸送到肌肉成為能量。諸如鐵人三項、長距離騎行和超長距離跑步之類的長時間高強度耐力運動中很有用。一項研究發現，與僅含葡萄糖的飲料相比，飲用葡萄糖/果糖飲料的試驗車手在運動表現提高了8%，與喝水組相比則提高了19%（Currell & Jeukendrup, 2008）。

運動期間我應該吃哪些食物或飲料？

您在運動中攝取的碳水化合物應是易於消化和吸收的，這一點十分有理。您需要它來提高血糖水平並迅速轉運到訓練中的肌肉。因此，高或中等升糖指數的碳水化合物都是最佳選擇（請參閱第64頁的表3.5）。在攝取固體碳水化合物的同時也補充水分，則選擇固體還是液體碳水化合

物對你的運動表現影響不大（Pfeifferet al, 2010a; Kennerly et al, 2011；Mason et al, 1993）。大多數運動員覺得液態碳水化合物（即運動飲料）更為方便。含碳水化合物的飲料具有雙重好處，因為它們既提供液體又提供燃料，同時解決脫水和疲勞感。顯然，您不必購買市售飲料；您可以用果汁、糖、蔬菜或水製作自己的補充品（請參閱第7章）。英國伯明翰大學的一項研究發現，

表3.4	運動過程中碳水化合物攝取建議量統整	
運動長度	碳水化合物建議攝取量	碳水化合物類型
<45分鐘	不需補充	不需補充
45–75分鐘	非常小的量（漱口沖洗）	任何
1–2小時	最高30克／小時	任何
2–3小時	最高60克／小時	葡萄糖、麥芽糊精
>2.5小時	最高90克／小時	多種可運輸碳水化合物（葡萄糖+果糖，或麥芽糊精+果糖，比例為2：1）

引自：朱肯德魯普，2014年。

表3.5	在訓練過程中適合食用的食物和飲料	
食物或飲料	可提供30克碳水化合物的份量大小	可提供60克碳水化合物的份量大小
等滲運動飲料（6克／100毫升）	500毫升	1000毫升
葡萄糖聚合物飲料（12克／100毫升）	250毫升	500毫升
能量棒	½–1根	1–2根
稀釋果汁（1：1）	500毫升	1000毫升
葡萄乾或小葡萄乾	1把（40克）	2把（80克）
穀物或早餐棒	1根	2根
能量膠	1袋	2袋
香蕉	1–2根香蕉	2–3根香蕉

在攝取或飲用含有2：1葡萄糖和果糖混合的能量棒或飲料後，在3個小時的騎車訓練中，碳水化合物的氧化速率（91克／小時）是沒有差異的（Pfeiffer et al., 2010a）。同一組研究人員的另一項研究表示，比較凝膠和飲料的碳水化合物氧化速率也沒有差異（Pfeiffer et al., 2010b）。因此，選擇歸結為個人偏好。

內含碳水化合物混合物的眾多商業運動飲料、凝膠和能量棒在市場上非常普遍。如果您喜歡在運動時補充一些食物和飲料，那麼能量棒或「運動營養」棒、運動膠、成熟的香蕉、葡萄乾或果乾棒都很適合，也記得同時補充水分。阿巴拉契亞州立大學的一項研究中，當自行車手以香蕉或含6%碳水化合物運動飲料的形式攝入等量的碳水化合物時，運動表現並沒有差異（Kennerly et al, 2011）。在訓練期間，您應嘗試不同的飲料和食物，製定自己的能量補給策略。

重要的是要在疲勞開始之前就開始攝取碳水化合物。碳水化合物需要30到40分鐘才能吸收到血液中（Coggan & Coyle, 1991）。對於超過60–90分鐘的訓練，最好的策略是在30–40分鐘後就開始攝取碳水化合物。運動中進食碳水化合物雖然會延遲疲勞，但它不可能讓您無限期地維持高強度運動，最多大約延遲45分鐘。最終，與碳水化合物供給無關的其它因素仍會導致疲勞。

運動後

能量補給所需的時間長短取決於四個主要因素：

· 運動後你的糖原存儲量耗盡程度；

· 肌肉損傷的程度；

· 你攝取碳水化合物的量和時機；

· 你的訓練經驗和體能適應力。

耗損程度

糖原消耗越多，您對能量補給所需的時間就越長，就像加滿一個空的油箱要比加滿一個半空的油箱所花費的時間更長。補給取決於訓練的強度和持續時間。

強度越高，您使用的糖原越多。假設你專注於快速、爆發力大的活動（例如，短跑衝刺、跳躍或舉重）或高強度有氧運動（例如，跑步），那麼與持續時間相等的低強度活動（例如、步行或慢速游泳）相比，糖原儲存消耗的差異將更多。補充肌肉糖原儲存的最短時間為20小時（Coyle, 1991）。經過長時間運動把糖原徹底耗竭之後（馬拉松），可能需要長達7天的時間才能恢復糖原的儲備。

此外，訓練的時間也會影響糖原的使用量。例如跑步1小時，則比以相同速度跑步半小時要消耗更多的糖原。當你在健身房中完成10組肩部訓練，那麼與僅使用相同重量完成5組肩部肌肉訓練相比使用更多的糖原。因此，在進行高強度或長時間的訓練後，都需要留出更多時間做能量補給。

肌肉損傷

某些涉及離心運動的活動（例如，重量訓練、增強式訓練或高強度跑步）可能會造成肌纖

維的損傷。離心運動意指肌肉被迫向外伸長的活動。肌肉損傷時會延遲糖原的儲存，而糖原完整的補充可能需要長達7–10天。

碳水化合物攝取量

碳水化合物攝取量越高，補充糖原的速度就越快。圖3.3（a）顯示了糖原儲存量如何隨著碳水化合物的攝取而增加。對於每天進行訓練的人，這一點非常重要。當自行車手若攝取低碳水化合物飲食（250–350克／天），他們的肌肉糖原儲存量（Costill et al, 1971）便無法完全補充。又經過連續幾天的訓練，他們的糖原儲存量還會逐漸降低。然而，從進一步的研究中發現，車手若採用了高碳水化合物飲食（550–600克／天），在訓練期間的22小時內，就能夠完全補足他們的糖原儲存（Costill, 1985）（見圖3.3（b））。

最近，巴斯大學的一項研究強調，碳水化合物對於每天進行兩次訓練的人要達成短期恢復的重要性（阿爾甘南等，2016）。他們發現，在第一次訓練後攝取大量碳水化合物飲料（1.2克／公斤）的跑者，能夠在第二次訓練達到疲累點之前，明顯地跑維持更長的時間（80分鐘比48分鐘）。

另外，又從他們身上的肌肉組織檢查中顯示，在兩種情況下，疲憊感都對應在肌肉糖原水平極低的時候，因此針對那些每天執行兩次訓練的人來說，就要攝取充足的高碳水化合物飲食，確保糖原恢復與後續較佳的運動表現。

因此，只要你您想每天訓練或一天兩次，請規劃你的飲食滿足碳水化合物的需求。否則，您將無法進行長時間或挑戰性高的訓練。

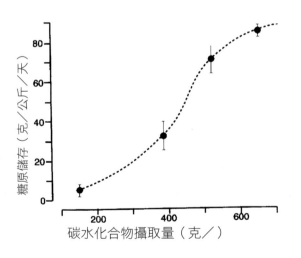

圖3.3（a）糖原的儲存取決於碳水化合物的攝取量

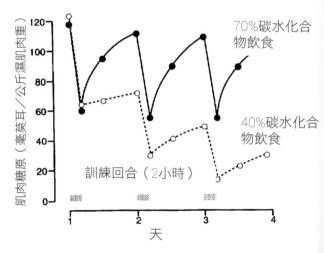

圖3.3（b）低碳水化合物攝取導致補給不佳

訓練經驗

有訓練經驗和較高能適能的人，補給效率會自動提高。因此，有經驗的運動員攝取碳水化合物與初學者的相同量相比，初學者補給糖原儲備所花費的時間更長。這就是為什麼精英運動員幾乎每天都可以訓練，而初學者不能或者是不宜每天訓練的原因！

運動訓練可促進的另一種適應是增加您的糖原儲存力，有機會增加20%之多。這是參與訓練和比賽的明顯優勢。就像從1公升轎車升級到3公升跑車一樣。

運動後我應該多快開始吃？

當訓練之間的恢復期少於8小時，您應該在第一次訓練後就盡快吃東西，達到最大地程度的恢復，因為糖原儲存在運動後的「窗口期」比其他任何時候都快。根據澳洲體育學院研究人員的說法，在早期恢復階段，少量多餐的補充高碳水化合物零食，會比一口氣吃一頓大餐更有效（Burke et al, 2004）。無論你攝取液體還是固體形式的碳水化合物，其糖原儲存速率都沒有區別（Keizer et al, 1986）。

研究表示，運動後糖原的存儲有三個不同的階段。在最初的兩個小時內補給速度最快，為正常速度的150%（或1.5倍）（Ivy et al, 1988）。在隨後的4個小時內，速度減慢，但仍高於正常水平；在前述兩個階段之後，糖原的補給生產恢復正常速率，這時再進食碳水化合物仍可以加快糖原的恢復，對於每天訓練兩次的運動員來說，

運動後的零食餐點

以下各提供60–90克碳水化合物和15–25克蛋白質：

- 500毫升調味牛奶，一根穀物棒，一根香蕉

- 兩個香蕉，500毫升半脫脂奶

- 全麥鮪魚三明治（兩片麵包，50克鮪魚），一杯（150克）優格

- 能量補給奶昔–混合300毫升低脂肪牛奶，一杯（150克）水果優格，一根香蕉，100克草莓和兩尖茶匙（30克）蜂蜜，攪拌機一起攪打

- 全麥起司三明治（兩片麵包，40克起司），100克杏乾

- 200克焗豆，放在兩個全麥吐司上

- 兩根穀物棒加500毫升脫脂奶

- 60克葡萄乾和50克堅果

- 兩根Weetabix全麥小麥早餐穀物棒，300毫升低脂牛奶，一杯（150克）水果優格，30克小葡萄乾

- 烤馬鈴薯（200克），200克焗豆和40克起司

- 煮熟的義大利麵（未煮熟的重量為85克）和130克雞胸肉

- 三個燕麥餅，60克鷹嘴豆泥，500毫升低脂牛奶

都是最重要的。

運動後盡快進食，糖原補給更快的原因有二：首先，進食碳水化合物會刺激胰島素釋放，

進而增加肌肉細胞從血流中吸收葡萄糖的量,並刺激糖原合成酶的作用。其次,運動後肌肉細胞膜對葡萄糖的滲透性更高,因此它們比平時候能吸收更多的葡萄糖。

不過,對於24小時或需要更長時間的恢復期,只要您在每24小時內補充足夠的能量(卡路里)和碳水化合物,至於碳水化合物攝取的類型和時間點就不再那麼關鍵。

該攝取多少碳水化合物?

為了快速恢復,大多數研究人員建議在運動後早期,最好是在4小時內,攝取1–1.2克／公斤的碳水化合物((Burke et al., 2004; Burke et al,2011;ACSM／AND／DC,2016)。如果你的體重是70公斤,則需要在運動後4小時內攝取70–84克碳水化合物。即使你在深夜結束訓練,你仍然需要開始進食以補給能量,所以不要空著肚子上床睡覺!為了有效地補充糖原,你應該繼續定期地攝取碳水化合物。如果你長時間不吃東西,糖原的儲存和恢復將緩慢下來。

高升糖指數與低升糖指數的碳水化合物,哪種最適合恢復期?

由於高升糖指數的食物會引起血糖水平的快速升高,按邏輯來說,高升糖指數的食物在運動後的最初階段,會增加糖原的補充。的確,許多研究表示,與低升糖指數相比,在運動後的前6小時(尤其是在前2小時),中等或高升糖指數的碳水化合物能更為快速的糖原補充(Burke et al, 2004;Burke et al, 1993)。

但是,丹麥研究人員發現,在24小時後,高升糖指數飲食和低升糖指數飲食對肌肉糖原儲存量的影響幾乎相同(Kiens et al, 1990)。換句話說,運動後食用高升糖指數食物可使您的糖原恢復迅速,但是運動後24小時內補充低升糖指數食物也可達到相同的恢復水平。

低升糖指數的食物做為恢復飲食還有其它體能上的好處–您的耐力在第二天會獲得改善。拉夫堡大學的研究人員發現,在運動後的24小時內,如果運動員食用低升糖指數餐點,與攝取高升糖指數餐點的運動員相比,他們在完全力竭的運動時間能夠延長(Stevenson et al.,2005)。

進一步的測試表示,他們在運動過程中使用了更多的脂肪,來做為肌肉燃燒的能量來源。換句話說,低升糖指數飲食會促進更多的脂肪燃燒,這不僅有益於您的運動表現,也能幫助你更快地減輕體重以及降低體脂。

結論是,如果您每天或一天進行兩次劇烈的運動,請在運動後的前兩個小時內攝取高升糖指數食物。但是,如果您每天訓練一次(或不那麼頻繁),則低升糖指數飲食也能夠增加你之後的訓練耐力和運動表現。

蛋白質與碳水化合物一起補充可以促進恢復嗎?

運動後只攝取大量的碳水化合物並不是務實可行的方法。值得注意的是,與單純攝取碳水化合物相比,結合部分蛋白質(每小時0.2–0.4克／

公斤）與較少量碳水化合物（每小時0.8克／公斤）的餐點，已被證明具有同等或更有效促進糖原恢復的作用（Beelen et al., 2010）。

這是因為蛋白質與碳水化合物的化合物刺激了更大的胰島素輸出，進而加速血液中的葡萄糖和胺基酸被肌肉細胞吸收，進而促成的糖原和蛋白質的合成，並鈍化運動後皮質醇的升高。皮質醇會抑制蛋白質合成速率，並刺激蛋白質分解代謝。

攝取蛋白質可以刺激肌肉合成，抑制蛋白質分解並促進阻力各耐力運動後肌肉中的正蛋白質平衡（Howarth et al., 2009）。

耐力運動

最早證明運動後攝取碳水化合物與蛋白質飲料的優點，來自1992年德克薩斯大學奧斯汀分校進行的一份研究（Zawadski et al., 1992）。他們發現，與僅含碳水化合物的飲料相比，含碳水化合物與蛋白質的飲料（112克碳水化合物，40克蛋白質），使糖原儲存量增加了38%。隨後的其他研究也注意到類似的結果（Readyet al., 1999; Tarnopolsky et al., 1997; Beelenet al., 2010）。

德克薩斯大學奧斯汀分校的研究人員測量2.5個小時劇烈騎行的自行車手在運動後4小時後補充碳水化合物飲料（80克碳水化合物，6克脂肪），與補充碳水化合物與蛋白質混合飲料（80克碳水化合物，28克蛋白質，6克脂肪）的差異，後者呈現更高的肌肉糖原水平（Ivy et al., 2002）。

巴斯大學和拉夫堡大學研究人員進行一項聯合研究，與喝碳水化合物的飲料相比，飲用碳水化合物蛋白質的飲料後在後續運動表現要好得多（Betts et al., 2007）。參與實驗的跑者經過4個小時的恢復期後，能夠跑更長的時間，在此期間他們每小時攝取了含有0.8克碳水化合物和0.3克蛋白質／公斤的飲料。斯堪地那維亞半島研究人員發現，在高強度騎行後的2小時攝取碳水化合物，與攝取碳水化合物和蛋白質混合物的騎行者相比，後者不僅改善了第二天的耐力表現，還比只攝取單一碳水化合物的那些車手能夠多騎行63.5 分鐘。（Rustad et al, 2016）詹姆斯‧麥迪遜大學的研究人員表示，碳水化合物蛋白質飲料還可以減少運動後的肌肉損傷和肌肉酸痛（Luden et al., 2007）。

肌力訓練

與單獨攝取碳水化合物相比，在肌力訓練後食用蛋白質碳水化合物飲料，也可以提高恢復能力和肌肉蛋白質合成（MPS）。德克薩斯大學醫學分校的研究人員指出，含有碳水化合物以及蛋白質和胺基酸混合物的補給飲料後，與提供相同熱量但僅含碳水化合物的飲料相比，運動員反應出來的蛋白質儲量水平更高（Borshcim et al.,2004）。據紐約伊薩卡學院的研究人員稱，與純碳水化合物飲料或安慰劑相比，肌力訓練運動後立即食用蛋白質碳水化合物飲料，更能促進肌肉組織生長，以及加速糖原補給（Bloomer et al., 2000)）。

這項研究的研究人員提供舉重運動員在運動後飲用蛋白質–碳水化合物飲料，又於隨後的24小時內量測，發現他們有更高的合成代謝激素（例如睾固酮激素）和較低水平的分解激素（例如皮質醇）。加拿大研究人員也觀察到實驗參與者，在肌力訓練後，攝取蛋白質碳水化合物飲料，能夠增加肌肉蛋白質的吸收（Gibala, 2000）。荷蘭馬斯特里赫特大學的一項研究綜述得出結論：肌力訓練運動後飲用蛋白質碳水化合物飲料有助於增加糖原存儲，刺激蛋白質合成並抑制蛋白質分解（Van Loon, 2007）。有關運動後蛋白質攝取量的更多資訊，請參見第83頁。

什麼是訓練之間最適合的食物？

除了運動後6小時的恢復期，一天中剩下的時間，什麼時間攝入哪種碳水化合物對於糖原恢復仍然重要。在劇烈的耐力運動後需要優化糖原的補充，但也應該保持碳水化合物在血液中能穩定供應。簡而言之，碳水化合物在一天之中攝取要定時。鮑爾州立大學人類績效實驗室的研究人員表示，緩慢消化的碳水化合物（即低升糖指數的膳食），可使血糖和胰島素的起降幅度變小，並為補充糖原儲存的環境創造了較理想的條件（Costill, 1988）。

此外，避免不定時吃大餐或不定量的高升糖飲食，因為它們會影響血糖和胰島素的波動。如果當你在一段時間內血糖水平會變得較低，因此糖原儲存量也會減少。一旦血糖和胰島素突然劇增，更可能導致脂肪的增加。

低升糖飲食法還有其它好處嗎？

低升糖飲食法對定期鍛鍊者促進糖原恢復很重要，而且它也對健康也有益處，並已廣泛推廣在大眾身上，以及可用來減輕體重。此外，降低飲食中的升糖指數，可以增加飽腹感（進食後的滿足感），改善食慾控制並更容易實現健康理想的體重（Brand-Miller et al., 2005;Warren et al., 2003）。研究表示，一頓飯的升糖指數越低，在接下來的3個小時內你越會感到滿意的飽腹感和較低的飢餓感（Holt, 1992）。

低升糖飲食法已被證實會增加休息代謝率，這就等於增加了每日能量消耗，有助於減重率（Pereira et al., 2004）。此外，低升糖指數飲食可以透過降低總膽固醇和低密度脂蛋白膽固醇（不良）水平，來幫助降低罹患心血管疾病的風險（Sloth et al., 2004）。這是由於低升糖指數飲食造成胰島素水平降低，反之，高胰島素水平會刺激肝臟中膽固醇的製造（Rizkalla et al., 2004）。在低升糖指數飲食下，總膽固醇可能下降多達15%（Jenkins et al., 1987））。

低升糖飲食也可促進第2型糖尿病的治療管理。研究發現，它可以改善血糖控制，降低與第2型糖尿病有關的總膽固醇和低密度脂蛋白膽固醇（壞）的水平（Rizkalla, 2004; Brand-Miller et al., 2003）。也有越來越多的證據表示，低升糖指數飲食有助預防和控制代謝症候群（一種高血糖、高血壓、肥胖和胰島素阻抗四種問題同時存在的症候群）以及多囊性卵巢症候群。

碳水負荷飲食法

碳水負荷飲食法（糖原負荷法/或譯肝醣超補法）的創建是1960年代設計出來的，目的是將肌肉的糖原存儲量提高到正常水平以上。有了更多的糖原，你也許可以在達到疲勞感之前進行更長時間的運動，包括持續時間超過90分鐘的耐力運動（例如長距離跑步或騎自行車），或那些在短時間內有多場賽次的運動（例如網球錦標賽或游泳盛會）是潛在的優勢。如果你的活動持續時間少於90分鐘，這種方法則顯不出成效。因為那段時間肌肉糖原的耗盡並不是你運動表現的限制因素。採用碳水負荷飲食能讓到力竭的時間增加約20%，體能表現提高約2–3%（Hawley et al., 1997）。

典型的6天方案含2輪消耗糖原的運動，其中三天配合攝取低碳水化合物，另外三天搭配高碳水化合物和較少的運動量（Ahlborg et al., 1967; Karlsson & Saltin, 1971）（表3.6）。這種兩階段方案背後的理論是，糖原耗竭會刺激糖原合成酶的活性，糖原合成酶是參與糖原存儲的關鍵酶，誘使肌肉糖原水平高於正常水平。但是該方案有許多缺點，它不僅干擾減弱的運動計畫，而且低碳水化合物的飲食使運動員虛弱、易怒和疲倦。更糟糕的是，即使在攝取高碳水飲食三天後，許多人也無法達到高糖原水平的體能狀態。

美國俄亥俄州立大學研究人員開發了另一種為期6天的碳水負荷飲食法方案，此方式同樣可使糖原水平增加，但卻沒有上述缺點（Sherman et al., 1981）。此方案採連續6天逐漸減少的訓練，在前三天內遵循正常飲食，然後接下來的三天內食用富含碳水化合物的飲食（第72頁的表3.7）。

近期，西澳洲大學的研究人員發現，在進行三分鐘的高強度間歇訓練後的36至48小時內，每公斤攝取10–12克碳水化合物，人體可以維持同等糖原的水平（Fairchild et al., 2002; Bussau et al., 2002）。在進行這樣的訓練後，糖原的儲存速率似乎大大增加。這種新方案的優勢是，僅需1天而不是6天就可達到高糖原水平，並且無需對你的常規訓練計畫進行任何大的更動。

表3.6	碳水負荷飲食法（傳統方式）						
力竭 長時間訓練	減量 訓練	減量 訓練	力竭長時 間訓練	減量 訓練	減量 訓練	減量 訓練	
第一天	第二天	第三天	第四天	第五天	第六天	第七天	競賽日
正常飲食	低碳水 飲食	低碳水 飲食	低碳水 飲食	高碳水 飲食	高碳水 飲食	高碳水 飲食	

表3.8列出碳水化合物負荷的建議程序。在第1天，進行耐力訓練約1小時，以減少肝臟和肌肉中的糖原含量。在接下來的3天裡，逐漸減少訓練量，並吃適量的碳水化合物飲食（5–7克碳水化合物／公斤）。在最後的36–48小時內，繼續減弱運動或休息，並將碳水化合物的攝取量增加到10–12克／公斤。

糖原存儲時每1克糖原中需要約3克水，因此碳水負荷飲食法會導致體重增加1–2公斤。這會不會影響你的運動表現就因人而異。

如果你決定嘗試碳水負荷法，請在訓練期間嘗試，以找出最適合你的碳水負荷計劃。但是，在進行重要比賽之前，切勿嘗試任何新策略。當你嘗試碳水負荷飲食也許需要經歷多次的調整，包括所吃的食物的類型和份量，直到適應屬於你的肝醣超補。

統整：吃什麼，什麼時候吃以及吃多少

表3.9總結了本章中有關碳水化合物攝取的建議。計畫每日食物攝取量最簡單的方法是將一天分為四個「窗口期」：運動前、運動中、運動後以及訓練之間。然後，你可以計算出每個「窗

表3.7	碳水負荷飲食法（改良方案）						
耐力訓練	減量訓練	減量訓練	減量訓練	減量訓練	減量訓練	減量訓練	
第一天	第二天	第三天	第四天	第五天	第六天	第七天	競賽日
正常飲食	正常飲食	正常飲食	正常飲食	高碳水飲食	高碳水飲食	高碳水飲食	

表3.8	碳水化合物負荷（每日方案）						
耐力訓練	減量訓練	減量訓練	減量訓練	減量訓練	減量訓練	暖身&3分鐘訓練	
第一天	第二天	第三天	第四天	第五天	第六天	第七天	競賽日
正常飲食	低碳水飲食	低碳水飲食	低碳水飲食	高碳水飲食	高碳水飲食	高碳水飲食每日10–12克碳水化合物／公斤	

表 3.9	運動前和運動後碳水化合物建議攝取量	
飲食策略	食用時間	碳水化合物建議攝取量
運動前補給	運動前>60分鐘	運動前1–4小時攝取1–4克／公斤
運動後 快速補給	兩段訓練之間的恢復時間 少於8個小時	前4小時1.0–1.2克／公斤／小時， 然後繼續按每日能量需求
碳水化合物 負荷	活動>90分鐘的持續／間歇運動	36–48小時間10–12克／公斤／24小時

引自：伯克等，2011。

「口期」需要攝取多少碳水化合物，以及哪種碳水化合物來達成運動性能最佳化並得到恢復。

重點摘要

· 對於大多數規律的鍛鍊者，建議每日攝取5–7克／公斤的碳水化合物，較高強度的訓練期間，建議攝取每日7–10克／公斤。

· 低碳水化合物高脂肪飲食可能有益於某些生理適應，但會降低高強度運動的表現。

· 在選定的訓練課程中進行週期化碳水化合物的訓練（即在低強度的課程中，減少碳水化合物的可利用性），可以提高肌肉在不同強度的鍛鍊過程中利用脂肪和碳水化合物作為燃料的能力。

· 相對傳統的「複雜」與「簡單」碳水化合物分類，升糖指數（GI）對運動員是一種更有用分類的方法。

· 升糖指數是碳水化合物直接影響血糖水平的一種排序。升糖指數高的碳水化合物會導致血糖快速升高；升糖指數低的則較慢影響血糖升高的速度。

· 升糖負荷（GL）同時考慮到了升糖指數及所攝取的碳水化合物份量（食用量），因此可以衡量對食物或餐食的總血糖反應。升糖負荷＝升糖指數（%）×每份碳水化合物克數。

· 運動前2–4小時食用低升糖指數食品有助於提高耐力並延緩疲勞。運動前食用高升糖指數食品也有益於某些運動員，但對於血糖波動敏感的人，容易在運動開始時產生暫時的低血糖。

· 運動前餐點包含約1–4克碳水化合物／公斤。

· 持續超過60分鐘的中度到高強度運動，在運動過程中攝取30–60克中或高升糖指數碳水化合物（固體或液體形式），有助於維持運動強度，延長運動時間並延緩疲勞。

- 糖原的恢復平均需要20個小時，但取決於糖原消耗的嚴重程度，肌肉損傷的程度以及攝取碳水化合物的量、類型和時機。

- 運動後2小時內，糖原的補充比正常快。為了加快恢復，建議在此期間每公斤攝取1克中–高升糖指數碳水化合物。

- 高或中等的升糖指數碳水化合物，能較快的提供運動後前6小時的糖原補給，這對於每天訓練兩次的運動員最重要。

- 低升糖指數恢復飲食可以改善第二天的耐力，並在隨後的運動中增加脂肪的利用。

- 與單獨使用碳水化合物相比，將碳水化合物與蛋白質混合攝取，已顯示在促進肌肉糖原恢復和肌肉組織生長方面有大的助益。

- 低升糖指數飲食每日包括4–6頓小餐，其中提供5–10克／公斤（取決於訓練時間和強度），將有效促進肌糖原恢復，提高飽腹感和食慾控制，降低心血管危險因素並改善第2型糖尿病的管理。

- 改良形式的碳水負荷飲食法，可將耐力提高20%，並將運動性能表現提高2–3%。

運動與蛋白質

蛋白質對於運動表現及運動體能的重要性，以及是否需要額外蛋白質的問題，自古希臘時代就一直存在著爭議，至今仍是體育科學家、教練和運動員們最熱門的討論話題之一。長期以來蛋白質一直與力量和強度相關聯，因為作為肌肉的主要組成部分，增加蛋白質攝取量會增加肌肉的大小和力量似乎是合乎邏輯的。

傳統上，科學家一直認為運動員的蛋白質攝取量不需要超過參考營養攝取量（RNI），而攝取的蛋白質多於此參考攝取量，也不會產生更多效益。但是，自1980年代以來的研究對此觀點產生了懷疑。有大量證據表示，活躍個體的蛋白質需求始終高於普通一般人群。

本章將幫助你更全面地了解蛋白質在運動中的作用，使你能夠更加確定需要多少蛋白質。並將說明如何按照相關運動和培訓計畫去取決個人在蛋白質上的需求，以及它們與碳水化合物攝取量之間的關係。

「良好的蛋白質來源」表可做為每日菜單的範例，內容顯示食物中如何滿足個人的蛋白質需求，並為開發自己的菜單提供一些基礎。隨著越來越多的運動員放棄肉食並選擇素食，本章將介紹如何在無肉飲食中獲得足夠的蛋白質和其它營養以達到最佳運動表現。蛋白質補充品將在第6章中詳細討論。

我為什麼需要蛋白質？

蛋白質是構成體內每個細胞和組織（包括肌肉組織、內部器官、肌腱、皮膚、頭髮和指甲）結構的一部分。平均而言，它約佔你總體重的20%。蛋白質是新組織的生長和形成、組織修復和調節許多代謝途徑所必需的，還可以用作產生能量的燃料。它也被用來製造幾乎所有的人體酶以及各種激素（例如腎上腺素和胰島素）和神經傳遞物質。蛋白質維持組織中最佳的液體平衡，將營養物質送進與進出細胞，運送氧氣和調節血液凝結作用。

什麼是胺基酸？

　　20個胺基酸是蛋白質的基礎。它們可以透過多種方式組合在一起，從而在體內形成數百種不同的蛋白質。攝取蛋白質時，它會在你的消化道中分解成較小的分子單元– 單個胺基酸和雙胜肽（兩種胺基酸連接在一起）。

　　人體中有十二種胺基酸被稱為非必需胺基酸（NEAAs），是由其他胺基酸，碳水化合物和氮製成。另有八種被不可缺少的稱為必需胺基酸（EAAs），它們必須從飲食中取得。表4.1 列出了這20 種基酸。支鏈胺基酸（BCAA）包括三種具有支鏈分子結構的必需胺基酸：纈胺酸、白胺酸和異白胺酸。它們構成三分之一的肌肉蛋白質，並且是另外兩種胺基酸（麩醯胺酸和丙胺酸）的重要基底物，麩醯胺酸和丙胺酸會在具有強度的有氧運動時大量釋放。它們也可以直接用作肌肉的燃料，特別是在肌肉糖原耗盡時。嚴格上來說，胺基酸才是人體所需要的，而不是蛋白質。

蛋白質和運動
運動對我的蛋白質需求有何影響？

　　大量有關耐力和重量運動的研究所示，目前建議的每日蛋白質攝取量為0.75克／公斤體重，然而並不足以滿足有規律運動的人之需求（ACSM／AND／DC，2016；國際奧林匹克委員會，2011;Phillips & Van Loon, 2011）。補充額外的蛋白質才能支應運動過程中和運動後所增加

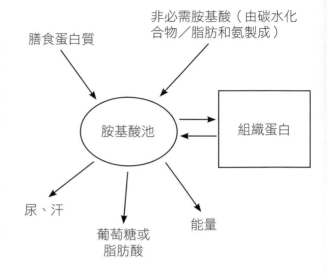

圖4.1 蛋白質代謝

蛋白質代謝

　　組織蛋白質不斷被破壞（分解代謝），釋放出胺基酸到位於人體組織和血液中的「胺基酸游離池」中。例如，你全身的蛋白質有一半在每150天就被分解與更新替代。食物中所攝取的胺基酸，和人體內由氮和碳水化合物製成的非必需胺基酸，也可以進入游離池。一旦進入游離池，胺基酸有四種命運。它們可以用來建立新的蛋白質，可以被氧化產生能量，可以通過糖質新生作用轉化為葡萄糖或是脂肪酸。能量生產過程中，蛋白質分子中的氮被排出至尿液或汗液中。

表4.1	必需胺基酸與 非必需胺基酸
必需胺基酸（EAAs）	非必需胺基酸 （NEAAs）
異白胺酸	丙胺酸
白胺酸	精胺酸
離胺酸	天門冬醯胺
甲硫胺酸	天門冬胺酸
苯丙胺酸	半胱胺酸
蘇胺酸	麩胺酸
色胺酸	麩醯胺酸
纈胺酸	甘胺酸
	組胺酸*
	脯胺酸
	絲胺酸
	酪胺酸

* 組胺酸對嬰兒（不是成年人）是必需

的蛋白質分解，並促進修復和生長。運動會觸發一種酶的活性，這種酶會氧化肌肉中的關鍵胺基酸，然後將其用作燃料來源。當運動強度越大，運動時間越長，更多的蛋白質就會被分解為燃料。確切的蛋白質需求取決於訓練的類型，強度和持續時間。以下將詳細討論耐力運動員與重量運動員在蛋白質需求上的不同。

耐力訓練

從事長期而激烈的耐力訓練會增加蛋白質需求的原因有兩個：首先，你將需要更多的蛋白質來補償訓練過程中蛋白質分解的增加。當你的肌肉糖原儲備不足時（通常發生在持續60–90分鐘的耐力運動之後），某些胺基酸-即麩醯胺酸和支鏈胺基酸（纈胺酸、白胺酸、和異白胺酸）（

什麼是生物利用率？

生物利用率是指蛋白質食品或補充品的「有用程度」。傳統上，那些包含所有八種必需胺基酸的食物被稱為「完整」蛋白質。這些包括乳製品、雞蛋、肉、魚、家禽和大豆。植物性食品，例如穀物和豆類，則包含大量的數種必需胺基酸，但其餘數種必需胺基酸的量則不少是很少就是完全沒有。那些缺少或是不足的必需胺基酸被稱為限制性胺基酸。

必需胺基酸與非必需胺基酸的比率，以及特定胺基酸的量，決定蛋白質食品或是補充劑的生物利用率。例如麩醯胺酸和支鏈胺基酸（白胺酸、異白胺酸和纈胺酸）的量決定了蛋白質吸收並用於組織生長的程度。

蛋白質的特定生物利用率（Bv）可以透過其生物學價值來衡量，也就是指此蛋白質中胺基酸的比例有多接近身體的需求。衡量的法則依照被保留在身體中用於生長和組織維持的蛋白質百分比；換句話是，攝取的蛋白質中有多少是被用於其預期目的。

雞蛋的生物學價值為100，這意味在所有食物中，它所含的必需胺基酸和非必需胺基酸的比率與人體需求的比例最接近。因此，高比例的雞蛋蛋白質可用於製造新的身體蛋白質。乳製品、肉、魚、家禽，Quorn 昆恩產品（一種肉類替代產品）和大豆的生物學價值較高（70-100）；堅果、種子、豆類和穀物的生物學價值較低（小於70）。

請參閱第78頁）可以用作能量。支鏈胺基酸中的白胺酸被轉化為另一種胺基酸、丙胺酸，在肝臟中被轉化為葡萄糖。該葡萄糖釋放回血液中，並輸送到運動肌肉，在那裡被用作能量。實際上，當糖原儲存量低時，蛋白質能供獻的大致可佔能量來源的15%。這是相當可觀的增長，因為當肌肉糖原存儲量很高時，蛋白質所生產的能量需求則不到5%。其次，在激烈的耐力訓練之後，還需要額外的蛋白質來修復和恢復肌肉組織。長時間的耐力訓練會嚴重破壞肌肉和身體的蛋白質。因此，對於耐力運動員而言，在訓練後的恢復期攝取蛋白質和碳水化合物，對肌肉修復和重塑至關重要（Moore et al, 2014）。

重量與力量訓練

與耐力運動員相比，重量和力量型運動員需要更多的蛋白質。經過阻力訓練後，蛋白質分解和合成（建立）的速率增加，儘管在最初幾個小時內分解速率超過了合成速率（Phillips et al., 1997;Phillips et al., 1999）。

此外，膳食蛋白質能有效刺激肌肉的生長（Phillips et al, 2011;Phillips, 2012 ）。要建構肌肉，你必須處於「正氮平衡」狀態。這代表人體所保留飲食中的蛋白質，要比排泄或用作燃料的蛋白質要多。即使是一位嚴格的訓練維持肌肉質量的運動員，只要是蛋白質攝取不足仍會導致肌肉力量、大小和質量的增長緩慢，甚至出現肌肉損失。其實，人類的身體能夠適應蛋白質攝取量的輕微變化。當你的蛋白質攝取量下降一段時間，它將在蛋白質代謝過程中更有效地循環利用胺基酸；抑或透過氧化多餘的胺基酸獲取能量，

從而適應蛋白質攝取量持續增長的情況。

重要的是要了解，高蛋白質飲食本身不會導致力量或肌肉大小的增加。僅有當最佳蛋白質攝取量與高阻力（重量）訓練兩相結合時，才能實現這些目標。

在運動過程中能減少蛋白質的分解嗎？

當肌肉糖原儲存量低時，蛋白質分解的數量會增加。因此，在持續超過1 小時的高強度運動中，蛋白質可以為你的能量需求做出重要貢獻（高達15%）。所以，顯然在肌肉糖原含量較高的情況下開始訓練是有好處的。這樣可以減少蛋白質在訓練過程的任何時刻被當做能量需求的貢獻來源。如果你正在進行減重／減脂計畫，請確保不要大幅度減少碳水化合物，否則當蛋白質被用作能量來源，就無法用於組織生長。為了最大程度地減少肌肉損失，在減少碳水化合物的比例與減少熱量的比例的方面請設為正比（有關減肥的資訊，請參閱第9 章）。

我需要多少蛋白質才能獲得最佳表現性能？

以低強度至中等強度的運動而言（最大攝氧量小於50%），蛋白質的需求量並不需明顯增加（Hargreaves&Show, 2001）。因此，慣於久坐和業餘運動者每日的蛋白質需求量為0.75 克蛋白質／公斤。對於訓練強度更高的人，蛋白質需求量就會更大。

當前的運動營養指南建議攝取量為每日1.2–2.0克／公斤（ACSM／AND／DC,2016）對於體重70公斤的運動員，這相當於每日84–140克；至於體重80公斤的運動員，則等於每日96–160克。這些建議包括一系列培訓計畫，並可以根據個人需求和經驗進行調整。之前，曾有些營養指南為耐力和重量型運動員分別提出過不同建議，但目前已經不再被認為是準確的（ACSM／AND／DC，2016）。相反的，運動科學家建議根據訓練的具體目標，和身體成分目標來調整蛋白質的攝取量（Phillips et al.,2007;Tipon&Witard, 2007）。例如，在進行阻力運動後，較高的蛋白質攝取量是相對適當的，通常建議在較高範圍（每日1.4至2.0克／公斤）攝取蛋白質（Phillips et al., 2007；Tipon et al., 2007；Williams, 1998；Tarnopolskyet al., 1992；Lemon et al., 1992）。

一般建議，耐力訓練者的蛋白質攝取量較低，約為1.2–1.4克／公斤（Rodrigues, 2009;Phillips et al., 2007；Tipon et al, 2007；Lemon, 1998；Williams&Devlin, 1992；Williams, 1998；美國運動醫學學院，2000），但是當進行更頻繁，更長時間或高強度的耐力訓練，或在糖原利用率低的情況下進行訓練時，較高的蛋白質攝取量也是合適的（第36–43頁）。

同樣的，在能量供應減少（減重）的這段時間內，增加飲食中的蛋白質有助於保留肌肉質量並防止蛋白質過度分解（請參閱第82頁「如果我想減肥，我應該攝取更多蛋白質嗎？」）。有經

運動與蛋白質

初學者相較於經驗豐富的運動員，需要更多還是更少的蛋白質呢？

與普遍的認知相反，研究表示初學者對每公斤體重蛋白質量的需求應該高於經驗豐富的運動員（Phillips & Van Loon, 2011）。當你剛開始訓練時，體內的蛋白質需求會增加，因為蛋白質的更新率被提高（Gontzea et al., 1975）。大約經過三週的訓練之後，身體會適應運動，變得能更有效地回收蛋白質。分解的蛋白質被釋放到胺基酸池中的胺基酸，能夠再次被利用、再建構起來，身體也能更有效地保留蛋白質。一項研究發現，健美新手運動員每公斤體重所需要的量，比有經驗的健美運動員高出40%（Tarnopolsky, 1988）。

驗的運動員通常比新手需要更少的蛋白質（請參閱第81頁「初學者比有經驗的運動員，需要更多或更少的蛋白質嗎？」）。

斯特靈大學研究人員從模擬訓練營裡進行高強度訓練的運動員身上發現，攝取額外的蛋白質可以改善免疫功能（Witard et al., 2014），和時間試驗的性能表現（Witard et al., 2011）。他們從一項包括10名自行車手的試驗中得到，運動後與喝碳水化合物飲料的人相比，喝了乳清奶昔飲

料，上呼吸道感染較少（Witard., 2014）。

如果想減重，應該攝取更多蛋白質？

　　減少熱量以減少體內脂肪時，你也有可能失去肌肉。較高的蛋白質攝取量可以抵消任何減重計畫相關的肌肉消耗效應。研究人員建議將蛋白質的攝取量增加到每日1.8–2.7克／公斤（或2.3–3.1克／公斤的無脂肪質量），同時將你的每日熱量攝取適量減少（大約500大卡），並包括執行一些為了防止瘦肌肉流失而進行的阻力訓練（Murphy et al., 2015; Helms et al., 2014; Philips&Van Loon, 2011）。例如，一個70公斤的運動員每日需要攝取126–189克蛋白質。由於蛋白質的攝取時間很重要，建議全天平均地攝取蛋白質。理想情況下，運動後餐點應含有0.25–0.3克／公斤體重蛋白質，最好採用快速消化吸收且白胺酸含量高的食物（如牛奶）。

　　另外，是否有可能在增加肌肉的同時又減少脂肪–以前大多數科學家認為這是不可能的。美國安大略省麥克馬斯特大學的一項研究發現，志願者食用2.4克／公斤的蛋白質，並結合減少40%的熱量和高強度的抗力訓練計畫，與攝取1.2克／公斤的蛋白質的對照組相比，4週下來可以減少更多的體內脂肪（4.8公斤對3.5公斤），增加更多肌肉（1.2公斤對0.1公斤）（Longland et al., 2016）。但是，培訓計畫非常辛苦，因此對於大多數人來說可能無法持續。

蛋白質和飽腹感

　　蛋白質在食慾調節中占很重要的角色。它已被顯示比起碳水化合物，更可以促進飽腹感（飽脹的感覺和減少進食後的飢餓感），這就是為什麼在你嘗試減重或防止體重恢復的時候非常有用（Westerterp-Plantenga et al., 2012）。

　　它減慢了胃排空，從而幫助你感到更長的飽足感。它也會在腸內觸發食慾調節激素的釋放，例如升糖素類似胜肽1（GLP–1），多肽YY（PYY）和升糖素，並降低「飢餓」激素，如飢餓素。這些荷爾蒙發出訊號至你大腦中的食慾控制中心，告訴它你吃飽了，所以可以停止進食。哥本哈根大學的研究人員給了25位志願者不同份量的蛋白質，並發現食慾激素和飽腹感與份量有呈正相關的現象（Belza et al., 2013）。蛋白質份量，增加進食後刺激這些激素的反應，以及增加主觀上的飽腹感。蛋白質攝取份量越多，升糖素類似胜肽1，多肽YY和升糖素的水平越高，志願者也感覺更有飽腹感。

蛋白質攝取時機

　　在代謝適應性，肌肉修復和肌肉蛋白質合成（MPS）方面上來說，訓練前後蛋白質攝取的時機，與每日總蛋白質需求量是同樣重要的。運動期間和運動後攝取的蛋白質量，以及全天攝取蛋

白質的類型和分佈,都會影響肌肉恢復和肌肉蛋白質合成的速度。因此,蛋白質攝取的指導方針已朝著「每餐」,而非每天總建議量邁進。

運動前和運動中的蛋白質

大量研究表示,在長時間的高強度運動之前,和期間攝取蛋白質和碳水化合物,可以在運動期間刺激肌肉蛋白質合成,最大程度地減少蛋白質分解,提高運動恢復能力,並減少肌肉損傷(Beradi et al., 2008; Saunders,2007; Luden et al., 2007; Romano-Ely et al., 2006)。這也會有助於改善你的後續運動表現。

美國德克薩斯大學醫學分校的研究人員發現,運動前飲用含有蛋白質和碳水化合物的飲料,比運動後立即飲用相同的飲料,能夠更有效地刺激運動後肌肉蛋白質合成(Tipton et al., 2001)。馬斯特里赫特大學研究人員的另一項研究則發現,與僅含碳水化合物的飲料相比,在2小時的阻力訓練中定期飲用含等量蛋白質和碳水化合物的飲料,可顯著提高運動中肌肉蛋白質合成的發生率,並減少蛋白質分解(Tipton et al., 2001)。

攝取蛋白質和碳水化合物也可以提高耐力運動的表現。德克薩斯大學的一項研究發現,與純碳水化合物飲料相比,自行車手在運動開始之前和期間,每20分鐘攝取碳水化合物蛋白質飲料,運動持續時間增長36%(Ivy et al., 2003)。溫哥華詹姆斯麥迪遜大學的研究人員也觀察測量到,與僅含碳水化合物的飲料相比,自行車手若每15分鐘喝一次含碳水化合物的蛋白質飲料,可使耐力提高29%(Suanders et al., 2004)。飲料中每種成分的確切量尚不清楚,但是大多數試驗使用的飲料中的碳水化合物與蛋白質之比約為2:1,或1:1(例如0.8 克碳水化合物/公斤體重,加上0.4克蛋白質/公斤)(Beelen et al ., 2010)。

運動後的蛋白質

運動後攝取蛋白質可提高訓練適應性,並增強重量和耐力運動員的表現。進行阻抗力訓練後,飲食中的蛋白質將用於重建肌肉纖維中的收縮蛋白質(肌動蛋白和肌球蛋白),隨著時間,肌肉會變得更大更強壯。而進行耐力訓練後,有別於用來重建收縮蛋白質,飲食中蛋白質被用來重建粒線體蛋白質,而粒線體蛋白質就是產生能量的地方。因此,運動後立即食用蛋白質對於阻抗力和耐力的運動表現都是有利的。

一項研究綜述認為,運動後在恢復階段儘早攝取蛋白質,可提高肌肉蛋白質合成的發生率,促進肌肉修復,並增強肌肉對長時間運動的適應性(Van Loon, 2014)。然而,運動後的合成代謝窗口被認為長達幾個小時甚至更長,所以不必在運動後立即攝取蛋白質。另一項研究發現,訓練前或訓練後攝取蛋白質,在肌肉質量、大小或力量上並無差異(Schoenfeld et al., 2017)。

多項研究表示,運動後的最佳蛋白質攝取量為0.25克/公斤,對於體重80公斤的運動員而言,這相當於20克(ACSM/AND/DC,2016;Phillips&Van Loon, 2011;Moore vet al., 2009

；國際奧林匹克委員會，2011；Rodriguez et al., 2009）。在麥克馬斯特大學的一項研究中，志願者在阻抗力訓練後立即食用了5、10、20或40克的雞蛋蛋白（Moore et al., 2009）。科學家隨後測量了接下來的4小時內肌肉蛋白質合成的速率，發現蛋白質攝取量與肌肉蛋白質合成之間存在劑量– 反應關係，並存在上限量的關係，為20克蛋白質。更高的劑量（40克）不會使肌肉蛋白質合成進一步的增加。任何過量的蛋白質都會被用作能源（被氧化），而氨基氮會轉化為尿素並在尿液中排出。

近期，斯特靈大學的研究人員在運動後4小時內分別給予不同量的乳清蛋白（0、10、20或40克），並測量肌肉蛋白質合成的增加（Witard et al., 2014）。他們同樣也發現，在阻抗訓練後，20克乳清蛋白是刺激最大肌肉蛋白質合成的最佳劑量。但是這些研究僅涉及腿部訓練，之後最近的研究表示，當涉及大量的肌肉塊時，更大量的蛋白質量可能是更佳的。同一個研究小組發現，在全身阻抗力訓練後攝取40克蛋白質，相較於20克蛋白質，可以產生較大的肌肉蛋白質合成（Macnaughton at el., 2016）。換句話說，當訓練更大的肌肉群時，可能需要更高的蛋白質攝取量。儘管研究使用蛋白質補充劑，但這是為了消除混雜的飲食因素，獨立分析蛋白質的益處。所以食用食物形式的蛋白質（如牛奶、雞蛋、優格或肉類）具有相同的好處，補充劑並非是必要的！該研究中的大多數運動員重約80公斤，因此，較重的運動員需要更多（20–25克），而較輕的運動員則需要較少（15–20克）的量來刺

激最大肌肉蛋白質合成（Phillip et al., 2011）。另一方面，年齡在65歲以上的老年運動員可能需要超過每公斤25克的量，才能刺激最大肌肉蛋白質合成。加拿大和英國研究人員進行的一項分析發現，健康的老年男性對低蛋白質攝取量較不敏感，他們需要的蛋白質攝取量（每餐0.4克／公斤）比年輕男子（每餐0.24克／公斤）高（第270頁），來刺激最大肌肉蛋白質合成（Moore et al., 2015）。對於體重80公斤的老年運動員來說，這相當於32克蛋白質。

全天蛋白質攝取量的分配

提高肌肉蛋白質合成的機會之窗，不單是剛運動後的那幾個小時。科學家表示，這個「合成代謝窗口」至少持續24小時（尤其是在阻抗力訓練之後），這意味著全天攝取蛋白質相較於運動後才立即攝取更為有益（Schoenfeld et al., 2013; Burd et al., 2011）。全天固定間隔時間穩定的攝取最佳份量的蛋白質，可以維持胺基酸穩定向肌肉傳遞，促進肌肉蛋白質合成的增加。

澳洲皇家墨爾本理工大學的一項研究測量了志願者在阻力運動後的12個小時恢復過程中，肌肉蛋白質合成的比率，研究人員請志願者將這個12小時的攝取80克蛋白質，分為三種不同的段落，即每6小時一次：2次 X 40克；每3小時一次：4次 X 20克或每1.5小時一次：8 X 10克（Areta et al ., 2013）。他們發現，與其他方案相比，每3 小時攝取20 克蛋白質時，肌肉蛋白質合成率升高31–48%。

同樣的，美國德克薩斯大學醫學院的研究人員發現，在早餐（30克）、午餐（30克）和晚餐（30克）中平均分配整天90克蛋白質，可以使肌肉蛋白質合成率比那種將大部分蛋白質攝取放在晚餐（63克），而少量的蛋白質放在早餐（10克）和午餐（16克）的模式，高了25（Mamerow et al., 2014）。

如此說來，要獲得最大的肌肉蛋白質合成，最好在一整天內平均分配蛋白質攝取量。當你計畫在每餐或吃點心中，攝取0.25克／公斤或15–25克蛋白質，這代表了你需要重新考慮早餐的選擇，因為大多數人在此餐都將重點集中在碳水化合物（例如穀物麥片、吐司）上，試著加入額外的牛奶、牛奶飲料、雞蛋或優格。

睡前蛋白質

「合成代謝窗口」可能還會擴展到夜間恢復的睡眠期間。科學家最近評估了在夜間完成阻力訓練後和睡覺前攝取蛋白質的好處。荷蘭馬斯特里赫特大學的一項研究發現，在阻力運動後和睡眠前食用40克蛋白質（以酪蛋白飲料的形式）的志願者，與服用安慰劑的志願者相比，蛋白質的合成高了22%（Res et al., 2012）。選擇酪蛋白是因為它的消化和吸收相對較慢，因此能使得血液中胺基酸持續增加。

進一步的研究發現，在阻抗性訓練後和入睡之前，攝取28克蛋白質（包含28克蛋白質和15克碳水化合物的飲料配方）經過12週後，比使用安慰劑相比，肌肉力量和大小都明顯增加較多（Snijders et al., 2015）。但是，那些在睡前飲用蛋白質飲料的運動員，他們每天攝取1.9克蛋白

質／公斤，而安慰劑組則只每天攝取1.3克／公斤。因此，尚不清楚入睡前攝取蛋白質是否比一天中其他時間攝取蛋白質更有效，或者是否存在最佳劑量，或者液體是否比固體形式的蛋白質更有優勢。

運動後哪種蛋白質最合適？

研究表示，牛奶和雞蛋等「高品質」蛋白質（即包含所有八個必需胺基酸，並能快速被消化和吸收的蛋白質）是運動後攝取的最佳蛋白質類型（Phillips et al., 2011；Tipton et al., 2007）。必需胺基酸刺激肌肉蛋白質合成存在劑量與效益正相關的依賴性：血液中必需胺基酸濃度越高，肌肉蛋白質合成發生率越高。因此，含有高含量必需胺基酸的食品將是最有益的。

與大豆蛋白相比，牛奶為基底的蛋白（如乳清和酪蛋白），已顯示會促進更大程度的肌肉蛋白質吸收，以及更大的肌肉蛋白合成率（Wilkinson et al., 2007; Tipton et al., 2004,; Tipton et al., 2007）。麥克馬斯特大學的一項研究發現，在阻抗訓練後喝牛奶的人比喝大豆飲料的人獲得更多的肌肉質量（Phillips et al., 2005）。

在康涅狄格大學的一項研究中，與含有相同熱量的大豆蛋白或碳水化合物補充劑相比，在接受阻抗性訓練計畫情況下，志願者在9個月的期間，每天攝取乳清補充劑，所獲得的肌肉明顯增加較多（Volek et al., 2013）。這被認為部分是因為乳清是一種「快速」蛋白質，這意味著它相對較快地被消化和吸收，從而使血液中的必需胺基酸迅速增加，部分原因是其白胺酸的含量較高（Tang et., 2009; Boirie et al., 1997; Dangin et al., 2001）。

白胺酸是蛋白質合成的重要觸發劑和基底物（Phillips & Van Loon, 2011; Burd dt al., 2009; Tang et al., 2009）。儘管尚不清楚確切的機制，但乳清似乎是刺激肌肉生長最有效的蛋白質，因為它能使血液白胺酸水平最快速地升高（Phillips et al，2011）（請參閱〔白胺酸和肌肉蛋白質合成〕，87頁）。

隨後根據更新的研究表示，與乳清蛋白相比，「快」和「慢」蛋白的混合物，可能具有更多好處，因為不同的蛋白會以不同的速率消化。德克薩斯大學醫學分校的一項研究表示，含有19克乳清、酪蛋白和大豆蛋白混合物的補充品，

與單純只有乳清相比，在阻抗性運動後，更能夠持續血液中胺基酸水平的升高，因此肌肉蛋白質合成升高的時間更長（Reidy et al., 2013）。

目前尚不清楚這是否比食用富含蛋白質的食物（例如牛奶）更有效，但鑑於天然食物本身就包含蛋白質混合物（牛奶是酪蛋白和乳清的混合物），而且它們是許多其他營養素的來源，天然食物對於大多數人來說，可能是比補充品更好的選擇。

另外，目前尚不清楚的是關於食用蛋白質的液態形式（例如牛奶或乳清蛋白奶昔），是

白胺酸和肌肉蛋白質合成

研究表示，白胺酸能夠刺激肌肉蛋白質合成（Anthony et al., 2001; Norton & Laymen, 2006）。沒有它，蛋白質合成就無法進行。 乳蛋白所含有的高白胺酸含量，被認為是具有許多肌肉蛋白質合成（MPS）的特性。白胺酸是支鏈胺基酸（請參閱第78頁），既充當基底物（建構材料），也是肌肉蛋白質合成的觸發物。它啟動了肌肉的再生和構建過程，因此對於那些想要增強力量和肌肉質量的人來說尤其重要。白胺酸透過刺激mTOR（哺乳動物雷帕黴素標靶蛋白）信號傳導途徑來提高肌肉蛋白質合成，導致新的肌肉蛋白形成。

有理論假設要使肌肉蛋白質合成最大化，就必須超過「白胺酸閾值」。這是達到最高肌肉蛋白質合成所需的攝取量，被認為是每餐2–3克的白胺酸，在老年運動員中可能高達3.5克（Drummond & Rasmussen, 2008; Katsanos et al., 2006）。如果白胺酸濃度過低，則哺乳動物雷帕黴素標靶蛋白會失去活性，並且不會發生肌肉蛋白質合成。

在馬斯特里赫特大學的一項研究中，與沒有食用白胺酸補充劑的運動員相比，在阻抗性訓練後食用白胺酸／碳水化合物／蛋白質補充劑的運動員，肌肉蛋白質分解較少，肌肉蛋白質合成也更高（Koopman et al., 2005）。

白胺酸廣泛存在於動物蛋白質中，包括雞蛋、牛奶和奶製品、肉、魚和家禽。它在乳清蛋白中的濃度特別高，這也解釋了為什麼乳清蛋白補充劑顯示出比其他蛋白質來源更能夠增加肌肉蛋白質合成的原因。表4.2列出要獲得2克白胺酸和20克蛋白質，從各種食物攝取的的份量。

否比固態的蛋白質（例如肉或蛋）更為有利。澳洲體育學院的一項研究發現，運動後食用液態蛋白質會使血液中的胺基酸水平更為迅速地升高（Burke et al., 2012）。但是這可能是因為運動後立即增加了肌肉蛋白質合成，但並不一定等於在24小時內肌肉蛋白質合成效果也有所不同，或者液態形式會導致更大的力量或肌肉質量增加。

表4.2	能夠供應2克白胺酸和20克蛋白質的食物
	600毫升牛奶
	85克切達起司
	450克原味優格
	3顆雞蛋
	85克肉或家禽
	100克魚
	17克乳清粉

牛奶作為恢復飲料

　　就補充糖原、肌肉蛋白質合成和補充液體而言，牛奶是一種近乎完美的恢復性飲料。康乃狄克大學的研究人員最早證明脫脂牛奶在運動後，立即產生比碳水化合物運動飲料更好的荷爾蒙環境（Miller et al., 2002）。他們認為，這種荷爾蒙環境會保留體內蛋白質，並在恢復過程中促進蛋白質合成代謝。從此以後，人們對牛奶作為一種恢復性飲料的議題進行了廣泛的研究。

　　德克薩斯大學的研究人員發現，在進行阻抗力訓練後喝牛奶（任何類型：全脂、半脫脂和脫脂），可以促進肌肉合成（Elliot, 2006）。幾項研究表示，牛奶比豆漿能更有效地促進肌肉製造和肌肉增長（Wilkinson, 2007; Phillips, 2005）。

　　牛奶似乎對身體構成有較好的效果。加拿大研究人員發現，在一項為期12週的阻抗運動訓練計畫中，男性減重新手教練食用脫脂牛奶，與同熱量的大豆或碳水化合物飲料相比，更能促進肌肉肥大（Hartman et al., 2007）。一項針對女性的類似研究發現，在進行阻力型運動12　週後，喝脫脂牛奶可以降低體內脂肪水平，增加瘦體重和力量（Josse et al., 2010）。

　　牛奶對肌肉蛋白質合成的有益作用被認為是由於其乳清含量高，其中富含白胺酸和其他支鏈胺基酸。而且，牛奶已被證明是一種有效的液體補充飲料。2007年，拉夫堡大學的研究人員表示，脫脂牛奶比運動飲料或水產生的運動後補液效果更好（Shireffs et al., 2007）。研究還進一步

說明，訓練後喝牛奶可以緩解運動引起的肌肉損傷的症狀，包括延遲肌肉酸痛的發作和肌肉性能的下降。最初的好處是透過喝大量牛奶（1公升）證明而來的，但是最近發現，與喝大量牛奶相比，少量的牛奶（500毫升）對肌肉性能、血液測量值和肌肉酸痛的影響相似（科克本等人，2012）。在這項研究中，24名男性在進行腿部訓練後飲用500毫升半脫脂牛奶、1公升半脫脂牛奶或1升水。喝500毫升或1公升牛奶的人的肌肉損傷比喝水的人少，兩個喝牛奶的組別之間則沒有差異。

　　許多研究都強調了巧克力牛奶作為恢復飲料的好處，尤其是在耐力運動之後。調味牛奶中碳水化合物與蛋白質的比例為3：1，因此是恢復性飲料的好選擇。在這些研究的第一項研究中，美國印第安納大學的研究人員表示，與飲用碳水化合物飲料的人相比，在間歇訓練後飲用巧克力牛奶的自行車選手，他們的恢復速度更快，並在4小時後的耐力訓練中，也能表現得更好（Karp et al., 2006）。

　　諾桑比亞大學研究人員在2008年進行的一項研究則發現，與商業運動飲料或水相比，訓練後立即飲用500毫升半脫脂牛奶或巧克力牛奶的運動員，肌肉酸痛程度降低，並且肌肉恢復更快（Cockburn et al., 2008）。

　　美國詹姆斯麥迪遜大學於2009年進行的一項研究也發現，與商業運動飲料相比，巧克力牛奶促進了更好的肌肉恢復（Gilson et al., 2009）。此外，與喝相同熱量運動飲料的人相比，訓練後

喝巧克力牛奶的足球運動員的肌肉損傷較小，肌肉恢復更快。

德克薩斯大學的研究人員發現，與碳水化合物（運動）飲料相比，巧克力牛奶不僅可以促進肌肉糖原的恢復，而且還可以提高有氧運動能力，瘦體重和減少體內脂肪（Ferguson-Stegall et al., 2011）。確切的機制尚不清楚，但被認為是因為乳蛋白消化過程中釋放的胜肽，導致蛋白代謝改變和增加訓練適應性的原因。對於更長、更艱苦的訓練，可能需要額外的碳水化合物來補充能量。德克薩斯大學奧斯汀分校的研究人員發現，在2小時的適度運動後，食用一碗全麥穀物

麥片加牛奶，在補充糖原上的功效與運動飲料一樣有效（Kammer et al., 2009）。而且，與運動飲料相比，它還促進了更大的肌肉蛋白質合成。

蛋白質補充品是否比食物更好？

儘管許多研究都使用補充品，但這是為了獨立觀察蛋白質的作用效果，並不一定意味著補充品比優良的蛋白質食物來源更好。

事實上，研究已經發現蛋白質的食物來源（如牛奶）與補充品一樣有效（Wilkinson, 2007; Phillips, 2005）。美國的一項研究發現，在阻抗性訓練後的一個小時內，食用237毫升全脂牛奶

或脫脂牛奶可以產生更大的蛋白質合成（Elliot et al., 2006）。加拿大的一項研究，進行一場80公里的自行車計時賽，受測者在運動飲料中添加乳清蛋白，對車手的體能表現並沒有任何影響（Van Essen & Gilbala, 2006）。沒有證據顯示蛋白質補充品可以比食物蛋白質來源更好地改善運動性能或促進恢復。

我如何達到我的蛋白質需求？

實際上，蛋白質的攝取量通常反應熱量總攝取量，因此，如果你能夠從攝取各式食物來達到你的總熱量需求，你所攝取的蛋白質已可能是足夠的。飲食調查顯示，大多數運動員已經在不使用蛋白質補充品的情況下，進食了超過蛋白質攝取建議量的上限。但是，如果你減少熱量攝取或減少某食物種類的攝取（例如，如果你吃純素飲食或對乳製品過敏），則可能會很難滿足蛋白質需求攝取量。

表4.3列出了多種含蛋白質的食物。動物來源通常提供更高水平的必需胺基酸，但是植物來源也可以對你的日常蛋白質攝取量做出重大貢獻。關鍵是要吃各種含蛋白質的食物。這不僅可以確保胺基酸攝取有更好的平衡，還可以增加其他營養素的攝取，例如纖維、維生素、礦物質和碳水化合物。例如，將米飯與豆類混合一起進食，比單獨吃這些食物中的任何一種，都能更好地補充製造新的人體蛋白質所需之胺基酸。但是，不必總是在一頓飯中混合這些蛋白質。我

們的身體會在24小時內集結這些被我們吃掉的食物，變成身體需要的胺基酸，並再根據身體的需要使用它們。

蛋白質越多越好嗎？

儘管有些重量運動員和健美運動員每天攝取多達2–3克／公斤的蛋白質，但沒有證據表示每天這樣的高攝取量會進一步增加肌肉質量和力量（Tipton & Wolfe, 2007）。攝取多於需求量的蛋白質對健康或表現性能並沒有好處。一旦攝取量已達需求量，多餘的其他蛋白質並不會轉化為肌肉，也不會進一步增加肌肉的大小、力量或耐力。

蛋白質的含氮氨基化合物在肝臟中轉化為尿素。然後傳至腎臟，並透過尿液排出體外。蛋白質其餘的部分被轉化為葡萄糖，並被用作能量來源。它既可以立即用作燃料，也可以被儲存起來，通常作為糖原。如果你已經吃了足夠的碳水化合物來補充你的糖原儲備量，多餘的葡萄糖可能會轉化為脂肪。然而，實際上這並不會很大程度地發生。脂肪的囤積通常是熱量攝取過多的結果。最近的研究表示，進食蛋白質會增加新陳代謝的速度，因此很大一部分蛋白質熱量是被氧化並以熱能的形式散發（參見第9章）。因此，稍微過量的蛋白質不太可能轉化為脂肪。

在安大略省麥克馬斯特大學進行的一項研究中，重量訓練運動員被給予低蛋白質飲食（每日0.86克／公斤，與參考營養攝取量相似），中等蛋白質飲食（每日1.4克／公斤）或高蛋白質飲

表 4.3	蛋白質的良好來源		
	食物	**份量大小**	**份量（克）**
肉和魚	牛肉、菲力牛排、烤、瘦肉	2 片 105 克	31
	雞胸肉、僅烤肉	1 片胸肉 130 克	39
	火雞、胸肉、烤	2 片 140 克	47
	鱈魚、水煮	1 片 120 克	25
	鯖魚、烤	1 片 150 克	31
	鮪魚、鹽水罐頭	1 小罐（100 克）	24
乳製品和雞蛋	切達起司	1 片（25 克）	6
	茅屋起司	2 湯匙（100 克）	12
	牛奶（所有類型）	1 杯（250 毫升）	8
	低脂優格、原味	1 盒（125 克）	6
	低脂希臘式優格	3 湯匙（150 克）	15
	蛋	2	12
堅果和種子	花生、烘烤和鹽漬	1 把（25 克）	7
	腰果、烘烤和鹽漬	1 把（25 克）	5
	核桃	1 把（25 克）	4
	葵花籽	2 湯匙（32 克）	6
	芝麻籽	2 湯匙（24 克）	4
豆類	焗豆	1 小罐（205 克）	10
	紅扁豆、水煮	4 湯匙（200 克）	18
	豆、水煮	4 湯匙（200 克）	18
	鷹嘴豆、水煮	4 湯匙（200 克）	18
大豆製品	大豆「奶」、原味	1 杯（250 毫升）	8
	大豆優格、原味	1 盒（125 克）	5
	豆腐	半包（100 克）	13
Quorn 昆恩產品（一種肉類替代產品）	昆恩切碎	4 湯匙（100 克）	15
	昆恩香腸	3（100 克）	14
穀物和「類穀物」	全麥麵包	5 尖湯匙（80 克）	8
	全麥通心麵、水煮	5 尖湯匙（250 克）	10
	糙米、水煮	5 尖湯匙（180 克）	7
	藜麥、煮熟	5 尖湯匙（250 克）	11
	燕麥	4 湯匙（50 克）	7

食（每日2.3克／公斤）13天（Tarnopolsky et al., 1992）。採取低蛋白質飲食攝取量與靜態久坐的人的參考營養攝取量接近時，結果是導致運動員失去肌肉質量。中或高蛋白飲食均影響肌肉質量的增加，但兩組的增加量相同。換句話說，將蛋白質攝取量從每日1.4克增加到2.4克／公斤並沒有額外的益處。

俄亥俄州肯特州立大學也有類似的發現。研究人員分別給予12名年輕志願者1個月的蛋白質補充品（每日總蛋白質為2.62克／公斤）或碳水化合物補充品（每日總蛋白質為1.35克／公斤），在此期間，也安排他們進行每週6天的高強度重量訓練（Lemon et al., 1992）。在每次進食後都會進行氮平衡測量，研究人員發現，儘管肌肉強度、肌肉質量和大小在兩個組別是相同的，但研究發現每天需要攝取1.4–1.5克／公斤的蛋白質來維持氮平衡。

研究人員總結了兩個主要觀點。首先，重量訓練大約會使你的蛋白質需求量增加一倍（與靜態久坐的人相比）。其次，增加蛋白質攝取量不會以線性方式增加你的肌肉力量、質量或大小。一旦蛋白質達到最佳攝取量，多餘的蛋白質並不會轉化為肌肉。

蛋白質過多有害嗎？

過去認為多餘的蛋白質可能會導致肝臟或腎臟的損害，對這些器官施加過度的壓力。然而，這從未在健康的人身上得到證實，因此它仍然只是理論上的可能性（Tipton & Wolfe, 2007）。但是，有肝臟或腎臟問題的人仍建議食用低蛋白飲食。

過去也認為食用過多的蛋白質會導致脫水，因為人體的液體被用來稀釋並排泄增加的尿素量。唯一的證據來自2002年在新奧爾良舉行的實驗生物學會議上報告之一項研究，該研究發現，高蛋白飲食（每日246克）攝取4週後，會導致訓練有素的運動員脫水。他們血液中的尿素氮（一項針對腎功能的臨床測試）達到異常水平，並且產生高濃度的尿液。據康涅狄格大學的研究人員表示，是可以透過增加液體攝取量來避免這種情況的發生。如果你喝足夠的液體，這不太可能成為問題。

對於高蛋白質飲食會引起鈣的大量排泄（增加骨質疏鬆症的風險），在很大程度上也是沒有根據的。荷蘭馬斯特里赫特大學的一項研究發現，將攝取12%的蛋白質飲食與21%的蛋白質飲食的人相比，對鈣含量的狀態並沒有負面影響（Pannemans et al., 1997）。總之，雖然短期內攝取過多蛋白質不太可能有害，但也沒有任何好處。

重點摘要

· 蛋白質是維持、更替和生長人體組織所必需的。它用於製造、調節新陳代謝、維持體液平衡以及將營養物質進出細胞的酶和激素。

· 對於普羅大眾來說，每日需要參考營養攝取量，0.75克／公斤的蛋白質，但是運動員需要的量要比這個更高。

- 身體需要額外的蛋白質來補償高度劇烈訓練過程中增加的蛋白質分解，以及修復和恢復訓練後的肌肉組織。

- 重量和力量運動員需要額外的需求，以促進肌肉蛋白質合成。

- 當前建議攝取量為每日1.2–2.0克／公斤。

- 減肥期間，每日攝取1.8–2.7克／公斤（或2.3–3.1克／公斤無脂肪體重）的蛋白質，再加上減少總熱量攝取和阻抗力訓練，可能有助於防止瘦肌肉的流失。

- 在進行長時間高強度運動之前，食用蛋白質和碳水化合物，可增加運動中的肌肉蛋白質合成，並最大程度地減少蛋白質分解。

- 運動後攝取0.25克蛋白質／公斤，可增強訓練適應性，並增強重量和耐力運動員的表現。老年運動員每餐可能需要多達0.4g克／公斤蛋白質，以刺激最大肌肉蛋白質合成。

- 為了獲得最大肌肉蛋白質合成，每餐要攝取0.25克蛋白質／公斤，並全天平均分配蛋白質攝取量。

- 「優質」蛋白質（例如牛奶和雞蛋）是運動後最佳蛋白質攝取類型。

- 白胺酸既是肌肉蛋白質合成的基底物（構建材料），也是觸發器。

- 蛋白質攝取量超出你的需求量時，並不會導致肌肉質量或強度進一步提高，而是被用作能量來源。但是，沒有證據表示過量的蛋白質有害。

- 牛奶是一種特別有價值的恢復性食品，已顯示可以增加肌肉蛋白質合成，促進肌肉修復，減少運動後肌肉酸痛，促進液體補充，改善身體組成分並增加肌肉質量和力量。

- 運動員應能夠透過良好的營養攝取計畫且熱量充足的飲食，來滿足其蛋白質需求。

實際上，如果你的進食量始終少於參考營養攝取量，則可能缺少某種特殊的營養素。

如何訂立膳食參考值？

首先，科學家必須弄清楚一個人要維持健康所需特定營養素的最低量是多少。一旦確定了這一點，科學家通常會增加安全範圍係數，以考慮個體差異。沒有兩個人會有完全相同的需求量。接下來，也需要評估儲存需求，確保將少量的營養素留存在體內。

不盡人意的是，至今人類維生素和礦物質需求的科學證據還很少而且常有相互矛盾之處。其中不可避免地涉及許多科學猜測，其結果通常是從動物實驗中推斷出來的。

膳食參考值實際上是透過選定的科學數據和良好的判斷力之間折衷得出的。它們因國家而異，並且總是保留辯論的空間。

均衡飲食可以提供我需要的所有維生素和礦物質嗎？

大多數運動員比靜態久坐的人吃得食物更多。只要選擇正確的食物，你應該自動就能獲得更高的維生素和礦物質攝取量。然而，許多運動員的飲食計畫其實不夠完整，或是他們可能限制自己熱量的攝取，導致難以從食物中獲取足夠量的維生素和礦物質。

在準備和烹飪食物的過程中也會損失維生素，因而進一步造成你的實際攝取量減少。集約化耕作導致作物的營養成分較低。例如，使用農藥會耗盡土壤中的礦物質含量，使植物的礦物質含量較低。歐盟國家因人為定價政策使得食品價格高居不下，導致大量的花椰菜、高麗菜和其他產品在超市出售之前保存了長達一年。顯然，在此期間可能發生了大量的維生素流失。

實際上，均衡飲食並不總是那麼容易，特別是如果你經常出差、輪班或長時間工作，不規律地訓練和進食，需要在旅途中進食，或無法購買和準備自己的餐點時，在這些情況下想要計畫均衡的飲食需要付出更多的精力。因此你可能無法獲得所需的所有維生素和礦物質。如果你正採取某種限制飲食（例如，在一段時間內每天攝取少於1500大卡的熱量，或從一般飲食中排除某種食物類別），則攝取量也可能不足。

許多調查顯示，多數運動員飲食中的維生素和礦物質攝取不足（Short & Short, 1983; Steen & McKinney, 1986; Bazzare et al., 1986）。與男性相比，女性運動員的某些特定礦物質和維生素的攝取量較低。一項對60位女運動員的研究發現，鈣、鐵和鋅的攝取量皆少於100%的參考營養攝取量RNI（Cupisti et al., 2002）。美國研究人員也觀察到美國國家花式滑冰運動員的維生素E、鈣、鐵、鎂、鋅和磷的攝取量皆較低（Ziegler, 1999）。這與水果、蔬菜、乳製品和高蛋白食品的攝取量低於建議攝取量有關。亞利桑那大學研究人員針對美國菁英女子七項全能運動員進行的研究發現，儘管平均營養攝取量超過參考營養攝取量RNI的67%，但維生素E的攝取量卻低於最

於最低水平（Mullins, 2001）。只是，超過一半的運動員有服用維生素和礦物質補充劑，來將增加他們的整體攝取量。 項針對58名游泳者的研究發現，至少男性有71%，女性則高達93%至少有一種抗氧化維生素沒達到建議攝取量的比例（Farajian et al., 2004）。

這些結果說明了運動員的飲食並不均衡，特別是水果和蔬菜的攝取量不足。

運動為何會增加我對維生素和礦物質的需求？

規律的高強度劇烈運動會對你身體產生額外的需求，這意味著許多微量營養素的需要就可能會高於一般人群的建議攝取量。微量營養素在能量產生、血紅素合成、骨骼健康、免疫功能以及保護人體免受氧化傷害等發揮重要的作用。它們有助於在恢復階段時肌肉組織的合成和修復，因此，可能需要攝取更多微量營養素來滿足運動員對增肌、修復和維持瘦肌肉體重的需求。未能獲取足夠的微量營養素可能會使你精力不足，容易受到輕微的感染和疾病。

維生素E

維生素E是一種脂溶性維生素，存在於堅果，種子，植物油，油性魚、酪梨和蛋黃中。它也是一種強大的抗氧化劑，有助於防止細胞膜中脂肪酸的氧化，並保護細胞免受損害。早期研究表示，與安慰劑相比，補充維生素E可以減少在長時間劇烈自行車運動到達疲憊後所產生的自由基傷害（Rokitzki et al., 1994）。

但是，最近的研究卻顯示，服用補充劑可能會減少訓練適應性並導致運動表現降低（另請參見〔抗氧化劑〕，第109頁）。例如，每天服用維生素E補充劑（800IU）兩個月的鐵人三項運動員，他們的運動表現並不比服用安慰劑的人好（Nieman et al., 2004）。儘管血液中的維生素E含量較高，但這並沒有減少氧化壓力的指標，或轉化為任何運動性能的改善。同樣，另一項研究發現，補充維生素E八週並不能減少氧化壓力指標或改善運動表現（Gaeini et al., 2006）。近期，挪威研究人員表示，與安慰劑相比，補充維生素E和C並不能改善耐力表現（Paulsen et al., 2013）。這是因為維生素補充劑會干擾運動引起的細胞肌肉纖維中的細胞信號傳導。

服用高劑量的維生素E補充劑不會為任何性能表現帶來優勢，並且可能會使訓練適應性變得遲鈍。因此，從食物而不是補充劑中獲取維生素E是努力的目標。

維生素C

維生素C具有幾種與運動有關的功能。它在結締組織和運動過程中產生的某些激素（例如，腎上腺素）的形成都是必需的；它參與紅血球的形成，從而增強鐵質的吸收；它是一種強大的抗氧化劑，與維生素E一樣，也可以防止與運動有關的細胞損傷。

但是，幾乎沒有證據表示補充維生素C對於無缺乏維生素C的運動員有助於改善或增進其運動之表現。實際上，高劑量（超過1000毫克）

維生素C可能會有損而不是改善運動表現。在一項雙盲隨機研究中，服用維生素C補充劑（1000毫克／天）的運動員，八週後耐力表現降低（Gomez-Cabrera et al., 2008）。這是因為補充劑阻止了肌肉細胞適應運動的能力（例如增加酶的產生），所以無法改善有氧運動能力。

根據挪威研究人員發現，與服用安慰劑的人相比，服用高劑量維生素C（1000毫克）和E（235毫克）連續11週的人，沒有獲得體能表現的改善（Paulsen et al., 2013）。那些服用補充劑的人產生的額外粒線體更少，而額外粒線體卻是提高耐力所需的。研究人員得出結論，應謹慎使用維生素C和E，因為它們可能會「鈍化」肌肉對運動的反應方式。

另一項研究綜論得出與前述類似的結論，補充維生素C降低了訓練的益處，導致恢復時間和力量（Adams et al., 2014）的延緩。

如果你執行長期的高強度訓練，較低劑量的維生素C（小於1000毫克／天）可能是有用的，因為它可以穩定細胞膜並防止病毒的侵襲。

一項研究（Peters et al., 1993）顯示，超級馬拉松運動員在賽前21天服用600毫克維生素C後，其上呼吸道感染的發生率降低。此外，美國北卡羅來納大學的另一項研究則指出，在阻抗力

訓練的前後補充維生素C可以減少運動後肌肉酸痛和肌肉損傷，並促進恢復（Bryer & Goldfarb, 2006）。但是，在考慮補充補充劑之前，應該先以從食物中獲取維生素C為目標。

維生素D

維生素D在維持骨骼健康中的作用已得到公認，當肌肉組織中發現維生素D受體後，接著跟進的研究便專注其在肌肉結構和功能中的作用。而幾項研究皆表示，維生素D缺乏症在運動員中普遍存在，特別是在北緯地區那些主要在室內訓練或很少暴露於陽光下，亦是不食用富含維生素D食物的運動員（Larson-Meyer & Willis, 2010; Lovell, 2008; Meier et al., 2004）。一項研究從61位英國運動員中發現有38位（62%）的血清維生素D水平較低（低於50奈克／毫升）（Close et al., 2013），這是一個值得關注的領域，因為越來越多的證據表示，缺乏維生素D會降低肌肉的功能、強度和性能表現（Hamilton,2011）。維生素D缺乏症還可能增加受傷和患病的風險，並對訓練和表現產生不利影響（Halliday, 2011）。

幾項研究中觀察維生素D狀況與運動表現之間的相關性（Larson-Meyer & Willis, 2010）：較低的維生素D水平會降低運動表現，而較高的水平可能會提高體能表現。一篇文獻回顧強調了運動表現的季節性變化（Cannell, 2009），發現運動的體能表現在夏季（維生素D水平達到巔峰時）達到巔峰，在冬季月份（維生素D水平下降）下降，並在維生素D處於最低水平時降到最低點。當維生素D水平透過自然、全身、夏季日曬所獲得的維生素D含量超過50奈克／毫升時，似乎會達到最高運動表現。適當的維生素D狀態也可能有助於預防急性和慢性生理狀況，例如應力性骨折、肌肉無力、肌肉功能受損和表現體能的降低。因此，無論是在日光照射下還是在飲食中，獲取足夠的維生素D含量對於保持最佳表現性能是很重要的。

補充劑則是一個有爭議的領域，科學界的意見相當分歧。一些人認為，這對於那些很少暴露在陽光下的人或在維生素D水平較低時的冬季來說服用維他命D補充劑是有益的（國際奧林匹克委員會，2011；Halliday, 2011）。也有許多人認為維生素D補充劑可能不會有益於運動表現（Powers et al., 2011）。如果你認為自己可能存在維生素D缺乏症的風險，則應諮詢醫生和／或運動營養專家，他們可能會建議你進行簡單的血液檢查以確定你是否將從維生素D補充劑中受益。美國醫學研究所將血清維生素D3低於50nmol／l定義為不足（Heaney,2011）。維生素D的最佳水平尚未確定，但研究人員建議血液中的濃度超過75奈克／毫升（Heaney, 2013）。

由於維生素D僅存在於少量食物中（油性魚、蛋黃、肝臟和一些強化的早餐穀物、優格和抹醬），因此僅從食物中很難獲取足夠的維生素D。從4月到9月，我們大多數人都可以透過日光照射獲得所需的所有維生素D，但在冬季，英國公共衛生部建議補充10 微克的維生素D。高風險缺乏的人（皮膚黝黑或很少有戶外活動的人）應全年補充補充劑。

維生素B

維生素B的硫胺素（B1）、核黃素（B2）和菸鹼酸（B3）與食物中的能量釋放有關。由於這些營養素的需求量是基於碳水化合物和熱量的攝取量，因此與靜態久坐的人相比，運動員確實需要更多的量。通常，很容易從全麥麵包、早餐穀物、燕麥片和糙米中獲得這些維生素。如果你限制熱量的攝取（例如正在執行減脂計畫），或者你吃了很多精製而不是全穀的碳水化合物，那麼你可能會缺少B群維生素。為了彌補任何不足，綜合維生素補充劑可能對你有益，其中至少含有100%B群維生素的參考營養攝取量。

維生素B6參與蛋白質和胺基酸代謝。它是製造紅血球和新蛋白質所必需的，因此，獲取適量的維生素B6對運動員非常重要。

泛酸（維生素B5）是一種重要的輔酶-輔酶A的組成部分，是體內從其他代謝物生產葡萄糖和脂肪酸所必需。它也用在製造類固醇激素和腦化學物質。顯然，缺乏維生素B5會損害健康和運動表現。

葉酸和維生素B12

這些都與骨髓中紅血球的產生有關。細胞分裂以及蛋白質和DNA的製造也需要它們。運動時顯然會增加所有前述的過程，因此增加了你對葉酸和維生素B12的需求。不吃動物產品的素食主義者必須從強化食品（如Marmite馬麥醬和早餐穀物），或發酵食品（如天貝和味增）中獲取維生素B12。服用綜合維生素補充劑也是確保葉酸及維生素B12基本需求一個很好的方法。

β–胡蘿蔔素

β–胡蘿蔔素是600種類胡蘿蔔素色素之一，使水果和蔬菜具有黃色、橙色和紅色的顏色。它們不是維生素，而是透過保護細胞免受自由基破壞的功能而充當抗氧化劑。β–胡蘿蔔素增強維生素E的抗氧化功能，有助於在它消除自由基後使其再生。然而，當所有不同種類的胡蘿蔔素一起攝取時，才能最有效地共同發揮作用，因此攝取時，最好選擇複合型式的類胡蘿蔔素補充劑，或直接從食物中多方攝取。

鈣

鈣是骨骼形成中的重要礦物質，但在肌肉生長，肌肉收縮和神經傳遞中也起著重要作用。雖然身體可以根據需要量增加或減少這種礦物質的吸收，但對於雌激素水平較低的女運動員，建議攝取額外的鈣質（參見第222頁）。諸如跑步和舉重訓練之類的負重運動，會增加骨骼質量和鈣的吸收，因此在飲食中攝取足夠的鈣非常重要。

鐵

鐵對運動員很重要。它的主要功能是形成血紅素（在血液中運輸氧氣）和肌紅素（在肌肉細胞中運輸氧氣）。

許多參與能量代謝的肌肉酶都需要鐵。顯然，與靜態久坐的人相比，運動員對鐵的需求更高。此外，在訓練過程中可能會發生鐵的損耗，像是那些涉及用腳踩踏衝擊的運動，例如跑步、

有氧運動和階梯有氧運動。還有那些在過去一年懷孕的婦女（鐵儲存量較低），和每天進食少於2000大卡的運動員，也都有較高鐵質缺乏的風險。傾向於避免食用紅肉（鐵的豐富來源）的運動員，需要確保從其他來源或補充劑中來獲取足夠的鐵。鐵缺乏症和運動性貧血將在第11章中詳細討論（請參閱第225頁）。鐵的豐富食物來源包括肉和內臟、全麥穀物、蛋黃、豆類、扁豆、綠葉蔬菜、杏乾、堅果、種子、沙丁魚和鮪魚。

維生素和礦物質補充劑能否改善運動表現？

多年來，科學家針對使用不同劑量的補充劑進行了多種研究。在絕大多數情況下，科學家無法觀察到補充劑對於健康運動員的運動表現是否有顯著改善。

觀察到的有益效果（例如，增加耐力），往往顯現在那些起初維生素或礦物質存量狀態就欠佳的運動員身上，看到他們服用補充劑後只會使這些運動員的營養儲備量恢復到「正常」水平。但換句話說，身體儲備不足或攝取不足會嚴重影響你的表現，但是維生素和礦物質補充劑的攝取若超過你的需求量並不一定會進一步改善你的表現。更多並不意味著更好！

科學的共識是，對於那些飲食多樣化，提供足夠能量以維持體重的人來說，維生素和礦物質補充劑是不必要的（Rodrigues et al., 2009）。

要確定你的飲食是否缺乏任何營養，你應諮詢註冊的營養研究員或註冊的營養師（搜尋英文縮寫RNutr或RD的字眼，並請參閱第378–379頁的在線資源），他們將能夠分析你的飲食，並就補充劑與你的特定情況之間是否對你有健康有益提供建議。

誰可能從補充劑中受益？

研究發現，三分之一的人有在服用某種形式的維生素或礦物質補充劑– 最受歡迎的是綜合維生素。一項針對男性鐵人三項運動員的研究發現，超過60%的人經常服用維生素補充劑（Knez & Paeke, 2010）。然而，所有運動員攝取的維生素D均低於建議的每日攝取量，但維生素D之外的營養素，反而都能達到足夠的攝取量。顯然，補充劑不能替代不良或懶惰的飲食習慣。

如果你認為自己可能缺少維生素和礦物質，

請嘗試調整飲食以攝取更多富含維生素和礦物質的食物。

作為臨時的衡量方法，在以下情況時，你可能會受益於服用補充劑：

飲食習慣不規律
- 每天攝取少於1500大卡
- 懷孕（葉酸）
- 大量／依賴吃速你
- 素食主義者（維生素B12和其他營養素）
- 貧血（鐵）
- 你有嚴重的食物過敏或不耐症（例如牛奶）
- 你是重度吸煙者或酗酒者
- 你正生病或正在療養

高劑量補充劑有害嗎？

除了可能來自肝臟的維生素A（由於現代動物飼養方法）外，幾乎不可能過量攝取食物中的維生素和礦物質。不加選擇地使用補充劑可能更會引起問題，因此請始終遵循標籤上的準則建議或已註冊的營養研究員亦是營養師的建議。根據經驗，脂溶性維生素A和D的補充絕對不要超過參考營養攝取量RNI的10倍，也不要超過任何礦物質的參考營養攝取量RNI。

大量服用某些維生素和礦物質可能有害。英國維生素和礦物質專家群已經發布了維生素和礦物質的安全上限（食品標準局，2003）。它特別警告不要高劑量服用：

- 吡啶甲酸鉻形式的鉻可能會致癌，但是高達10毫克／天的其他形式的鉻可能沒有害處。

- 維生素C–儘管尿中會排出過量的維生素C，但每天超過1000毫克可能會導致胃痙攣、腹瀉和噁心。

- 鐵–每天17毫克以上可能會導致便秘、胃部不適或腹脹。

- 維生素D–大劑量服用會導致虛弱、口渴、排尿增多，如果長期服用，會導致高血壓和腎結石。

- 維生素A–長時間服用大劑量維生素A可能會導致噁心、皮膚變化，例如片狀化、肝損害和未出生嬰兒的先天缺陷。建議孕婦避免使用維生素A補充劑，魚肝油和維生素A的濃縮食品，例如肝臟和肝肉醬。

- 維生素B6–長期服用超過10毫克／天的劑量可能會導致麻木、持久的針刺感以及搖擺（一種神經疾病）。

補充劑是如何被規範的？

維生素和礦物質補充劑受歐盟食品補充劑指令（2002年，2005年8月修訂）的規範。製造商只能使用「允許」列表中的營養素和成分，然後只能使用最大限量之內的劑量。每種成分必須先經過廣泛的安全性測試，然後才能進入允許的清單，進而作為補充劑。製造商還必須提供科學依據，以支持產品的主張並確保商品標示清晰。

補充劑會造成不平衡嗎？

服用單一的維生素或礦物質很容易導致營養失衡和缺乏。許多維生素或礦物質會彼此影響、競爭吸收、增強或削弱彼此的功能。例如，鐵、鋅和鈣具有相同的吸收和運輸系統，因此服用大劑量的鐵會減少鋅和鈣的吸收。對於健康的骨骼，需要維生素D、鈣、磷、鎂、鋅、錳、氟、氯、銅和硼之間的精密平衡。維生素C增強鐵的吸收，將鐵從無活性的三價鐵形式轉化為有活性的亞鐵形式。大多數B群維生素都參與能量代謝，因此，短期攝取一種維生素B，可能會使得另一種維生素B的需求量比正常量更大。

如果對補充劑有疑問，最安全方式是選擇綜合維生素和礦物質配方，而不是單一的補充劑。單一補充劑只能在你的醫生或營養師的建議下服用。

「天然」的維生素補充劑比合成的還好嗎？

沒有證據顯示所謂的「天然」或「食物狀態」維生素補充劑比合成維生素更好吸收，它們大多數具有相同的化學結構。換句話說，它們是同一個東西，補充劑標籤上的此類術語毫無意義，測試表示，一種相對較新的補充劑，稱為「食物形式」的維生素和礦物質，比合成維生素更容易吸收。

「食物形式」的維生素和礦物質是從實驗室中，以食物為基礎的（酵母）培養物中生長出來的微量營養素，因此與食物中的天然維生素類似，與蛋白質有著複雜的結合，這意味著你需要降低攝取劑量來確保最大效果。

緩釋型的補充劑是否比普通的合成補充劑更好？

緩釋型的維生素被蛋白質包裹，並被包覆在補充劑微顆粒丸中。從理論上講，這種補充劑應花更長的時間才能溶解，因為蛋白質塗層會減慢維生素的吸收。但是，幾乎沒有證據表示確實如此，或者緩釋型的維生素對人體更好。有些甚至可能無法完全溶解，最終直接通過消化道。

如果你隨餐服用任何補充劑，則食物中的碳水化合物／脂肪／蛋白質也會延緩維生素和礦物質的吸收。因此，不值得花費額外的錢購買緩釋型補充劑。

我應該如何選擇綜合維生素／礦物質補充劑？

如果你食用的健康飲食能滿足熱量和巨量營養素的需求，那麼你可能不會從綜合維生素補充劑中受益。高劑量不會增強運動表現或健康。雖然飲食應始終排在第一位，但完整良好配製的綜合維生素和礦物質補充劑可作為營養的安全網，以確保你從飲食中獲取所需的所有營養素。以下是一些基本準則。

- 檢查其中是否含有至少23種維生素和礦物質。
- 檢查百分比。通常，每種維生素其含量應約為標籤上註明的營養參考值NRV的100%，但應

低於安全上限（請參閱附錄2）。

- 避免選擇礦物質營養參考值超過100%的補充劑，因為這些礦物質營養素會互相競爭吸收，且攝取高於營養參考值劑量之補充劑是可能有害的。

- 選擇β–胡蘿蔔素而不是維生素A–它是一種更強大的抗氧化劑，並且在高劑量時不會形成有害的副作用。

- 避免添加不必要成分的補充劑，例如甜味劑、色素、人造香料和滑石粉（填充劑）。

- 檢查補充劑中是否含有至少5微克（200IU）的維生素D，即歐盟營養參考值（美國為10微克或400 IU）。

- 對於女性，檢查補充劑中是否含有14毫克鐵，即歐盟營養參考值（美國為18 毫克）。

- 與食物和水一起服用。

抗氧化劑
什麼是抗氧化劑？

抗氧化劑是血液中的酶和營養素，可「消除」自由基（見右圖）並使它們無害。它們透過捐贈自己的其中一個電子來「中和」自由基，從而起到自由基清除劑的作用。幸運的是，身體對自由基具有多種天然防禦措施，包括各種酶（例如：超氧化物歧化酶、穀胱甘肽、過氧化物酶），這些酶的結構中包含了錳、硒和鋅等礦物

質。維生素C和E，以及植物中數百種其他天然物質，稱為植物化學物質，包括類胡蘿蔔素（例如β–胡蘿蔔素），植物色素，生物類黃酮和丹寧酸。

什麼是自由基？

自由基是具有不成對電子的原子或分子，是正常代謝和能量產生的結果，並在我們體內一直不斷發生。它們可以透過從附近任何一個分子中奪取電子來輕易地產生其他自由基，當你暴露於香煙煙霧、污染、廢氣、紫外線和壓力下皆會增加自由基的形成。

大量自由基可能對人體造成嚴重破壞。自由基傷害被認為是造成心臟病、許多癌症、衰老和運動後肌肉酸痛的原因，因為未經控制的自由基會破壞細胞膜和遺傳物質（DNA）、破壞酶、破壞紅血球膜，並氧化血液中低密度脂蛋白膽固醇，因此也增加了動脈粥狀硬化或動脈堆積硬化（心臟病的第一階段）的風險。

研究表示，運動後自由基的含量增加，與運動後的肌肉酸痛、疼痛、不適、水腫（體液滯留）和鬆軟有部分相關（Halliwell & Gutteridge，1985）。並非所有的自由基都具有破壞性，一些自由基協助殺死細菌，抵抗細菌和治癒傷口。不過，當形成太多而無法由人體防禦系統控制時，就會出現問題。

表5.1		抗氧化劑的食物來源
	抗氧化劑	**來源**
維生素	維生素C	大多數水果和蔬菜，尤其是黑醋栗、草莓、橘子、番茄、花椰菜、青椒、烤馬鈴薯
	葉酸	菠菜、花椰菜、卷卷綠甘藍、綠高麗菜和其它綠葉蔬菜
	維生素E	向日葵／紅花／玉米油、向日葵種子、芝麻籽、杏仁、花生、花生醬、酪梨、油性魚、蛋黃
礦物質	硒	全穀物、蔬菜、肉
	銅	全穀物、堅果、肝臟
	錳	小麥胚芽、麵包、穀物麥片、堅果
	鋅	麵包、全麥麵食、穀物、堅果、種子、雞蛋
類胡蘿蔔素	β–胡蘿蔔素	胡蘿蔔、紅椒、菠菜、嫩洋甘藍菜、地瓜、芒果、哈密瓜、杏乾
	α–和γ–胡蘿蔔素	紅顏色的水果、紅色和綠色的蔬菜、番茄、西瓜
黃酮類化合物	黃烷醇和多酚	水果、蔬菜、茶葉、咖啡、紅葡萄酒、大蒜、洋蔥
植物生化素	角黃素	番茄、西瓜
	香豆酸	青椒、番茄、胡蘿蔔
	大蒜素皂苷	洋蔥、大蒜、韭菜
	硫代葡萄糖苷	花椰菜、高麗菜、白花椰菜、抱子甘藍
	蘿蔔硫素	花椰菜
	番茄紅素	番茄
	葉黃素	綠色蔬菜
	D–檸檬烯	柑橘類水果的襯皮
	槲皮素	洋蔥、大蒜、蘋果、葡萄
	酚類	葡萄
	白藜蘆醇	葡萄皮、紅酒
	鞣花酸	葡萄、草莓、櫻桃

運動如何影響自由基水平？

因為運動會增加氧氣消耗，所以自由基的產生也同時增加。沒有人確切知道運動是如何與為何會產生這樣的結果，但是普遍認為與能量代謝有關。在碳水化合物或脂肪產生三磷酸腺苷的最後步驟中，電子（原子的負粒子）有時會偏離軌道並與其他分子碰撞，從而產生自由基。

另一個原因是在高強度的離心運動（例如大重量訓練或跳躍訓練運動）時對肌肉細胞膜產生損害，引起輕微的拉傷和對肌肉的傷害，導致自由基的產生。其他因素也可能涉及：例如乳酸的增加、血紅素分解增加、和熱的生成。從本質上講，訓練的越多，產生的自由基就越多。

抗氧化劑的最佳來源是什麼？

最好的抗氧化劑來源是天然的：食物！食物中有數百種天然物質，稱為植物化學物質。這些在植物性食品中發現的物質具有補充劑中不會存在的抗氧化特性。每種似乎都具有稍微不同的作用，並且可以預防不同類型的癌症和其他退化性疾病。例如，大豆中的植物化學物質可能會阻止激素依賴性癌症的發展，例如乳癌、卵巢癌和前列腺癌，而大蒜中的植物化學物質會減慢腫瘤的發展。

因此，明智的做法是從食物中獲得盡可能大量的植物化學物質。

表5.1 列出了各種抗氧化劑的食物來源。

重點摘要

· 維生素和礦物質的需求量取決於年齡、體型、活動程度和個體新陳代謝。

· 膳食參考值應該作為普羅大眾的指南；它們不是目標，也沒有考慮運動員的需求量。

· 經常進行劇烈高強度運動會增加對多種維生素和礦物質的需求。但是，目前沒有針對運動員的官方建議。

· 低攝取量會對健康和體能表現產生不利影響。但是，高攝取量超過了需要量也並不一定會改善體能表現。

· 高劑量的維生素A、D和B6以及許多礦物質可能是有毒性的（超過10倍參考營養攝取量）。不加選擇的補充可能會導致營養失衡和營養不足。

· 由於生活方式不規律或食物攝取受限，許多運動員攝取的維生素和礦物質含量皆不足。因此，包含多種維生素和礦物質的補充劑，將有益於長期健康和運動表現。

· 配製良好的補充劑應包含營養參考值NRV100%的維生素（但低於最高安全上限），然而，其礦物質不超過營養參考值100%。

運動補充品

增強自然運動能力（如跑、跳、爬等與生俱來的活動能力），並達到健身目標的最有效方法，就是透過持續有效的訓練與營養攝取互相結合。然而運動相關補充品種類繁多，包括藥丸、粉末、液體飲料、凝膠和營養棒等，其功能不一而足，例如提高耐力、增進力量、加速恢復和減少體內脂肪。

運動補充品和增補劑的定義

運動補充品（Sports supplements）目的是補足正常飲食營養素的不足，以改善整體健康狀況，或提高運動成績表現的營養補充品，包括片劑、膠囊、粉末、液態飲料、棒狀，宣稱可以幫助增加肌肉，強化耐力、增重或減重、改善柔軟度、補充水份、幫助恢復或克服礦物質缺乏症。

運動增補劑（Ergogenic aids）定義為透過外部影響以增強運動表現的補助品，其中包括運動補充品，甚至禁藥以及其他非法方式。

許多運動員認為補充品是運動成功的重要組成部分之一，據估計，大多數菁英運動員都有使用某種形式的運動增補劑。加拿大卡爾加里大學運動醫學中心對440名男女菁英運動員進行的一項研究發現，有87%人會規律使用補充品（Lun et al., 2012）。一項針對加拿大大學校隊運動員的研究發現，有99%的人都有服用補充品（Kristiansen et al., 2005）。一項美國大學校隊運動員的研究也發現，65%的人定期服用某種類型的補充品（Herbold et al., 2004）。研究中發現最常用的補充劑是維生素／礦物質、碳水化合物補充劑、肌酸和蛋白質補充劑。根據美國紐約長島大學的一項研究（Morrison et al., 2004），肌酸和麻黃在健美運動員中比其它運動員更受歡迎。研究中的大多數運動員說，他們服用補充品來改善健康狀況和運動表現、減少體內脂肪或增加肌肉質量。

對運動員來說，從眾多產品中篩選可能是一項艱鉅的任務，尤其在廣告宣傳看似都很有說服力的情況下，很難確定哪種較有效。試圖銷售

產品的製造商可能會誇大或選擇性地使用科學研究；來自知名運動員的推薦也是用於炒作產品的常見手段。本章將列出如何評估運動補充品宣稱的準則。但要提醒的是，你必須小心所有增強體力的產品，因為可能會有標籤上未列出禁用成分的污染風險。一些補充劑，例如麻黃鹼在體育運動中是被禁止使用的，並可能導致興奮劑藥檢測試呈現陽性。

立法

在歐盟，沒有特別針對運動產品和補充品之成分或標示設立相關規定，而是受歐盟一般食品法管理。根據歐洲食品安全局（EFSA）資料，運動營養產品應被視為「普通食品」，而不是專業特殊產品（EFSA, 2015）。

評估運動補充品宣稱的準則

產品宣稱的有效性如何？

· 產品製造商的宣稱與營養和運動的科學證據相符嗎？如果它聽起來好到難以置信，那麼它可能是無效的。

· 產品中所含活性成分的量和形式，是否與科學研究中使用這種運動增補劑一致？

· 產品宣稱對照其宣稱的運動合理嗎？

支持性證據夠好嗎？

· 提供的證據是基於推薦書還是科學研究？

· 科學證據的素質如何？確認研究人員的證書背景（選擇大學學術單位研究或是獨立研究），以及發表研究的期刊（選擇經過同行評審的期刊）。製造商是否贊助研究？

· 審視一下研究，了解其研究設計和執行方式是否適當。確認研究設計當中是否包含諸如「雙盲安慰劑對照」之類的詞語，即研究設計有包括「對照組」，並且確認研究使用的增補劑／安慰劑劑量是合理的。

· 結果應以不偏不倚的方式清楚呈現，並進行適當的統計程序。檢查結果是否看似可行，並根據研究結果數據得出結論。

補充品安全合法嗎？

· 是否有不良影響？

· 是否包含有毒或未知物質？

· 該物質在有特定健康問題的人身上是禁止被使用的嗎？

· 該產品是非法的或有被任何運動組織禁止嗎？

*改編自ACSM／ADA／DC（2000）, Butterfield（1996）, Clark（1995）

本章檢視了一些目前最受歡迎補充品和產品所依據的證據，並就其有效性和安全性提供了專家的評級。

運動補充品安全嗎？

目前，尚無歐洲或其他國家專門立法管理運動補充品的安全性。由於補充品被歸類為食品，與藥品相比，補充品不像藥品須經過嚴格的製造安全測試或標示要求，這也意味著不能保證補充品一定符合其宣稱。

此外，由於許多補充品是透過網路出售，很難去管理產品的銷售市場，且難以避免購買到受汙染產品的風險。因此，許多不同補充品都被發現過污染物（同化性雄性激素類固醇和其他禁用的興奮劑）。2012年，英國反禁藥組織檢測陽性病例中，有40%是由補充品所含的違禁物質引起（LGC, 2015），製造過程中交叉汙染或採購到品質不良的原料，都是可能的汙染原因。

規模最大的調查來自科隆國際奧運委員會認可的實驗室。他們在634種補充品中找到類固醇，發現其中15種都包含了包括諾龍（Nandrolone,一種雄激素和同化類固醇）在內、會導致藥物檢測呈陽性的物質（Geyer, 2004）；而英國樣本中有19種被污染。在另一份報告中，瑞士研究人員在17種激素原補充品中發現7種（即41%）含有包括睪固酮等與標示宣稱不符的物質（Kamber, 2001）。

對英國運動員使用補充品的建議

考量運動補充品的污染與標示不符等問題，英國體育、英國奧林匹克協會、英國殘障奧運協會、國家運動醫學研究所、和國家體育委員會已發佈了一項關於補充品的立場聲明：建議英國運動員應「極度謹慎」地使用任何補充品。因為運動補充品不像藥品一樣受到嚴格的審查和標示要求，無法保證任何補充品，包括維生素和礦物質、運動增補劑和草藥不含這些違禁物質。運動禁藥管制規則是基於嚴格責任原則，運動員簽名同意他對自己服用的東西承擔責任，因此攝取補充品的風險自負。建議運動員在服用補充品之前，先諮詢醫療從業人員、經認證的運動營養師或營養師。欲獲得更多關於運動禁藥的資訊，請參閱《全球藥品資訊數據庫》www.globaldro.com。

英國HFL Sport藥物監控公司於2007年針對美國一般零售店販售的58種補充品進行分析，發現其中25%含有類固醇、11%被興奮劑汙染。2008年，HFL對英國境內一般零售通路的152種補充品進行分析，亦發現超過10%受類固醇或興奮劑污染（Judkins, 2008）。

英國藥品和保健產品監管局（MHRA）在2012年進行的一項調查，發現84種能量和增肌相關補充品，含有非法的類固醇、興奮劑和賀爾蒙（MHRA, 2012）。

最常見意外混摻的運動補充品包括訓練前配方、「燃脂配方」和睪固酮激素增強劑。這些可能含有違禁物質，例如麻黃鹼、雄烷二酮、雄甾烯二醇、去氫皮質酮（DHEA）、19—去甲雄酮、19–去甲基–4–雄烯二醇、安非他命和麻黃。

如何將意外混摻的風險降到最低？

雖然難以完全避免使用到受汙染補充品的風險，但當你決定服用補充品時，可尋找有Informed–Sport標示，或是美國全國衛生基金會認證（NSF）的認證標示，可將意外混摻的風險降到最低，因為這表示該產品已通過禁用物質的獨立測試。你可以在網站上找到所有已註冊的公司產品，網站：www.informed–sport.com和www.nsfsport.com。但重要的是，你應意識到即便使用認證產品，仍然冒著藥檢呈陽性的風險。由於沒有法規的管理來避免這種情況發生，所以任何產品都可能受污染。

抗氧化劑補充品（Antioxidant supplements）

它們是什麼？

抗氧化劑補充品可能包含以下一種或多種營養素：β–胡蘿蔔素、維生素C、維生素E、鋅、鎂、銅、番茄紅素（番茄中的色素）、硒、輔酶Q10、兒茶素（綠茶中）、甲硫胺酸（一種胺基酸）和花青素（在紫色或紅色水果中的色素）。

有什麼作用？

依據傳統理論，即所謂的抗氧化運動假設，劇烈運動會產生大量的自由基或活性氧化物質（ROS）。這些會破壞細胞膜和遺傳物質DNA、削弱肌肉功能、加速疲勞，這種失衡被稱為「氧化壓力」。補充抗氧化劑目的是抵消運動引起的活性氧化物質損傷，並加速恢復。

有什麼證據？

儘管以前的研究顯示補充品可能有益，但由於受試者人數少和研究設計不良，其有效性不被認可。較新的研究顯示，抗氧化劑補充品不是對表現沒有影響，就是實際上會降低訓練效率並阻止肌肉適應訓練，這與運動員的需求正好相反（Nikolaidis et al., 2012）。即使抗氧化劑補充品可以減少運動後的氧化壓力，但這並不是一件好事，因為人體需要氧化壓力來刺激肌肉生長。換句話說，氧化壓力和發炎反應反而是理想的，並且被認為是適應性訓練所必需的。在劇烈運動過程中產生的活性氧化物質向身體發出信號，表示它需要透過變得更強和更有效率來適應訓練壓

力。使用高劑量的抗氧化劑補充品會過早消滅這些活性氧化物質，反而可能阻止肌肉適應。

研究表示，運動本身可以透過增強抗氧化酶（如穀胱甘肽過氧化物酶和超氧化物歧化酶）的作用，來增加肌肉的氧化能力（Draeger et al., 2014），因此服用補充品並沒有進一步的效益。澳洲研究人員針對超過150項研究進行文獻回顧，結論是沒有足夠證據顯示抗氧化劑補充品可以提高運動表現（Peternelj & Coombes, 2011）。

在一項雙盲隨機對照試驗中發現，維生素C（1000毫克）和E（235毫克）補充劑使耐力訓練引起的粒線體蛋白質增加之效應鈍化，而這個效應對提高肌肉耐力相當重要（Paulsen et al., 2013）。試驗結果顯示，服用補充品與安慰劑兩組之間受試者的有氧能力（最大攝氧量）或運動表現並無差別。而研究人員得出結論：維生素C與E阻礙了肌肉中的細胞適應，因此對運動表現上沒有任何好處。

在另一項研究中，與服用安慰劑的人相比，服用抗氧化劑補充品的車手，在12週的劇烈耐力訓練中，並沒有表現出任何益處（Yfanti et al., 2010）。另一項研究發現，在進行了4週的離心訓練後，補充維生素C和維生素E對肌肉性能或恢復並沒有影響（Theodorou et al., 2011）。在另一種情況下，服用抗氧化劑補充劑的足球運動員，經過6週訓練後，其有氧運動能力（最大攝氧量）並沒有增加，而服用安慰劑的足球運動員則有增加（Skaug et al., 2014）。換句話說，補充抗氧化劑反而減少，而不是增加訓練的益處。

我需要補充它嗎？

服用高劑量的抗氧化劑補充品沒有任何好處。補充品可能不會改善表現性能或促進恢復，反而可能會干擾運動所產生的氧化壓力機制，從而阻礙其對運動表現或恢復力的益處。美國運動醫學學會的共識聲明，告誡不要使用抗氧化劑補充品（Rodrigues et al., 2009）。

總而言之，透過多樣化、均衡的飲食獲取維生素和礦物質，是保持最佳抗氧化劑狀態最適當的方法。有充分的證據表明，在飲食中攝取富含天然抗氧化劑的食物，與改善健康狀況有關聯。

有沒有副作用？

補充抗氧化劑可能會延遲恢復，甚至導致運動表現下降。

支鏈胺基酸補充品（Branched-chain amino acid supplements）

它們是什麼？

支鏈胺基酸（BCAAs）包括纈胺酸、白胺酸和異白胺酸，這三種必需胺基酸構成肌肉蛋白質的三分之一。

有什麼作用？

支鏈胺基酸補充品背後的理論是，支鏈胺基酸會轉化為另外兩種胺基酸–麩醯胺酸、和丙胺酸，並在激烈的有氧運動中大量釋放。同時，它

們可以直接作為肌肉的燃料，特別是在肌肉糖原耗盡的情況下。

有什麼證據？

加拿大安大略省貴湖大學的研究表示，在運動期間和運動後服用4克支鏈胺基酸補充品可減少肌肉崩解（MacLean et al., 1994）。它們可以幫助低碳水化合物飲食的運動員保持肌肉（Williams, 1998），並且在進行阻力訓練之前服用，可以延遲肌肉痠痛發作（Nosaka et al., 2006; Shimomura et al., 2006）。美國佛羅里達州立大學的一項研究發現，在長時間的耐力運動之前和期間補充支鏈胺基酸，可以減少肌肉損傷（Greer et al., 2007）。然而，另一方面，攝取碳水化合物飲料也能獲得類似的效益，且目前尚不清楚長期補充支鏈胺基酸是否有益於運動表現。美國維吉尼亞大學針對長距離車手的研究發現，與碳水化合物飲料相比，在100公里自行車性能測試之前和期間進行支鏈胺基酸的補充，並不能改善運動表現（Madsen et al., 1996）。換句話說，運動期間攝取支鏈胺基酸可能不比攝取碳水化合物飲料有更多的優勢。

我需要補充它嗎？

如果攝取了足夠的熱量、蛋白質和碳水化合物，那麼服用支鏈胺基酸補充品似乎沒有什麼好處。但是，如果你處於熱量不足狀態或僅攝取少量碳水化合物或蛋白質，那麼6–15克的劑量可能

會減少肌肉蛋白質分解，從而幫助你在艱苦訓練期間的恢復。鑑於許多恢復性飲料已包含碳水化合物、蛋白質和胺基酸，因此單獨服用支鏈胺基酸補充品幾乎沒有意義。

有沒有副作用？

支鏈胺基酸相對安全，因為它們通常在飲食中的蛋白質中也會有，攝取過多可能會減少其它胺基酸的吸收。

β–丙胺酸（Beta-alanine）

它是什麼？

β–丙胺酸是製造肌肽（由β–丙胺酸和組胺酸形成的二肽）的胺基酸。肌肽是肌肉中一種重要的緩衝劑，緩衝高強度運動過程產生的酸度（氫離子）。

有什麼作用？

服用β–丙胺酸補充品會增加肌肉肌肽水平。每天服用5–6克，可使肌肉肌肽含量在4週後增加60%，在10週後增加80%（Harris et al., 2006）。這提高了肌肉的緩衝能力，從而增加肌肉忍受高強度運動的能力。通常，酸度增加會導致疲勞，而補充β–丙胺酸可增加無氧運動的功率輸出和表現，並減少疲勞感。

有什麼證據？

針對19項隨機對照（即高質量）研究的系統性評論得出結論，補充β–丙胺酸可在短時間、高強度活動中改善表現（Quesnele et al., 2014）。根據對15項研究的分析也指出，補充能讓平均表現提升2.85%（Hobson et al., 2012）。

在比利時根特大學的一項研究中，當進行一組膝蓋伸展運動時，β–丙胺酸補充品可減輕疲勞（Derave et al., 2007）。美國新澤西學院的另一項研究發現，β–丙胺酸補充品可增加足球運動員的訓練量，並減少主觀疲勞感（Hoffman et al., 2008）。澳洲研究人員發現，在進行800公尺競賽時，服用β–丙胺酸補充品28天的跑者比服用安慰劑的跑者跑得更快（Ducker et al., 2013）。另一項研究觀察到補充β–丙胺酸4週後，車手的輸出功率和計時賽表現都有顯著進步（Howe et al., 2013）。同樣，比利時研究人員的一項研究發現，在模擬耐力賽結束時，補充8週β–丙胺酸可顯著提高衝刺成績（Van Thienen et al., 2009）。

我需要補充它嗎？

β–丙胺酸補充品可能有益於持續進行1–4分鐘的高強度運動，或者涉及反覆衝刺的間歇性運動，例如足球和網球。它們對於健美運動員和那些接受重量訓練的人也可能有利。至於補充的最佳劑量約為每日3克（4×800毫克），持續6週後，維持每日劑量1.2克為每天3克（4×800毫克），持續6週，然後維持劑量為1.2克／天（Stegen et al., 2014）。然而迄今為止，研究受試的運動員數量相對較少，隨著日後進一步研究，可能會出現不同的劑量建議。

有沒有副作用？

　　研究發現，當使用較高劑量時，雖然無害但是有可能會產生感覺異常（皮膚刺痛）；至於低劑量或緩釋製劑不太可能引起副作用。重要的是，我們尚未清楚補充β–丙胺酸的長期效應。

甜菜根汁（硝酸鹽）（Beetroot juice , Nitrate）

它是什麼？

　　甜菜根汁和甜菜根是硝酸鹽的豐富來源。在其它蔬菜中，例如菠菜、芝麻菜、塊根芹、白菜、菊苣、韭菜和花椰菜中可以發現少量硝酸鹽；另外，硝酸鹽也可透過硝酸鈉補充劑的形式攝取。

有什麼作用？

　　甜菜根汁會增加血液中的硝酸鹽含量，促進硝酸鹽在體內轉化為一氧化氮（NO），這種氣體在血管舒張和調節血壓中扮演重要作用。運動前增加一氧化氮水平可能是一個優勢，因為這意味著血管變得更擴張，有助於在運動過程中向肌肉輸送氧氣和營養、提高運動效率，即降低特定強度運動量下所需的能量。

有什麼證據？

　　硝酸鹽似乎是一種非常有效的運動增補劑。許多研究表示，甜菜根汁形式的硝酸鹽可增強耐力和表現，還可以降低靜態休息血壓和訓練時的氧氣消耗量，這意味著運動員可以耐受更久的高強度水平。例如，英國艾希特大學的研究人員發現，每天喝500毫升甜菜根汁持續一週，可使受試者在出現疲勞感之前多跑15%（Lansley et al., 2011）。這是由於血液中硝酸鹽的含量較高，從而降低了肌肉對氧氣的吸收，並使其更能有效利用能量。該研究人員進一步研究發現，車手在計時賽之前的2½小時內服用500毫升甜菜根汁，在4公里比賽中的成績提高了2.8%，16.1公里比賽成績提高2.7%（Lansley et al., 2011）。荷蘭馬斯垂克大學的研究人員發現，補充170毫升甜菜根汁濃縮物6天，可改善車手10公里的計時賽表現和能量輸出（Cermak et al., 2012）。整個甜菜根也同樣有效，研究發現運動前一個小時攝取200克煮熟甜菜根的運動員，能夠在5公里跑步的後段跑得更快（Murphy et al., 2012）。這些研究結果顯示，甜菜根汁中的硝酸鹽可減少最大攝氧量，改善運動經濟性，並拉長運動員的運動時間。這可使你在持續4–30分鐘的比賽、間歇性訓練和團隊競技運動中獲得優勢。

　　一份對英國和澳洲17項研究的文獻回顧指出，甜菜根汁或硝酸鈉形式的硝酸鹽可以顯著提升耐力，其耐力是以訓練到力竭的時間來衡量（Hoon et al., 2013a）。儘管力竭時間並不是衡量運動表現的直接指標，但這樣的發現可解釋為使競賽時間減少1–2%。

　　更近期的研究顯示，甜菜根汁也能提高需要徵召快縮肌纖維的高強度運動表現。英國艾希特大學的研究人員發現，在競技運動的團員中，每天喝70毫升（1杯飲）濃縮甜菜根汁持續5天，

可改善20公尺衝刺和高強度間歇性跑步的運動表現（Thompson et al, 2016）。然而，大多數呈現正面效果的研究，受試者都是未經訓練或業餘運動員，而非菁英運動員。甜菜根汁是否也有益於菁英運動員的表現，目前尚不清楚。根據澳洲研究人員發現，甜菜根汁補充品不能改善自行車競技車手的表現（Lane et al., 2013）。即使與咖啡因混合使用，甜菜根汁（2×70毫升杯飲）在60分鐘的模擬試驗中，對其運動表現並沒有影響。另一項針對競技車手進行的研究也發現，補充甜菜根汁後，計時賽中的運動表現也幾乎沒有差異（Hoon et al., 2014）。因此，目前為止顯示，相較於菁英運動員，甜菜根汁似乎對非菁英運動員是更有效的運動增補劑。

我需要補充它嗎？

在持續4–30分鐘的耐力運動中，以及在涉及單個或多個衝刺的高強度運動中，甜菜根可能有助於改善你的運動表現。儘管0.3–0.4克（0.62毫克／公斤），相當於500毫升甜菜根汁或70毫升濃縮「杯飲」亦是200克煮熟的甜菜根，也被研究證明有利運動表現，最佳劑量可能是0.6克硝酸鹽，相當於2×70毫升濃縮甜菜根「杯飲」（Wylie et al., 2013）。

補充硝酸鹽的最佳時機是運動前2–3小時，因為食用後2–3小時血液中的一氧化氮水平將達到峰值，並在12小時內逐漸下降。建議在比賽前約3–7天進行「硝酸鹽負荷」，以確保血液中的一氧化氮含量保持在較高水平（Cermak et al., 2012）。

要注意的是，服用時應避免使用抗菌漱口水，因為這會去除口腔中有益的細菌，而這些細菌可以將某些硝酸鹽轉化為亞硝酸鹽，去除這些有益的細菌反而降低了甜菜根汁的益處。

有沒有副作用？

除尿液和糞便中會出現無害、暫時的粉紅色外，目前尚無甜菜根造成副作用的案例發生。理論上甜菜根汁是否會增加罹患癌症的風險（飲食中的硝酸鹽可以在體內轉化為亞硝酸鹽，然後繼續與胺基酸反應生成致癌物質，稱為亞硝胺），這點一直存在疑問。但是，研究表示，這些有害的影響，是與加工肉類而不是蔬菜中的硝酸鹽和亞硝酸鹽有關（Gilchrist et al., 2010; Hord et al., 2009）。

碳酸氫鹽（Bicarbonate）

它是什麼？

碳酸氫鈉是一種「pH緩衝液」，一種細胞外陰離子，有助於維持細胞和血液之間的酸鹼值梯度，它也是膨鬆劑和泡打粉的主要成分。

有什麼作用？

血液中原本就含有碳酸氫鹽，但使用補充品，例如「碳酸鹽負荷（Bicarbonate loading）」補充法，會進一步增加濃度。碳酸氫鹽會增加血液的pH值，使其更具鹼性。在高強度（無氧）運動中產生氫離子，氫離子會逐漸累積並導致疲勞（筋疲力盡）。但是，透過提高血液的pH值，氫離子可以更容易地從肌肉細胞移動到血液中，而被去除（緩衝），這使你可以更長時間地持續進行高強度運動，也意味著能更快除去乳酸，從而加速恢復。

有什麼證據？

研究發現，碳酸氫鹽可增進持續1–7分鐘的高強度運動。一項薈萃分析發現，在碳酸氫鹽劑量為0.3克／公斤下，可使持續約1分鐘的運動表現提升1.7%（Carr et al., 2011）。一項針對菁英車手的研究發現，碳酸氫鹽補充品與安慰劑相比，可顯著改善4分鐘騎行表現（Driller et al., 2012）。

然而，並非所有研究都顯示碳酸氫鹽對運動有益。例如一項針對8名游泳運動員的澳洲研究發現，與服用安慰劑相比，碳酸氫鹽負荷不會使200公尺自由式游泳（持續約2分鐘）的時間變快（Joyce et al., 2012）。針對紐西蘭橄欖球運動員的另一項研究發現，碳酸氫鹽負荷對橄欖球特定技能的表現沒有影響（Cameron et al., 2010）。研究結果的差異可由以下事實解釋：菁英運動員已具備較進階的肌肉緩衝能力，因此從碳酸氫鹽負荷中獲得的效益比業餘運動員少。

我需要補充它嗎？

如果你參加持續1–7分鐘的高強度運動（例如衝刺跑、跑步、中距離游泳和賽艇運動），或需要多次衝刺（例如網球、足球、橄欖球）的比賽，則可能受益於碳酸氫鹽。但要注意的是，其副作用可能會抵消任何潛在的益處。

碳酸氫鹽負荷的最常見劑量是0.2–0.3克／公斤。對於70公斤的人來說相當於14–21克。建議在開始運動前60–90分鐘，搭配至少500ml的水，採分次漸進式服用，以減少腸胃道症狀。

有沒有副作用？

典型的副作用包括腸胃道不適、噁心、胃痛、腹瀉和嘔吐。碳酸氫鹽負荷也可能導致水分滯留，這在許多情況下都是不利的，因為副作用恐會抵消任何可能的表現優勢。透過在運動前2–2.5小時內分次服用，搭配少量富含碳水化合物的食物和大量水，可減輕副作用症狀。另一個方式，如果你將在幾天內連續參加幾項比賽，可嘗試在1–3天內每日每公斤服用0.5克，然後在比賽開始前12–24小時停止補充。理論上效益會持續存在，但可降低副作用的風險。

黑醋栗萃取物（Blackcurrant extract）
它是什麼？

黑醋栗萃取物是黑醋栗的濃縮粉末形式，可作為膠囊使用。

有什麼作用？

黑醋栗含有高濃度的花青素，這是一種類黃酮（植物營養素），具有強大的抗氧化性能和消炎作用，被認為有助於增強運動表現、減少運動後的炎症、痠痛和肌肉損傷。其中，紐西蘭種植的黑醋栗花青素比歐洲種植的花青素多1.5倍。

有什麼證據？

動物研究顯示，花青素具有強大的血管擴張作用（Ziberna et al., 2013）。一般認為黑醋栗萃取物中的花青素對人類具有相同的作用，增加了運動過程中向肌肉的周邊血流量和氧氣的輸送，從而改善運動表現（Willems et al., 2014）。

紐西蘭植物與食品研究所的研究人員發現，在中等強度有氧運動30分鐘前後，立即食用240毫克黑醋栗萃取物，較安慰劑更能減少運動引起的氧化壓力和肌肉損傷（Lyall et al., 2009）。

英國奇切斯特大學的最新研究發現，補充300毫克黑醋栗萃取物7天，可以增進一系列重複性跑步機衝刺訓練（6×19秒）的表現，並提高運動後的「乳酸清除率」，意即加快肌肉恢復（Perkins et al., 2015）。

針對14位車手的進一步研究表示，在中等強度的騎行（最大攝氧量為65%）下，黑醋栗補充品可使脂肪氧化增加27%，並且在16.1公里的計時騎行中，平均可以提高2.4%的騎行表現（Cook et al., 2015）。研究人員還發現，補充品可在計時賽中提高乳酸耐受性，代表這能幫助運動員在達到疲憊之前繼續以較高的強度運動。

研究也發現，服用黑醋栗萃取物7天的鐵人三項運動員，以與其最大攝氧量相對應的強度騎行時，血液中乳酸水平降低了14%，而在降低騎行強度時，降低達27%（Willems et al., 2015）。

我需要補充它嗎？

目前為止，僅有一些小型研究以運動員為受試者，因此不能提出確切建議。但結果是肯定的，黑醋栗萃取物可透過增加氧氣輸送與脂肪氧化、減少肌肉痠痛和改善恢復能力，來提升運動表現。

有沒有副作用？

迄今尚無副作用的相關報告。

咖啡因（Caffeine）
它是什麼？

咖啡因是一種興奮劑，並且具有藥理作用，因此被歸類為藥物而不是營養素。它曾經被分類為禁用物質，但已從世界反興奮劑組織（WADA）2004年的違禁列表中移除。此更改基

於認知到可提升表現的咖啡因劑量，與日常使用咖啡因的劑量沒有差異，且以往透過尿中咖啡因濃度來監測咖啡因使用量的方法是不可靠的。

咖啡因存在於日常飲料和食物中，例如咖啡、茶與可樂、草藥（例如瓜拿納）和巧克力；它還被添加到多種能量飲料、運動飲料和凝膠中。表6.1（請參閱第120頁）列出了常見飲料和食品中的咖啡因含量。研究中使用的量為3–15毫克／公斤（研究通常使用咖啡因錠而非飲料），相當於70公斤的運動員為210–1050毫克。

有什麼作用？

咖啡因作用於中樞神經系統和周圍神經系統，阻斷一種可誘導睡眠的大腦化學物質，腺苷，從而提高警覺性和專注力，減少疲累感，使人能在較高強度運動下持續更長的時間。

曾經有人認為，咖啡因可增加耐力表現，因為它促進運動中脂肪的利用，並「節省」糖原的使用。實際上，現在的研究指出，咖啡因對次高強度運動量的「糖原節約」作用是短暫且不一致的，並非所有運動員都可獲得同樣身體反應。因此，難以用此原因解釋許多研究中運動能力和表現增強的現象。

有什麼證據？

大多數咖啡因與運動表現的相關研究在實驗室進行，而不是在現實的運動賽事中進行。不過，有確切證據可證明咖啡因能增強運動表現：

· 耐力運動（超過60分鐘）
· 高強度運動（1–60分鐘）
· 團隊運動和間歇運動

有大量研究證據表示，咖啡因可提高在無氧和高強度運動中的耐力和表現（Goldstein et al. 2010; Dodd, 1993;Graham & Spriet, 1991; Spriet, 1995）。

英國研究人員對40項關於咖啡因和運動表現的研究進行分析得出結論：咖啡因可以顯著提高耐力，平均提高12%（Doherty & Smith, 2004）。在德州大學2009年一項研究中，以能量飲形式攝取咖啡因的車手在1小時計時賽中，比服用安慰劑的車手快了3分4秒完成。（Ivy et al., 2009）。

加拿大薩斯喀徹溫大學的一項研究發現，當運動前1小時，攝取咖啡因的量相當於每公斤2毫克咖啡因時，可以顯著增加握推時的肌耐力（Forbes et al., 2007）。另一項關於足球運動員的研究發現，在訓練前1小時喝咖啡因飲料，然後每隔15分鐘再喝一次，可以改善短跑衝刺表現並減少疲勞感（Gant et al., 2010）。一項針對游泳運動員的研究顯示，咖啡因可使21分鐘持續游泳的過程進步23秒（MacIntosh, 1995）。澳洲皇家墨爾本理工大學的研究人員發現，在2000公尺的划船比賽中，咖啡因可以使競技划船運動員的表現提升4–6秒（Anderson et al., 2000）。然而，並非所有研究都顯示出正面結果。英國斯特靈大學和南非開普敦大學的研究人員發現，咖啡因在100公里的騎行計時賽中，對運動表現並沒有影響（Hunter et al., 2002）。

我需要補充它嗎？

大量研究表示，攝取咖啡因可以提高大多數類型的耐力、爆發力和肌力活動的表現，劑量為1–3毫克／公斤，大大低於曾經認為的劑量（6毫克／公斤）。攝取3毫克／公斤相當於70公斤的人攝取210毫克，也就是約2杯咖啡或2罐含咖啡因能量飲料。如果攝取超過3毫克／公斤，運動表現幾乎沒有增加。

攝取咖啡因後很快就會對運動表現產生效益，因此咖啡因可在運動前、運動中或運動後期開始出現疲勞之前服用。因為每個人反應不同，建議在訓練過程中進行試驗，以找到適合自己的劑量和攝取策略。

澳洲研究人員發現，在激烈的訓練過程中，分次服用1.5毫克／公斤的咖啡因（例如，70公斤運動員應服用105毫克，相當於2小時內服用4次含咖啡因的能量膠），可以使菁英運動員表現出良好的訓練效果（Armstrong, 2002）。

根據美國喬治亞大學在2015年進行的一項文獻回顧，無論以藥丸、凝膠、能量飲料或咖啡的形式攝取咖啡因，對運動表現影響都沒有多大差異（Higgins et al., 2015）。但是請記住，咖啡中的咖啡因含量可能會根據製備方法、品牌和品種而有很大差異，加上每個人對咖啡因的反應不同，再次提醒，你應該在訓練中而非比賽中進行實驗，以找到適合自己的劑量和攝取策略。

曾有一說法，認為在比賽前數天減少咖啡因攝取，之後補充時會產生更明顯的增補作用。但研究表示，非咖啡因使用者和咖啡因使用者之間對咖啡因的表現反應並沒有差異，賽前停止咖啡因攝取並不會提高運動表現。

有沒有副作用？

急性攝取咖啡因的影響呈U形曲線，中低劑量可產生正面效果和幸福感，但高劑量（6–9毫克／公斤）可能產生負面影響。它可能會增加心率，損害精細動作的控制和技巧，並引起焦慮或過度興奮、顫抖和失眠，有一部分人會比一般人更容易受到影響。如果你對咖啡因敏感，最好避免使用。

表6.1	常見飲料和食品中的咖啡因含量
產品	咖啡因含量（毫克／杯）
即溶咖啡	60毫克
濃縮咖啡	45–100毫克
濾壓壺／過濾式咖啡	60–120毫克
茶	40毫克
綠茶	40毫克
能量飲品	100毫克
可樂	40毫克
能量膠（1袋）	25毫克
黑巧克力（50克）	40毫克
牛奶巧克力（50克）	12毫克

咖啡因會促進脫水嗎？

　　儘管咖啡因是利尿劑，但研究顯示每天攝取少於4毫克／公斤（相當於4杯咖啡），其提供的水合作用與喝水無異（Killer et al, 2014）。在這個濃度下，咖啡因被認為是安全的，不太可能對運動表現或健康產生不利影響（Armstrong, 2002）。定期服用咖啡因（例如喝咖啡）會增強咖啡因的耐受性，使利尿作用減少。

　　根據美國俄亥俄州立大學的一項研究，在運動前立即服用咖啡因不會促進脫水（Wemple, 1997）。6名車手在3小時的騎行過程中，分別喝了含有或不含咖啡因的運動飲料。研究人員發現騎行中的運動表現或尿量並沒有差異，只有在休息時的尿量才有增加。在另一項研究中，18名健康男性在休息時飲用1.75公升三種不同的液體時，含咖啡因的飲料並不會改變其水合狀態（Grandjean, 2000）。

　　荷蘭馬斯垂克大學研究人員發現，車手在長時間騎行後，不論是飲用水或含咖啡因的可樂飲料，皆能夠補充運動員的體內水分（Brouns, 1998），飲用兩種飲料後的尿量也是相同的。然而，超過600毫克的高劑量咖啡因，就足以引起明顯的增能效果，可能導致更大量的體液流失。美國康乃狄克大學的一項研究發現，含咖啡因和不含咖啡因的可樂，在連續3天的訓練課程期間（非運動間）都能維持運動員的水合狀態（Fiala et al., 2004）；這些運動員在運動期間喝水，但在非運動期間則以含或不含咖啡因的飲料來補充水分。

　　該研究人員的另一項研究證實，與安慰劑相比，適量攝取咖啡因（最高每日452毫克咖啡因／公斤）不會增加尿量；研究結果更直指咖啡因不會導致體內的電解質失衡（Armstrong et al., 2005）。

　　科學研究表示，長期使用咖啡因與健康問題（例如高血壓和骨質礦物質流失）之間沒有關聯。現在已知膽固醇水平升高與咖啡之間的關係是由咖啡中某些脂肪所引起，與即溶咖啡或濾泡式咖啡相比，水煮咖啡中的某些脂肪更為明顯。

櫻桃汁（Cherry juice）
它是什麼？

　　蒙莫朗西（Montmorency）酸櫻桃汁能以濃縮或冷凍乾粉的形式置入膠囊攝取。

有什麼作用？

　　蒙莫朗西酸櫻桃汁是類黃酮和花青素的豐富來源，它們具備有效的抗氧化和消炎作用，被認為可幫助緩解延遲性肌肉痠痛（DOMS），並減輕劇烈運動後發生的炎症、加速恢復過程。

有什麼證據？

　　櫻桃汁是一種較新的補充品，迄今為止的研究顯示蒙莫朗西酸櫻桃汁可促進劇烈運動後的肌肉恢復。英國倫敦南岸大學的研究人員針對10名運動員進行研究，他們在運動員進行高強度力量訓練的之前7天和之後2天，每日給予30毫升酸櫻桃汁濃縮液兩次（Bowtell et al., 2011）。結果發現，與安慰劑相比，攝取濃縮櫻桃汁的運動員的肌肉恢復明顯更快。研究推測，櫻桃汁中的抗氧化劑類黃酮化合物，很可能降低了發揮最大肌力時發生的氧化性損傷，使肌肉恢復得更快。

　　在英國諾桑比亞大學進行的一項跑者研究發現，在馬拉松比賽前5天和賽後2天，食用櫻桃汁可改善肌肉恢復能力、減少發炎（Howatson et al., 2010）。同一研究團隊的另一項研究表示，車手在執行109分鐘的騎行試驗期間，服用30毫升櫻桃濃縮汁5天後，其肌肉損傷和運動引起的炎症較少（Bell et al., 2015）。

我需要補充它嗎？

　　在劇烈運動（或進行離心運動的訓練）之前4-5天和之後2天，攝取30毫升櫻桃濃縮汁可減輕運動引起的炎症、肌肉痠痛，並加速恢復。儘管

補充品可以加快功能恢復，但與高劑量的抗氧化補充品（如維生素C和E）不同的是，它並不會干擾長期適應性訓練必然產生的發炎反應（請參見「抗氧化劑補充品」，第111頁）。因此，它似乎是比抗氧化補充品更好的選擇，因為抗氧化補充品實際上會干擾訓練後的恢復。

有沒有副作用？

　　沒有發現副作用。

共軛亞麻油酸（CLA）
它是什麼？

　　共軛亞麻油酸是一種不飽和脂肪酸（實際上，它是亞麻油酸異構體的混合物），天然少量存在於全脂牛奶、肉和起司中。補充品則由葵花籽油和紅花油製成。

有什麼作用？

　　共軛亞麻油酸被作為減重補充品銷售，被認為透過刺激酶激素敏感性脂肪酶（從脂肪細胞釋放脂肪），和抑制激素脂蛋白脂肪酶（將脂肪運輸到脂肪細胞中）來達到作用。

有什麼證據？

　　有關共軛亞麻油酸的大多數研究證據都是基於動物實驗，研究顯示它可促進脂肪減少、增加肌肉質量，並減少肌肉分解。也因為前述研究結果，共軛亞麻油酸被作為減重補充品上市行銷。然而，與此有關的人體實驗相對較少，而且

（約0.8–3公斤），儘管並非所有研究都顯示出正向結果（Buford et al., 2007），研究者觀察到的體重增加，部分歸因於細胞液體積（即水的重量）增加，一部分則來自肌肉的合成。

肌酸似乎無論對男性或女性都可增強運動表現。加拿大麥克馬斯特大學的研究人員在進行高強度短跑循環測試之前，提供男女分別12名志願者肌酸補充品或安慰劑（Tarnopolsky & McLennan, 2000），結果顯示，肌酸在男或女性中均能改善運動表現。

澳洲體育學院的研究人員發現，肌酸改善了足球運動員的短跑時間和敏捷奔跑時間（Cox et al., 2002）。在前南斯拉夫進行的一項研究發現，補充肌酸可以改善年輕足球運動員的短跑能力、運球和垂直跳躍表現，但對耐力沒有影響（Ostojic, 2004）。如果隨著時間，肌酸能夠改善阻抗力訓練的質量，那麼這將可以導致更快地獲得肌肉質量、力量和爆發力。絕大多數研究確實表示，短期補充肌酸會增加體重。

在有氧運動中使用肌酸的研究證據較少，只有少數在實驗室進行的研究顯示可改善運動表現。這可能是由於在耐力活動中，磷酸肌酸能源系統的重要性較低。但是，美國路易斯安那州立大學的一項研究指出，肌酸補充品可能可以提高運動員的乳酸閾值，被證明對某些以有氧運動為基礎的競技運動有益（Nelson et al., 1997）。

肌酸如何產生作用？

當肌酸產生作用時，可被觀察到的體重增加，部分原因是細胞體積增加，部分則是肌肉合成。肌酸使水穿過細胞膜移入細胞中，而當肌肉細胞的肌酸濃度上升，水被吸入細胞內，使肌肉纖維的厚度增加約15%。肌纖維的水分含量伸展了細胞的外鞘，機械式地引發合成代謝反應，這可能會刺激蛋白質的合成，導致瘦體組織增加（Haussinger et al., 1996）。

肌酸可能對蛋白質合成有直接的影響。在美國孟菲斯大學的研究中發現，服用肌酸的運動員比服用安慰劑的人增加了較多的體重，然而兩組的身體水分含量卻是相同的（Kreider et al., 1996; Clark, 1997）。

我需要補充它嗎？

如果你進行負重訓練或反覆性動作的高強度運動，例如短跑、跳躍或擲球（如橄欖球和足球），肌酸補充品可幫助你提高表現、力量和肌肉質量。然而對某些人（每10人中約有2人）而言，肌肉肌酸濃度僅略微增加，這可能部分是因為肌肉纖維類型的差異。快縮肌纖維（FT）比慢縮肌纖維（ST）傾向於積累更高的肌酸濃度。這意味著天生就具有較低快縮肌纖維成分的運動員，可能會從肌酸補充品中獲得較小的益處。如果將碳水化合物與肌酸一起服用，可能會

解決上述問題，因為碳水化合物會增加胰島素，進而幫助肌肉細胞攝取肌酸。

需要補充多少肌酸？最常見的肌酸負荷方法是在5天內每天服用4×5–7克的劑量，即每日20–25克。這雖然有效，但並不意味是最佳的負荷策略。實際上，這是肌酸進入肌肉一種相對低效的方法，並且更有可能產生諸如水分滯留等副作用。大約三分之二的肌酸最終會進入你的尿液，只有三分之一會進入細胞。有效補充肌酸的關鍵是一次服用少量，減慢從腸道吸收的速度。這樣可以最大程度地攝取所有肌酸，使得肌酸最終是進入肌細胞而不是尿液中。

根據加拿大一項研究指出，相對低劑量與高劑量的肌酸補充品一樣，可以顯著改善重量訓練效果（Burke et al., 2000）。與服用安慰劑的人相比，每天服用7.7克肌酸21天的研究受試者，能夠在臥推機上進行更多的重覆性動作，並保持較久的最大力量，他們還獲得了明顯更多的肌肉質量（2.3%，而安慰劑增加了1.4%）。

研究人員建議，每天與食物一起服用6劑0.5–1克（即6×1克劑量）的肌酸劑量，以增加吸收率（Harris, 1998），持續5或6天後，將產生相當於每天服用20克的結果。在此之後，每天維持2克的劑量，將維持肌肉中的肌酸水平。另外，你可以在30天之內每天負荷3克。這種技術也可以使肌肉中肌酸飽和，並達到最少的水分滯留（Hultman et al., 1996）。

肌酸的最佳形式是什麼？

水合型肌酸是最廣泛可用的肌酸形式。它是一種白色易溶於水的粉末，而且幾乎沒有味道，是市面上可購買到最濃縮且最便宜的形式。水合型肌酸包含一個肌酸分子附加一個水分子，因此更加穩定。

雖然還有其它形式的肌酸，例如肌酸血清、檸檬酸肌酸、還有肌酸磷酸，但是沒有證據顯示它們的吸收更好、能產生更高水平肌細胞中磷酸肌酸的含量、產生更好的運動表現，或是增加肌肉質量（Jäger et al., 2011）。

研究顯示胰島素有助於肌酸更快進入肌肉細胞（Green et al., 1996; Steenge et al., 1998）。將肌酸與碳水化合物（刺激胰島素釋放）一起服用，會增加肌肉細胞對肌酸的吸收，並提高磷酸肌酸水平。產生胰島素高峰所需碳水化合物的確切劑量尚有爭議，但估計範圍為35–100克左右。一些科學家建議在飯中或飯後不久服用肌酸，這個概念是利用餐後胰島素增加，使更多的肌酸進入肌肉細胞。若要實行，服用水合型肌酸是實現此目標的最便宜方法；至於含碳水化合物的肌酸飲料或補充品價格較昂貴，且可能會增加飲食中不必要的熱量。

運動後的肌酸吸收更佳，因此在運動後進食時添加肌酸，將有助於提高肌酸水平。

若我停止服用肌酸補充品，我會失去肌力嗎？

當你停止服用補充品時，肌肉肌酸儲備量會在4週內緩慢下降到正常水平（Greenhaff, 1997）。

在服用補充品期間，身體本身合成肌酸的機制會受到抑制，但這是可逆的；換句話說，當你停止服用肌酸補充品，身體自然會加速製造肌酸。

至於擔心身體永久關閉正常的製造肌酸功能是沒有根據的。你的體重可能會減輕，也有傳聞提到運動員會感受到肌力和爆發力小幅降低，但不會回到服用補充品之前的水平。

有人提出肌酸最好以週期為單位補充，例如補充3–5個月，然後休息1個月。

加拿大研究人員建議，同時服用α–硫辛酸（一種抗氧化劑），可以提高肌肉肌酸的水平（Burke et al., 2001a）。加拿大聖弗朗西斯澤維爾大學的研究人員發現，與僅服用乳清蛋白或安慰劑的人相比，同時補充乳清蛋白和肌酸的人，其肌力（臥推）和肌肉質量的增加幅度相對較大（Burke et al., 2001b）。

有沒有副作用？

肌酸在短期和長期看來都是安全的，唯一的副作用是體重增加，一部分原因是肌肉細胞中多餘的水，部分則由於肌肉組織增加。雖然這對健美運動員和負重訓練者來說很理想，但在體重和速度（例如跑步）關鍵比率影響較高的運動，或在體重類別運動中可能是不利的，例如在游泳運動中，較重的體重可能導致更大的阻力、降低游泳效率。

試著權衡增加肌肉最大爆發力的潛能以及淨體重，可避免增重可能帶來的弊端。要提醒的是，有些導致肌肉痙攣、腸胃道不適、脫水、肌肉損傷以及腎臟和肌肉損傷的傳聞，並沒有臨床數據支持這些說法（Lugares etal., 2013; Williams et al., 1999; Robinson etal., 2000; Mihic et al., 2000; Kreider, 2000; Greenwood et al., 2003; Mayhew et al., 2002; Poortmans & Francaux, 1999）。

能量棒（Energy bars）
它們是什麼？

能量棒主要由糖和麥芽糊精組成，每根可提供約250大卡熱量和25–35克的碳水化合物。有些可能還添加了維生素和礦物質、穀物或大豆粉，以增加營養含量。

有什麼作用？

在持續超過1小時的劇烈運動之前、期間或之後，能量棒提供了一種方便攝取碳水化合物的方式。

有什麼證據？

一項澳洲的研究比較了在運動過程中補充能量棒（加水）和運動飲料，發現兩者同樣能提高血糖值和耐力（Mason et al., 1993）。

美國德克薩斯大學的一項研究中，提供車手運動飲料（含10％碳水化合物）、能量棒、水或安慰劑（Yaspelkis et al., 1993）。相較於服用安慰劑，那些攝取某種碳水化合物的車手能在達到疲勞之前，設法多騎行21分鐘30秒的時間。原因為何？多餘的碳水化合物幫助提供車手的肌肉能量，減少對糖原的依賴性。在坐墊上坐了3個小時後，那些有喝運動飲料或吃食物的人，比沒有攝取碳水化合物的人多了35%糖原。

我需要補充它嗎？

在持續超過1小時的高強度運動中，任何形式的高升糖指數碳水化合物都將幫助你提高耐力。在運動過程中，你選擇以能量棒、飲料或其它任何形式攝取碳水化合物，都取決於個人喜好。能量棒的主要好處是方便性：它們易於攜帶和食用。但要提醒，攝取能量棒時請確保同時喝足夠的水，以補充流汗所流失的液體，同時消化能量棒。此外，它們的味道和質地不一，可能要嘗試不同口味和品牌，以找出適合自己的。

有沒有副作用？

如果你沒有喝足夠的水，可能會引起腸胃不適。有些產品可能會黏在牙齒上，因此請確保用水沖洗。

能量膠（Energy gels）
它們是什麼？

能量膠裝在小袋中呈果凍狀，由單醣（例如果糖和葡萄糖）和麥芽糊精（一種由玉米澱粉衍生的碳水化合物，由4–20個葡萄糖單位組成）製成，可能也含鈉、鉀，部分還含有咖啡因，而大多產品每包約含有18–25克的碳水化合物。

有什麼作用？

能量膠提供熱量和碳水化合物的濃縮來源，是為了耐力運動中方便攝取而設計。

有什麼證據？

研究表示，長時間運動時，每小時攝取30–60克碳水化合物可延遲疲勞並提高耐力。這相當於每小時1–2小袋能量膠。蘇格蘭愛丁堡納皮爾大學一項2007年進行研究顯示，能量膠對血糖值和運動表現的影響與運動飲料相似（Patterson & Gray, 2007）。與安慰劑相比，在高強度間歇訓練之前和期間服用能量膠（配水）的足球運動員，耐力表現比安慰劑組高出45%。

我需要補充它嗎？

能量膠提供在持續1小時以上的長時間耐力運動中，碳水化合物攝取的便捷方式。但要記住，在攝取每包（25克碳水化合物）時需要搭配約350毫升水，以將其在胃中稀釋成7%的碳水化合物溶液。建議每15–30分鐘補充半包能量膠，配上175毫升（6大口）水。不過，有些人不喜歡能量膠的質地、甜味和濃烈風味，這完全取決於

個人喜好，且即便帶著能量膠，也無法擺脫隨身攜帶水壺的必需性。

有沒有副作用？

　　能量膠無法達到補水作用，因此你必須配上大量的水，如果喝水不足會引起胃部不適。能量膠是高度濃縮的糖，會將水從血液帶入胃中，增加脫水的風險。

麻黃鹼／麻黃／燃脂劑／產熱補充品（Ephedrine／Ma huang／Fat burners／Thermogenic supplements）
它是什麼？

　　燃脂劑或產熱補充品中的主要成分是麻黃鹼，這是中草藥麻黃和麻黃鹼的合成物質。嚴格來說，麻黃鹼是一種藥物而非營養補充品，低濃度（偽麻黃鹼）可用於感冒和流感藥物。

有什麼作用？

麻黃鹼在化學上類似安非他命，作用於大腦和中樞神經系統，通常與咖啡因結合可增強麻黃鹼的作用。運動使用它是因為可增加警覺性、活動力和潛在的神經肌肉功能潛力表現。

有什麼證據？

麻黃鹼是一種被證實有效的興奮劑，然而研究顯示，它對肌力和耐力幾乎沒有影響，推測是因為使用相對較低的劑量。這些產品更可能產生「速度感」的效果，使你感到更加清醒和警覺、更有動力努力訓練，且更有自信。

有證據表示麻黃鹼有助於減少脂肪，部分原因是增加熱生成（產熱），部分是因為抑制了食慾，另一原因是它使人更活躍。當以「咖啡因–麻黃鹼套組」或「咖啡因–麻黃鹼–阿斯匹靈套組」的形式服用時，人們認為麻黃鹼在產熱和減肥方面的作用會更大。在一項研究中，進行騎行衝刺（無氧運動）之前服用咖啡因和麻黃鹼的受試者，比僅服用咖啡因、僅服用麻黃鹼，或服用安慰劑的受試者表現更好（Bell, 2001）。但是，麻黃鹼的燃脂作用似乎會隨著時間而降低，即體重減輕會在12週後減慢或停止。

我需要補充它嗎？

它是一種成癮性藥物，強烈建議避免使用任何含有麻黃鹼或麻黃的燃脂劑，因為它們具有很高的健康風險。無論是感冒藥還是補充品，世界反興奮劑組織都禁止使用。切記，運動和良好的營養，才是燃燒脂肪的最安全方法。

有沒有副作用？

麻黃鹼在大約18–25毫克的劑量下被認為是安全的，這是去鼻塞劑和感冒藥的劑量。服用過量會產生嚴重的副作用，包括心率加快、血壓升高、心悸、焦慮、神經質、失眠、噁心、嘔吐和頭暈。很高的劑量（約3000毫克）會引起心臟病，甚至可能致命；咖啡因–麻黃鹼套組則以較低劑量就會產生不利影響。《神經病學、神經外科與精神病學雜誌》（Journal of Neurology, Neurosurgery and Psychiatry）就曾報導一名運動員服用高劑量的「能量藥丸」（咖啡因–麻黃鹼）後出現廣泛性中風的案例（Vahedi, 2000）。

2002年，美國醫學協會出於對麻黃鹼副作用的擔憂，呼籲禁止使用麻黃鹼。自1997年以來，美國食品藥品管理局已經記錄了至少70例死亡和一千四百多種「不良反應」涉及含有麻黃鹼的補充品案例。這些包括心臟病發作、中風和癲癇發作。麻黃鹼的風險遠大於其潛在的好處。它會令人上癮，甚至會產生耐受性（你需要不斷服用更高劑量以取得相同的效果）。

燃脂劑（不含麻黃鹼）（Fat burners「ephedrine-free」）
它們是什麼？

某些燃脂劑和減肥藥聲稱可達麻黃鹼的作用，能促進身體新陳代謝、減少脂肪，卻少了有害的副作用。這些產品的主要成分包括苦橙（辛弗林或苦橙萃取物）、綠茶萃取物和毛猴鞘蕊花

萃取物（Coleus forskohlii 為類似薄荷的草藥）。

有什麼作用？

苦橙的刺激性很弱，化學結構類似於麻黃鹼和咖啡因。它含有一種叫做辛弗林的化合物，根據製造商說法，可以降低食慾、提高代謝率並促進脂肪燃燒。然而，儘管受到大肆宣傳，目前尚無可靠的科學證據支持其減重的宣稱。

綠茶中活性成分是稱為「兒茶素」的多酚類物質（主要類型EGCG）和黃烷醇，它們具備有效的抗氧化活性。而毛喉鞘蕊花萃取物作為膳食補充品背後的理論是，其毛喉素含量可用於刺激腺苷酸環化酶活性，這將增加脂肪細胞中的cAMP（環腺苷酸）水平，並活化另一種酶（激素敏感性脂肪酶）開始分解儲存的脂肪。

有什麼證據？

儘管進行了大肆宣傳，但尚無可靠的科學證據來支持燃脂劑的減肥宣稱。可能唯一有價值的成分是綠茶萃取物。研究顯示，它可能刺激產熱、增加熱量消耗、燃燒脂肪和減輕體重（Dulloo et al., 1999）。至於毛喉鞘蕊花萃取物，沒有公開的研究能證明其能促進減肥。

我需要補充它嗎？

針對不含麻黃鹼的燃脂劑研究並不完整，且這些燃脂劑提供的促進脂肪燃燒作用相對較小，甚至觀察不到。某些品牌使用的燃脂劑劑量，可能低到無法測出效果。因此，以長期來看，減少熱量攝取和運動才最可能產生較好的減肥效益。

在有效性上，唯一呈現正面數據的是綠茶，但每天至少要喝6杯（相當於100–300毫克EGCG），才能達到顯著的脂肪燃燒效果。

有沒有副作用？

雖然麻黃鹼的草藥替代品通常較安全，但高劑量仍可能產生副作用；苦橙會使血壓升高，甚至可能高於麻黃鹼所影響；而高劑量的毛喉素可能導致心臟疾病。

魚油／Omega–3脂肪酸（Fish oil／Omega-3 fatty acids）

它們是什麼？

魚油包含兩種不飽和脂肪酸，二十碳五烯酸（EPA）和二十二碳六烯酸（DHA），它們來自油性魚類、冷水魚的身體組織，例如鮪魚、鱈魚（肝）和鮭魚。

有什麼作用？

Omega–3脂肪酸與人體的許多過程有關，包括稱為類花生酸的「局部作用激素」的活化，該激素可控制炎症和免疫力，對於細胞膜的結構和流動性也至關重要。此外，Omega–3對於生長、發育、視力以及大腦和神經系統的正常功能也相當重要，若缺乏會與學習缺陷相關。近期研究更顯示，Omega–3與預防憂鬱症、高血壓、心臟病、癌症、肥胖和發炎有關。

理論上，補充品是增加不常吃油性魚類者Omega–3攝取量的好方法。製造商聲稱，它們有助於降低心臟病、癌症、第二型糖尿病、憂鬱症和帕金森氏症等退化性疾病的風險。對於運動員而言，補充品可能是幫助減輕體內炎症（包括運動後肌肉痠痛），改善肌肉功能與血管彈性，並輸送氧氣到肌肉的好方法。

有什麼證據？

魚油補充品結合運動似乎可呈現其效益。澳洲南澳大學一項研究顯示，與服用安慰劑者相比，當超重的人進行運動同時服用魚油，可以減少更多身體脂肪、降低血脂，並增加高密度脂蛋白膽固醇水平（Hill et al., 2007）。在2010年的一項研究中，美國葛底斯堡學院的科學家用紅花油或魚油，加入健康活躍成年人的飲食中（Noreen et al., 2010）；6週後，服用魚油者明顯增加淨體重增加、減少脂肪量。另一項研究發現，在運動過程中，Omega–3可使血液流量增加多達36%（Walser et al., 2006）。然而，英國斯特靈大學最近的一項研究發現，在經過8週阻抗力訓練後，魚油補充品（與蛋白質補充品結合）對肌肉蛋白質合成沒有顯著影響（McGlory et al., 2016）。

Omega–3s在免疫功能中也扮演著關鍵角色。研究人員發現，在馬拉松之前60天內補充3克魚油，可以避免比賽造成的免疫功能降低，儘管研究人員並未衡量這是否導致感冒或感染的發生率也降低（Santos et al., 2013）。另一項研究發現，補充14天魚油可減少劇烈運動後的發炎程度（Phillips et al., 2003）。但是，並非所有研究都呈現正面的結果。在其中一種情況下，與安慰劑相比，每天補充3.6克魚油，6週後對延遲性肌肉痠痛並沒有影響（Lenn et al., 2002）。

我需要補充它嗎？

魚油和Omega–3似乎對運動員有許多好處，包括改善血流量和減少炎症，但尚不清楚它們是否可以減少運動後的肌肉痠痛。如果你不會固定吃油性魚類，服用兩粒魚油將提供約500–600毫克EPA和DHA，這與降低心臟病風險的建議攝取量相符（Gebauer et al., 2006）。依照政府建議，每日攝取450–900毫克EPA和DHA的量，可以透過每週吃兩份油性魚達到；美國心臟協會則建議每天1000毫克。然而，根據最新的薈萃分析指出，補充品不太可能預防心血管疾病。

有沒有副作用？

很高的劑量（超過3克／日）可能會增加出血風險，原因是魚油具有分解血塊的能力。

麩醯胺酸（Glutamine）
它是什麼？

麩醯胺酸是一種非必需胺基酸。它可以由其它胺基酸（麩胺酸、纈胺酸和異白胺酸）在肌肉細胞中製成，是肌肉細胞中含量最高的游離胺基酸，對於細胞生長至關重要，是免疫細胞（稱為淋巴細胞）的重要能量來源。許多蛋白質和膳食補充劑都含有麩醯胺酸。

有什麼作用？

麩醯胺酸是細胞生長的必需物質，也是免疫系統的燃料。在劇烈訓練或壓力大時，麩醯胺酸的血液水平下降，削弱了免疫系統，使感染的風險增加。儘管持續訓練，麩醯胺酸在肌肉中的水平也會下降，導致肌肉組織的流失。一般認為，在劇烈訓練期間補充，可以幫助彌補麩醯胺酸的下降，增強免疫力，減少過度訓練綜合症的風險，並預防上呼吸道感染。

製造商聲稱，麩醯胺酸在劇烈的訓練過程中，具有蛋白質保留作用，這是基於麩醯胺酸有助於將水帶入肌肉細胞，增加細胞體積的理論。可以抑制酶分解肌肉蛋白，還可以抵消在劇烈運動後會增加的壓力激素（例如皮質醇）影響。

有什麼證據？

麩醯胺酸的證據不一。一些研究表示，補充品可以降低感染的風險，並促進肌肉生長（Parry-Billings et al., 1992; Rowbottomet al., 1996）。英國牛津大學的研究人員表示，跑步後立即服用麩醯胺酸補充品，兩小時後再服用一次，似乎可以降低感染風險，並增強馬拉松運動員的免疫細胞活性（Castell & Newsholme, 1997）。研究顯示，在跑步後一週內僅19%攝取麩醯胺酸的人生病，服用安慰劑的人則有51%生病。不過，並非所有研究都能得到正面結果。最近一項文獻回顧認為，儘管許多運動員服用麩醯胺酸補充品來預防運動相關的免疫系統損害，但補充品並不能防止運動後免疫功能的改變，或降低感染的風險（Gleeson, 2008）。

麩醯胺酸不能改善運動表現、身體組成或肌肉分解（Haub, 1998）。根據加拿大的一項研究，經過 6 週的重量訓練，服用麩醯胺酸的人在肌力和肌肉質量上的提升，與服用安慰劑的人相同。（Candow et al., 2001）

我需要補充它嗎？

有關麩醯胺酸的功效尚不清楚，它不可能預防免疫抑制、改善身體組成或運動表現。

有沒有副作用？

迄今為止尚未發現副作用。

β–羥基β–甲基丁酸（HMB）
它是什麼？

HMB（β–羥基β–甲基丁酸）在體內是由支鏈胺基酸白胺酸製成的。你也可以從葡萄柚、苜蓿與鯰魚等幾種食物中獲得。

有什麼作用？

沒有人確切知道HMB的作用原理，但是它被認為與細胞修復有關。HMB是一種細胞膜重要成分的前驅物，它有助於肌肉組織的生長和修復。HMB補充品宣稱可以在訓練過程中保護肌肉免於過度分解、加速修復和建構肌肉。

有什麼證據？

目前有關HMB功效的證據不一。國際運動營養學會文獻回顧認為，HMB可促進恢復，減

少運動引起的肌肉分解和損傷、促進肌肉修復，並增加肌肉質量（Wilson et al., 2013）。美國愛荷華州立大學的研究人員表示，使用HMB 3週之後，肌肉質量增加了1.2公斤，肌力更提升了18%；而安慰劑組只增加0.45公斤肌肉質量，8%肌力（Nissen et al., 1996; Nissen et al., 1997）。一項研究發現HMB與肌酸一起服用，可能會更有效增強肌肉質量（Jowko et al., 2001）。然而，並非所有HMB相關研究都發現類似的效益，它對經驗豐富的運動員幾乎沒有影響（Kreider et al., 2000）。澳洲體育學院的一項研究發現，22名連續6週每天服用3克的運動員，其肌力或肌肉質量未能得到改善（Slater et al., 2001）。澳洲昆士蘭大學的研究人員也發現，HMB補充品無法減少阻力運動後的肌肉損傷或肌肉痠痛（Paddon-Jones et al., 2001）。

然而，有證據指出，HMB與α-酮異己酸一起使用，可減輕新手重量訓練在運動中產生的肌肉損傷跡象和症狀（Van Someren et al., 2005）。

我需要補充它嗎？

如果你剛開始投入負重訓練，HMB可能會幫助你增強肌力、增肌，但影響可能僅限於開始訓練的前兩個月。建議攝取足夠的熱量、蛋白質、碳水化合物和脂肪，並進行持續的阻力訓練，可能會產生更好的結果。迄今為止，尚未有長期性研究的證據支持HMB補充品的效果，因此不太可能對有經驗的運動員產生益處。

有沒有副作用？

尚未發現副作用。

白胺酸（Leucine）
它是什麼？

白胺酸是人體的必需胺基酸，也是肌肉中三種支鏈胺基酸（BCAAs）之中含量最多的一種（其它兩個是異白胺酸和纈胺酸）。

有什麼作用？

白胺酸是蛋白質合成的重要誘因。它作為向肌肉細胞產生新肌肉蛋白的信號，活化了稱為mTOR（哺乳動物雷帕黴素靶標蛋白）的化合物，該分子開關打開了製造肌肉蛋白的機制。

有什麼證據？

研究顯示，在運動後攝取白胺酸可刺激蛋白質合成；運動前攝取則可減少蛋白質分解。荷蘭馬斯垂克大學的一項研究則指出，與未服用白胺酸補充品的運動員相比，在阻力訓練後食用白胺酸／碳水化合物／蛋白質飲料的運動員，肌肉蛋白質分解較少，肌肉蛋白質合成更高（Koopman et al., 2005）。同樣，另一項研究發現，在耐力運動過程中飲用富含白胺酸的蛋白質飲料，可減少肌肉分解和增加肌肉合成（Pasiakos et al., 2011）。一項針對划艇運動員的研究發現，補充白胺酸6週可以改善耐力表現和上半身的爆發力（Crowe et al., 2006）。但是，如果在運動前或運動後已經食用蛋白質（透過食物或飲料），再

攝取額外的白胺酸是沒有好處的。研究人員進一步發現，攝取超過1.8克的白胺酸，不會產生任何其它益處（Pasiakos & McClung, 2011）。

我需要補充它嗎？

對於想要增強肌力和肌肉質量的人來說，獲得足夠的白胺酸尤其重要，但是，不必一定要以補充品的形式攝取白胺酸。它廣泛存在於食品中，最好的來源是雞蛋、乳製品、肉、魚和家禽，在乳清蛋白中也發現高濃度的白胺酸。你需要大約2克的白胺酸才能使增肌目標達到最大效益，這大約是20克動物蛋白質中所含有的量（請參閱第85頁）。

有沒有副作用？

目前尚無副作用的相關報告。

精胺酸／一氧化氮補充品（Arginine／Nitric oxide supplements）
它們是什麼？

一氧化氮（NO）補充品中的活性成分是精胺酸（L-Arginine），它是人體內可自行產生的非必需胺基酸。它通常以精胺酸α–酮戊二酸酯（A–AKG）和精胺酸酮異己酸酯（A–KIC）的形式販售。補充品主攻健美運動員，宣稱促進和延長肌肉力量，並增加淨體重和肌力。

有什麼作用？

精胺酸是一種在體內易轉化為一氧化氮的胺基酸。而一氧化氮與血管舒張有關，能夠增加流向肌肉的血流，更有效地輸送營養和氧氣到肌肉中。補充劑的概念是幫助負重訓練時增加肌肉的「力量」，並促進恢復力和肌肉生長。

有什麼證據？

鮮少有研究證據直接支持前述補充劑的宣稱。針對多項研究的分析總論指出，一氧化氮補充品可能只有對初學者有些微的好處，但對有經驗的運動員或是女性運動員，卻是沒有好處的（Bescos et al., 2012）。大多數研究皆表示，精胺酸補充品對菁英運動員體內的一氧化氮製造量或運動表現並沒有影響（Liu et al., 2009）。在一項研究中也發現，服用精胺酸α–酮戊二酸酯（A–AKG）補充品或安慰劑的運動員，他們體內的一氧化氮水平、血流量或運動表現並無差異（Willoughby et al., 2011）。

我需要補充它嗎？

補充精胺酸不太可能對運動表現有益，因為它並不會顯著增加體內的一氧化氮水平。反而是其它一氧化氮促進劑，例如甜菜根汁可能更有效（請參閱第115頁）。

有沒有副作用？

依據標示的建議劑量攝取，則不太可能產生副作用。

益生菌（Probiotics）
它們是什麼？

益生菌是存在腸道中的微生物（細菌），對於腸道的整體健康、消化和免疫至關重要。益生菌存在於優格和其它發酵乳製品，也可以膠囊、片劑和粉末形式補充。市面上主要使用的益生菌種為嗜酸乳桿菌（Lactobacillus acidophilus）、比菲德氏菌（Bifidobacterium bifidum）和乾酪乳桿菌（L.casei imunitass®）。

有什麼作用？

益生菌補充品能夠重新定殖小腸，並排除易引起疾病的壞菌，從而達到增強或恢復腸道菌群平衡的作用。

有什麼證據？

高強度的訓練會對免疫系統造成極大的壓力，增加上呼吸道感染（URTI）的風險。研究發現，長時間的密集訓練會損害各種免疫細胞的功能。而益生菌已被證明可以減少運動員在冬季罹患上呼吸道感染的發生率，並且還可以減少長期訓練造成的腸胃道不適症狀。

澳洲體育學院研究人員進行的一項研究發現，補充益生菌可以顯著降低菁英長跑運動員的上呼吸道感染風險和感染的時間長度（Cox et al., 2008）。有服用益生菌補充品的人，在4個月內的密集訓練中只經歷了30天的上呼吸道感染症狀，而安慰劑組的人則經歷了72天。研究同時發現，服用益生菌補充劑者的感染症狀嚴重程度較

低，這歸因於服用益生菌可以使體內產生較高水平的干擾素（用來抵抗病毒的免疫細胞）。在一項針對競技車手的追蹤性研究中也發現，與安慰劑相比，補充益生菌11週可將下呼吸道疾病的嚴重程度和持續時間降低30%（West, 2011）；同時，腸胃道症狀的嚴重程度減輕，運動員使用感冒和流感藥物的頻率也降低了。

根據一篇針對隨機對照試驗的文獻回顧（此種研究類型為研究的黃金標準）得出，與安慰劑相比，益生菌可有效預防上呼吸道感染，和減少抗生素的使用（Hao et al., 2011）。

我需要補充它嗎？

益生菌可以增強免疫系統，有助於預防和減輕腸胃道和上呼吸道感染的症狀，還可以改善腸道整體健康，並增加營養素的生物利用率。

有沒有副作用？

目前沒有關於益生菌導致身體不良健康影響的報告。

蛋白質補充品
（Protein supplements）
它們是什麼？

蛋白質補充品可以分為三大類：蛋白質粉末（與牛奶或水混合製成奶昔）、即飲蛋白質奶昔和高蛋白點心棒。它們可能包含乳清蛋白、酪蛋白、蛋、大豆或其它非乳製品來源（例如豌豆、

糙米和大麻籽蛋白）或這些食材的混合物。

有什麼作用？

蛋白質補充品提供了蛋白質的濃縮來源，補足日常飲食攝取的不足。乳清蛋白源於牛奶，含有高含量的必需胺基酸，這些胺基酸較容易被人體消化、吸收和保留，以進行肌肉的修復，乳清蛋白也可能有助於增強免疫功能。酪蛋白也是從牛奶中萃取出的蛋白質，富有高含量的胺基酸，但是一種消化相對較慢的蛋白質。大豆蛋白較少使用於蛋白質補充品中，但是對於素食主義者和膽固醇水平高的人來說是個不錯的選擇。每天25克大豆蛋白搭配低飽和脂肪飲食，可以幫助降低體內膽固醇水平。其他非乳製品蛋白質來源（例如豌豆、糙米和大麻籽），則通常會被組合在一起使用，以提供較完整的必需胺基酸。

有什麼證據？

研究發現，在阻力訓練後立即食用酪蛋白或乳清蛋白補充品，會增加血液中的胺基酸水平，並促進肌肉蛋白質合成（Tipton et al., 2004）。在一項研究中發現，在進行阻力訓練6週期間皆服用乳清蛋白質補充品（每日1.2克／公斤）的男性受試者，與安慰劑組相比，肌肉質量和肌力都有較大的提升（Candow et al., 2006）。不過，其他研究發現蛋白質補充品只產生極小的影響，或甚至沒有影響（Campbell et al., 1995; Haub, 2002）。

在一項研究中發現，相較於服用安慰劑組，在進行阻力訓練之前和之後食用20克乳清蛋白補

充品的人，持續10週後，他們的肌肉質量和肌力增加更多（Willoughby et al., 2007）。另一項研究也發現，與服用安慰劑的運動員相比，當運動員在訓練的前後立即食用乳清蛋白補充品時，他們可以在訓練後的24小時和48小時內，進行更多次的連續重複動作，並舉起更重的重量（Hoffman et al., 2008）。

無論如何，在阻力訓練後立即食用任何高質量蛋白質來源，都會促進肌肉的修復和生長（Tipton et al., 2004）。與酪蛋白或大豆蛋白相比，乳清蛋白質補充品在運動後的短時間內，可能是一種較好的選擇，因為乳清的吸收較為快速，然而，目前並沒有證據證明乳清蛋白質補充品較能在 小時內促進肌肉生長（Tang et al., 2009）。乳清蛋白還可能幫助增強免疫力，研究發現，騎行40公里後馬上食用乳清補充品的人，體內抗氧化物質「穀胱甘肽」水平下降的幅度較小，而體內穀胱甘肽水平的下降與免疫力降低有關（Middleton & Bell, 2004）。

此外，若運動員飲食中已經攝取了足夠的蛋白質，額外在訓練前後服用蛋白質補充品，對肌肉的合成或肌力並沒有影響（Weisgarber et al., 2012）。

我需要補充它嗎？

毫無疑問地，阻力訓練會增加肌肉蛋白質的更新率，進而增加每日蛋白質的需求。但是否需要補充蛋白質補充品來提升肌肉質量和肌力，或者可從食物中獲取足夠的蛋白質，這些疑問仍存

在爭議。美國運動醫學會建議，不需要使用蛋白質或胺基酸補充品，就可透過飲食滿足身體蛋白質的需求（Rodriguez et al., 2009）。

牛奶、雞蛋、肉、家禽和魚類等食物都能提供與人體需求非常接近含量的八種必需胺基酸，且其中亦富含白胺酸，而白胺酸是肌肉蛋白質合成的重要導因（請參閱第134頁）。如果已能從飲食中攝取足夠的蛋白質（每日1.2–2.0克／公斤），並且每餐能夠攝取約20–25克的蛋白質，那麼額外補充蛋白質補充品，不太可能進一步增加肌肉質量、肌力或運動表現。

乳清蛋白vs.酪蛋白補充品

雖然一些研究顯示，與酪蛋白相比，乳清蛋白在增加肌力和肌肉質量方面的效果較高（Cribb et al., 2006）。但大多數關於乳清蛋白與酪蛋白的研究發現，服用乳清蛋白或酪蛋白的人，在肌肉質量和肌力增加方面是沒有差異的（Dangin, 2001; Kreider, 2003; Candow et al.,2004; Brown et al., 2004）。

乳清蛋白是一種頗受歡迎的蛋白質成分，可透過微過濾的過程（透過顯微過濾器的物理萃取原理）或離子交換過程（透過其帶電的原理萃取），從牛奶中萃取出來。它具有比牛奶（和其它蛋白質來源）更高的生物學值（B），且消化和吸收的速度相對較快，進而有助促進運動後的恢復。與全脂牛奶相比，乳清蛋白的必需胺基酸濃度更高（約50%），且其中大約一半為支鏈胺基酸（23–25%），這有助於減少高強度運動期間和運動後肌肉蛋白質的分解。加拿大麥吉爾大學的一項研究甚至表示，乳清蛋白中的胺基酸還會刺激體內穀胱甘肽的生成（Bounous & Gold, 1991）。穀胱甘肽是一種強大的抗氧化劑，有助於維持免疫系統的運作，尤其在高強度訓練期間免疫系統受抑制時，特別有幫助。乳清蛋白還可以透過增加第一型類胰島素生長因子（IGF-1）的產生，幫助刺激肌肉生長；第一型類胰島素生長因子是一種從肝臟中產生的強大合成代謝激素，可以增強肌肉中的蛋白質製造。

酪蛋白也來自牛奶，但含有較大的蛋白質分子，因此其消化和吸收的速度比乳清蛋白慢。酪蛋白也同樣具有高生物學值和高含量的麩醯胺酸（約20%），麩醯胺酸攝取量高時，有助於在運動中節省肌肉質量，同時防止劇烈運動所引起的免疫抑制作用。由於酪蛋白是一種「緩慢作用」的蛋白質，睡前服用有助於促進整夜的恢復。

荷蘭馬斯垂克大學一項研究就發現，男性運動員在進行阻力訓練後，於睡前攝取酪蛋白飲料提供的40克蛋白質，其蛋白質合成率提高了22%（Res et al., 2012）。與攝取安慰劑相比，酪蛋白可以使胺基酸整夜持續釋放，增加全身蛋白質的合成。

但是，如果你的蛋白質需求較高（例如體重　公斤或以上的運動員）、採取低熱量飲食的人，或是無法從食物中攝取足夠蛋白質（例如素食或純素食）的人，蛋白質補充品則可能對你有幫助。建議估算自己每天從食物中攝取的蛋白質量，並將其與蛋白質需求量進行比較。

蛋白質補充品的主要好處或許是便利性，無論以飲料、燕麥穀物棒、餅乾或凝膠形式販售，都很方便攜帶和食用，並確保能提供一定量的蛋白質。

有沒有副作用？

從食物或補充品中攝取過量的蛋白質雖然無害，但對健康或運動表現也無好處。以往有關攝取過量蛋白質會損害肝臟和腎臟，或引起骨骼鈣質流失的說法，已被證實是沒有根據的。

激素原／類固醇前驅物／睪固酮增強劑（Pro-hormones／Steroid precursors／Testosterone boosters）
它們是什麼？

激素原補充品含脫氫表雄甾酮（DHEA）、雄烯二酮（Andro）和去甲雄烯二酮、弱雄激素類固醇化合物，它們在體內會自然的產生並轉化為睪固酮。這些補充品主攻健美運動員和其它以增加肌力和肌肉質量為目標的運動員。

有什麼作用？

製造商聲稱，這種補充品可以增加體內睪固酮的水平，產生與合成代謝類固醇相似的肌肉建構作用，但卻不會產生副作用。

有什麼證據？

這些製造商的宣稱並不被當前的研究支持。研究發現，雄激素補充品和脫氫表雄甾酮並不會明顯的增加睪固酮的水平，對肌肉質量或肌力也沒有影響（King et al., 1999; Broeder et al., 2000; Powers, 2002）。美國愛荷華州立大學的一項研究也發現，在補充雄激素、脫氫表雄甾酮、鋸棕櫚、蒺藜和白楊素，配合重量訓練8週後，與安慰劑組相比，儘管服用補充品可以使雄烯二酮含量增加，但是均未能提高睪固酮的水平，或增加肌肉力量或質量（Brown et al., 2000）。

我需要補充它嗎？

激素原補充品不太可能有作用，它們還可能產生副作用（見下文），且被列在世界反興奮劑組織的危禁名單上（WADA, 2014）。包括國際奧林匹克委員會在內的所有體育協會都禁止使用激素原補充品。激素原補充品是一個備受爭議的補充品，儘管銷售市場受到嚴僅的控制，但尚無研究證明它能有增加睪固酮的作用。

有沒有副作用？

研究發現激素原補充品會增加雌激素（導致婦科疾病、男性乳房發育），並降低HDL高密度脂蛋白膽固醇（好膽固醇）的水平（King et al., 1999）。HDL降低會導致更大的心臟病風險，其它副作用還包括痤瘡、前列腺增大和水分滯留。

市面上有一些補充品包含了抗雌激素物質，如白楊素（二羥基黃酮），以抵消其副作用，但也沒有證據顯示它們能產生任何作用（Brown et al., 2000）。

牛磺酸（Taurine）
它是什麼？

牛磺酸是體內自然產生的一種非必需胺基酸，也存在於肉、魚、蛋和牛奶中，它是肌肉組織中第二豐富的胺基酸。牛磺酸可以單一成分補充品的形式補充，但是更常見的方式是作為某些蛋白質飲料、肌酸為基底的產品，和運動飲料中的成分之一。市面上宣稱能夠增加運動員的肌肉質量，並減少劇烈運動中的肌肉組織分解。

有什麼作用？

牛磺酸在體內具有多種作用，包括大腦和神經系統功能、血壓調節、脂肪消化、脂溶性維生素的吸收，以及血膽固醇水平的控制。因為被認為可減少運動中的肌肉分解，牛磺酸被當作補充品使用，其背後理論是，它可能可以與胰島素類似的方式起作用，將胺基酸和糖從血液輸送到肌肉細胞中。這將導致細胞體積增加，觸發蛋白質合成，並減少蛋白質分解。

有什麼證據？

劇烈的運動會消耗掉體內的牛磺酸水平，但尚無可靠的研究證據支持牛磺酸補充品的相關宣稱。在一項隨機雙盲交叉試驗中，美國研究人員發現，與飲用500毫升含咖啡因的飲料或是飲用安慰劑（不含咖啡因或牛磺酸）的人相比，那些飲用無糖紅牛能量飲料（含牛磺酸和咖啡因）的人，他們的肌力或肌耐力並沒有差異（Eckerson et al., 2013）。

我需要補充它嗎？

由於從食物（動物蛋白質來源）中可獲得牛磺酸，似乎沒有令人信服的理由去相信，服用補充品可以改善運動表現或肌肉的增長。

有沒有副作用？

牛磺酸在食物蛋白質和肌酸補充品中的含量無害。但是高劑量的單一成分補充品可能會引起毒性。

睪固酮增強劑（Testosterone boosters）
它們是什麼？

包括蒺藜（一種開花植物）、淫羊藿（一種葉片植物）和鋅。市面上宣稱它們為合成代謝類固醇的天然替代品。

水分

運動是一件讓人口渴的活動。

當你運動時，不僅以流汗的方式流失水分，亦經由呼出的水蒸氣而散失。在炎熱、潮濕的環境中從事高強度運動時，體內液體可能會迅速流失，這時若未即時補充水分，將導致脫水，更對身心帶來不利的影響。其實，我們可以透過適當的飲水策略避免問題，將不利影響降到最低。本章詳介脫水對表現帶來的影響、如何降低脫水與水分攝取過多（低血鈉症）、何時是最佳飲水的時間、以及應該飲用多少量。這與運動前、運動期間和運動後攝取液體的時機有關，也應同步思考運動飲料配方背後的科學，運動飲料是否能提供比純水更多好處並改善運動表現？最後，本章將著重於酒精對運動表現與健康帶來的影響，給予實用且明智的飲水指導。

我為什麼會流汗？

首先，思考一下在運動時身體會發生什麼情況？當肌肉開始運動，它們會產生額外的熱量；具體來說，運動時約75%的能量會轉化為活動所需的熱量，並被消耗掉，這也是運動讓人感到更溫暖的原因。額外的熱量必須消散，以將體溫維持在攝氏37°C–38°C安全範圍內，如果體溫升得過高，正常的身體機能將被打亂，最終可能導致中暑。

運動過程中主要的散熱方法就是流汗，身體透過毛細血管將水分帶往皮膚，並於散失熱量時蒸發。每蒸發1公升的汗水，身體就會失去約600大卡熱能（可透過對流與輻射流失一些熱量，但相較於流汗並不是非常多）。

我會流失多少液體？

你產生的排汗量以及流失的液體量取決於：

- 運動的努力程度
- 運動的時間長短
- 所處環境的溫度與濕度
- 個人的人體化學

當你運動得越努力、時間越長，而且所處環境較熱或潮濕，流失的液體就會越多。運動時，一般人每小時可能會流失0.5-2.5公升液體，而熱度與濕度更極端的條件下，排汗率可能更高。即使於相同環境下進行一樣的運動，某些人排汗會較他人多，這是取決於體重和體型（體型較小者排汗較少）、健康的程度（身體越健康，越能適應溫暖的條件，擁有較好的溫度調節能力就能加速排汗），以及個人因素（有的人就是比別人更會流汗）。一般來說，女性出汗比男性少，因為她們體型較小，液體的流失更為節約。切記，排汗越多就越應注意避免脫水，可於運動前後測量體重，估算你的流汗量，每減少1公斤，就代表大約流失了1公升的液體。

脫水會有什麼危險？

一般來說，缺水達到身體體重的2%被定義為低水合狀態或脫水，在溫暖且炎熱的環境下會損害有氧運動能力（Below et al., 1995; McConnell et al., 1997），但在涼爽環境下，對運動能力的影響較小。

缺水時，隨著血量減少與體溫升高，將對心、肺與循環系統造成額外的壓力，也就是說心臟必須更努力地將血液泵送至你的身體，身體系統的壓力代表運動感覺更加吃力，你將提早感到疲勞，表現也因此下降。低水合狀態亦導致精神疲勞、注意力降低與心情低落。

儘管不同個體之間存在相當大的差異，科學共識是超過體重2%的液體流失，將影響有氧

和認知能力，特別是在炎熱的天氣（Cheuvront et al., 2003; Sawka, 1992）。在持續超過90分鐘的耐力運動中，最大有氧能力可能下降10–20%（Armstrong et al., 1985）；相反地，水分流失高達體重3%對於力量、爆發力和衝刺運動影響卻微乎其微。

一旦流失體重3–5%的水分，無氧運動或高強度活動、競技運動技能，以及涼爽天氣下的有氧運動能力都會隨之下降（Sawka et al., 2007; Shirreffs & Sawka, 2011）。若流失4%水分，可能會出現噁心、嘔吐及腹瀉的症狀；若流失5%，有氧能力將減少30%；而流失8%將導致暈眩、呼吸困難、虛弱和混亂（請見圖.7.1）液體大幅的流失會帶來嚴重後果（ACSM, 2007; Montain & Coyle, 1992; Noakes, 1993），圖 7.2 可見隨著液體流失越多，脫水引起的危險性就越高。

諷刺的是，脫水的情況越甚，身體出汗就越少，這是因為脫水會導致血量減少（由於水分過度流失），因此，在維持流向肌肉的血液量以及流向皮膚表面以帶走熱量的血液量之間，必須能夠取得平衡，因為通常流向皮膚的血液會減少，導致體溫升高。

爭議：脫水與運動表現

對菁英運動員而言，輕度脫水（小於體重2%的流失）可能不會妨礙運動表現，舉例來說，過去一份文獻分析的結論恰好與主流學說相反：因運動脫水使體重減3%或4%是可以承受的，而且不會影響菁英自行車手在戶外環境（相

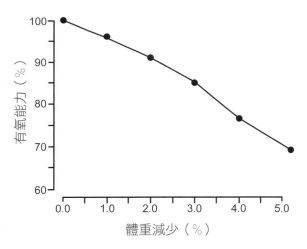

圖7.1 水分流失減少運動的能力

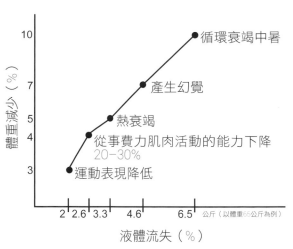

圖7.2 脫水的危險

對於實驗室內）的表現（Goulet, 2011）。事實上，該研究人員認為輕度脫水對菁英跑者而言是一項優勢，因為較輕的體重會降低跑步時的能量消耗。

一份針對衣索比亞長跑運動員的研究發現，他們消耗的液體相對較少（每日1.75公升），而且在訓練前或訓練期間不飲用任何飲品（Beis et al., 2011）。一份2006年對澳洲鐵人三項運動員的研究發現，超過3%體重的大量液體流失，並不會對運動表現帶來不利影響（Laursen et al., 2006），他們的體內溫度幾乎沒有變化，其他的脫水測量值也維持在正常範圍。另一份由法國及南非研究員進行的研究，在馬拉松前後為643名馬拉松運動員量體重，他們發現減輕相當於3%體重的脫水對運動表現並沒有產生不利影響（Zouhal et al., 2011）。事實上，那些以最快速度完成馬拉松的運動員，體重減輕的最多，於是，體重減輕與運動表現時間之間存在明顯的對比關係。

輕度脫水與運動表現降低之間的關聯，主要是根據第二次世界大戰中為沙漠或叢林作戰士兵準備的美軍研究，但對於多數現實生活中的運動狀態並不適用。此外，這些研究並未區分口渴與脫水，受試者降低速度的原因也可能是口渴的不適感，而非體內液體不足。較新的雙盲研究採用靜脈點滴注射，為自行車手在騎乘時補充水分，自行車手與研究人員皆不知實際上是否有提供液體，研究最終發現體重減輕高達3%並不影響運動表現。

加拿大布洛克大學進行一項研究，先讓11名自行車手脫水達3%，接著在車手們20公里的騎

乘試驗中提供點滴注射或是無點滴注射，並分別測量他們的表現（Cheung et al., 2015）。結果顯示，他們的運動表現並沒有下降，換句話說，當自行車手不知道自己處於脫水狀態，他們的表現不會變差；更重要的是，即使口渴的狀況已剔除（允許自行車手以水漱口並吐出），輕度脫水並不會影響騎乘的表現。澳洲一項類似的研究也發現，當自行車手對於水合狀態不知情時，3%的脫水狀況並未影響25公里騎乘試驗的表現（Wall et al., 2015）。

我能否預防水分流失？

你無法防止身體流失水分，畢竟這是一種自然且理想的體溫調節方法。不過，你可以盡可能以抵消水分流失的方式防止身體脫水，最好的方式就是確定在開始運動之前、運動時、運動後妥善補充水分，並且根據你的口渴程度攝取適當的液體（請見「我何時該喝水、喝多少？」，第148頁）。

你脫水了嗎？

無論是運動員或非運動員，許多人會在無意識下發生輕度脫水，脫水是累積而來的，也就是說，若你沒有補充足夠的水分，那麼在未來連續數日的訓練或比賽中就容易脫水。至於脫水的症狀包括遲鈍、一般性疲勞、頭痛、食慾不振、感覺過熱、頭暈和噁心。

評估水合狀態最簡單的方法，就是查看尿液的顏色。實際觀察，你應該產生稀釋、淡色的尿液，而濃縮、深色的少量尿液代表已經脫水，

同時提醒你應該在運動前補充水分。事實上，許多教練與訓練員建議他們的球員或運動員監測自己的尿液量與顏色，這種水合狀態評估方法具有驚人的準確性。美國康乃迪克大學的研究可做為佐證，研究人員發現，尿液的顏色與水合狀態有非常準確的關聯性，此測量方式甚至與尿液比重和滲透壓等測量結果一樣好。（Armstrong et al., 1998）。若尿液顏色被描述為「非常淡黃」或「淡黃色」，表示處於最佳水合狀態1%內。此外，亦可透過尿液滲透壓的測量來評估脫水狀態，尿液滲透壓是尿液中每單位水中溶解粒子的數量（例如電解質、尿素、磷酸鹽、蛋白質和葡萄糖），若你適當地補充水分，尿液滲透壓應介於每公斤300和900滲透毫莫耳數之間，較高的數值表示你處於脫水狀態（ACSM／AND／DC, 2016）。

運動服如何影響液體的流失？

許多體重分級運動的運動員採用運動服、塑膠、氯丁橡膠及其它材質的服裝「增重」以參加比賽。衣物藉由防止汗水蒸發來減少散熱作用，這將導致體溫越來越高。為了排散多餘的熱量，你的身體將繼續產生更多的汗水，進而流失越來越多液體導致脫水，並帶來不良的後果。所以這絕對不是個好主意！

雖然上述的方法主要目的是營造賽前稱重和比賽開始之間體內液體的差異，但實際上，這很難在短時間內達到成果。如果在脫水的狀態下進行比賽，如前述所說，你的運動能力將會降低，以及更快感受到疲勞，甚至必須放慢速度或是完全停止運動，這顯然不是進行訓練或比賽的理想

水分

狀態。

透過穿著運動服運動來減輕體重不僅具有潛在的危險，在減少脂肪上也沒得到任何好處，因為此時減去的體重只是液體，而原本的體重會在下一頓進食後立刻恢復。流越多的汗，似乎運動得更賣力，但這並不會影響脂肪的分解率，如果有任何影響，可能只是減少脂肪消耗，因為穿著笨重的運動服，就無法盡力地運動較久時間。

我何時該喝水、喝多少？
1.運動前

在運動前請確保喝下充足的水分。顯然地，若在脫水狀態下開始訓練或比賽，你的運動表現將受到影響，並讓自己處於競爭劣勢（Shirreffs & Sawka, 2011）。例如一項研究顯示，跑者在正常水合或輕微脫水的情況下分別進行計時五千公尺與一萬公尺的跑步測試（Armstrong et al., 1985），當脫水為體重2%，他們的跑步速度在兩項測驗中都明顯下降6–7%。

顯然，預防勝於治療，在開始運動前請確定充分補充水分。檢查水合狀態最簡單的方法，就是觀察尿液的顏色與尿液量，顏色應為淡黃色而非完全清澈。美國運動醫學會（ACSM）建議於運動前2–4小時內緩慢飲用每公斤5–10毫升的液體，以促進水合作用，並預留足夠的時間排出多餘的水分（ACSM/AND/DC, 2016; Sawka et al., 2007），以體重為60公斤的人來說，相當於300–600毫升；體重為70公斤則需飲用350–700毫升，若於2小時內並未產生尿液、或尿液呈現深

色，應持續飲用，但請勿強迫自己飲用過量造成體重增加。另一方面，2010年國際奧林匹克委員會（IOC）運動營養共識會議與2007年國際田徑總會（IAAF）發表的共識聲明皆提醒大眾，由於存在水中毒（低血鈉症）的風險，運動前和運動中切勿過度飲水。

液體計算

專家建議視口渴程度飲水，但這裡有一項粗略的指南，可依照排汗率計算。

1. 運動前測量體重。

2. 運動1小時，記錄飲水的量。

3. 運動結束立即測量體重。

4. 計算運動前後體重的差異，可以假設幾乎所有的體重減輕都是汗水（儘管這並非嚴格精準，但僅有微量的體重減輕來自碳水合物與脂肪的分解），體重減輕1公斤相當於液體流失1公升。

5. 將2.運動時的飲水量加入4.的液體流失數值，即為每小時的排汗率。

6. 將每小時排汗率除以四，可計算出在特定環境條件下，每15分鐘的飲水量。

7. 針對不同的環境重複此項測驗。

運動前能否「流體負載」？

在賽事前「大量補充」或「過度水合」，對於參加超耐力賽事的運動員而言是有利的，這些比賽過程中極少機會補水，或是在炎熱潮濕的條件下舉行。可惜的是，在賽事開始前，無法透過攝取大量水分或運動飲料達到過度水合狀態，因為身體會排出多餘的液體，最後只是讓你頻繁地跑廁所或尋找草叢。不過，有一種過度水合的方式可參考，這與運動前兩小時甘油與液體的消耗有關。甘油是過度水合的媒介，也是「血漿擴張劑」，可透過其強大的滲透活性，將水分拉進細胞外和細胞內的液體中，這會導致總體液量的增加，理論上，你將能夠維持血液量、增加排汗量並減少運動時產生的核心體溫升高。澳洲體育學院的研究發現，若採用此方法，運動員在計時試驗中，保留了額外六百毫升的液體，並提高2.4%的運動表現（Hitchins et al., 1999）。

英國格拉斯哥大學的一份研究發現，相較於正常水分補充，結合肌酸與甘油的過度水合狀態會使總身體水分增加，但於16公里的計時試驗中，並不會改善運動表現（Easton et al., 2007）。然而，世界反興奮劑組織（World Anti–Doping Agency）現已禁止使用甘油與其它血漿擴張劑，因此，若參加有藥檢的運動競賽，應避免使用。

2.運動過程中

關於喝多少量並沒有硬性且速成的規則，有一句老話「在感到口渴之前先喝水」已不再適用。美國運動醫學學院（ACSM）沒有提供關於飲水量的具體建議，因為排汗率與汗水的成分可能根據運動強度、持續的時間長短、健康程度、耐熱性、海拔高度、熱量和濕度而因人而異。

體重2%的少量水分流失不太可能影響運動表現，然而，大量的液體流失對於大部分運動員（非菁英運動員）來說，卻可能導致運動表現下滑，因此專家建議將水分流失限制在體重的2%以內（Sawka, 2007; IOC, 2004; Coyle, 2004）。

你可以透過在運動前後測量體重，藉由排汗計算出流失的液體，然後以充足的飲水為目標，確保體重流失不超過2–3%（請參閱第148頁「液體計算」）。例如，體重50公斤的人計算出的液體為1公斤、體重75公斤的人是1.5公斤，而體重100則是2公斤。但是在寒冷環境中，可能更能承受超過2%的脫水狀態。

運動過程中我應該喝多少水？

以往美國運動醫學會（ACSM）的建議（ACSM, 1996; ACSM, 2000）是在運動過程「盡可能飲水」、「取代運動中減輕的體重」或「隨

意飲用」，但都已被「依據口渴程度飲水」的建議所取代。這個方法簡單得令人難以置信，但根據科學證據顯示，口渴的感覺事實上可以保護你免受飲水不足或飲水過度的風險，特別是在長時間的運動過程中（IMMDA, 2006; Noakes, 2007; Noakes, 2010; Noakes, 2012）。要注意運動間飲水過多將稀釋血液中鈉的濃度，可能導致低血鈉症，這是一種潛在的致命病症。

目前已知「根據口渴程度飲水」與「飲水預防體重流失2%」同樣有效（Goulet, 2013）。一份加拿大的研究發現，自行車手根據口渴程度而飲水的表現，優於「不渴」或「過渴」時飲水的表現（Goulet, 2011），也就是說，在不感到口渴時喝水，不會為你帶來任何好處。

我們也知道，如同過去人們所相信的，輕度脫水（少於2–3%體重）並不會影響運動表現或健康，因此，補充運動中所有流失的汗水，並不會帶來好處。

國際田徑總會（IAAF）與國際馬拉松醫學指導協會（IMMDA）皆建議，若你不感到口渴，建議不要喝水，也就是不要強迫自己喝水。若覺得不能依賴口渴的感受喝水，那麼使用表7.1中的IMMDA指南進行有計畫的液體攝取訓練。請記住，由於個人的要求有相當大的差異，單一定量並不能滿足所有人的要求！請根據你的運動強度和時間長短調整飲水量，配速越慢，飲水速率就應該越慢，例如完賽時間超過5小時的馬拉松跑者（每英哩配速10–11分鐘），最大水分攝取量應為500–600毫升／小時；而4小時內或更快完賽的跑者（每英哩配速小於8分鐘），則可攝取1000–1250毫升／小時。對於大多數運動員和賽事而言，400–800毫升／小時的攝取量能防止脫水與過度水合。較溫暖的環境適合速度較快、體重較重的運動員；而涼爽的環境適合速度較慢的運動員（Sawka et al., 2007; ACSM/AND/DC, 2016）。

請記得監控自己的體重：若在訓練過程或比賽中體重增加，代表飲水過量；如果體重減少2–3%，那麼請增加液體攝取。此外，運動前後檢查尿液顏色，也是檢視水合狀態的良好指標。（請見第146頁。）

表7.1	馬拉松運動的水分攝取指南	
完成時間（步速）	**水分攝取量**	**總水分攝取量**
<4小時（<8分鐘／英哩）	1000–1250毫升／小時	3.4–4公升
4–5小時（9–10分鐘／英哩）	750毫升／小時	3–3.5公升
>5小時（>10分鐘／英哩）	500–600毫升／小時	2.5–3公升

來源：IMMDA,2006

運動過程中是否有可能飲水過多？

計畫進行逾4小時運動的運動員若只喝水，可能會出現體液超過負載的低血鈉症狀（血液中鈉含量異常偏低）；另外也可能因為長時間高強度運動排汗導致過量的鈉流失（Noakes, 2000; Speedy et al., 1999; Barr etal., 1989）。在劇烈運動期間尿液輸出減少，進一步限制了身體修正這種失衡的能力。隨著血液中水含量的增加，鈉含量被稀釋，使身體的水調節機制被破壞，隨之而來的是細胞腫脹。

依據口渴程度飲水vs.計畫性補充液體

部分運動員喜歡根據口渴程度飲水，另一些運動員則傾向遵照計畫補充液體（根據排汗量計算），由於沒有證據證明哪一種方法能帶來更好的運動表現，你應該嘗試這兩種策略並找出最適合的方法。加拿大舍不魯克大學的一份研究發現，於跑步機完成半程馬拉松的跑者，飲用其規畫的液體攝取量以將水分流失維持在體重的2%以下，他們的液體流失遠較那些口渴時才喝水的跑者多出許多，但兩組跑者的時間表現並無差異。（Dion et al., 2013）

當血漿鈉濃度低於每公升135毫莫耳時，通常會診斷出低血鈉症，這些症狀包括頭暈、噁心、腹脹、浮腫、體重增加、肌肉無力、喪失意識、腦水腫，甚至是癲癇發作、昏迷和大腦腫脹而引起的死亡。然而某些症狀亦與缺水有關，因此很重要的觀念是：切勿混淆這兩種情況，並留意飲水量。

一項研究針對2005–2013年1089名參加鐵人三項歐洲錦標賽的運動員調查，發現115名運動員（10.6%）患有低血鈉症：其中95名患有輕度低血鈉症（8.7%），17名患有嚴重低血鈉症（1.6%），3名患有重度低血鈉症（0.3%）（Danz et al., 2016）　女性可能具有較高的過度水合風險，因為她們通常體型小、排汗量也較低，需要更長時間才能完成比賽。另一方面，較慢的跑者會面臨更高的過度水合風險，因為他們往往高估缺水情況而過度飲水。

由國際馬拉松醫療顧問協會（International Marathon Medical Directors Association）所撰寫關於馬拉松水分補充的建議聲明中，建議耐力跑的跑者口渴時再喝水，不要大量喝水，而針對跑速較慢的跑者（每英哩配速大於10分鐘），控制攝取水分不得超過每小時500–600毫升（IMMDA, 2006）。「當感到口渴時就已脫水」的說法已經過時，你可以透過確保喝水至維持體重（而非增加體重）的程度，降低發生低血鈉症的風險。從事馬拉松、鐵人三項等耐力賽的過程中，在每個補給站不一定非得喝水不可，若你的胃部感到反胃、翻滾，請減少喝水量。

實務考量

　　由實際角度來看，美國運動醫學會建議飲用冷飲（攝氏15°C–22°C），若飲料很可口且以易於飲用的容器盛裝，你會傾向多喝一點。研究顯示，在運動過程中，相較於水，運動員會自願飲用更多的調味含糖飲料，包括運動飲料、稀釋果汁或濃縮果汁（Passe et al., 2004; Wilk & Bar-Or, 1996; Minehan, 2002）。具有運動瓶蓋的瓶裝飲料可能是最受歡迎的容器，另一重要原因是能讓運動員易於取得，例如，游泳訓練時池邊會擺放瓶裝飲料；球類場地或球場舉行比賽時（足球、曲棍球、橄欖球、英式橄欖球、網球）也會在場地或球場附近擺放瓶裝飲料。

運動時我應該喝什麼？

　　從事低度或中度運動時，例如進行不到45分鐘的「輕鬆速度」游泳、騎自行車或競走，水分流失可能相對較少，以白開水補充就已足夠。相較於水，在此類運動中，攝取碳水化合物或運動飲料幾乎沒有什麼好處。

　　針對持續45–75分鐘的高強度運動，可攝取每公升含有40–80克碳水化合物的等滲透飲料，如果在運動期間容易出現腸胃問題，請嘗試「漱

口」（以飲料漱口再吐出，請見第63頁），兩種策略皆能透過不同的機制改善運動表現。

以碳水化合物漱口，運動表現的提升效果由中樞神經調節（大腦），而不是透過增加碳水化合物的攝取（Carter, 2004; Burke et al., 2011）。口腔中的碳水化合物會刺激神經感應器，影響大腦中負責愉悅和獎勵的區域，進而減少努力運動的感知。研究顯示，僅以碳水化合物飲料漱口5-10秒，就能改善運動表現。一份針對11項研究的評論發現，在持續約1小時的中度至高強度運動中，漱口可提升1.5%-11.6%的運動表現（de Ataide e Silva et al., 2013）。

從事持續逾1小時的高強度運動中（例如半程馬拉松、足球比賽），不僅需要快速地補充液體，也需要補給燃料；換句話說，必須避免體內糖原耗盡、低血糖和脫水症狀，因為這三者都可能導致疲勞。

針對持續1-3小時的高強度運動，通用建議攝取每小時30-60克碳水化合物（IOC, 2011; Burke et al., 2011; ACSM/AND/DC, 2016; Coggan and Coyle, 1991）以維持血糖並延緩疲勞。一般來說，持續1-2小時的運動，每小時30克較為適合；而持續2-3小時運動，每小時60克較適合。此範圍對應胃部可排空液體最大速率、以及小腸可吸收葡萄糖的最大速率，你可以喝500毫升的運動飲料以達到上述的攝取量。大部分市售運動飲料每公升蘊含40-80克碳水化合物，因此每小時喝500毫升將補充20-40克碳水化合物。

在炎熱潮濕的環境下，你每小時可能流失超過1公升的汗水，因此應該要增加飲水量（雖然仍是口渴才喝水），並飲用較稀釋的飲料（約每公升20-40克），因為較濃縮的飲品需花更長時間吸收（ACSM, 1996）。

針對超過3小時的高強度運動，建議每小時

水分

表7.2	運動中碳水化合物攝取建議概述	
運動持續時間	建議的碳水化合物攝取量	碳水化合物的類型
<45分鐘	無	無
45-75分鐘	非常少量（漱口）	任何
1-2小時	最高30克／小時	任何
2-3小時	最高60克／小時	葡萄糖、麥芽糖糊精
3小時	最高90克／小時	多元轉運蛋白碳水化合物（葡萄糖+果糖或麥芽糖糊精，比例為2：1）

來源：改編自Burke et al., 2011

攝取90克碳水化合物（Burke et al., 2011）。此時需要葡萄糖與果糖比例為2：1（多元轉運蛋白碳水化合物）的雙能量飲料才能達到目地（IOC, 2011; Jeukendrup, 2008, 請見第65頁），而即飲或雙能量運動飲料目前已能在市面上廣泛取得。

若你排汗率低但運動強度高，例如在寒冷環境下運動，以麥芽糊精為基礎的運動飲料（葡萄糖聚合物）可能是一項好選擇，因為它們可提供比傳統運動飲料更多的能量及適量水分。

實際案例來看，許多運動員發現濃縮麥芽糊精飲料會導致胃部不適，而含40–80克碳水化合物的運動飲料能達到濃縮麥芽糊精飲料的效益。選擇正確的運動飲品關鍵在於，趁訓練時多方嘗試，以找出最適合自己的飲品（請見表7.2，第153頁）。

為什麼運動飲料會引起腸胃問題？

許多未證實的報導指出，運動飲料在運動中可能導致胃部不適或脹氣。事實上，美國佳得樂運動科學研究所（Gatorade Sports Science Institute）的一份研究發現，飲用8%運動飲料的運動員比起飲用6%運動飲料者，胃部不適的現象較為嚴重（Shi et al., 2004）。眾所周知，越濃縮的飲料使胃部排空的速度越慢，腸道吸收也越慢，這也說明了增加腸胃不適感的原因。許多人發現，稀釋的運動飲料有助於緩解前述問題，但須在獲得足夠碳水化合物為運動提供能量以及避免腸道不適兩者之間取得平衡，因為若飲料過於稀

為什麼運動時喝水我會感到噁心？

如果運動喝水時，你感到噁心或出現其它腸胃道的症狀，這可能表示你脫水了，或者與你長時間從事高強度運動有關。若為前者應相當注意，因為即使是很小程度的脫水（約為2%的體重）也會減緩胃排空的速度，並擾亂腸道正常的規律運動，這會導致腹痛、噁心和嘔吐。請於運動前確定你補足水分，並在運動中根據你口渴的程度少量且持續喝水。若為後者，訓練的性質（例如長時間的高強度運動）會影響腸道蠕動，引起身體不適和噁心，若你在訓練或比賽中容易出現此種症狀，請在運動前確保補足水分，運動中喝水的需要將因此減少（請見第287頁）。

釋，你可能無法消耗足夠的碳水化合物以達到巔峰表現。

（另一方面，美國喬治亞理工學院（Georgia Institute of Technology）的一份研究發現，飲用6%或8%飲料的運動員表現相同（Millard-Stafford et al., 2005），而且美國愛荷華大學的研究人員發現，將6%飲料稀釋為3%（例如每3毫升

運動營養完全指南

含3克碳水化合物），對胃部排空率沒有影響，水分的吸收率也差不多（Rogers et al., 2005）。總歸關鍵在於透過反覆地試錯，找到最適合你的運動飲料濃度。

3.運動後

引起運動時抽筋的原因？

人們普遍認為抽筋是因為脫水或缺鹽所引起，但是，並無證據支持這些理論，一項針對209名鐵人運動員的研究發現，抽筋者與未抽筋者在脫水或鈉流失的程度並沒有顯著的差異，這項研究挑戰了普遍存在「抽筋是電解質消耗」的假說（Schwellnus et al., 2011）。

相反地，人們認為抽筋可能因為在高強度訓練或不習慣的訓練開始時，發生神經肌肉改變而引起（Minetto et al., 2013），這就是所謂的「改變神經肌肉控制假說」。研究人員認為，「遺傳易感受性」也是某些人比其他人容易抽筋的原因之一，而補救措施就是減少運動強度，進行伸展並試著放鬆受到影響的肌肉，矯正肌肉失衡，培養有效的運動技術亦有助於避免抽筋。

運動後水和鈉皆需補充，以恢復正常的水分平衡，可以透過水、食物（若無恢復的急迫性）或是運動飲料補充（Shirreffs & Sawka, 2011）。研究人員建議你應喝完約在運動時流失水分重量1.2–1.5倍的飲品（IAAF, 2007; Shirreffs et al., 2004; Shirreffs etal., 1996）。計算需要飲用多少量最簡單的方法，就是在訓練前後量體重。根據1公升汗水約等於1公斤減輕的體重之計算原理，運動中每減輕1公斤，需要飲用1.2–1.5公升的水分。請不要馬上喝下全部需要的水量，因為快速增加血液量會促進排尿，並增加低血鈉症的風險。依你感到舒適的方式盡可能喝多一些，再分次將剩餘的量喝完，直到水分完全補充。

含鈉和碳水化合物的運動飲料，比水更能加快運動後恢復的速度，特別是當水分流失較高，或每天訓練兩次且需要快速恢復的運動員。至於飲水較不適合的問題在於會導致血液滲透壓下降（即稀釋血液中的鈉），減少口渴的感覺並增加排尿量，因此可能讓你再水合之前停止飲水（Maughan et al., 1996; Gonzalez-Alonzo et al., 1992）。鈉在推動口渴機制方面扮演重要的角色，血液鈉濃度低，會向大腦發送低口渴感的信號；相反地，血液中鈉濃度高會驅使你感到口渴而喝水。因此，酒吧或飲料店擺放鹽味花生和薯片，是一種鼓勵顧客更多飲料來解渴的普遍策略。同樣地，運動飲料會增加喝水的需求，並減少尿液產生。

但是英國羅浮堡大學的研究表示，脫脂牛奶可能是促進運動後水分補充的更佳選擇

水分

（Shirreffs et al., 2007），運動後飲用脫脂牛奶的受試者在整個恢復期達到淨正水合，但無論是飲水或運動飲料，1小時後便回到淨水合負平衡。最近，澳洲格里菲斯大學的一份研究顯示，當發生2%脫水狀況時，牛奶、豆漿、以牛奶為基礎的營養補充品比運動飲料更能有效地為運動員補充水分（Desbrow et al., 2014）。一份英國研究對13種飲料的補水特性進行比較，發現飲用脫脂與全脂牛奶、柳橙汁、口服葡萄糖電解質液2小時後，水分滯留的狀況較水為好（Maughan et al, 2016），不同於大家想像，淡啤酒、咖啡和茶等飲品沒有明顯的利尿作用，和水一樣能為身體補充水分。

不運動時我應該喝多少水？

歐洲食品安全局（European Food Safety Authority）膳食參考值水的攝取量是男性每天2.5公升、女性每天2.0公升（EFSA, 2010），但這只是一項簡單的指示。

你所需要的飲水量取決於流汗、呼吸和排尿流失的水分，多數人可以將口渴的感覺作為判斷何時該喝水的指標。由補水的觀點來看，你由何處獲得水分並不重要，咖啡、茶、果汁、湯、現榨果汁和牛奶，都可計入總攝取量。

運動飲料的科學
有哪些類別的運動飲料？

運動飲料主要可分為兩大類：水分補充飲料與碳水化合物（能量）飲料。

- 水分補充飲料是電解質與糖類（碳水化合物）的稀釋飲料，最常見添加的糖是葡萄糖、蔗糖、果糖和葡萄糖聚合物（麥芽糊精），儘管多餘的糖分亦有助於維持血糖與備用糖原，這些飲料的主要目的是比水更快地補充水分，可能為低滲透或等滲透飲料（請見下一段）。

- 碳水化合物（能量）飲料比水分補充飲料提供更多的碳水化合物，以葡萄糖聚合物（麥芽糊精）形態為主，目的是提供比相同濃度葡萄糖更多的碳水化合物，同時滲透壓相同或更低，而它們同樣能補充水分。即飲品牌推出的通常是等滲透飲料，市售常見沖泡用粉末也可製成低滲透或等滲透的飲品（請見下一段）。

低滲透、等滲透與高滲透飲料的區別？

- 低滲透飲料－通常標示為「Lite」低熱量的運動飲料，具有相對較低的滲透壓，也就是每100毫升內粒子（碳水化合物與電解質）含量較體內液體少，因為它稀釋度較高，比水更容易被吸收，通常低滲透飲料每公升蘊含不到40克的碳水化合物。

- 等滲透飲料－典型運動飲料（Sports drink），具有與體內液體同樣的滲透壓，即是每100毫升內粒子（碳水化合物與電解質）含量兩者相同，因此吸收速度與水相同或較水為快。大部分的市售等滲透飲料每公升蘊含40–80克

的碳水化合物，理論上，等滲透飲料可於補充水分和補充能量之間提供理想的平衡。

- 高滲透飲料－例如可樂和其他軟性飲料，具有比體內液體更高的滲透壓，因為它每100毫升內粒子（碳水化合物與電解質）的含量高於體內液體，較為濃縮，這代表它的吸收速度比水更慢。高滲透壓飲料通常每公升蘊含80克的碳水化合物。

我何時應選擇運動飲料，而非水？

選擇等滲透運動飲料有益於持續超過1小時的中度或高強度運動表現，許多研究顯示每公升包含40–80克碳水化合物的運動飲料，可促進水分補充、增加血糖值，並提升高強度以及長時間運動的表現（Coggan & Coyle, 1991; Coyle, 2004; Jeukendrup, 2004）。若運動超過2小時或大量流汗，應喝含鈉的運動飲料（Coyle, 2007）。

英國亞伯丁大學醫學院的研究人員發現，蘊含葡萄糖與鈉的運動飲料可以延遲疲勞（Galloway & Maughan, 2000），飲用稀釋運動飲料（2%碳水化合物）的自行車手（118分鐘）能比飲用白開水的車手（71分鐘），甚至是更高濃度運動飲料（15%碳水化合物）持續更久（84分鐘）。稀釋度高的飲料有較佳效益，可歸因於更大量的飲用。

水分

英國羅浮堡大學做過一項研究，讓7名耐力跑選手在運動前和42公里跑步機長跑中飲用容量相當的水、5.5%運動飲料（5.5克碳水化合物／100毫升）、或6.9%運動飲料（6.9克碳水化合物／100毫升）（Tsintzas et al., 1995）。結果顯示，飲用5.5%運動飲料的跑者比喝白開水的跑者平均快3.9分鐘，比飲用6.9%運動飲料的跑者快2.4分鐘。

在美國德州大學，8名自行車手在完成50分鐘85%最大攝氧量的高強度騎乘後，進行一項約10分鐘的計時測驗。相較於飲用白開水的車手，於50分鐘騎乘過程中喝運動飲料者（6克碳水化合物／100毫升），最終完成騎乘試驗的時間縮短了6%（Below et al., 1995）。

美國南卡羅萊納大學一份研究亦顯示，飲用每100毫升含6克碳水化合物運動飲料的自行車手，在計時測驗中比飲用白開水者縮短了3分鐘（Davis et al., 1988）。

什麼是電解質？

電解質是溶解於液體中的礦物鹽，帶有電荷，它們包括鈉、氯、鉀和鎂，有助於調節不同體腔之間的液體平衡（例如肌肉細胞內部和外部的液體量）及血液中的液體體積。水的運動由細胞膜兩側的電解質濃度控制，例如細胞外鈉濃度增加，導致水由細胞內部流向外部，同樣地，鈉濃度的下降將導致水由細胞外部流向內部。鉀則使水分穿過細胞膜，因此細胞內鉀濃度高會增加細胞內的水含量。

運動飲料與牙齒琺瑯質

英國伯明罕大學針對運動飲料和牙齒琺瑯質的研究發現，運動飲料可溶解牙齒琺瑯質與下方堅硬的象牙質，導致牙齒酸蝕（Venables et al., 2005），它們的高酸度對牙齒琺瑯質之酸蝕性是水的30倍。2007年的一份研究比較了各種飲料的「緩衝能力」，發現常見的運動飲料和能量飲料比可樂更有可能引起牙齒酸蝕（Owens, 2007）。運動期間飲用這些飲料會使這種情況更糟，因為運動會減少對抗飲料中酸性的唾液，飲用無酒精飲料和果汁也會產生類似的酸蝕問題。

2012年奧運會中，對來自25個不同比賽項目的302名運動員進行一項調查。根據顯示，有55%的運動員有蛀牙跡象，45%患有牙齒酸蝕，而18%運動員表示口腔健康對訓練和運動表現帶來負面影響（Needleman et al, 2014）。

建議最好的方法是快速飲用以盡可能減少飲料與牙齒的接觸，可飲用冰飲（酸蝕性較小），並於喝完後用清水漱口。研究人員也希望能生產一種對牙齒損害較小的運動飲料。

運動飲料為什麼含電解質？

鈉是唯一具有潛在益處的電解質，但僅適用於持續高強度運動逾2小時者。當排汗量大且持續時間長、流失約3–4克的鈉，此時補充電解質才有好處（Coyle, 2004）。

若你運動不到2小時且流汗不多，多餘的電解質將不會加快水分的吸收或改善運動表現（Shirreffs & Sawka, 2011）。原本人們認為鈉會加快腸道的水分吸收，然而，美國愛荷華大學的研究顯示，在運動飲料中添加鈉並不會提高水分的吸收（Gisolphi et al., 1995），研究人員發現，

在飲用任何種類的飲料後，鈉都會由血漿滲至小腸，進而刺激水分的吸收。換句話說，人體本身就可以分離出腸道內水分的鈉濃度，因此無須在運動飲料中添加鈉。

運動飲料中的鈉會增加想喝水的慾望，改善適口性（口感），並促進水分的滯留。運動時鈉濃度提高與血流量減少，會增加口渴的感覺，讓你想要喝水。此時飲用白開水會有效地稀釋鈉，並在完全補充水分前減少想喝水的慾望，因此，從運動飲料中攝取少量的鈉（每公升0.23–0.69克）會促進你喝更多的水（Sawka et al., 2007）。

運動飲料為何含碳水化合物？

運動飲料中的碳水化合物有兩個目的：加速水分的吸收（Gisolphi et al., 1992），並提供額外的能量來源（Coggan & Coyle, 1987）。

較稀釋的碳水化合物溶液（低滲透或等滲透飲料）可促進水分由小腸吸收至血液中。碳水化合物濃度為每公升40–80克之間的等滲透運動飲料，能加快水分吸收。相反地，濃度更高、每公升含超過80克碳水化合物的飲料（高滲透），往往會減緩胃排空的速度，同時降低水分補充的速度（Murray et al., 1999）。

研究報告顯示，運動中消耗多餘的碳水化合物能改善運動表現，因為它能幫助維持血糖（Febbraio et al., 2000; Bosch et al., 1994）。

「滲透壓」是什麼？

滲透壓是測量溶解於液體中粒子數量的單位。高滲透壓飲料每公升粒子的含量較低滲透壓飲料為高，這些粒子包含糖、葡萄糖聚合物、鈉或其它電解質。液體通過細胞膜（例如腸壁）的方式決定了飲料的滲透壓濃度，舉例來說，若飲用了滲透壓相對較高的飲料，水分會由血液和腸細胞流向腸道中，這稱為純分泌；若飲用這稱為淨分泌；若飲用滲透壓相對低的飲料，由腸道流向腸細胞和血液的水分（即飲料）將被吸收，形成淨水分吸收。

什麼是麥芽糊精？

麥芽糊精（葡萄糖聚合物）是介於糖（1–2個單位）和澱粉（數十萬個單位）之間，但更接近前者。這是在商業管控條件下，由煮沸的玉米澱粉水解轉化後產生4–20個葡萄糖分子鏈。

在飲料中採用麥芽糊精，而非葡萄糖或蔗糖的優點是，可在低滲透壓下獲得較高濃度的碳水化合物（通常介於每公升100–200克），這是因為每個分子蘊含數個單位的葡萄糖，但只有一個葡萄糖分子施加相同的滲透壓，因此可產生每公升超過80克碳水化合物的等滲透或低滲透飲料。

此外，相較於單醣，麥芽糊精甜度較低，因此你可以獲得濃度相當高的飲料，而且口味不會令人作嘔。事實上，大部分麥芽糊精飲料和果凍若無添加人工香料或甜味劑，嚐起來十分無味。

什麼是多元轉運蛋白碳水化合物？

指運動飲料中碳水化合物的混合物（例如葡萄糖和果糖、麥芽糊精和果糖），這些碳水化合物透過不同的轉運蛋白由腸道吸收，並運用運動飲料中混合而非單一型態的碳水化合物，克服腸道攝取葡萄糖的一慣限制。根據研究顯示，相較於僅含葡萄糖的飲料，混合物飲品可於運動時增加肌肉中碳水化合物的攝取與氧化（Jeukendrup, 2010; IOC, 2011; Jeukendrup, 2008）。他就是說濃縮飲料可提供身體每小時90克，而非每小時30–60克的碳水化合物。但要注意的是，這類飲料唯有當你持續3小時或更久的高強度運動才適合飲用。

我該選擇無氣泡飲料或碳酸飲料？

美國東卡羅來納大學和鮑爾州立大學發現，碳酸飲料和無氣泡飲料皆可在身體產生同等的水合狀態（Hickey et al., 19944），然而，碳酸飲料

天氣如何影響運動表現？

氣溫和風速都會對運動表現產生影響。天氣越熱、越潮濕、風越少，你的身體將流失越多水分，發生脫水情況的機會就越大。

在一項研究中，6名運動員以固定的阻力騎乘健身腳踏車，當環境溫度為攝氏2°C時，他們可騎73分鐘才感到精疲力盡。當環境溫度增加至攝氏33°C時，他們只能騎35分鐘。若為運動員提供碳水化合物的飲料，研究發現他們在低溫下可以持續更久的時間；而在高溫下，運動飲料並不會帶來什麼差異。

在炎熱的條件下，人體的優先任務是補充水分而非碳水化合物，因此，必須喝水或稀釋的碳水化合物電解質飲料，而非選擇較濃縮的碳水化合物飲品。若你在寒冷的氣候中運動、而且少量流汗，你可能會發現較濃縮的飲料是有益的。

較易產生輕度的胃灼熱和胃部不適。實際上，許多運動員發現，碳酸飲料會讓他們感到飽足而且「充滿氣體」，可能會限制他們的飲水量。

我應該在炎熱的天氣服用鹽錠嗎？

不，即使在炎熱的天氣時大量流汗，也不應服用鹽錠。因為它會在你的胃裡產生非常濃縮的鈉溶液（強烈高滲透性），延遲胃排空的速度與再水合，因為必須先由胃部吸收多餘的液體才能稀釋鈉。補充水分與流失電解質最好的方法，就是飲用濃度為每100毫升40–110毫克的鈉／碳水化合物稀釋飲料（低滲透或等滲透飲品）。

我可以自製運動飲料嗎？

當然可以！若你每天需要飲用至少1公升運動飲料來補充運動中流失的水分，那麼市售運動飲料的價格就顯得非常貴（若你需要的量少於1公升，可能根本不需要喝運動飲料），此時DIY就成為經濟實惠的解套方案（自製運動飲料的食譜與方法，請見表7.3）。

其它非酒精飲料
普通飲料和果汁能改善運動表現？

普通的軟性飲料（通常每公升含90–200克碳水化合物）和果汁（通常每公升含110–130克碳水化合物）為高滲透性飲品；換句話說，軟性飲料由胃部排空的速度通常比白開水慢，因為必須先被體內的水稀釋，進而使體內水分的淨含量暫時減少。

若將水加入果汁稀釋，你會獲得一份等滲透飲料，非常適合於運動中或運動後補充水分和能量（請見表7.3）。

「輕」運動飲料能改善運動表現？

這類型的飲料為低滲透飲料，每公升約含20克的糖及人工甜味劑、香料和電解質，其高鈉含量代表它們可能比白開水更能促進水分滯留、刺激口渴感。而香料能使飲料更順口，但並不能傳送很多的碳水化合物能源，因此它們對於持續超過1小時劇烈運動並沒有幫助，即使對時間較短的運動而言，除了改善口感並鼓勵你多喝水外，相較於白開水，幾乎沒有什麼優勢。

運動中適合喝「無糖飲料」嗎？

「無糖」或低熱量飲料含有替代糖分的人工甜味劑，且鈉濃度低，它們能以與白開水幾乎相同的速度幫助補充水分，但對運動表現沒有幫助。人工甜味劑對運動表現沒有已知的好處或壞處，除非你不喜歡白開水的味道，才需要飲用這些類型的飲料，但通常在持續不到1小時低至中強度的運動中，你會選擇喝白開水。

含咖啡因的能量飲料是否能改善我的運動表現？

許多含咖啡因的能量飲料聲稱可以改善某方面的運動表現，例：運動時的靈活度、耐力或專注力，確切的作用機制尚不明確，但普遍認為每公斤1–3毫克劑量的咖啡因能降低疲勞感，並讓你持續進行更長時間、更高強度的運動（Graham & Spriet, 1995, 請見第117頁）。對於體重70公斤的人來說，此劑量應為210毫克，相當於約2杯咖啡或2瓶咖啡因能量飲料，飲用後很快就能對運動表現有所幫助。在運動前飲用含咖啡因飲料，可延續到整個運動期間，或於運動後期疲勞開始發生時。由於每個人反應不一，應該在訓練過程中嘗試，以找到適合你的劑量和策略。

加拿大薩克其萬大學一項研究測試紅牛能量飲料對重量訓練表現的影響（Forbes,2007），結果發現於運動前1小時飲用紅牛（相當於體重每公斤2毫克咖啡因，每瓶有80毫克咖啡因）可明顯提升仰臥推舉的肌肉耐力。

我應該避免以含咖啡因的飲料補充水分嗎？

完全避免以含咖啡因的飲料（例如茶、咖啡、可樂）補充水分是種迷思。荷蘭馬斯垂克大學的研究人員在一項研究中，給予自行車手於長時間騎乘後水或是含咖啡因的可樂飲料補充水分（Brouns, 1998），結果飲用兩種飲料後有相同的排尿量（但超過600毫克高劑量的咖啡因可能導致更大量的水分流失）。美國康乃狄克大學一項研究也證實，含咖啡因的可樂與無咖啡因可樂皆能在連續3天的訓練中維持運動員的水合作用（非運動期間）（Fiala et al., 2004）。同一批研究人員發現，運動員在訓練期間飲水，但以含咖啡因或不含咖啡因的飲料補充水分，相較於安慰劑，適量攝取咖啡因（每日最多452毫克／公

表7.3	DIY運動飲料
低滲透飲料	**等滲透飲料**
20–40克蔗糖	40–80克蔗糖
1公升溫水	1公升溫水
1–1.5克（¼茶匙）鹽（選擇性）	1–1.5克（¼茶匙）鹽（選擇性）
無糖／低熱量濃縮果汁以調味（選擇性）	無糖／低熱量濃縮果汁以調味（選擇性）
100毫升濃縮果汁	200毫升濃縮果汁
900毫升水（選擇性）	800毫升水
1–1.5克（¼茶匙）鹽	1–1.5克（¼茶匙）鹽（選擇性）
250毫升果汁	500毫升果汁
750毫升水	500毫升水
1–1.5克（¼茶匙）鹽（選擇性）	1–1.5克（¼茶匙）鹽（選擇性）

斤）並不會增加排尿量，他們得出結論，咖啡因並不會使體內液態電解質達到平衡（Armstrong et al., 2005）。

酒精
酒精如何影響運動表現？

運動前飲酒可能讓你更靈敏且自信，但即使少量的酒精，也一定會產生下列負面影響：

· 降低協調性、反應時間、平衡與判斷
· 減少力量、爆發力、速度和耐力
· 降低體溫調節的能力
· 降低血糖，並增加低血糖的風險
· 增加排水（排尿），並有脫水的風險
· 增加事故或傷害的風險

我能在非訓練日飲酒嗎？

在沒有進行訓練的日子，可以適量飲酒，政府建議每週飲用14個單位為安全上限（請見表7.5查詢1個單位的等值量值）。理想的情況下，此量值應均分為3日或更長時間，另建議嘗試無酒精日，孕婦更應完全避免飲酒。但另一方面，研究顯示適度飲酒可降低罹患心臟病的風險，適度飲酒者死於心臟病的風險相較於同等身高或體重的飲酒者低。其確切的作用機制尚不明確，但增加高密度脂蛋白膽固醇（血液中保護型膽固醇）可能是其中原因。高密度脂蛋白（HDL）將膽固醇帶回肝臟排泄，因為減少膽固醇黏附於動脈壁上的機會，它亦會減少血小板的黏性，降低血栓（血栓形成）的風險。尤其紅酒對心臟特

表7.4	各種飲料與食物中的咖啡因含量
飲料	毫克咖啡因／杯
研磨咖啡	80–90
即溶咖啡	60
無咖啡因咖啡	3
茶	40
能量／運動飲料（1罐）	最多100
罐裝可樂	40
能量膠（1包）	40
巧克力（54克能量棒）	40

別有益，許多研究顯示，每天最多飲用2杯紅酒可降低30–70%的心臟病風險，紅酒蘊含葡萄皮中具有抗氧化作用的類黃酮，可保護低密度脂蛋白（LDL）不受自由基的破壞。

酒精在身體內究竟發生什麼事？

當你飲用酒精，約有20%透過胃部吸收至血液中，剩下部分由小腸吸收，大部分的酒精於肝臟中分解（由於酒精具有毒性，無法儲存於體內），變成一種稱為乙醯輔酶A的物質，並最終被分解為ATP（稱為三磷酸腺苷的高能量化合物）。在這種情況下，較少糖原和脂肪可在體內其他部位產生ATP。

但是，肝臟僅能以每小時1單位酒精的固

定速率執行代謝，若你喝下比此速率更多的酒，將由肝臟中不同的酶系（微粒體乙醇氧化系統，MEO）來處理，以減少酒精對身體的毒性。若你固定飲用更越多的酒精，產生的MEO酵素就越多，這就是提高對酒精耐受度的原因，此時你需要喝更多才能達到同樣的生理效果。

一開始，酒精會減少抑制作用、提高自信，並讓你更感放鬆，但酒精實際上是一種鎮靜劑而非興奮劑，會降低你的心理動作（協調能力），對體內所有細胞和器官都有潛在的毒性，若酒精累積至高濃度，將對肝臟、胃部和腦部等，造成嚴重損害。

過多的酒精會導致宿醉，產生頭痛、口渴、噁心、嘔吐和胃灼熱等症狀。這些症狀部分是因為脫水和頭部血管腫脹，於萊姆酒和紅酒等較深色酒精飲料中發現的同質性物質，亦是造成宿醉症狀的原因。

預防勝於治療，請確保你遵守第163頁的指導。處理宿醉最好的方法，就是大量飲水或喝運動飲料，請勿嘗試進行訓練或與宿醉對抗！

重點摘要

- 脫水會導致心血管壓力、體溫升高，並削弱運動表現。
- 運動中的水分流失取決於運動持續的時間與強度、溫度與濕度、體型、健康程度和個人狀

表7.5	飲料中的酒精成分與卡路里		
相當於1單位的飲料	酒精濃度	卡路里
250毫升標準啤酒／淡啤酒	4	90
25毫升烈酒	40	50
250毫升水果酒	14	155
76毫升葡萄酒	13	75
50毫升雪莉酒	17.5	75
25毫升利口酒	40	85

況，每小時可高達1–2公升。

- 開始運動時務必完全補充水分。運動過程中，僅飲水至你可以維持但不會增加體重的程度，以免增加低血鈉症的風險。

- 運動後，請補充150%前後體重差的水分。

- 白開水適合用於持續不到1小時低強度或中強度的運動。

- 針對持續1–3小時的劇烈運動，運動飲料中每公升碳水化合物最高含量為80克，可加速水分吸收、提供額外的能量、延緩疲勞，並改善運動表現。

- 每小時消耗30–60公克碳水化合物，可維持血糖，並改善持續逾1小時劇烈運動的表現。針對持續超過3小時的高強度運動，每小時最多消耗90克多元轉運蛋白碳水化合物形態的碳

水化合物，將有助於增加耐力。

· 當快速補充水分為主要優先任務時，低滲透
（小於每公升40克）和等滲透（每公升40–80
克）運動飲料最適合。

· 以麥芽糊精為基底的碳水化合物飲料亦可補充
水分，並且以較低滲透壓提供更大量的碳水
化合物（每公升100–200克）。此種飲料最適
合長時間劇烈運動（超過90分鐘），因為此
類運動水分流失少，最需要補充燃料。

· 運動飲料中鈉成分的主要目的，是增加喝水的
慾望、促進水分滯留，並增加適口性。

· 運動前飲酒會對力量、耐力、協調性、爆發力
和速度帶來負面影響，並增加受傷的風險。

· 無論男女都不應習慣性飲酒，每週上限為14
個單位。

　　幾乎所有運動項目的運動員都努力在維持身
材，以爭取更有利的運動表現，因此，體脂肪、
健康和運動表現之間的關係更顯得重要，然而，
從健康的角度來看，針對健身或運動表現的最佳
身體狀態，不一定是最理想的身體組成。本章將
介紹測量體脂肪率與體脂分佈的各種方法，並考
量它們對於運動表現之間的關聯性。本章也將強
調達到極低體脂肪程度的危險，以及與非常低體
脂飲食有關的風險，同時，針對體脂範圍及脂肪
攝取量提供實際的建議與指導，並說明飲食中各
類脂肪之間的差異性。

水分

體脂肪
// 與飲食脂肪

體脂肪會影響運動表現嗎？

在身體的組成裡擁有過多的體脂肪，對於運動表現上無疑是一大缺點，這對於力量、速度和耐力上將會產生較為不利的影響，基本上當身體揹負著多餘的脂肪，就是一種沉重的包袱，不但沒有好處也會造成不必要的能量損耗。

體脂肪會對運動產生影響的主要運動分為以下三類：

1. 重力運動，由於重力的原因，體內多餘的脂肪會削弱運動表現，例：長跑或公路騎乘，多餘的脂肪會降低速度並增加疲勞，宛如跑步時隨身攜帶著許多重物，這將會使你運動過程中難以有效的加快速度或減慢速度，並且會讓你很快就感受到疲勞感，要解決問題最好的方式，就是將這些重物都放在家裡，或減少一些重量，在爆發力運動項目中（例：短跑或跳躍），你必須非常迅速地轉移或舉起相當於你體重的重量，這時多餘的脂肪又再次成為沒用的重量，它會讓你速度變慢、減弱力量並降低運動效率。而肌肉卻是有用的重量，反觀多餘的脂肪則否。

2. 體重分級運動，例：拳擊、空手道、柔道、輕量級划船這些類型的運動項目，尤其到了比賽場上體重便是重點，擁有最大肌肉量百分比和最小體脂肪率的人便具有優勢。另外，美感運動，例：花式溜冰、藝術與韻律體操、跳水、水上芭蕾，其成功都取決於體形、身體狀態和體能技巧。

實際上，在所有運動中，擁有少脂肪的身材就會獲勝，因此，減少體脂肪並維持淨體重，將能更加健康並改善運動表現。

體脂肪是否在某些運動佔有優勢？

直到最近，人們仍認為多餘的體重（即使是以脂肪的形式）對某些以需要動量（momentum）為主的運動來說是一項優勢（例：擲鐵餅、擲錘、柔道、摔角）。擁有較重的身體可產生更多的動量（momentum），比如將物品擲出或撞倒對手，但沒有理由認為要擁有這樣的體重必須要

身形肥胖，這樣的體重若是以肌肉為主要比例將會更好，因為，肌肉比起脂肪將更強而有力，但也不可否認我們較難獲得肌肉。

若兩名運動員體重皆為100公斤，但一名運動員的去脂體重為90公斤（10公斤脂肪），另一名運動員的去脂體重為70公斤（30公斤脂肪），體脂較少的人就顯得較有優勢，但相撲摔跤可能是唯一一項脂肪被認為是必要優勢的運動，在沒有增加脂肪的情況下而增加大量體重，這幾乎是不可能的。

我如何判斷我是否變胖？

最簡單的方式就是照鏡子，以日常標準衡量你是否肥胖，但這無法提供你運動所需的準確資訊。許多人無法透過此方法，確認自己比實際上胖或瘦，因此，採用某些測量工具會很有用，如此一來，你就能夠朝著更明確的目標努力。

最簡單的方式就是站在體重機上，透過量體重並與標準體重身高圖進行比較，但是，這有幾個缺點，因為，體重身高圖是根據抽樣人口的平

均體重提供標準，因此僅為一般人的平均體重，並非理想體重，也不會顯示身體的組成狀態或隱藏的健康風險。

為了大致了解你的健康風險，你可以藉由體重和身高的測量值來計算身高體重指數（BMI）。

什麼是身高體重指數？

醫生與研究人員經常使用身高體重指數（BMI）的測量方法，為不同等級的體重進行分類，並評估健康風險。有時這亦被稱為凱特勒指數（Quetelet Index），是根據比利時統計學家阿道夫凱特勒（Adolphe Quetelet）而命名，他發現對於體重正常的人而言，體重和身高平方之間存在一種或多或少的恆定比率。

身高體重指數（BMI）假設，並無法判定這個人的身體肌肉與脂肪組成比例，只能透過身高與體重計算出一個數值，做為分類的依據。身高體重指數（BMI）是以一個人的體重（以公斤為單位）除以其身高的平方（以公尺為單位）而計

算，例：如果你的體重為60公斤，身高為1.7公尺，那麼BMI就是21。

$$\frac{60}{1.7 \times 1.7} = 21$$

若欲使用快速線上BMI計算機並查閱英制與公制的詳細BMI圖表，請登入www.whathealth.com.或www.nhs.uk／Tools／Pages／Healthyweightcalculator.aspx

BMI有什麼用處？

研究人員與醫生運用BMI的測量來評估罹患某些與健康相關疾病（例：心臟病）的風險，研究顯示BMI值介於18.5至25間的人，罹患肥胖相關疾病（例：心血管疾病、膽囊疾病、高血壓、2型糖尿病）的風險較低。而BMI值介於25至29.9之間的人則風險較高，BMI值在30以上的人罹病風險更高。

但若說BMI值越低越好是不正確的（請見表8.1），BMI值低於20的人罹患其它健康疾病的風險其實更高，例：呼吸系統疾疾、某些類型癌症和代謝併發症。

簡單來說，BMI值低於18.5和高於30的人過早死亡的相對風險都較高（請見圖8.1）。

BMI有什麼侷限？

BMI並不會提供身體組成狀態的資訊，例如：脂肪有多重或有多少瘦組織，它只是提供一項普通人（非運動員）健康風險的指標！

表8.1	BMI分類
類別	**BMI**
體重不足	<18.5
理想體重	18.5–24.9
體重過重	25–29.9
肥胖	30–39.9
非常肥胖	40+

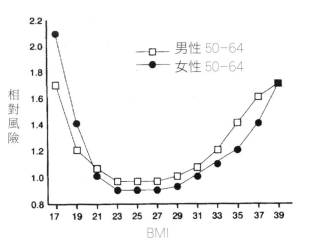

圖8.1 對照BMI的相對死亡風險

當你站在體重機上時，度量的是所有的東西（骨骼、肌肉、水分和脂肪），因此，並不知道自己實際有多胖。運動型和肌肉發達者可歸類為超重，舉例來說，健美運動員和橄欖球員往往被錯誤分類為體重過重或肥胖，而肌肉少或體重超重者體脂肪可能被低估。

此外，BMI值並不考慮脂肪在體內儲存的位置，這點很重要，因為它會影響你的健康以及體型。

體脂肪分佈重要嗎？

科學家認為，體脂肪的分佈比脂肪的總數量更為重要，這可以更準確地評估你代謝失調的風險，例：心臟病、2型糖尿病、高血壓與膽囊疾病。大部分儲存在腹部（內臟脂肪）會造成「蘋果型」或「桶形」的身材，這比脂肪大部分儲存在腎部和大腿周圍的梨形身材更具有健康風險。

對大部分人而言，內臟脂肪擁有最大的儲存量，也是最早開始囤積脂肪的地方。

當囤積過多的脂肪時，它會開始大量產生發炎和結塊的複合物質。這表示相較於水梨型身材，具有相同BMI值但內臟脂肪較多者，然而具有「啤酒肚」且四肢纖細的人，罹患心臟病和糖尿病的風險要高出許多。

我們身體中脂肪的分佈部分，取決於我們的基因遺傳組成，另一部分則取決於天然荷爾蒙的平衡。例如：睪酮較高的男性，在腹部、肩胛骨與內部器官之間較易囤積脂肪；雌激素較高的女性，在臀部、大腿、乳房和三頭肌周圍較易囤積脂肪。然而，在更年期後，當雌激素減少時，脂肪往往會由臀部和大腿轉至腹部囤積，讓女性身材更像蘋果，進而增加罹患心臟病的機會。

腹部多餘的脂肪會危害健康，這部分與腹腔內脂肪與肝臟緊密相連有關。來自脂肪組織的脂肪酸，被直接運輸進入肝臟的門靜脈（portal vein），肝臟因此持續接收富含脂肪的血液，並藉此刺激膽固醇合成的增加。高膽固醇是造成心臟病的主要危險因素，內臟脂肪亦會減少身體對胰島素的敏感性，這將會提高罹患2型糖尿病的風險。

如何測量我的體脂肪分佈？

你可透過下列兩種方式評估體脂肪的分佈：

1.腰圍：格拉斯哥皇家醫院的科學家們發現，腰圍測量值與腹部內脂肪及總脂肪比率互有關聯

（Lean et al.，1995），預測2型糖尿病時，此種方法較體重或BMI更為準確（Wang et al，2005）。腰圍等於或大於94公分的男性或腰圍等於或大於80公分的女性，則代表腹部脂肪過多。

2. 腰圍身高比例：這是一種較BMI更為準確的測量方式，以評估健康風險（Ashwell et al，2011）。請將你的腰圍除以身高，此數值不應超過你身高的一半，若腰圍超過身高的一半，你的健康風險就偏高，預期壽命也更低。例如，若身高172公分（5英尺8英寸／68英寸），腰圍應等於或小於86公分（34英寸）。

身體組成是什麼意思？

身體組成可解釋為人體內體脂肪和非脂肪組織（fat-free mass,簡稱FFM）的比例。非脂肪組織（FFM）包括肌肉、器官、骨骼和血液。脂肪組織則包括作為熱量來源儲存於中樞神經系統和骨髓的脂肪，以及器官周圍的脂肪（亦稱為必需脂肪），這兩種成分在人體中的比例即稱為身體組成。這比總體重更為重要，身體組成通常以百分比表示體脂肪和非脂肪組織（FFM）。

例如，兩個人的體重可能相同，但卻有不同的身體組成，例如與較少運動的人來做比較，運動員通常體脂肪率較小且去脂體重率較高。瘦體組織是較具有功能性（或有幫助）的體重，而脂肪在運動表現方面則不具有功能。

如何測量身體組成？

在評估身體組成時，只依靠身高與體重所測量出來的數值，很顯然並不是非常的準確。

為了讓你更準確地了解身體有多少脂肪、多少肌肉，可使用許多方法測量出身體組成。下列這些方法將告訴你，體重當中有多少肌肉或是總體重中有多少百分比的脂肪。

但無論我們使用什麼方式，都無法100%的準確量測出肌肉與脂肪量，唯一能準確量測的方式是大體分析，但這顯然非常不切實際，因此，就必須採用間接的方式來進行量測。

水底秤重法

長久以來，這個方法被認為是最準的方法，其準確率平均為97%–98%，然而，還有其它的方法可產生類似、甚至更為準確的結果，例如：雙能量X光吸光式測定儀或磁振造影。

水底秤重法是根據阿基米德原理，當物體浸沒於水下時，會產生與排出水量同等重量的浮力，由於骨骼和肌肉的密度較水為高，瘦體組織百分比較高的人，在水中的重量較重，這代表脂肪率較低；由於脂肪密度較水為低，脂肪率高的人在水中體重比在陸地上輕。

在測試中，讓一個人坐在鞦韆座椅上、再浸入水箱中，由他的肺部盡可能排出氣體後，記錄他的體重，再使用計算機上的標準方程式，將這個數字與此人在陸地上所秤出的體重相比，就可計算出脂肪率。

此方法的缺點，是專用設備昂貴且笨重，僅於研究機構或實驗室內使用，也就是說，一般大眾並不容易取得，而且受測者需不怕水。

BOD POD（排空氣法）

BOD POD（排空氣法）是一種較新的方法，它與水底秤重的原理類似，但此法運用空氣的排放而非水底秤重。但這種方式就如同水底秤重法一樣，僅能夠透過大學的運動科學系進行，而且價格相對昂貴。

皮皺厚計

最為廣泛運用的方式為皮皺厚計，許多體育館、健身房、診所和醫療院所皆採用此法。皮皺厚計以毫米為單位，測量身體各部位的皮下脂肪層，於3至7個特定部位進行測量（例：三頭肌、二頭肌、髖骨部位、下背部、腹部、大腿和肩胛骨）。

然而，科學家也運用這樣的量測工具開發出許多的計算公式，用以說明年齡、性別與已知身體密度，但厚計卡尺無法量測並預估隱藏性脂肪，透過這些公式計算出人體密度值，再以另一個方程式換算為體脂肪率。

此方法的準確性幾乎完全取決於測量人員的技術，此外，它假設每個人隨著年齡的增長皆有可預測的脂肪分佈模式，因此，對菁英運動來說，其準確性較低，因為相較於肥胖和精瘦的人，他們脂肪分佈的模式有所不同，為考量這些因素，可採用不同的計算方式進行測量。針對一般大眾（超過15%體脂肪），採用德寧（Durnin）和沃默斯利（Womersley，1974）的方程式較為合適，而傑克森・波洛克（Jackson–Pollock，1984）的方程式則最適合精瘦型的人和運動員。

身體型態測量法，是記錄皮皺厚度測量值與體圍測量值（例：手臂、胸圍、腿圍等），以監測身體組成隨著時間產生的變化，體圍的測量位置如圖9.2所示（請見第193頁）。

另一種方法，是將體脂肪的測量值當作「皮皺總和」，此為七個特定位置所量取之各別皮皺厚度的總和。

生物電阻抗分析

大多數的體脂肪監測儀與體重計皆使用生物電阻抗分析法（Bioelectrical Impedance Analysis, BIA），這些儀器廣泛於體育館、運動中心和診所使

用，此法是於固定在身體兩個定點的電極之間發送適當的電流（例：右手與左腳、或左腳與右腳），其原理是去脂組織（例：肌肉和血液）含有大量的水和電解質，因此成為良好的導電體，脂肪即會形成阻力。脂肪組織的增加會產生更高阻抗侑，相當於產生更高的體脂肪。

此方法的優點在於此為可攜式儀器、操作簡單且測時間不到一分鐘；相較於其它方法，其缺點是準確性較差。舉例來說，身體水分含量與皮膚溫度的變化，會影響電流的通過，進而影響體脂肪的讀數，因此易於高估2-5%精瘦者的體脂肪率，並低估過重者同樣數量的體脂肪率（Sun et al.，2005）。

進行BMI測量時，保持水分充足是相當重要的；若你呈現脫水狀態，電流便無法徹底通常過你的去脂組織，因此產生較高的體脂肪數值。

雙能量X光吸光式測定儀

雙能量X光吸光式測定儀（dual energy x-ray absorptiometry,DXA）原本用於測量骨質密度並診斷骨質疏鬆症。然而，它亦可用於測量總體脂肪。它能產生準確的身體組成圖，確實顯示脂肪在身體的分佈位置，此種方法是以兩種類型的X光為整個身體掃描，以測量脂肪、骨質和肌肉。

測量的過程約為5–20分鐘，視機器的類型而定，這是測量體脂肪最精準的方法之一，儘管對精瘦的運動員而言較不可靠。

但其缺點在於機器的成本與尺寸、以及不易取得，醫院和研究機構才有配備雙能量X光吸光式測定儀（DEXA），你也可以選擇採用這樣精準的量測方式，但你必須要有付出更多量測費用的心理準備。

近紅外線測定法

近紅外線測定法是以紅外光束通過上臂垂直照射，由骨頭反射回分析儀的光量取決於所在位置的脂肪量，這個數值將與體內脂肪百分比有所關聯，並將年齡、體重、身高、性別和活動程度，都已考慮在內。

此方法有一個明顯的缺點，就是假設手臂中的脂肪是與總體脂肪呈固定比例，但這的確是一種非常快速、簡單且便宜的方法，且此設備便於攜帶，任何人都可以操作。

這些測定方法有多麼準確？

表8.2述整理評估各種測定方法準確性的研究，並認為雙能量X光吸光式測定儀（DEXA）及水底秤重法是最準確的方法，若仔細謹慎地進行皮皺厚計與生物電阻抗分析法（BIA），測量體脂肪率時可能估算3–4%的誤差（Houtkooper，2000；Lohman，1992）。舉例來說，若實際體脂肪率是15%，預測值則介於12–18%（假設3%的誤差）。但若測量技術不佳或未正確校準儀器，誤差的幅度可能更大。

由於相對的高度誤差與間接脂肪估算方法息息相關，因此不建議運動員設定特定的體脂目標

（ACSM，2000），相反的，目標體脂的範圍將更為確實。

我需要的最低體脂肪值是多少？

無脂肪的人體是無法存活的，要了解我們必須要有一定數量的脂肪，以維持生命所需，這點相當的重要，事實上，體脂肪主要由兩個部分組成：必需脂肪與儲存脂肪。必需脂肪包括組成細胞膜、腦組織、神經鞘、骨髓與器官附近（例：心臟、肝臟、腎臟）的脂肪，提供絕緣、保護和緩衝，以避免造成生理損傷。一個健康的人，約有3%體重的必需脂肪。

女性擁有額外必需脂肪的需求，稱為性別特定脂肪，大部分儲存於胸部和臀部周圍，這種脂肪佔女性體重的5–9%，並參與雌激素的產生、並將非活性激素轉為活性形態，因此，這種脂肪可確保正常的荷爾蒙平衡與月經功能，若囤積的脂肪過少，會導致荷爾蒙失調與月經不規律，然而一旦體脂肪增加，就能逆轉這些狀況。

最近有一定數據的證據表明，男性體內定量的體脂肪，亦為產生正常激素所必需，通常建議男性5%與女性12%為維持健康內分秘的最低體脂肪需求（Lohman，1992）。

體脂肪的第二種成分是儲存脂肪，這是一種重要的熱量儲備，以皮膚下方脂肪細胞（皮下脂肪）和器官周圍脂肪（腹內脂肪）的形式存在，在任何有氧運動中，實際上所有時間都在使用這類的脂肪，包括：睡眠、坐立、站立和走路、以及大部分類別的運動，就算採用特定的運動或飲食方式，也不可能局部性或選擇性的減少脂肪組織，身體通常使用全身所有部位的脂肪，儘管脂肪在利用或儲存的確切模式，將取決於你的基因組成與荷爾蒙的平衡。

一般來說，普通人有足夠3天3夜持續消耗的脂肪，實際上，你應該會在脂肪耗盡之前就感到疲勞，因此，你的脂肪儲存絕對不是多餘能量的餘存補給！

運動員期望的體脂肪率是多少？

關於這個沒有「全部適用」的建議。因為，運動員的體脂肪率根據特定的運動而有所不同，根據亞利桑那大學的科學家，就運動表現而言，男性運動員的理想的體脂肪率為6%–15%，女性運動員則為12%–18%（Wilmore，J.H.，1983）。一般而言，對男性中程或長程跑者以及健身運

表8.2	體脂肪測定法的準確度
測定法	誤差度
雙能量X光吸光式測定儀（DEXA）	<2%
皮皺厚計	3–4%
BOD POD排空氣法	2–3.5%
水底秤量	2–3%
生物阻抗	3–5%
近紅外線測定	5–10%

引自：Ackland et al，2012

表8.3				不同運動的平均體脂肪率		
運動	男性	女性		運動	男性	女性
棒球	12–15%	12–18%		擲鉛球	16–20%	20–28%
籃球	6–12%	20–27%		滑雪（X國家）	7–12%	16–22%
健美	5–8%	10–15%		短跑	8–10%	12–20%
自行車	5–15%	15–20%		游泳	9–12%	14–24%
體操	5–12%	10–16%		網球	12–16%	16–24%
跳高／跳遠	7–12%	10–18%		鐵人三項	5–12%	10–15%
冰上／陸上曲棍球	8–15%	12–18%		排球	11–14%	16–25%
短柄壁球	8–13%	15–22%		舉重	9–16%	沒有數據
划船	6–14%	12–18%		摔角	5–16%	沒有數據

引自：Ackland et al，2012

動員體脂肪最低（低於6%），而自行車騎士、體操運動員、短跑運動員、鐵人三項運動員與籃球員的體脂肪率平均介於6%–15%之間（Sinning，1998年）。而對女性運動員來說，健美運動員、自行車騎士、體操運動員、跑者和鐵人三項運動員的體脂肪率最低（6%-15%）（Sinning，1998）。

要維持身體健康最基本功能的脂肪含量，生理學家建議男性不能低於5%，女性不能低於12%（Lohman，1992），然而，最佳體脂率可能高於這些最低標準，男性與最低健康風險相關的脂肪率為13–18%、女性則為18–25%。

圖8.2提供標準成人（非運動員）的體脂肪率。

對於任何一種特定的運動，顯然沒有理想的體脂肪率，每位運動員都有最佳的體脂範圍，在不會對健康造成損害的情況下，改善他們的運動表現，因此，運動科學家認為應建立一套體脂肪率的數值，否則可能會對你的運動表現或健康帶來不利的影響。你的目標應該維持在低於上限的數值，但降低數值不見得會比較好。

數值較低不一定比較好

減少體脂肪可能會改善運動表現，但若減少太快或太嚴重，你的運動表現和健康可能受損。

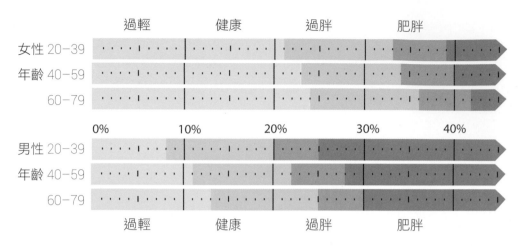

	過輕	健康	過胖	肥胖
女性 20-39				
年齡 40-59				
60-79				

0%	10%	20%	30%	40%

男性 20-39				
年齡 40-59				
60-79				

| | 過輕 | 健康 | 過胖 | 肥胖 |

圖8.2 成人健康身體範圍

根據NIH／WHOBMI指南
（Gallagher et al，紐約肥胖研究中心）

當你想嘗試達到極低的體脂標準，或達到就基因組成而言，不自然的體脂標準的男性或女性，都將會遇到一些嚴重的問題，尤其是女性可能會受到長期的影響。這些問題統稱為「運動相對能量不足（Relative Energy Deficiency in Sport, RED-S）」，我們將在第11章：寫給女運動員中更詳盡的討論這些問題。

體脂肪率低的女性有什麼危險？

對於體脂肪率極低的女性，最大的問題之一就是導致荷爾蒙不平衡與閉經（無月經症）。如同第11章中更詳盡的說明，一旦體脂肪降至15%–20%以下（門檻標準因人而異），大腦的下視丘可感知脂肪的減少與其它因素，例：攝取低卡路里或大量的訓練，進而降低於腦下垂體作用之荷爾蒙的產生（促性腺素釋素）。反之，此將減少作用於卵巢的重要荷爾蒙（黃體素卵泡激素），致使它們產生較少的雌素和孕酮，最終導致缺乏雌激素與孕酮、停經（見圖8.3）。

閉經可能會導致如骨質流失等更嚴重的問題，因為雌激素低會造成骨礦物質流失，這與影響停經女性的骨質疏鬆症類似，骨骼變得更細、更輕、也更脆弱。因此停經運動員面對應力性骨折的風險更大，英國奧林匹克醫學中心報導了二十多歲和三十多的運動員罹患骨質疏鬆型骨折的案例。

低體脂肪率亦會擾亂性激素的代謝，減少它們的能力、進行降低生育能力。因此，極低體脂肪會大大降低女性懷孕的機會，然而好消息是，一旦你的體脂肪增加、超過門檻，並減少訓練量，你的荷爾蒙平衡、經期和生育能力通常會恢復正常。

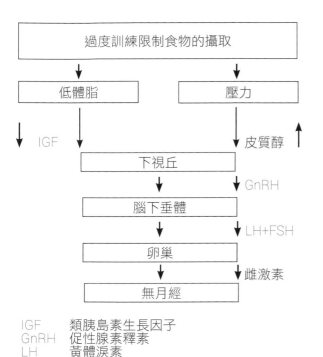

IGF　　　類胰島素生長因子
GnRH　　促性腺素釋素
LH　　　黃體淚素
FSH　　　卵泡激素

圖8.3 停經的發生過程

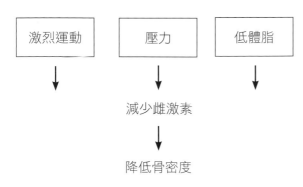

圖 8.4 低體脂與骨密度

極低體脂肪的男性有什麼危險？

針對男子摔角競技選手「增重」的研究發

現，一旦體脂肪下降至低於5%，睪酮標準便會下降，導致精子數量、性慾和性行為急劇下降，針對男性跑者的研究亦發現類似的變化。然而，一旦體脂肪增加，睪酮標準與性慾就會恢復正常。美國的隊醫建議，允許摔角選手進行比賽前，最低的體脂肪量應為7%。

當體脂肪降至過低時，甲狀腺激素、生長激素、第一型類胰島素生長因子、代謝率和免疫系統都會嚴重減少，皮質醇標準會急劇上升，特別是從事劇烈運動時。

低脂飲食會有什麼問題？

建議運動員應消耗至少20%來自脂肪的能量（ACSM／AND／DC，2016）。攝取較少脂肪會讓你缺乏多種營養，並引發數種健康問題。

你一定會錯過植物油、種籽、堅果和富含脂肪的魚所蘊含的基礎脂肪酸（亞油酸與亞麻酸）（請見第179–182頁），因此很容易產生皮膚暗沉、脫屑及其它皮膚問題、手腳冰冷、前列腺素（激素）失衡、發炎狀況、血壓、血管收縮和凝血控制不良。

低脂飲食將使脂溶性維生素A、D、E降低，更重要的是，所需的脂肪能讓你的身體吸收和運輸這些維他命，並將β–胡蘿蔔素轉化為體內的維生素A。儘管你可以由紫外線獲取維生素或由色彩鮮豔蔬果中的的β–胡蘿蔔素獲取維生素A，但獲得足夠的維生素E仍是個問題，因為僅於植物油、種籽、堅果和蛋黃中才含有大量的維生素

E。維生素E是一種重要的抗氧化劑，能保護我們的細胞不會受到自由基的侵害（請見第5章，第96頁）。一般認為維生素E有助於預防心臟病與某些癌症，甚至能減緩老化，它亦有助於減少大量運動後的肌肉痠痛，因此，當你屏除油脂、堅果和種籽的攝取，代表你正在增加受到自由基損害的風險。

長期採用低脂飲食通常會造成整體低熱量、低營養的攝取，低卡路里的飲食會快速導致糖原（碳水化合物）的儲存，致使能量不足、減少運動的能力、感到疲勞及運動間恢復力不佳，最終感到筋疲力竭。此種飲食方式亦會增加蛋白質的分解，造成肌肉組織與力量的流失或肌肉發育不足，這與你想達成的健身計畫恰恰相反。

膳食中的脂肪
我應該食用多少脂肪？

ACSM／AND／DC立場聲明，IOC與IAAF目前針對脂肪的攝取並無特定的建議，重點在於應符合碳水化合物與蛋白質的攝取目標，同時以脂肪達到卡路里的平衡。建議運動員遵循大眾健康指南的脂肪攝取，每天的能量攝取應少於35%，但需根據個人的鍛鍊及身體組成目標調整攝取量（ACSM／AND／DC，2016年）。重點應在於獲得適當的能量、必需脂肪與脂溶性維生素。

舉例來說，一名運動員每天消耗3000大卡，並為滿足他們碳水化合物及蛋白質的需求可能消耗66–117克的脂肪：

· （3000 × 20%）÷ 9 = 66克

· （3000 × 35%）÷ 9 = 117克

　　例：每天介於66至117克脂肪

儘管運動員需著重於獲得適當的碳水化合物與蛋白質，這並不代表採用低脂肪膳食，有證據顯示，過於限制脂肪的攝取可能會降低你的運動表現。反之，由脂肪攝取超過建議最大量35%的卡路里，對運動員的心臟病風險顯然沒有任何不利的影響。在一項研究中，食用42%脂肪的跑者高密度脂蛋白膽固醇（好膽固醇）較高，罹患心血管疾病的風險也較攝取16%脂肪膳食的跑者為低（Leddy et al，2007）。

另一項由紐西蘭研究人員進行的研究發現，進行高能量需求的高強度耐力訓練時，將飲食中的脂肪比例增加至所需能量的50%，並不會對血脂帶來不利的影響或增加心血管疾病的風險（Brown & Cox，1998）。

脂肪與心血管疾病之間的關聯主要根據安瑟爾 凱斯（Ancel Keys）醫師名為「七國研究（The Seven Countries Study）」的研究，此研究指出心臟病是因為食用過多脂肪而導致（Keys，1980）。最近，有研究證明此種關聯性很薄弱，含有適量脂肪的餐點（例：傳統地中海飲食）對於預防心臟病、中風和第2型糖尿病，比低脂飲食更有效（Estruch et al，2013）。研究建議，當談到心血管疾病的風險時，你所食用的脂肪類型遠較你食用的量更為重要，人工反式脂肪似乎會增加心血管疾病的風險；不飽和脂肪酸（特別是omega–3）能降低此風險；而飽和脂肪

酸則被視為中性的脂肪酸。

什麼是脂肪？

　　食物中脂肪與油脂主要由三酸甘油酯組成，它們是由甘油和三種脂肪酸組成，每種脂肪酸是一條碳和氫原子鏈，一端帶有羧基（–COOH）、另一端帶有甲基（–CH3），鏈長介於14和22之間的碳原子最為常見，這些脂肪酸根據其化學結構分為三類：

　　飽和脂肪酸、單元不飽和脂肪酸和多元不飽和脂肪酸。在食物中，每組脂肪酸的比例決定脂肪是固體或液體和人體處理它的方式，以及它如何影響你的健康。

什麼是飽和脂肪？

　　飽和脂肪酸與最大量的氫完全飽和，換句話說，它們所蘊含的碳原子以單鍵與氫原子相連，脂肪蘊含高含量的飽和烴，在室溫下為固態，大部分來自動物製品，如：奶油、豬油、乳酪、和肉類脂肪，以及這些脂肪製成的加工食品（餅乾、蛋糕和點心）。棕櫚油與椰子油亦為高度飽和油脂，通常用於抹醬、餅乾和烘焙產品。

179

飽和脂肪與健康

飽和脂肪酸長久以來一直被視為心臟病的罪魁禍首，因為它們會增加血液中的總膽固醇、以及更有害的低密度脂蛋白膽固醇（LDL）。英國衛生署（DoH）建議飽和脂肪酸的攝取量不要超過總卡路里攝取量的11%。

然而，更近期的研究顯示，飽和脂肪與心臟病風險之間的關聯，並不如以往所認為的顯而易見（Chowdhury et al., 2014; de Oliveira Otto et al.,2012; German et al., 2009）。雖然飽和脂肪酸確實會提高血液中的膽固醇，科學家們並不確定它如何對心血管疾病產生影響。某些研究表示，飽和脂肪酸會增加此種風險，而其它研究則不這麼認為。我們還知道並非所有的飽和脂肪酸都以相同的方式作用。

過量的月桂酸、肉豆蔻酸、棕櫚酸會減少低密度脂蛋白膽固醇（LDL）的清除，因此增加心臟病的風險，但其它脂肪酸則不會如此。研究亦提出，乳製品、肉類和雞蛋的飽和脂肪並不會增加有害的低密度脂蛋白膽固醇（LDL），但可增加健康的高密度脂蛋白膽固醇（HDL），因此，對心血管疾病風險的整體影響可能是中性的（Mensink, 2003; Toth, 2005）。要以什麼替代飽和脂肪酸很重要，若你以高精製碳水化合物替代飽和脂肪，那麼低密度脂蛋白膽固醇（LDL）和心臟病的風險皆會增加。這可以解釋為什麼某些研究發現減少飽和脂肪幾乎沒有好處，因為大多數人傾向以相當不健康的碳水化合物取代它們。

最新研究表示，你應該於膳食中以不飽和脂肪（蘊含於植物油、堅果、種籽和富含脂肪的魚中）取代某些飽和脂肪（Hooper et al., 2015; Astrup et al., 2010; Jakobsen et al., 2009）。這些健康的脂肪可提高密度脂蛋白膽固醇（HDL）、並降低有害的低密度脂蛋白膽固醇（LDL），它們亦可改善總膽固醇與高密度脂蛋白膽固醇（HDL）的比例，降低心血管疾病的風險。考科藍合作組織（The Cochrane Collaboration）於2012年的研究回顧發現，採用此方法至少兩年的人減少了14%罹患心臟病、心絞痛和中風的的風險（Hooper et al., 2012）。

哈佛陳曾熙公共衛生學院（Harvard T.H. Chan School of Public Health）的科學家們分析了來自兩大群人的數據資料：護理人員健康研究的84,628名女性、健康從業人員隨訪研究的42,908名男性，於1980年代至2010年進行隨訪（Li et al., 2015）。食用較多飽和脂肪的人罹患心臟病的風險較食用較少者高，此外，食用較多不飽和脂肪與更多全麥碳水化合物者，罹患心臟病的風險，較食用較少這些營養成分者低。他們預估以等量的多元飽和脂肪、單元飽和脂肪或全麥碳水化合物的能量攝取，替代5%由飽和脂肪的能量攝取，它們分別能降低25%、15%和9%的心臟病風險。共識的建議是每天攝取不超過11%的飽和脂肪熱量，並以不飽和脂肪、非精製碳水化合物取代你餐點中某些飽和脂肪，勿以「低脂飲食」為目標；請採行「適度脂肪」的飲食，其中主要包含單元不飽和脂肪與多元不飽和脂肪。

什麼是單元不飽和脂肪？

　　單元不飽和脂肪酸具有略少的氫，因為它們的碳鏈蘊含一個雙鍵或不飽和鍵（因此為「單元」），富含單元不飽和脂肪的油脂通常在室溫下為液態，但在低溫下可能會凝固，其最豐富的來源包括橄欖、油菜籽、花生、榛果、杏仁油、酪梨、堅果和種子。單元不飽和脂肪酸具被視為對健康最為有益，它們可降低總膽固醇，尤其是低密度脂蛋白膽固醇（LDL），但對有益的高密度脂蛋白膽固醇（HDL）不會有影響，英國衛生署建議單元不飽和脂肪酸的攝取量最多佔總熱量攝取的12%。

什麼是多元不飽和脂肪？

　　多元不飽和脂肪的氫含量最少，碳鏈包含兩個或更多雙鍵（因此稱為「多元」），富含多元不飽和脂肪的油脂在室溫和低溫下皆為液態，其豐富的來源包括大部分的植物油、堅果、種籽與富含脂肪的魚和牠們的油脂，大量研究發現，食用多元不飽和脂肪可降低低密度脂蛋白膽固醇（LDL），並減少罹患心臟病的風險（Mozaffarian et al., 2011）。然而，它們亦可略為降低好的高密度脂蛋白膽固醇（HDL）。若你食用大量多元不飽和脂肪，最好以單元不飽和脂肪取代，因此，英國衛生署建議多元不飽和脂肪酸的攝取量最多佔總熱量攝取的10%。

什麼是必需脂肪酸？

　　多元不飽和脂肪的子類別稱為必需脂肪酸，無法於體內產生，因此必須由你吃的食物攝取，

它們主要分類兩個系列：
· 來自α–亞油酸（ALA）的omega–3系列
· 源自亞油酸的omega-6系列

　　之所以稱為omega–3和omega-6系列，是因為最後的雙鍵分別來自鏈中最後碳元素的3和6碳原子。

　　omega–3脂肪酸可進一步分為兩類：長鏈和短鏈。長鏈omega–3脂肪酸是二十碳五烯酸（eicosapentanoic acid,EPA）和二十二碳六烯酸（docosahexanoic acid,DHA），存在於富含脂肪的魚中，亦可由ALA（短鏈omega–3）在體內形成，然後將EPA和DHA轉化為類似激素的物質，稱為前列腺素、血栓素和白三烯。這些物質控制許多重要的功能，如：血液凝結（使血液不太可能形成不必要的血塊）、發炎（改善對傷口或細菌感染的反應能力）、血管壁的張力（血管的擴張與收縮）、以及免疫系統。

　　多份研究顯示，攝取omega–3脂肪酸最多者罹患心臟病的風險較低，這是因為前列腺素降低紅血球凝結且降低血壓。根據最近的研究，omega–3亦有助於預防心臟病和中風，還有助於改善大腦功能、防止阿茲海默症、治療憂鬱症、幫助改善患有閱讀障礙、動作協調能力喪失症和注意力缺陷及多動障礙之兒童的行為。

　　omega-6脂肪酸包含亞油酸、γ次亞麻油酸（Gamma-Linolenic Acid,GLA）和二十二碳五烯酸（docosapentanoic acid,DPA）（請見圖8.5），

對於維持細胞膜的健全功能相當重要，對健康的皮膚尤為重要。採行低脂飲食者缺乏亞油酸，皮膚通常會變得極其乾和脫屑。Omega–6脂肪酸能減少低密度脂蛋白膽固醇（LDL），但大量攝取也可能降低高密度脂蛋白膽固醇（HDL），大量攝取亦可能促進自由基損害的增加，因此增加罹癌的風險。圖8.5顯示人體如何轉化這兩種脂肪酸。

必需脂肪酸的最佳食物來源是什麼？

如鯖魚、新鮮鮪魚（非罐頭）、鮭魚和沙丁魚等富含脂肪的魚，無疑是DHA和EPA最豐富的來源，但勿擔心你是素食者或是不吃魚的人，因為你也可由某些植物來源攝取適量的ALA，

最豐富的植物性來源包括亞麻籽、亞麻籽油、南瓜籽、核桃、奇椏籽、菜籽油和大豆。葉菜類（如：菠菜、羽衣甘藍）的深綠色菜葉也蘊含少量α-亞麻酸（α-Linolenic acid,ALA）。富含omega–3的食物種類一直在增加，包括omega–3雞蛋（以富含omega–3的飼料餵養雞隻）以及麵包和抹醬，將更容易符合你對omega–6脂肪酸的需求，因為，這些在食物中更為常見，例如：植物油、多元不飽和人造奶油，以及許多由這些油脂和脂肪製成的菜餚（例：油炸食物、蛋糕、炒菜、塗抹人造奶油的三明治、乾、薯片與蛋糕等）。

我需要多少量？

我們需要omega–3和omega–6以維持健康，但在飲食方面經常缺乏omega–3，大部分的人攝取omega–6的量比omega–3高得多；我們往往由抹醬和植物油中獲取大部分的omega–6，因此，專家們建議改變這種平衡，轉而攝取omega–3。

若要獲得足夠的EPA和DHA，Omega–3和Omega–6脂肪酸之間的正確平衡，是最重要的因素，這是因為ALA（omega–3）和亞油酸（omega–6）爭相運用相同的酶來代謝它們。你應該盡量使LA和ALA的比例達到約5：1或更低，例如：每5克omega–6至少攝取1克omega–3（Simopoulos & Robinson, 1998）。當大量的攝取LA將會干擾LA轉化為EPA和DHA的過程，修正此現象的最佳方法，是多補充富含脂肪的魚或其它富含ALA的食物（見前文）或食用營養補充品。

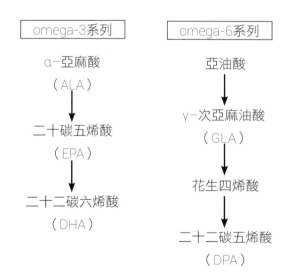

圖8.5 人體如何運用並轉化omega–3和omega–6脂肪酸

表8.4	某些魚類的MEGA-3脂肪酸含量
重量	**來源**
0.5克或更少	鱈魚、黑線鱈、緋魚、大比目魚、鰹魚、鮪魚、蛤蜊、干貝、蟹、蝦
0.6–1克	笛鯛、黃鰭鮪、鰈魚、劍魚、貽貝、牡蠣
1克或更多	鱒魚、鯖魚、緋魚、沙丁魚、鮭魚、藍鰭鮪

在英國衛生署並沒有omega-3和omega-6脂肪酸建議的攝取量，但建議每天至少攝取450–900毫克的EPA和DHA，並建議大眾每週至少食用2份魚肉，其中一份應為富含脂肪的魚類，此將提供每週約2–3g的omega–3脂肪酸。若每天要攝取900毫克，你可以食用下列其中一項：

· 32克鯖魚
· 45克油漬鮭魚外加1小份120克的雞腿肉
· 2茶匙（30克）亞麻籽
· 4茶匙（40克）南瓜籽
· 12–15克核桃
· 1茶匙亞麻籽油
· 6顆omega–3雞蛋*
　*來自以富含omega–3飼料餵養的母雞

大部分以魚油為基底的營養補充品，將提供0.1克的Omega–3脂肪酸，每天攝取9份營養補充品可能不太實際，因此請盡可能由食物攝取建議的量，並於需要時補充（請見表8.4，了解Omega–3的魚肉來源）。

OMEGA–3脂肪酸如何改善運動員的運動表現？

許多研究顯示，omega–3脂肪酸可以透過有氧代謝改善力量與耐力（Brilla & Landerholm, 1990; Bucci, 1993），這是各類活動的關鍵能量系統。Omega–3脂肪已顯示，可將運動後的疼痛降到最低（Jouris et al., 2011）。美國聖路易斯大學的一項研究發現，相較於安慰劑進行離心運動後，連續7天每天攝取3克DHA的女性，肌肉痠痛和僵硬的程度相對較低（Corder et al., 2016）。關於Omega–3脂肪酸的優點概述如下：

. 血液濃度降低就能改善向細胞運送氧氣和營養物質的紅血球細胞膜更柔軟
. 提升有氧代謝
. 增加能量與體力
. 增加運動時間與強度
. 改善睡眠和運動的生長激素釋放，並恢復促進合成代謝（抗分解）的環境
. 消炎、預防關節、肌腱和韌帶拉傷
. 減少因過度訓練引發的發炎，幫助傷口癒合

什麼是反式脂肪酸？

　　肉類與乳製品中自然存在少量的反式脂肪酸，但大多數仍來自於加工脂肪。這些加工脂肪透過氫化的製程產生，氫化是將液態油脂轉化為固態或可塗抹的脂肪。在高壓熱處理的過程中，原子的幾何排列發生變化。就技術而言，這是將脂肪酸中一個或多個不飽和雙鍵，由正常的順式變為不正常的反式，這代表兩個氫原子位於雙鍵的兩側。

　　在氫化植物油製成的食品中，可能會發現人工製造的反式脂肪，例：零食、烘焙產品、油炸食物和外帶食品。反式脂肪對人體的確切影響尚不明確，但一般認為它們可能比飽和脂肪酸更糟，因為，它們會降低高密度脂蛋白膽固醇（HDL），並增加低密度脂蛋白膽固醇（LDL），它們也可能增加促進形成血塊凝結之物質的含量，並阻止身體適當的使用必需脂肪酸。美國針對由加拿大麥克馬斯特大學研究人員，所進行的41項研究整合分析發現，相較於攝取較少反式脂肪者，攝取較多反式脂肪的人，因任何原因而死亡的風險高出34%，心臟病死亡的高出28%，心臟相關健康問題則高出21%（de Souza et al., 2015）。在一項前瞻性研究的回顧中，反式脂肪的熱量攝取量每增加2%、心臟病的風險就會增加23%（Mozaffarian et al., 2006），當反式脂肪佔總熱量的3%時，就可發現不利的影響。

　　這是所有主要公共衛生組織，嘗試於食品供應中淘汰反式脂肪的原因，世界衛生組織建議由食品供應中「實際去除」反式脂肪（Uauy et al.,

2009）。英國營養科學諮詢委員會建議，反式脂肪酸佔總熱量攝取的比例不得超過2%（每天約5克），平均攝取量估計約為0.7%的熱量，因此，大多數人皆未超過建議的最大攝取量。

　　由於沒有任何法律要求於食品標籤上列出反式脂肪，因此，最好的建議就是避免任何在標籤上，列出任何氫化或部分氫化油的食品，近年來的重組配方意指氫化脂肪已由許多食物中摒除，並以棕櫚油和其它脂肪取代，例如，主要品牌的脂肪抹醬已不再使用反式脂肪。

什麼是膽固醇？

　　膽固醇是人體不可或缺的部分，它組成所有細胞膜的一部分，並有助於產生數種荷爾蒙，某些膽固醇來自我們飲食，但大部分是由飽和脂肪於肝臟製造。

　　事實上，我們所吃的膽固醇對我們的低密度脂蛋白膽固醇（LDL）影響很小；若我們吃較多的膽固醇（例如：來自肉類、內臟、雞蛋、乳製品、海鮮等），肝臟的膽固醇就會減少以抵銷吃進的膽固醇，反之亦然。這樣可保持血液中膽固醇含量的穩定標準。

　　有幾項因素可提高血液中的膽固醇標準，主要的幾項是肥胖（特別是上半身肥胖或中央型肥胖）、缺乏運動、以及我們所吃的飽和脂肪酸量。多份研究顯示，以膽固醇或不飽和脂肪酸取代飽和脂肪酸，可降低總膽固醇與低密度脂蛋白膽固醇（LDL）的標準。

表8.5	OMEGA–3脂肪酸的來源		
	克／100克	份量	克／份
鮭魚	2.5克	100克	2.5克
鯖魚	2.8克	160克	4.5克
沙丁魚（罐頭）	2.0克	100克	2.0克
鱒魚	1.3克	230克	2.9克
鮪魚（油漬罐頭，瀝乾）	1.1克	100克	1.1克
魚肝油	24克	1茶匙	1.2克
亞麻籽油	57克	1茶匙（15克）	8.6克
亞麻籽油（研磨）	16克	1茶匙（15克）	2.4克
菜籽油	9.6克	1茶匙（15克）	1.4克
核桃	7.5克	1茶匙（15克）	1.1克
核桃油	11.5克	1茶匙（14克）	1.7克
花生	0.4克	一把（50克）	0.2克
青花椰菜	0.2克	3小朵（100克）	0.2克
南瓜籽	8.5克	2茶匙（30克）	2.6克
Omega–3雞蛋	0.2克	一顆雞蛋	0.1克
典型Omega–3營養補充品		1顆膠囊	0.1–0.3克

引自：MAFF／RSC（1991）；英國營養基金會（1999）

因此，哪些脂肪最適合食用？

脂肪應佔總熱量攝取的20%–30%，請謹慎使用抹醬式脂肪，建議選擇橄欖油含量較高的抹醬，並避免使用含有氫化植物油或部分氫化油脂的抹醬，以及避免食用人造奶油與植物性脂肪，

因為它們具有高含量的氫化脂肪與反式脂肪酸。

對於烹飪與沙拉醬，請選用富含omega–3脂肪酸或單元不飽和脂肪酸的油脂（例：橄欖油、菜籽油、亞麻油與堅果油等，都是健康且美味的好選擇）。這些比富含omega–6脂肪的油脂更

為健康（如葵花油和玉米油，它們會破壞EPA和DHA的形成）。建議在你日常飲食中盡量食用堅果和種籽，因為它們提供許多除了omega–3脂肪酸和單元不飽和脂肪酸外，許多有價值的營養。如果你吃魚，包括每週一至兩份富含脂肪的魚（例：鯖魚、鯡魚與鮭魚），素食者應確保於日常飲食中攝取omega–3脂肪酸的植物來源。

重點摘要

幾乎運動和健身計畫中，過多的體脂肪是不利的，因為會降低力量、速度與運動表現。

極低體脂肪並不能保證改善運動表現，似乎每個人都有一個最佳體脂範圍，但這無法透過標準的線性關係進行預測。

· 體脂肪含有三種主要成分：必需脂肪（組織結構）、特定性別脂肪（荷爾蒙功能）、儲存脂肪（能量）。

· 建議的最小體脂肪率男性為5%、女性為10%，然而，為維持正常健康，建議的體脂範圍分別為13%–18%和18%–25%，實際上，許多運動員的體脂都低於建議的範圍。

· 極低的體脂肪標準與兩性的荷爾蒙失調、女性停經以及不孕有關，這將會造成骨密度降低，並提高骨質疏鬆症的風險。

· 極低脂飲食可能導致必需脂肪酸與脂溶性維生素攝取不足。

· 針對運動員和活動量大者，建議攝取相當於熱量20%–35%的脂肪。

· 不飽和脂肪酸應佔你攝入脂肪的大部分，其中飽和脂肪酸不能超過熱量的11%，反式脂肪酸應盡可能接近於零。

· 以不飽和脂肪取代飽和脂肪對健康有益。．

· 更需要重視omega–3脂肪酸，以提高omega–3：omega–6的比例，並每週食用1至2次富含脂肪的魚類，或每天食用1至3茶匙的亞麻籽油、南瓜籽、核桃和菜籽油。

· Omega–3脂肪酸可提升氧氣向細胞的運送，並因此改善運動表現。

關於減重

許多運動員與健身者都出於健康或運動表現的原因希望減重，或為了讓自己的體重達到比賽的量級，然而，快速減重可能會對健康造成嚴重的影響，導致運動表現明顯下降，因此，必需掌握安全的減重方法。由於95%的節食者無法於5年內維持減重，因此生活方式的管理是長期體重管理的關鍵。

本章探討了減重對運動表現與健康的影響，強調快速減重法帶來的健康風險。並考慮低碳水化合物與低脂飲食的效果、以及最有效的減重策略。關於食慾控制與新陳代謝的最新研究、以及減重並保留肌肉組織的指南，推翻了關於代謝率的許多迷思與謬論，最後提出成功減重的實證基礎策略與簡易的逐步策略。

若欲減少體脂肪，你必須消耗比吃進還要多的能量（卡路里），換句話你必須達到負能量平衡（請見圖.9.1）。

研究顯示飲食與活動的結合，比單獨飲食或運動更有可能達到長期成功減重，遺憾的是，減重沒有神奇的方法或捷徑，健康的飲食與運動計畫的目的在於：

能量攝取 （食物與飲料）	能量平衡 =	能量消耗 （靜止代謝、飲食生熱效應、體能活動）
能量攝取	正能量平衡 >	能量消耗
能量攝取	負能量平衡 <	能量消耗
	（ <=小於 ；>=大於 ）	

圖9.1 能量平衡等式

- 達到適度的負能量（卡路里）平衡

- 維持或甚至增加瘦體組織

- 逐漸降低體脂肪率

- 避免大幅度降低靜止代謝率（請見相對定義）

- 達到維生素與礦物質的最佳攝取量

飲食是否會影響我的健康或運動表現？

在許多運動中減少體脂肪率有益於運動表現（請見第164頁「體脂肪是否影響運動表現？」），然而，透過科學實證的方法來驗證此目的相當重要。

遺憾的是，任何快速減重會對健康帶來嚴重的後果，並導致運動表現明顯下降。最常見的是嚴格控制飲食及脫水。顯然採用這樣的方式可能會達成理想的外表，但卻無益於我們的運動表現並造成損傷。

快速減重會導致有氧能力降低（Fogelholm, 1994），測量因為脫水而減輕2–3%體重的運動員，其有氧運動能力最多下降了5%，而透過嚴格節食而減重者則可能減輕10%，減重後無氧運動的表現、力量和肌耐力降低，然而，研究人員發現循序漸進的減重，在實際力量上反而能提升許多（相對於體重表現）（Tipton, 1987）。

長期節食可能對健康造成更為嚴重的後果，就女性運動員而言，低體重和低體脂、與經期不律以及停經和壓力性骨折息息相關；而對男性

快速減重

為減輕比賽時的負擔（例：拳擊、健美、柔道），運動員可能會採行快速減重的方法，如：禁食、呈現脫水狀態、穿著較不排汗的服裝訓練、三溫暖、減肥藥、瀉藥、利尿劑或自行催吐，短短3天內減輕體重4-5公斤的人並不少見，在一份針對180名女性運動員進行的研究中，32%承認她們使用其中一種上述的方法（Rosen et al., 1986）。此外，15%的年輕女性游泳者表示，她們曾嘗試過其中一種方法（Drummer et al., 1987）。

運動員則會減少睪酮的產生。亦有人認為，高強度訓練、飲食限制對於極精瘦的人會造成心理壓力，結合一起很容易導致飲食失調，臨床上飲食失調也會發生在容易受傷的運動員身上。（Sundgot-Borgen 1994（a）and（b））。

節食與強迫飲食行為之間有一條微妙的線，特別是許多女性運動員承受著維持苗條身材，並改善運動表現的壓力，進而忽略飲食失調的警訊，這為健康帶來的後果，將於第11章中討論。

因脫水導致快速減重，身體會發生什麼情形？

脫水會導致心臟血液輸出量與血漿量減少，於是營養成分交換變慢、廢物代謝變慢，以上這些皆對健康和運動表現帶來影響（Fogelholm, 1994; Fleck & Reimers, 1994）。持續30秒的中等強度運動，對於脫水少於5%體重的人，似乎沒有太大影響；但持續超過30秒的運動，就會削弱力量或是降低運動表現。因此，對於倚靠純粹力量型的運動員（例如：舉重）來說，快速減重不一定有害處。

反覆減重是否有害？

體重反覆的波動或忽多忽少的溜溜球飲食習慣與心臟病、續發性糖尿病、膽囊病和過早死亡的風險有關聯，然而，研究人員對於確切的原因仍存在分歧，有一種解釋是，脂肪傾向在腹腔內重新囤積，如此便更靠近肝臟，而非臀部、大腿和手臂等身體外圍區域，因此較易提高罹患心臟病的風險。另一種解釋是，反覆進行嚴格的飲食習慣，可能會導致瘦體組織（包含器官組織）的流失與營養不良並損害心肌。與公認的看法相左的是，無證據顯示溜溜球飲食習慣會永遠減緩你的新陳代謝，一旦恢復正常飲食，就能恢復到原來的標準，但是溜溜球節食可能不利於你的心理健康，每次體重增加就會有挫折感外，並會降低自信心與自尊心。

是什麼讓你的靜止代謝率（RESTING METABOLISM RATE）變高或變低？

決定你靜止代謝率（RESTINGMETABOLISM RATE, RMR）最重要的因素是體重。當你的體重越重，靜止代謝率（RMR）就越高，因為你的體形越大，就需要更多熱量以維持基本身體運作，你擁有的無脂肪組織（肌肉、骨骼和重要器官）也會影響靜止代謝率（RMR）。這是一個燃燒熱量的組織，因此，你有越多的無脂肪組織時，靜止代謝率（RMR）就會越高。然而，每天燃燒30–50kcal的統計數字，雖然經常被引用，但是並沒有科學根據，實際的數字卻是每天6kcal。

高強度運動會暫時提高你的靜止代謝率（RMR），因為身體清償了氧氣的負擔，補充其能量儲備（PC與ATP），並修復肌肉組織。當

代謝率

新陳代謝是指人體將食物轉化為能量的所有過程，代謝率是指你的身體燃燒熱量的速率。基礎代謝率（BMR）是指在基本身體功能下燃燒熱量的速率（如：睡眠中的呼吸和血液循環），實際上，當你清醒、且為非禁食狀態時，會使用並測量靜止代謝率（RMR），佔每日燃燒熱量的60-75%。

運動時間越長及強度越高，這種「後燃效應」就越大。這樣運動後的靜止代謝率（RMR）增加，稱之為運動後的過耗氧量（EPOC），主要能量則來自儲存在人體的脂肪。

體重超重的人靜止代謝率（RMR）較低，並無事實根據（甲狀腺功能減退或庫欣式症候群等臨床狀況除外），大量研究顯示，總體重與代謝率存在一種線性關係，例如：靜止代謝率（RMR）與體重增加成正比。然而遺傳也毫無疑問發揮了作用，某些人天生就比其它人具有更「快速」的新陳代謝。

飲食能減緩靜止代謝率（RMR）？

嚴格的飲食會破壞長期控制體重的努力，因為它會致使身體陷入「飢餓」的狀態，當你限制熱量時，靜止代謝率（RMR）會減緩，因為身體變得更為飢餓，你僅需要更少量的熱量以維持體重，當熱量下降得越嚴重靜止代謝率（RMR）就降低越多。一般來說，下降幅度介於10至30%之間，然而，這種影響並非永久性，因為一旦恢復正常飲食，靜止代謝率（RMR）就會回到原本的標準。

盡可能適量的減少熱量（建議減少15%內）以避免靜止代謝率（RMR）大幅下降，並隨時攝取較靜止代謝率（RMR）更多的熱量。舉例來說，若你維持的熱量攝取為2500大卡，應該減少到2125大卡為限。

如何在不失去肌肉的情況下減重？

減重同時維持肌肉量的方法，重點在於僅減少10–20%平時的熱量攝取。這種相對適度減少的熱量，可避免新陳代謝變慢，而這種新陳代謝減緩的情況與更劇烈的熱量減少有關，因為身體會辨識，並透過氧化更多的體脂肪來對熱量的減少做出反應。

若你大幅度地減少熱量，並不會讓你更快的減少脂肪，反之，它會導致你的身體降低新陳代謝的速度，以節省能量，這稱為「適應性」（Rosenbaum & Leibel, 2010）。實質上，這是你的身體在能量短缺時保留能量的方式（Tremblay et al., 2013）。一項研究發現，當人們進行限制熱量的飲食時，他們的代謝率比體重減輕所能解釋的速度要低（Heilbronn et al., 2006）。此外，當你身體發生大量熱量不足時，蛋白質氧化作用就會增加，這可能導致瘦體肌肉組織流失與能量標準降低且產生且極度飢餓。

理論上來說，要燃燒掉4500大卡的熱量時，會用掉0.45kg（1磅）的脂肪，因為1克的脂肪可產生9大卡的熱量（9×500=4500大卡）。然而實際上，人體不全然是這麼運作，因為脂肪的減少取決於你原先熱量的攝取量。舉例來說，運動員（男性）通常每天吃進3000大卡，運動員（女性）通常每天吃進2000大卡，若兩名運動員每天皆減少643大卡的熱量攝取（相當於每週4500大卡），男性運動員現在則每天吃2357大卡、女性運動員則每天吃進1357大卡，這兩位運動員實際的身體組成狀態就有很大的不同。男性運動員

幾乎可以肯定每週將減少約0.5公斤的脂肪，因為他的熱量攝入減少了15%（適度）；女性運動員可能在第一、二週內每週減少0.5公斤脂肪，但之後她會流失大量的肌肉組織，這是因為她熱量的攝取較之前減少了32%，這個情形非常嚴重。一般來說，熱量減少超過15%將導致新陳代謝變慢與肌肉流失，致使脂肪流失也變慢。

因此，為了減少脂肪必須致力於減少熱量攝取的百分比，減少約15%（或10–20%）的熱量攝取，將導致在不減緩新陳代謝的情況下流失脂肪，這可能不會讓你每週減少0.5公斤的脂肪，你可能10天才能減少0.5公斤，但是至少你減去的是脂肪而非肌肉。女性運動員應每天吃進1700大卡，此舉會讓她每11或12天減掉0.5公斤的脂肪。第16章「你的個人營養計畫」中，將為你說明如何計算熱量、碳水化合物、蛋白質和脂肪的

需求，以有效地減少體脂肪。

在減脂的同時，我能大量訓練嗎？

大部分減重飲食的問題在於，這些飲食方法並不能提供足夠的熱量或碳水化合物以支持高強度訓練，因此致使肌肉糖原儲存不足、進而導致嗜睡、疲勞、運動表現不佳以及瘦體組織的流失。若你參加量級運動競賽或對體重敏感的運動（如：跑步、騎自行車或鐵人三項），當訓練強度較高時，你應該以減掉基礎訓練階段的多餘體重為目的，而非耐力發展訓練階段或比賽階段時的體重。若你減少的熱量攝取不少於10–20%，則可繼續大量訓練。這樣適度的變化能讓你每週減少約0.5公斤的體重，同時不會感到體力不足、疲倦或過度飢餓。許多研究顯示一項一致性的發現，足夠適量的碳水化合物攝取（每日每公

斤超過3克）對於維持肌肉強度、耐力和有氧及無氧運動能力至關重要，因較少的攝取量可能導致糖原消耗與蛋白質氧化的增加（肌肉流失）。維持瘦體組織對於減脂也非常重要，你的肌肉越少新陳代謝率就越慢，減脂就越是困難。

低碳水化合物或是低脂飲食更適合減重嗎？

大部分的飲食規畫重點在於短時間有效，但並非所有的飲食方式都是健康的，大多數的方法就長期來看不可持續。飲食越極端，能夠堅持的機會就越小。低碳水化合物飲食的擁護者聲稱，當盡可能維持低胰島素標準時，可更有效地減重。根據「胰島素理論」，碳水化合物會引起血液中胰島素的上升，致使人體儲存脂肪。然而日積月累後，身體對胰島素的作用反應遲鈍（胰島素阻抗），反而造成胰腺產生更多的胰島素，進而將身體推向脂肪儲存的模式。根據低碳水化合物擁護者所言，此現象的解決方案，是大幅減少碳水化合物的攝取，並迫使身體進入酮症狀態，例：脂肪以不同的方式分解以釋出酮體。

然而，許多傑出的研究者批評低碳水飲食法並指出，胰島素並非是致使體重增加的因素；相反的，胰島素阻抗所產生的效果使體重增加的可能性更大。大部分的情況下，在變胖的過程會讓人產生胰島素阻抗，當你只要減輕體重，反而恢復正常的分泌狀態。

低碳水化合物飲食可能於短期間內產生作用，一部分原因是糖原儲存量枯竭（與隨之而來

的水份），另一部分原因是因為攝取的熱量較少。若你戒除所有的碳水化合物，就會自動限制你可以吃的食物。肉類和雞蛋等高蛋白食物很難吃過量，而且選擇不多，大部分人最後消耗的熱量更少。此外，蛋白質和脂肪較碳水化合物更容易有飽足感，因此比較不會感到飢餓，自動吃得更少，這是一種簡單的負能量平衡。

多項研究將低碳水化合物飲食與其它飲食方法進行比較，但尚無足夠的證據支持這些飲食方法的效果法。根據美國國立衛生研究院的一項嚴謹的研究指出，以等量卡路里換算相較於限制食用碳水化合物的方法，其中減少脂肪的攝取可導致體脂肪減少更多（Hall et al，2015）。在這項研究中，將19位肥胖的成人受測者住進代謝觀察室，並進行為期兩階段各兩週的營養營，他們並攝取各種飲食並減少三分之一熱量，研究人員分析受測者呼出的氧氣量與二氧化碳量，並精準計算體內發生的化學過程。在各種飲食方式實施6天後，採用低脂飲食者的體脂肪較採用低碳水化合物飲食者多減了80%的體脂肪。

根據哈佛大學的53份系統性研究，比較了總計68,000人的低脂與低碳水飲食，採用低碳水化合物飲食者比低脂飲食者，在一年裡體重僅多減輕1.1kg（Tobias et al, 2015）。

另一項對阿特金斯飲食法、南灘飲食法、體重守護者飲食法與區間飲食法之效果，進行的科學分析發現，所有的飲食方法無論是低脂或低碳水化合物，12個月後所減輕之體重幾乎完全一樣（2–4公斤）（Atallah et al., 2014）。

另一項隨機取樣自300位採低碳水飲食、高碳水飲食或低脂飲食的女性測試發現，當女性採用低碳水飲食時（尤其是阿特金斯飲食法）可減去稍微多一點，透過低碳水飲食「至少可達到與其它飲食方式同樣的減重量」（Gardner et al., 2007）。

美國新英格蘭塔芙茨醫療中心（Tufts–New England Medical Centre）曾進行為期一年的研究，比較四種採用不同的飲食法，包括阿特金斯飲食法、歐尼許飲食法、體重守護者飲食法與區間飲食法，發現所有的飲食法的實驗者皆會產生類似，卻相當少的減重成效，其中四分之三的人在一年中減輕不到體重5%，只有少數節食者能夠堅持夠長的時間來出現永久性的改變（Dansinger et al., 2005）。他們並發現，大部分的節食者最初減少了熱量的攝取，但標準又會再度上升。在所有測試的飲食法中，低碳水為主的阿特金斯飲食法，在12個月內減重的效果最少，採用者的堅持度最低。

根據英國2008年的一項研究比較四種市售瘦身計畫的功效與營養成分：快速苗條（Slim Fast）、阿特金斯（Atkins）、體重守護者（Weight Watchers）與羅絲瑪莉康利（Rosemary Conley）《吃就瘦》（Eat Yourself Slim）（Truby et al., 2008）。研究人員發現，所有的飲食法導致熱量攝取減少，並於8週後平均減重3.7至5.2公斤看來，這些飲食法在體重減輕的效果上沒有明顯差異。

酒精是否會讓我變胖？

不足為奇地，酒精是摧毀許多飲食控制的原因，它每克提供7大卡熱量，若你大量飲用，總熱量的攝取變顯著增加。此外，許多含酒精飲料都含有糖，又進一步增加熱量。一杯（175毫升）的酒提供約160卡路里的熱量、一品脫啤酒則提供約200卡路里的熱量。酒精可間接地促進脂肪的儲存，酒精中的卡路里無法儲存，必須於消耗時再加以利用，也就是說攝取超過需求的熱量，就會以脂肪的形式加以儲存。

大致上來說，若你吃進較少熱量，就長遠來看，所有飲食法都會產生類似的減重效果。熱量的缺乏來自於碳水化合物、還是脂肪並不重要，換句話說，最有效的飲食法是採取一種能夠持之以恆的飲食法。減重與維持體重的關鍵在於更健康地飲食、增加運動量以及讓你感到舒適自在，從長期的生活方式達到永續性的改善。無法維持飲食習慣不僅影響健康與新陳代謝，還會引發心理問題。加州大學進行的一項為期2年的研究發現，不遵循固定飲食法的超重女性，只要飲食略為健康，餓了才吃並且吃飽即止，她們的健康狀況就能有所改善（例：血壓與膽固醇標準），且具有較高的自尊心（Bacon et al., 2005）。相較之下，那些節食6個月的女性一但恢復體重，自信心和自尊心皆明顯下降。

減重策略

步驟1：設定實際可行的目標

在開始減重計畫前先寫下目標。研究證明藉由寫下目的，更有可能將目的轉變為行動。

這些目標應該是具體、積極且實際可行的（例如：我要減少5公斤體脂肪），而不是希望（我想要減輕一些體重）。試著設定適當的時間範圍（請見步驟3）：在暑假前一個月減少15公斤顯然是不實際的目標！舉例來說，透過記錄食物與運動的應用程式來追蹤你的進度，能有助於維持你減重的動力，並提升成功的機會。

步驟2：監控你的進度

你可以每週測量一次腰圍和體重來追蹤進度，請避免頻繁量體重，因為可能導致過於執著。請謹記，第一週體重減輕可能高達2公斤，尤其是你的碳水化合物攝取量急劇下降時，這主要是因為減少了糖原及其伴隨的水分（0.5公斤的糖原最多可儲存1.5–2公斤的水分）。之後，以每週減少不超過0.5公斤的脂肪為目標，快速減重的效果絕大多數減去的是瘦的肌肉組織。

想確保你減輕的是脂肪、而非肌肉的最好方法，是定期測量身體組成狀態，最簡單的方法就是測量各部位圍度（例：胸圍、腰圍、臀圍、臂圍、腿圍）如圖9.2所示，並以皮尺量取皮褶厚度（請見第8章，第169頁）。運動生理學家建議記錄自己的皮褶厚度測量值，而非將數值換算為體脂百分比，這是因為轉換圖表是以久坐不動的普通人為基礎，並不適用運動員或非常精瘦或肥

飲食心理學

研究人員認為，克制的節食者與非節食者之間存在心理上的差異。克制的節食者中，由於正常的食慾和飢餓感被忽略，所以食物攝取的正常規律跟著破壞，也因此產生克制飲食與半飢餓的階段，隨之而來的是過度縱慾與罪惡感，然後又回到節制飲食，依此循環。

心理學家表示，慣性的節食者比不注重體重者顯現更情緒化的個性，他們對食物和體重也更近乎痴迷。在多倫多大學，給予節食者與非節食者高熱量的奶昔，再免費享用冰淇淋（Herman & Polivy, 1991），節食者實際上比非節食者持續吃進更多的冰淇淋，這是由一種稱為「抗調節作用」所導致；由於失去非節食者的內建調節系統，他們無法檢測到熱量，並因此補償了餐前卡路里的負荷。

賓州州立大學的研究人員證明，「努力減重者」似乎缺乏那些不用擔心體重者所擁有的內建「熱量計算」機制（Rolls & Shide, 1992）。午餐前半小時提供優格，那些重度減重比不關心體重者吃進更多優格，這些節食者顯示出食慾控制的能力不足，也無法彌補之前食物攝取量。

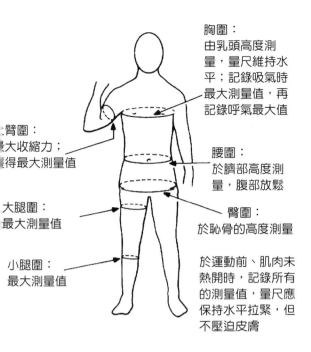

胸圍：
由乳頭高度測
量，量尺維持水
平；記錄吸氣時
最大測量值，再
記錄呼氣最大值

上臂圍：
大收縮力；
得最大測量值

腰圍：
於臍部高度測
量，腹部放鬆

大腿圍：
最大測量值

臀圍：
於恥骨的高度測量

小腿圍：
最大測量值

於運動前、肌肉未
熱開時，記錄所有
的測量值，量尺應
保持水平拉緊，但
不壓迫皮膚

圖9.2 各部位圍度測量

胖者。監控身體特定部位測量值的變化，可藉此
查看你的體形如何變化、以及大部分脂肪流失的
位置，這種方式要比體重計要好得多！或者，你
可以使用第8章中介紹的其中一種身體組成測量
方式。

步驟3：將你的熱量攝取減少15%

如前所述，將熱量攝取減少約15%（或10-
20%）將讓你減少體脂肪，並且不會明顯的減緩
你的新陳代謝，它還將有助於防止流失瘦體重。
儘管可能想更進一步減少卡路里，但是卡路里不
足能量代謝的20%，就會失去過多的瘦肉組織，
嚴重消耗糖原存儲，並造成飲食中維生素和礦物

質攝取不足的風險。卡路里突然的下降等於向人
體傳達一個信息—即飢餓的來臨，從而節省了能
量的消耗。當你的身體進入到生存模式（適應較
低的卡路里攝入量）時，體內消耗能量的速度會
減緩。為了補償低卡路里的攝入，你的身體就會
分解肌肉組織來獲取能量。

步驟4：建立食物日誌

食物日誌或日記是你日常食物與飲料攝取
的紀錄，是藉由找出吃了什麼、為什麼吃以及什
麼時候吃，評估目前飲食習慣的一種好方法。此
方法可讓你檢視你的飲食是否均衡、或缺少任何
重要的營養，並可更仔細了解你的日常飲食方式
和生活習慣。至少連續3天量體重，並寫下所有
的飲食，理想的話最好是紀錄7天。這段期間應
至少包含一個週末。這個重點在，此期間內不要
改變平時的飲食習慣，並且誠實紀錄！每茶匙的
糖、麵包上每一抹奶油都應確實記錄。

請使用你的食物日誌進行評估：

- 從飲食中剔除缺乏營養的食物，這些食物可能
  是高度加工的食品和飲料，含糖量高（例：
  餅乾、無酒精飲料、巧克力、薯片）。

- 你的纖維攝取量–試著吃更多的富含纖維的食
  物，如：扁豆、燕麥、全麥、堅果、種籽、
  水果和蔬菜，以代替高度精緻的碳水化合物
  （例：白麵包、麵食、米飯和早餐穀片）。

- 用餐和吃點心的時間–定時用餐，若不是感到真的餓，就避免吃點心，並於訓練前後規畫好用餐時間。

步驟5：碳水化合物的攝取符合你的訓練負荷量

為使熱量缺乏達到15%，你需要減少整體碳水化合物的攝取，這不代表要採用低碳水化合物飲食法；而是將碳水化合物減少至仍可讓你努力訓練的標準，但切勿過低而導致疲勞、或運動表現下降。當長期低碳水化合物飲食、結合高強度訓練，可能導致過度訓練、免疫力降低與運動表現下降。

執行此步驟的最佳方式，就是將碳水化合物的攝取量符合你訓練的負荷量。因此，在碳水化合物需求量較高的日子（例：進行高強度耐力訓練時），以於運動前2–4小時和運動後2–4小時內消耗大部分日常所需的碳水化合物為目標，如此一來，你的運動表現不會受到影響，同時亦有足夠的能量努力鍛鍊。請記住，單靠脂肪無法為高強度運動（超過最大有氧能力的70%）補充燃料（請見第26頁）。運動前攝取50–100克碳水化合物，取決於你的用餐與運動之間間隔的時間長短、亦取決於計畫訓練的時間和強度。

運動後，消耗每公斤體重1–1.2克的碳水化合物，相當於70公斤的人需消耗70–84克，但需根據訓練持續的時間長短和強度進行調整。若你已賣力運動超過2小時，可能需要更多的碳水化合物，因為你的糖原儲存將耗盡。若運動不到一小時，那麼需要的就較少。此外，於運動後的恢復飲料和餐飲中添加15–25克的蛋白質，將能促進努力訓練後最佳的肌肉恢復（請見第82頁）。

碳水化合物需求量較低的日子，例：進行低強度訓練時（少於最大有氧能力的70%），以較低的肌肉糖原標準從事訓練不會對你的運動表現帶來不利影響。以低碳水化合物攝取進行低強度訓練，不僅有助於減少體脂肪、亦可促進耐力訓練的適應、增加脂肪氧化率，在某些情況下，還能改善運動能力（請見第43頁）。

一般來說，將糖和加工食品維持在最低標準，因為它們會提供大量的熱量、但相對較低的營養，對頁列出多種減少糖分的方法。

步驟6：切勿急劇減少脂肪

脂肪的密度可能比碳水化合物或蛋白質高（每克9大卡和每克4大卡），但請勿由飲食中完全去除。你每天都需要一定量的脂肪以提供必需脂肪酸、刺激荷爾蒙的產生、維持皮膚的健康、並吸收和運輸脂溶性維生素。脂肪亦能產生飽足感，給予人體充實的感覺。低脂飲食會導致必需脂肪酸和脂溶性維生素的攝取不足。目標在於消耗25%–30%來自脂肪的能量，不飽和脂肪酸應佔你脂肪攝取的絕大部分，而飽和脂肪酸佔能量不到11%，反式脂肪則應盡可能維持接近零。

減少富含高脂肪加工食品，例：香腸、漢堡、糕餅、蛋糕、餅乾等。選擇瘦肉、家禽和魚肉替代帶肥肉的肉類，並於烹飪時少使用的油。

如何減少糖分

習慣減少甜度：給你的味覺一些時間以進行調整。與其禁止食用糖，不如每次減少食物和飲料中的糖量。日積月累後，你就會習慣不那麼甜的食物口感。

限制含糖飲料（包括果汁和運動飲料）：它們不僅是空熱量（純熱量）的來源，含糖飲料與蛀牙、肥胖和2型糖尿病密不可分，問題在於，液態食物比固態食物更容易攝取過多熱量。儘管果汁中蘊含天然糖分，但榨汁過程代表將植物細胞壁中的糖以「游離糖（free sugar）」的形式釋出，進而損害牙齒、迅速提高血糖並提供額外的熱量。請以水、低脂牛奶或無糖茶或咖啡取代非酒精飲料、果汁和能量飲料。

盡量減少高度加工的食品：以蔬果中的天然食材代替飲食中高度加工的含糖食品（糖果、巧克力、蛋糕、餅乾和甜點），天然食材對血糖的影響不那麼大。加工食品會刺激飢餓感，讓你更難以控制食慾與體重。

不要禁食水果：水果中的天然糖分濃度低得多，與纖維一起攝取時有助於減緩糖分的吸收。大多數新鮮水果品種的升糖指數（GI）都偏低（請參見附錄1），水果亦是維生素、礦物質和植物化學物分的重要來源。

詳讀標籤：糖的種類很多，因此請檢視標籤上的白糖、葡萄糖漿、轉化糖、果糖、葡萄糖右旋糖、麥芽糊精、水果糖漿、原糖、蔗糖、葡萄糖，甚至偽裝成健康食品的食物也含有糖分（龍舌蘭糖漿、蜂蜜、有機蔗糖和楓糖漿都屬於同一類）。

選擇天然甜味：選擇新鮮水果，而非糖果、蛋糕、餅乾和糕點。將水果加入原味優格或粥品／早餐穀片，而不加糖；以新鮮漿果、原味優格或烤香蕉取代布丁，但對果乾需加以節制，因為它們是糖分的濃縮來源，容易攝取過量。

留意「低脂」食品：這些食品通常比「全脂」食品蘊含更多的糖分，因為製造商使用其它成分（包括糖）代替脂肪，以改善口味。這些食物可能並不總是能滿足你的口感期望，因此你可能最後吃得更多。

重新思考你的早餐：許多早餐穀片都含有糖分。請選擇粥品、烤吐司上的雞蛋、含新鮮水果與堅果的優格，蛋白質含量較高的早餐能讓你更長時間感到飽足。

更改食譜：通常，可以將大部分蛋糕和甜點中的糖分減少三分之一，卻不會影響口味和口感。試著添加肉桂、肉荳蔻、香草、杏仁萃取、薑或檸檬以改善風味。針對蛋糕，可以以蘋果泥或香蕉泥代替一部分糖。

步驟7：增加蛋白質以補償肌肉流失

攝取大量蛋白質可補償減重時潛在的肌肉流失的風險。多份研究顯示，蛋白質攝取量增至每日每公斤1.8–2.7克（或每公斤無脂肪組織2.3–3.1克），同時將你每天的能量攝取減少10%–20%，可時防止肌肉組織流失（Phillips & Van Loon, 2011，2014；Phillips & Van Loon, 2011）。

對於體重重達80公斤的運動員而言，這相當於每天攝取144–216克的蛋白質，你應該於每日的正餐和點心之間平均分配蛋白質，目的在於每天消耗每公斤體重0.25–0.3克或每餐約20–24克，用以將肌肉蛋白合成作用（MPS）最大化。

一項研究發現，相較於僅吃進建議營養攝取量的蛋白質運動（每公斤0.8克），攝取每公斤1.6克或2.4克蛋白質的運動員（為建議營養攝取量的兩倍至三倍）流失較多脂肪與較少肌肉（Pasiakos et al., 2013）。這三組人減輕相同重量的體重，但於節食期結束時，那些攝取額外蛋白質的運動員流失較多脂肪，並保留更多肌肉。

蛋白質亦有助於控制食慾並降低飢餓感。研究人員表示，蛋白質比碳水化合物和脂肪更能有效地關閉飢餓的信號，並促進飽足感（Westerterp-Plantenga et al., 2012）。蛋白質會觸發腸道中的食慾調節荷爾蒙，這些荷爾蒙會通知大腦的食慾控制中心你已經有飽足感（請見第80頁）。蛋白質攝取量越多，產生的飽足感就越高（Belza et al., 2013）。

能夠同時增肌與減脂嗎？

傳統的教條建議不要減脂同時增加肌肉，然而麥克瑪斯特大學的一項研究發現，若搭配低熱量、高蛋白質攝取與非常高密度的訓練課程就能做到（Longland et al., 2016）。此研究針對40位超重男性，讓他們進行為期4週的密集耐力訓練計畫（一週6天，包含2天循環阻力訓練、2天自行車高強度間歇訓練、1天自行車計時測驗與1天增強式徒手循環訓練），而所吃進的熱量比計算的需求量少40%。那些採用高蛋白質飲食者（每日每公斤2.4克）明顯比攝取每公斤1.2克者減少更多的體脂肪（4.8公斤對照3.5公斤），並獲得更多的肌肉（1.2公斤對照0.1公斤），至於攝取每公斤1.2克接近受測者的消耗量，但仍高於建議的每日攝取量。然而，雙重目的下的運動極其艱鉅，且減重效果可能無法持續。

伊利諾大學的一項研究發現，相較於攝取高碳水或高蛋白飲食，但含有相同熱量的女性，她們定期運動，例如，每週5次步行30分鐘，每週2次30分鐘重量訓練，結果採行高蛋白飲食的的女性減輕了較多體重（Layman et al., 2005）。在高蛋白飲食組中，幾乎100%減輕的體重都是脂肪，大部分為腹部脂肪；相反地，在高碳水飲食

不吃早餐能加強減重嗎？

研究指出，不吃早餐的人更容易在之後吃下那些美味可口富含高熱量的食物（Goldstone etal., 2009），午餐也會吃得更多（Chowdhury et al., 2015）。而且，與一般看法相反的是，不吃早餐的人無法受益於不吃早餐省下的熱量，並且致使在一天當中反而消耗更少的熱量（Levitsky & Pacanowski, 2013）。

英國巴斯大學的一項研究發現，一個早晨活動力強的人吃早餐比不吃早餐更能在用餐後多燃燒442卡的熱量（Betts et al., 2014）。因為不吃早餐的人，他們通常早上消耗較少熱量，他們自發性的運動訓練較也少。

儘管偶爾不吃早餐可能幫助你減少一天熱量的攝取（Clayton & James, 2015），但若你想於當天晚些時候進行嚴格訓練，這就不是一個好的減重策略。英國羅浮堡大學的研究人員發現，不吃早餐者的騎乘計時測驗（午餐後但於晚餐前）運動表現下降了4.5%（Clayton et al., 2015）。

組中，減輕的體重中高達三分之一是肌肉，研究人員建議，高蛋白飲食法的效果更好，因為高蛋白質富含亮氨酸，而亮氨酸與胰島素可一起促進脂肪的燃燒，同時保有肌肉。

步驟8：血糖控制

要做到血糖控制，可以透過低升糖食物，即碳水化合物、蛋和質和脂肪的均衡組合，重點是高纖食品（例：全麥、水果和蔬菜），這有助於改善食慾調節、增加飽足感、並延遲正餐之間的飢餓感。切記，於碳水食物中添加蛋白質、脂肪或可溶纖維，往往能降低吸收的速度、延緩血糖升高。這個方法實際上很容易做到，若你打算吃碳水化合物來源（如：馬鈴薯）和高蛋白來源（如：魚），可再增加蔬菜。更好的方法是，攝取包含一些低升糖指數的碳水化合物，例如：扁豆、豆類。

步驟9：吃更多纖維

除了降低罹患某些癌症和心臟病的風險外，纖維亦可減緩胃中食物的排空、減少飢餓感、並有助於維持飽足感。纖維還能賦予食物更多的口感，因為你需要加以咀嚼食物，這會減緩你的用餐速度，減少暴飲暴食的機會，增加飽足感。

纖維亦減緩碳水化合物的消化和吸收，導致慢而穩定的能量攝取，以及穩定的胰島素標準。非波動式的葡萄糖和胰島素標準能促進運用食物來獲取能量，而非將之儲存為體脂肪。

最易感到飽足的食物是每單位卡路里份量越大的食物。水和纖維會增加食物的體積，因此增加這些成分的食物份量。水果、蔬菜、豆類和全麥食品可提供最少的熱量和最大的飽足感。若你能夠吃一整盤就份量而言熱量相對較少的食物，你也能吃少量但高熱量食物有相同滿足感。

步驟10：不要禁食

多項研究顯示，不禁食和偶爾放縱但不會感到罪惡，是維持減重的成功策略。許多人發現，每週一次健康飲食或節食後的「假日」，能夠滿足他們渴望，是讓他們有動力一週又一週持續執行健康飲食的好方法。這表示你可以在沒有罪惡感的情況下，允許自己吃點巧克力以及你最愛的冰淇淋或漢堡。若你知道每週可以吃一點最愛的食物，就不會一直將它視為禁忌的食物，也不會想吃太多。

縮減你的份量

使用較小的盤子，並選擇較小的包裝。美國的研究人員發現，餐食份量或攝取份量越大，吃進的熱量就越多（Wansink,2005; Wansink et al., 2005）。接受大包裝的爆米花或湯的人，比接受小包裝者多吃進45%及73%的熱量。

步驟11：逐步改變能持續維持的生活方式

長期體重控制，只能透過改變個人的飲食習慣和運動習慣，並且能自在而長期的堅持來達

表9.1	生活方式的改變
生活方式	**建議**
沒有足夠的時間準備健康的餐點	提前規畫餐點，隨時準備所有食材。大量準備餐點，並一份一份冷藏／冷凍。
工作輪班	規畫有規律的用餐時間，並攜帶自己的健康食品。
工作內容包含大量差旅	食用攜帶式的健康零食（例：三明治、水果、堅果、高蛋白營養棒、果乾、優格、牛奶、高蛋白飲料）
需要為其它的家人做飯	將最喜愛的家庭餐點（例：義大利肉醬麵）調整得更健康，添加額外的蔬菜和高纖食材（例：豆類、全麥麵食）
壓力大時飲食過量	運用壓力管理和放鬆的技巧
頻繁外食	選擇更健康的餐廳（例：沙拉、魚肉、蔬食餐點）

什麼是產熱效應？

產熱效應是指熱量的產生。每次吃完食物時，新陳代謝率（MR）會增加同時體溫會略為升高。若你透過吃進比例正確的燃料，那麼吃進的熱量就會被燃燒。然而某些營養成分比其它營養有更高的產熱效應。蛋白質能發揮最強大的產熱效應，碳水化合物的產熱效應較小，而脂肪僅發揮微弱的產熱效應。當你吃進100大卡的脂肪時，只有3大卡的熱量會被燃燒；當攝取100大卡的碳水化合物時，12-15大卡會被當作熱量「消耗」；當吃進蛋白質時，消耗約20大卡（Suaminathan et al, 1985）。攝取蛋白質和碳水化合物可增加新陳代謝率（MR），而脂肪則不太會引起新陳代謝率（MR）的增加，大部分的熱量將轉化為體脂肪。

成。你大刀闊斧地改變，例如：去除整個食物的種類，或以奶昔代餐取代正餐，你不太可能長期持續這種狀態。減重計劃應該明智且可持續執行，然而，最大的障礙之一是不願意改變生活方式。表9.1列出許多人無法長期控制體重的一些普遍原因，以及如何克服障礙的建議。

步驟12：從事正確的運動

任何採用減少熱量計畫的人會同時流失肌肉與脂肪，依照嚴格的減熱量計畫，肌肉流失最高可達減輕體重的50%，然而，可透過選擇從事正確的運動讓肌肉的流失減到最少。

耐力運動

基於兩個原因，你的減脂計畫中應包含耐力運動。首先，由於體脂肪的氧化，你的運動後靜止代謝率（RMR）最多升高15個小時（Melby et al., 1993）。從舉重所燃燒的熱量不一定多於心肺運動，但是增加的肌肉組織將讓你的身體在休息和運動時燃燒更多的熱量。一項研究發現，結合心肺運動與耐力運動者，比僅僅從事心肺運動者減少了更多的脂肪，同時擁有更多的肌肉（Willis et al., 2012）。

第二，於減重計畫中增加耐力運動時，能保留更多的肌肉、減掉更大比例的脂肪，耐力訓練可刺激肌肉的維持。

美國運動醫學會建議，初學者每週可從事耐力訓練2至3天，高階則可每週4至5次（Garber C. E., 2009）。一般來說，以你可舉起的重量進行2–4組運動8–12次，以訓練每個肌群，每組運動之間的休息30秒。

心肺（CV）運動

美國運動醫學會建議每週心肺運動150分鐘，以改善你的健康（Donnelly et al., 2009）或運動200–300分鐘以減輕體重。這相當於5堂30分

的運動課程（為了健康）或5堂60分鐘的課程（為了減重）。

合理的目標是每次運動20–40分鐘、每週3–5次，但不要過多。逐漸增加運動課程的強度與持續的持間，以每週5次的60分鐘課程為目標。於你的減脂計畫中增加心肺運動可燃燒更多熱量，並補償部分肌肉的消耗，但請不要只單靠有氧運動。你有可能因有氧運動流失大量的肌肉組織，某些研究估計流失的肌肉可高達40%（Aceto, 1997）。這是因為有氧運動不足以在熱量缺乏時確保維持肌肉。肌肉的流失將接著導致新陳代謝率的下降。

儘管許多人相信，低強度和持續時間長的有氧運動，並不是減脂的最佳方法，但研究指出，高強度有氧運動不僅可更有效地燃燒脂肪，還能加快新陳代謝，並於運動後維持加速代謝一段時間。我們實際計算的是每單位時間內所燃燒的熱量，你消耗的熱量越多、分解的脂肪就越多。例如：步行60分鐘可燃燒270大卡，其中的160大卡（相當於60%的熱量）來自脂肪。同樣跑步60分鐘（即從事高強度有氧運動）會燃燒680大卡，其中270大卡（相當於40%的熱量）來自脂肪。因此，高強度有氧運動在同樣的時間內可導致更多的脂肪流失。無論你的健康狀況如何，這個原則每個人都適用，但運動強度始終與個人有關。每小時行走6公里，對健康狀況不好的人來說屬於高強度運動，而每小時跑步10公里對狀況良好的運動員而言，則是低強度運動。

高強度間歇訓練（HIIT）

高強度間歇訓練（HIIT）已顯示，較穩定狀態訓練更能有效促進脂肪的流失，同時改善心肺功能的健康。高強度間歇訓練（HIIT）的基本概念是在許多間隔時間內以不同的速度訓練。加拿大魁北克拉瓦爾大學的研究人員發現，從事高強度間歇訓練（HIIT）的受測群所流失的脂肪，比使用傳統穩定強度心肺訓練者多出9倍（Tremblay et al., 1994）。在接下來24小時內還會提高新陳代謝率，意思是，即使休息身體的燃脂過程仍會持續很長的時間。

高強度間歇訓練（HIIT）可透過各種活動和機器來進行–跑步、游泳、跑步機、腳踏車、滑步機或跳繩。選擇你的設備，並確定適當熱身以防止受傷，請注意個人的底限，並依此進行訓練。暖身10分鐘後，嘗試30–45秒的高強度運動、並間隔休息1分鐘，重複間歇訓練4或5次，然後再進行10分鐘緩和運動。

我應該如何建構我的燃脂運動計畫？

你可以將燃脂運動計畫分為兩部分：
1.重量訓練
2.高強度有氧運動

理想情況下，你應該每隔數日進行一次訓練，方能在每次訓練間隔時有足夠的時間恢復，並於每次訓練時發揮最大的能量。在此提供一份能有效達到減脂、並維持肌肉組織與代謝率的計畫：

表9.2			燃脂運動計畫範例			
星期一	星期二	星期三	星期四	星期五	星期六	星期日
第1週						
UBWT：胸部、背部、肩部、手臂	AT：20–25分鐘健身腳踏車	LBWT：大腿、小腿、腹部	AT：20–25分鐘跑步	UBWT：胸部、背部、肩部、手臂	AT：20–25分鐘游泳	不安排訓練
第2週						
LBWT：大腿、小腿、腹部	AT：20–25分鐘健身腳踏車	UBWT：胸部、背部、肩部、手臂	AT：20–25分鐘跑步	LBWT：大腿、小腿、腹部	AT：20–25分鐘游泳	不安排訓練

- 隔天（例如：週一、週三、週五）進行重量訓練，每週三次。訓練課程應該很劇烈，直到你肌肉疲乏（每次訓練的最後一組運動都應達到最大強度、或最大程度的發揮）。字彙說明：UBWT=上半身重量訓練；LBWT=下半身重量訓練；AT=有氧訓練

- 每次重量訓練應持續40–45分鐘。

- 輪流訓練上半身與下半身的肌群（即交替訓練），例如：週一訓練上半身、週三訓練下半身、週五訓練上半身。

- 每個肌群進行六組訓練，並針對該肌群選擇一種或兩種不同的運動（見表9.2.）。

- 維持正確的姿勢，專注於每次重複的動作，同時掌握肌肉的控制力，這些基本技巧最為重要

- 每個部位舉起與放下的動作持續約兩秒鐘，並盡力維持肌肉收縮的姿勢靜止一秒鐘。

- 隔日（例如：週二、週四、週六）進行有氧訓練，建議每週三次，每次約20–25分鐘。

- 適合的有氧活動包括跑步、騎自行車（室內或戶外）、踏步、游泳、划船或使用其它心肺訓練設備。重點在於該項運動是連續性的，且可適時改變強度。

- 先暖身3–5分鐘，接下來4分鐘內逐漸增加運動強度，直到達到最大強度並維持1分鐘，然後降至中等強度，再持續1分鐘。以此模式重複4次，於接下來約2–3分鐘內緩慢地降低強度結束訓練。

　　註：關於表9.3以及表9.4，更為詳細的運動訓練，請參閱安妮塔・比恩的《肌力訓練完整指南The Complete Guide to Strength Training（第5版）》。

運動營養完全指南

表9.3	重量訓練計劃範例（上半身訓練）	
肌群	運動	重複次數
胸部	·仰臥推舉（暖身）	1 × 12–15
	·仰臥推舉	3 × 8–10
	·啞鈴飛鳥	3 × 8–10
背部	·滑輪下拉（暖身）	1 × 12–15
	·滑輪下拉	3 × 8–10
	·坐姿划船	3 × 8–10
肩部	·啞鈴肩推（暖身）	1 × 12–15
	·啞鈴肩推	3 × 8–10
	·肩部側舉	3 × 8–10
手臂	·槓鈴彎舉（暖身）	1 × 12–15
	·槓鈴彎舉	3 × 8–10
	·仰臥三頭肌伸展（暖身）	1 × 12–15
	·仰臥三頭肌伸展	3 × 8–10

表9.4	重量訓練計劃範例（下半身訓練）	
肌群	運動	重複次數
腿部	·深蹲（暖身）	1 × 12–15
	·深蹲	3 × 8–10
	·弓箭步	3 × 8–10
	·負重踮腳尖（暖身）	1 × 12–15
	·負重踮腳尖	3 × 8–10
腹部	·人臥捲腹	2 × 10–15
	·斜腹側展	2 × 10–15
	·反向捲腹	2 × 10–15

重點摘要

· 想要燃燒體內的脂肪，你必須讓消耗的熱量（卡路里）遠多於所攝取的。

· 決定基礎代謝率的關鍵就是你的體重。

· 快速減重法可能對運動表現和健康產生不利的影響。

· 減少10%–20%的熱量攝取可達到有效減脂；此種方式能將瘦體組織的流失與靜止代謝率（RMR）降到最小。

· 每日每公斤1.8–2.7克的高蛋白質攝取（或每公斤2.3–3.1克無脂肪組織）可補償某些熱量不足訓練時潛在的肌肉流失。

· 蛋白質有助於控制食慾並降低飢餓感。

· 建議的減脂率每週不能超過0.5公斤。

· 各式各樣的飲食法都可能讓體重減輕，最重要的是持續減少熱量的攝取。

· 最後，為能成功做到長期減重，你的飲食計畫必須是能夠持續維持的，並在不影響運動表現的情況下幫助你減脂。

· 有效減脂策略的要素，包括設立實際可行的目標、監控你的進度、減少10%–20%的熱量攝取、根據訓練目標調整碳水化合物的攝取、盡量減少高度加工的食品、飲食中含健康油脂、食用富含纖維的食物、不要禁食任何食物、逐漸改變生活方式、納入心肺運動與耐力訓練。

// 關於增重

增重有兩種方式：增加你的瘦體組織或增加你的脂肪組織。這兩種方式在體重計上皆記錄為體重增加，但卻形成非常不同的身體組成狀態和外觀！

結合符合均衡飲食且妥善規劃的耐力訓練，可增加瘦體組織，耐力訓練提供適量的能量（卡路里）與營養，讓你的肌肉以最佳速率增長。若兩者沒有互相搭配，能增加的就有所限制。

何種訓練最適合增加體重？

耐力訓練（重量訓練）是刺激肌肉增長的最佳方式。研究顯示，運用相對較重的砝碼、每組完全舉起6–10次，可最快達到肌肉量與力量強度的增長（Bompa & Cornacchia, 2013）。若你能以特定的重量重複10–12次的舉重後，體重還是增加較少，別擔心，你的肌肉耐力、力氣和力量一定會有所改善。

著重於「組合式」的運動，例如：仰臥推舉、深蹲、肩部推舉、上背下拉，因為這些運動可鍛鍊身體最大的肌群與周圍作為「輔助肌」和「協同肌」的肌肉，這些類型的運動在一個動作中就能刺激最大量的肌肉纖維，因此是增加肌肉組織最有效且最快的方法。盡量維持較小的分離式訓練，例：二頭肌彎舉或俯臥抬腿；這些運動的方式讓肌肉組織增長較慢，因此，要提升運動的多樣化才能加快增肌的速度。

我能預期增加多少體重？

你能夠預期增加的肌肉重量取決於幾項遺傳因素，包括體型、肌肉纖維、運動單位的配置與荷爾蒙的平衡，以及訓練課程規畫和飲食。

你的基因組成決定肌肉中不同類型纖維的比例。快縮肌纖維（二型纖維）比慢縮肌纖維（一型纖維或耐力纖維）更容易產生力量並增長，因此，若天生肌肉中擁有較多的快縮纖維，你對肌力訓練的反應可能較快。不幸的是，你無法將慢縮纖維轉變為快縮纖維，因此，兩個人可進行完全相同的訓練課程，但擁有大量快縮纖維者自然增重較另一人更快。

天生的體型亦會影響你增加瘦體組織的速度。瘦型體質者（天生身材苗條、四肢細長、窄肩臀）較運動型體質者（肌肉發達、運動型肩寬窄臀的身材）更難增重，後者較易增加肌肉。肥胖型體質者（矮胖、肩部與臀部圓潤，脂肪分布均勻）容易增加脂肪與肌肉。

男性（蛋白同化）荷爾蒙（例：睪酮）標準天生較高者，增加肌肉的速度也較快。這是女性除非服用合成代謝的類固醇，否則無法達到男性肌肉組織或肌肉量的原因。

然而，無論你的基因、天生的身材與荷爾蒙的平衡如何，每個都能透過肌力訓練增加肌肉並改善體型，只是某些人需要比他人長的時間才能達成。

我多快才能夠增重？

從事訓練的第一年後，體重增加通常為原始體重的20%。然而，當你更接近基因潛能時，增重的速率將逐年下降。男性可預期每個月增加0.5–1公斤（GSSI，1995）。

女性增加的比例約為男性的50%–70%（例：每個月0.25–0.75公斤），是因為部分女性的初始體重較輕、肌肉組織較少，部分則是因為蛋白同化荷爾蒙的含量較低。請監控你的身體組成狀態，而非僅監控體重。若你依照既定的規畫每個月增加了超過1公斤的體重，那麼你可能增加了脂肪！

增加肌肉的訓練

某些組合式的運動，例如：硬舉、挺舉、深蹲抓舉，不僅刺激「原動」肌，亦對整個身體與中樞神經系統產生強大的蛋白同化（系統性）影響。這些都是經典打造肌肉的動作，每週應於嚴格的肌肉／肌力訓練單次課程中包含這些動作。為了刺激肌群中最大數量的肌肉纖維，請選擇一至三種基礎運動，並以此肌群完成4–12組運動為目標。最近的研究表示，完成較少組數（4–8組）、但採用較重重量（你一次能夠完成之最大重量的80%–90%，即以正確的動作只能舉起一次的最大重量），可加速肌肉量與肌力的增加。若你進行讓此肌群筋疲力盡的運動，在重複相同的運動之前，你需要7天的恢復時間。因此，若你的目標是每週鍛鍊一次每個肌群（平均），實際上，請將身體分為三或四個部位（例：胸部、腿部、肩部、背部、手臂），每次鍛鍊一個部位。

務必採用嚴格的訓練形式，理想的情況下，有一位合作夥伴「照看」你，讓你可以安全地使用接近最大重量的砝碼。請務必謹記事先以輕度有氧訓練進行暖身（例：健身腳踏車）與相關的伸展運動。鍛鍊過後，請確保你亦伸展肌肉（理想的情況下，鍛鍊每個部位之間都進行伸展），以舒緩疼痛。

我應該吃多少？

為了以最佳速率增加瘦體組織與肌肉力量，必需維持正能量平衡，即消耗比你維持體重所需更多的能量。但不能過分強調，這些額外的熱量應來自碳水化合物、蛋白質與脂肪的平衡比例。

1.卡路里（熱量）

使用第16章第290–92頁步驟1至步驟4的公式估算你維持體重的熱量攝取量，即是將你維持體重的熱量乘以1.2倍（120%）。

範例：

若你維持體重的熱量需求為2700大卡，那麼你需要吃進2700 x 1.2 = 3240大卡。實際上，大多數的運動員需要於日常飲食中增加約500大卡，並非所有額外的熱量都會轉化為肌肉，某些熱量會用於消化和吸收，或用於散熱、亦是用於身體活動。請逐漸增加你的熱量攝取量，例如每天200大卡、維持一段時間，一週或兩週後，再增加200大卡。肌肉增加緩慢者可能需要每天增加多達1000大卡的熱量攝取。

2.碳水化合物

為了增加肌肉，你需要非常努力地鍛鍊，此時，必需要有大量的燃料。當然，這類運動的重要燃料就是肌肉糖原。因此，你必須消耗足夠的碳水化合物以達到高肌肉糖原的標準。若你於低肌肉糖原標準的情況下從事訓練，可能會導致蛋白質（肌肉）分解過多的風險，與你想達成的目標恰恰相反。

於低強度或中等強度訓練日的24小時內，你應攝取每公斤5–7克的碳水化合物，而於中等強度至高強度耐力訓練中，則建議攝取每公斤7–10克。由於熱量需求增加了20%，平時的碳水化合物攝取量亦應增加，實際上，你的目標應多吃50–100克碳水化合物。

3.蛋白質

你的蛋白質需求高於從事耐力訓練之運動員的需求。如第4章中所述，飲食蛋白質為肌肉的生長提供刺激（Phillips et al., 2011; Phillips, 2012）。為了增長肌肉，你必須處於「正氮平衡」的狀態，也就是說，你的身體保留的蛋白質，較排泄或用作燃料的蛋白質要多。儘重非常努力鍛鍊，次優攝取的蛋白質將導致肌力、肌肉量和肌肉組織增長緩慢，甚至造成肌肉損失。

對運動員的建議，一般為每日每公斤1.2–2.0克的攝取量，而對於主要從事肌力與爆發力運動的人來說，建議攝取範圍內較高量的蛋白質（每日1.4–2.0克／公斤之間）。（ACSM/AND/DC，2016;Phillips et al., 2007;Tipton et al., 2007;Williams,1998）。此項蛋白質攝取的標準應有助於肌肉的生長。根據多份研究顯示，將攝取量增加為每公斤2.0克以上，並不會產生進一步的優勢。舉例來說，若你體重為80公斤，每天需要112至160克的蛋白質。

4.脂肪

脂肪應佔總熱量的20%至35%，或當你一旦滿足了碳水化合物與蛋白的需求而達到熱量平

衡。你大部分脂肪的來源應來自不飽和脂肪，例如：橄欖油及其它植物油、酪梨油、魚油、堅果和種籽。

範例：

若你一天消耗了3000大卡，你的脂肪攝取量應為：

- （3000×20%）÷9 66克
- （3000×35%）÷9 117克

即每天攝取66至117克

補充營養時間點

運動前後飲食攝取的時機很重要，你可以在運動後2小時內消耗每公斤1–1.2克的碳水化合物，以優化鍛鍊後的糖原回補（Burke et al, 2011）。因此，若你體重為80公斤，你需要於運動後2小時內補充80–96克的碳水化合物。

然而，不僅碳水化合物對於訓練後的恢復有幫助：數項研究表示，運動後同時攝取碳水化合物與蛋白質有助於為糖原儲存與肌肉增長打造理想的荷爾蒙環境（Zawadzki et al., 1992; Bloomer etal., 2000; Gibala, 2000; Kreider et al., 1996）。兩者皆能觸發體內胰島素與生長激素的釋出，這兩者皆為強大的蛋白同化荷爾蒙，胰島素將胺基酸運輸至細胞，並將它重組成蛋白質、防止肌肉分解，此外，胰島素亦將葡萄糖運輸至肌肉細胞，並刺激糖原的儲存；而生長激素則可增加蛋白質的製造與肌肉的增長。

許多證據表示，於運動後恢復階段早期補充的蛋白質，會增加MPS（肌肉蛋白合成作用）並促進肌肉的修復（範盧恩，2014年）。運動後最佳蛋白質攝取量為每公斤0.25克，相當於體重80公斤的運動需攝取20克（ACSM／AND／DC,2016; Phillips & Van Loon, 2011; Moore etal., 2009; IOC, 2011; Rodriguez et al., 2009）。當運動員補充不到20克時，他們增加的肌肉較少；當他們補充超過此攝取量的蛋白質時，他們的肌肉不會再增長。

肌肉恢復與蛋白質消耗時間較以往想像的要長。現今已知，運動的同化效應可長達24小時，因此消耗蛋白質的優點可能會持續數小時。換句話說，訓練後立即補充蛋白質將增加MPS（肌肉蛋白合成作用），但在之後的24小時內蛋白質的消耗亦會增加。

為能整天保持最佳的MPS（肌肉蛋白合成作用），你應該於每餐膳食中補充每公斤0.25–0.3克的蛋白質。對體重80公斤的運動員來說，這相當於每餐飯補充20–24克蛋白質。補充少於此數量的話，會導致次優肌肉蛋白合成率；補充多於此量的蛋白質，並不會增加肌力與肌肉組織。過量的蛋白質將被氧化，並作為燃料的來源。最好將蛋白質在整日平均分配，於早餐、午餐和晚餐補充差不多的量，而非於晚餐吃進大部分的蛋白質（Mamerow et al, 2014;Areta et al , 2013）。

睡前攝取一些蛋白質也可能會提高MPS（肌肉蛋白合成作用）並增加肌肉組織。馬斯垂克大學的一份研究發現，睡前飲用含28克蛋白質飲品的運動員，相較於未飲用的，前者於12週後增加了肌力與肌肉組織（Snijders et al., 2015）。

何種蛋白質最適合增加肌肉？

牛奶、乳清蛋白、酪蛋白、雞蛋、肉類和魚類可提供必需胺基酸，其含量標準接近符合人體的需求。多項研究顯示，這些類別的蛋白質較其他類別更能刺激肌肉生長。這些食物亦富含胺基酸白胺酸，已證實此成分是調節體內蛋白質製造的重要元素，並於運動後能加快肌肉恢復的重要角色（請參閱第85頁）。

與其它必需胺基酸結合會觸發蛋白質的製造，進而導致肌肉量和肌力的增加。然而，植物蛋白質的來源，例如：豆類、扁豆、堅果、大豆和（較少量）穀物，也可以為你的飲食提供胺基酸，並可計入你每日總蛋白質的攝取量。

液態蛋白質（如：牛奶和乳清蛋白飲料）在運動後能立即對肌肉蛋白合成（MPS）特別有益，因為它們較固態食物更容易消化吸收（Burke et al., 2012）。相較於市售運動飲料，從事肌耐力運動後立即補充牛奶，已證明可增加肌肉的生長及修復、減少運動後的肌肉疼痛、改善身體組成狀態，並為身體補充水分（Elliot, 2006;Hartman et al., 2007; Wilkinson, 2007; Karp et al., 2006）。

牛奶和乳清蛋白飲料是特別豐富的白胺酸來源，因此，它們代表運動後促進肌肉生長的理想食物。你可以由500–600毫升的牛奶獲取20克的蛋白質，此容量可提供30克的碳水化合物，有助於補充肌肉糖原的儲存並增力肌肉。對於肌肉蛋白合成（MPS）而言，牛奶的類型（脫脂或全脂牛奶）並不重要，奶昔、熱巧克力、咖啡拿鐵和其他牛奶製的飲料也是適合恢復肌力的選擇。

增重的營養補充品是否有幫助？

實際上，市面上有數十種聲稱可提升肌肉組織的營養補充品，儘管許多聲稱都沒有科學研究的支持，但是不僅缺乏安全數據，甚至發現其中有些蘊含非法物質！

關於營養補充品的更多資訊，請參閱第6章，然而，關於增加體重，某些營養補充品可能可以考慮：

肌酸可能有助於運動表現、肌力和肌肉組織，數十項研究顯示，自1990年代中期以來，在為期5天的負荷劑量後，相較於對照組，瘦體組織與總組織有明顯的增加，瘦體組織通常為體

運動後的點心

下列各項選擇提供約20克的高品質蛋白質：

- 600毫升牛奶。在肌力與爆發力訓練後，任何類型的牛奶都可提供將肌肉適應性最大化所需的蛋白質，並包含最適量的肌鏈胺基酸白胺酸，以促進運動後肌肉的增加。

- 500毫升奶昔。使用500毫升牛奶，加上優格和新鮮水果（一般來說，香蕉、梨子、芒果和鳳梨效果最佳）以製作最佳蛋白質、碳水化合物和有重要抗氧化劑的混合飲品。

- 450毫升的優格。進行肌力訓練後，請選擇原味優格，或於持續1小時亦是更久的耐力訓練後選擇水果優格。兩者都含有高品質的蛋白質，可加速肌肉恢復；而水果優格具有糖分添加，因此蘊含理想比例為3比1的碳水化合物與蛋白質，可快速補充糖原。

- 330–500毫升的乳清蛋白奶昔。以牛奶或水製成的奶昔是杯裝的便利輕食。選擇含有20克蛋白質的飲品，粉末狀或即飲飲料通常含有碳水化合物（通常為麥芽糊精和糖分）、蛋白質（通常為乳清蛋白）、維生素和礦物質的均衡混合飲品。

- 50克的杏仁或腰果，加上250毫升的優格，堅果不僅提供10克的蛋白質，亦含有維生素 、維生素 、鐵、鋅、植物營養成分與纖維。優格則提供另外10克的蛋白質，堅果中蘊含的脂肪可能會略為減少胰島素，但並不會影響肌肉的增長。

- 250毫升瀝乾的希臘優格。從事肌力訓練後，瀝乾的希臘優格是完美的選擇，因為它更為濃縮，蘊含的蛋白質含量為一般優格的兩倍。

- 500毫升的即飲奶昔。選擇含有約20克蛋白質的奶昔，以便於運動後補充燃料。或者，你可以將3茶匙的奶昔粉與500毫升的牛奶混合，製作自己的快速飲品。

- 「蛋白能量」棒。蘊含碳水化合物與乳清蛋白的能量棒是訓練後方便的選擇。請選擇含有約20克蛋白質的能量棒。

重的1–3%（約為0.8–3克）。請參閱第6章，第124–126頁。

舉例來說，賓州大學進行一項研究，13位重訓教練服用7天肌酸補充品後，平均體重增加1.3公斤（Volek, 1997）。

同一組研究人員針對19名重訓教練服用一週肌酸補充品後，測量總體重增加了1.7公斤，肌肉組織增加1.5公斤（Volek,1999）。12週後，

總體重平均增加4.8公斤，肌肉量平均增加4.3公斤。觀察到的體重增加，部分歸因於細胞液體的增加，部分則是因為肌肉的合成。然而，並非所有的研究都顯示對肌肉組織產生明顯的效果；某些研究發現僅是總體重的增加。蘊含蛋白質、麥芽糊精、維生素與礦物質的多合一營養補充品，是固態食品便利的替代品。它們不一定能改善你的運動表現，但若你難以吃進足量的實體食物、或你需要在旅途中用餐或補充額外的營養時，此種營養補充品是有幫助且方便的膳食補充品（而非替代品）。

若你對蛋白質的需求特別高、或無法單單由食物中補充足夠的蛋白質（如：素食主義者或純素飲食），蛋白質營養補充品可能對你有益。

增重的秘訣

在你的日常生活中增加總進食時間，但這可能表示你需重新安排其它活動。提前規畫你的正餐與點心時間，無論你有多忙，都不要省略。

· 增加用餐頻率，每天至少一定要吃三餐正餐與三次點心。

· 規律地用餐，每2–3小時進食一次，並避免間隔超過3小時。

· 計畫營養豐富的高熱量但量少之點心，如：奶昔、冰沙、優格、堅果、果乾、蛋白質營養棒。

· 食用較多份量，但避免飲食過量！

肌酸如何導致體重增加？

體重會增加的原因，一部分為肌肉細胞中的水分滯留，另一部分則為肌肉的增長。研究人員發現，在補充肌酸的最初數日尿液量明顯減少，表示身體滯留了多餘的水分（Hultman, 1996）。

肌酸將水分帶入肌肉細胞，因此加細胞的體積。於一份關於交叉訓練之運動員的研究中，在攝取肌酸負荷劑量後，大腿肌肉增加了6.6%，細胞內容量增加2–3%（Ziegenfuss et al., 1997）。一般認為，補充肌酸造成更大的細胞體積，可作為蛋白質合成、並因此產生肌肉生長的同化信號（Haussinger et al., 1996），此外，肌酸亦能減少劇烈運動過程中蛋白質的分解。

研究顯示，即使長期補充肌酸後，肌肉組織亦大幅增加，表示出肌酸對肌肉生長有直接的影響。在菲斯大學的研究中，服用肌酸的運動員比服用安慰劑的運動員增加更多的體重，但兩組人最後的體內水分含量相同（Kreider et al., 1996）。若肌酸能讓你更用力訓練，你可能增加更多的肌肉組織，關於肌酸補充劑量的詳細資訊，請參閱第6章，第124–126頁。

· 若你發現難以吃進足夠的食物，請試著每天食用一次或兩次流質膳食，如：牛奶、乳製飲

高熱量、營養豐富的點心，適合難以增重者

- 堅果與果乾
- 牛奶製飲品
- 冰沙
- 全脂牛奶或希臘優格
- 粥
- 高蛋白餡的三明治、貝果、麵包捲和披搭餅
- 燕麥捲或燕麥製營養棒
- 煎餅
- 多合一或蛋白質奶昔
- 蛋白質營養棒

品、代餐或蛋白質補充品、或優格製奶昔，以幫助你增加熱量、碳水化合物和蛋白質的攝取。

- 使用全脂牛奶、而非脫脂牛奶；希臘優格或全脂牛奶優格，而非低脂類優格。

- 使用更多橄欖油（或葡萄籽油）烹飪並作為沙拉淋醬；將多餘的碎乳酪撒於盤中；盡情於吐司和三明治中塗上抹醬。

- 增加你飲食中熱量與營養物質的量，例：於粥品、早餐殼片或優格中增加果乾、香蕉、蜂蜜、切碎的堅果或種籽，這種作法比添加糖分或果醬（空熱量）的普遍方式更有營養。

重點摘要

- 為增肌，必須結合一致性的重量訓練規畫與熱量、碳水化合物、蛋白質和脂肪的攝取。

- 瘦體組織的增加取決於你的基因組成、體型與荷爾蒙的平衡。

- 若欲增加瘦體組織，增加20%你維持現有體重的熱量攝取量或每天約增加500大卡。

- 蛋白質攝取量為每公斤1.4–2.0克，將可滿足你蛋白質的需求。當你的熱量需求增加20%時，你平時的碳水化合物應增加。

- 訓練後立即補充每公斤1–1.2克的碳水化合物，理想的情況下是與蛋白質一起補充。

- 訓練後立即補充每公斤0.25克蛋白質，並於每餐包含每公斤0.25–0.3克的蛋白質。

- 蘊含8種必需胺基酸與高含量白胺酸的蛋白質，對於促進MPS（肌肉蛋白合成作用）特別有幫助，例如：牛奶與奶製品。

- 為了增加體重，請於日常生活中增加總進食時間，增加用餐頻率，並於膳食中包含高熱量、營養豐的食物，例如：牛奶製飲品、奶昔、優格、堅果、果乾、蛋白質營養棒。

- 具有充分證明的營養補充品並不多；這些補充品包括蛋白質補充品與肌酸。

寫給女性運動員

本章特別涵蓋與女性運動員相關的營養問題，而過去被稱為「女性運動員三合症」的症狀，現今稱為「運動中能量相對不足（RED-S）」。主要特徵為月經、代謝率、骨骼健康、免疫力、蛋白質合成和心血管健康等功能受損。

運動中能量相對不足在女性運動員中相對普遍，不少，許多女性會透過訓練或運動達到瘦身效果。因此，為了實現這個目標，許多女性運動員接受密集且過度的訓練計畫，並嚴格地執行飲食限制。但是，這可能會讓某些運動員沉迷於控制體重與卡路里攝取，最終導致其飲食失調。

本章探討為何女性運動員更容易出現飲食失調的情況，並提出了一些必須留意的警告訊號，包括對健康的影響及如何幫助可能有飲食失調者的女性。

本章還說明無月經（amenorrhoea）的原因和治療，並解釋其對健康和運動表現的影響，最嚴重的影響之一是骨密度降低、骨質流失增加、骨質疏鬆（osteoporosis）和壓力性骨折（stress fracture）的風險。

由於訓練中鐵質損失的增加或飲食攝取量低，女性運動員比非運動員的女性更容易發生缺鐵性貧血。本章會介紹其症狀，並解釋相關情況、運動性貧血和潛伏性鐵缺乏的原因，以及鐵劑補充的合理使用範圍。

最後，還會詳細介紹懷孕期間女性運動員所需的特殊營養與注意事項，並討論低體脂率對受孕和成功妊娠的影響。

運動中能量相對不足

在1992年，美國運動醫學學會召開的共識會議上，這些症狀被正式統稱為「女性運動員三合症」（Female Athlete Triad），並記錄在1997年發表的立場聲明中（Otis et al., 1997）。在2005年，國際奧林匹克委員會共識聲明中，女性運動員三合症被定義為「飲食失調（disordered eating，DE）和月經週期異常的綜合症，最終導

致內源性雌激素和其它激素減少，並造成低骨質密度（bone mineral density，BMD）」（國際奧委會，2005）。

在2007年，美國運動醫學會將Triad這個詞重新定義為臨床症狀，指的是「三個相互關聯的要素：能量可用性（EA）、月經功能異常（或停經）和骨質疏鬆症」（Nattiv et al., 2007）。

此後，研究人員卻表示，這些臨床症狀不是由此三個要素組成，而是一種以能量不足為基礎的綜合症，涉及能量攝取量（EI）相對於個體健康、日常生活、成長及運動所需的能量消耗間的平衡。在2014年，國際奧林匹克委員會以「運動中能量相對不足」（RED–S）取代「女性運動員三合症」一詞（Mountjoy et al., 2014）。

運動中能量相對不足的根本問題是低能量可用性（EA），其計算方式為能量攝取量（EI）減去運動時的能量消耗量（energy expenditure，EE），指的是減去訓練後，身體仍可用於執行其它生理功能的能量。

在健康成年人中，每天每公斤45卡非脂肪質量（FFM）可達到熱量平衡與最佳健康狀態，有人建議女性每天每公斤30卡為最低門檻，非脂肪質量包括肌肉、器官、體液和骨骼。

當能量攝取不足、能量消耗過多或是兩者同時存在時，便可能會發生運動中能量相對不足。儘管這種情況在女性運動員中較常見，但在男運動員中也可能發生，低能量可用性可能在短期和長期間降低其運動表現。

飲食失調

許多運動員對所吃的食物非常謹慎，並嘗試不同的飲食計畫以提升他們的運動表現，但是注意細節與飲食強迫症（compulsive eating disorder）間只有一線之隔，讓自己更瘦或表現更好的壓力使一些運動員養成不良的飲食習慣，這不僅使他們的運動表現受到威脅，且也危害身體的健康。

飲食失調是正常月經期減少且最終發展成無月經的風險因素之一，這種情況通常是長期攝取低卡路里、維持低體脂和體重過輕、高強度訓練和運動量以及心理壓力的結果。

飲食失調的狀況會在飲食行為中連續的極端現象。飲食失調定義為：對於食物的認知和行為

什麼是運動中能量相對不足？

運動中能量相對不足（reD–s）是指男性和女性運動員由於相對能量缺乏或能量可用性較低而導致的生理功能受損，包括代謝率、月經功能、骨骼健康、免疫力、蛋白質合成和心血管健康，更準確地描述過去被稱為「女性運動員三合症」的臨床症狀。

產生扭曲，在所有情況下，全神貫注於所吃的食物，最後造成飲食失控。其實，飲食的態度和行為與飲食的攝取一樣重要。

臨床上的進食障礙，例如：厭食症（anorexia）、暴食症（bulimia）和飲食強迫症，是由美國精神病學協會（American Psychiatric Association，APA）根據官方的特定標準定義的。神經性厭食症是限制飲食行為的一種極端情況，在這種行為中，儘管體重低於理想體重15%或更多，但個人仍繼續限制飲食並感到自身肥胖。然而暴食症是指一種不正常的飲食限制，並在暴飲暴食和清除行為之間不斷循環。飲食強迫症是一種心理上對食物的渴望，然後導致無法控制飲食。

但是，許多不屬於這些臨床類別的人仍可能患有亞臨床進食障礙，這通常被稱為飲食失調。即使體重正常或低於正常水平，也仍有體重增加或變胖的重度恐懼，他們專注於飲食、體重和體形，如同厭食症患者一樣，對於身體圖像失真，

想像身體比實際大得多，並試圖透過限制飲食來減肥，通常每天攝取少於1200大卡，還可能過度運動來燃燒更多的卡路里，結果造成混亂的飲食與生活方式。

是不是女性運動員更容易飲食失調？

對女性運動員而言，較容易受到飲食失調影響。約20%的女性菁英運動員和8%的男性菁英運動員會發生飲食失調的現象，然而某些運動項目中，造成飲食失調的比例則高達60%（Sundgot-Borgen & Torstveit, 2010）；Sundgot-Borgen 1994（a） and （b）; Petrie, 1993）。體重輕、體脂肪低或體型偏瘦為優勢的運動員身上（見表11.1），運動員飲食失調情況更常見（Sundgot-Borgen & Torstveit, 2010; Beals & Manore, 2002; Sundgot-Borgen & Torstveit, 2004）。在美國的一項研究中，有30%的優秀的女子溜冰者認為自己超重、身型不佳，並表示希望自己有更瘦的體型（Jonnalagadda et al., 2004）在2004年時，調查人員從1620名挪威男女的菁英運動員的研

表11.1	飲食失調–高危險運動類型
瘦身運動	長程跑步、騎自行車、賽馬
藝術型運動	體操、花式溜冰、芭蕾舞、花式游泳
重量分級運動	輕量級划船、柔道、空手道、舉重、拳擊、角力、混合武術
健身運動	健美、競技健美操

引自：比爾斯和曼諾爾，1994。

究中發現，有42%參加藝術型運動的女性，及24%參加耐力運動的女性符合飲食失調的臨床標準（Sundgot-Borgen & Torstveit, 2004）。在2007年，美國卡羅萊娜海濱大學（Coastal Carolina University）進行的一項調查中，有19%的女性越野跑者患有或曾經有過飲食失調的疾病。

另一項研究表明，從事偏好身型較瘦與高功率體重比（Power to Weight ratio）運動的女性，像是花式滑冰和體操，更容易出現飲食失調的風險，並會過分擔心自己的體重和飲食習慣（Zucker et al., 1999）。

儘管大多數飲食失調的運動員往往是女性，但男性運動員也有風險，特別是那些參加注重外觀和苗條的體育競賽（如健美、路跑和長跑），或者以「減重」取得競爭優勢（如角力、拳擊和馬術）的比賽項目。

每項運動背後的原因不同，長跑選手較容易出現飲食失調的風險是由於體重輕與運動表現間具有緊密的關係。參加藝術型運動（如跳舞、健美和體操）的人同樣具有風險，則是因其成功取決於身體的形態與技能。參加柔道和輕量級划船等重量分級運動的運動員，為了達到參賽體重標準的壓力，更容易出現飲食失調。

飲食失調並非單一原因，但通常是由於人們認為體重減輕可以提高運動成績。在不完全了解原因的情況下，運動員開始節食，並採取限制飲食和不健康的飲食行為。

與飲食失調有關的健康問題

- 閉經（停經）和不孕
- 心臟問題，例如：節律異常、血壓低和心衰竭
- 骨質疏鬆症、骨骼脆弱、骨折等風險
- 牙齒琺瑯質受損
- 腸胃問題，例如：消化性潰瘍
- 腎臟問題
- 白血球數降低、免疫力差
- 代謝問題
- 難以維持體溫
- 皮膚乾燥、脫屑、發癢
- 身體上的毛髮變細

運動本身並不會為運動員帶來風險，而是運動的某些方面或環境造成的。簡而言之，某些特殊性格的變數使運動員容易罹患進食障礙，且在特定的運動環境下，似乎更添加了額外的風險。

例如：某些運動或訓練計畫或教練的減肥要求可能會觸發易感族群的飲食失調，而某些容易飲食失調的人可能會被特定運動所吸引。研究表示，與普通人相比，像體型偏瘦的運動類型中，運動員對於自身的身體映像出現扭曲，並且對體重和體型也更加不滿意。研究人員發現，優秀運動員的人格特質與飲食失調的人非常相似：痴

你有飲食失調嗎？

　　此問卷並不是作為飲食失調的診斷方法或代替飲食失調專家進行全面診斷。若你對以下六個或更多問題回答是，你可能有飲食失調的風險，但也可能從進一步的幫助中受益。

- 你是否計算吃的所有食物之卡路里？
- 你大部分時間都在想食物的事嗎？
- 你擔心體重增加嗎？
- 你擔心或不喜歡自己的身型嗎？
- 你是否過度節食？
- 你在進食中或飯後感到內疚嗎？
- 你是否認為體重是你生活中可控制的一部分？
- 你的朋友和家人是否認為你身材苗條但你卻覺得自己很胖？
- 你是否藉由運動來消除進食過多的卡路里？
- 你的體重波動很大嗎？
- 你吃飯後會嘔吐嗎？
- 你與家人和朋友的關係變得疏離嗎？
- 想吃某些食物，你也會避免食用嗎？
- 如果你正常的飲食或運動習慣被打斷，你是否感到有壓力或內疚？
- 你是否經常拒絕用餐和社交場合的邀請，防止自己可能會吃些容易發胖的食物？

迷、競爭、完美、強迫和自我激勵。訓練成為減肥的一種方式，而減重與運動表現間的正向關係進一步使運動員追求瘦身合理化。

　　越來越多的研究顯示，飲食失調患者的身體受到化學成分的干擾且有飲食失調的心理傾向。例如：研究發現，患有厭食症的人中，一半以上有嚴重缺鋅的症狀，若是給予鋅補充劑，康復會更加成功（Bryce-Smith & Simpson, 1984）。而飲食失調也可能與遺傳有關，大約10%厭食症患者的兄弟姐妹也會有類似的影響，且發生頻率比同卵雙胞胎還要普遍。研究人員已經確定某些基因會影響人格特質，像是完美主義，進而使個體容易發生飲食失調（Garfinkel & Garner, 1982; Davis, 1993）。科學家還提出，體內的基因缺陷會導致大腦中的化學物質血清素異常並高於標準，導致食慾下降、情緒低落和焦慮，使得厭食症利用飢餓作為逃避焦慮的手段。

哪些運動員有風險？

　　許多因素使運動員容易發生飲食失調，危險因素包括以下幾點（Sundgot-Borgen, 1994b; Williamson et al., 1995）：

- 有影響力的人（教練或父母）施予減重的壓力，以求改善運動表現
- 過度參與運動，導致其它社交和娛樂活動受限
- 生病或受傷仍持續訓練
- 練習時間外增加訓練，或比隊上其它運動員訓

練更多

- 創傷事件

- 受傷

- 表現不佳

- 更換教練人員

什麼是警告訊號？

患有飲食失調的運動員會試圖為自己失衡的狀態保密，但是你需要注意一些身體和行為上的跡象，這些在表11.2和表11.3有詳細的說明（另請參見第217頁的「你有飲食失調嗎？」）。

飲食失調對健康有什麼影響？

飲食失調，包括雜亂無章又處處受限的飲食習慣常導致月經和生育的問題。

月經失調（月經週期不規律或月經完全消失）在厭食症中很常見。當體脂肪過低、熱量攝取過少、鈣質攝取不足、密集訓練與壓力則會導致骨質變薄、壓力性骨折和其它傷害，最終導致骨質疏鬆。一項研究發現，月經週期規律的跑者其低骨質密度與飲食失調有關。（Cobb et al., 2003）。另一個研究，在53名女性田徑選手中發現，有45名曾發生壓力性骨折，這與體重增加和飲食問題有關（Bennell et al., 1995）。

溫哥華英屬哥倫比亞大學（The University of British Columbia）的研究人員發現，與沒有近期

表11.2	神經性厭食症的特徵	
身體特徵	心理特徵	行為特徵
體重嚴重減輕	痴迷於食物、節食和瘦身	吃得很少
遠低於平均體重	瘦的時候自認很胖	努力不懈地運動
消瘦的外觀	害怕體重增加	對食物與卡路里有高度興趣
停經或經期變得不規律	自卑	對食物感到焦慮並為其爭論
臉部、手臂和腿上的毛髮變多	抑鬱和焦慮	拒絕友人陪伴下進食
感覺寒冷、四肢發青	完美主義	對吃飯這件事撒謊
躁動不安、睡眠減少	高度需要認同	強迫量體重
皮膚乾燥／發黃	社交退縮（social withdrawal）	飲食有特定習慣

表11.3	神經性貪食症的特徵	
身體特徵	**心理特徵**	**行為特徵**
蛀牙、牙齒琺瑯質受損	自尊心和自制力低下	失控地吃進大量食物 （最高可達5000大卡）
唾液腺腫脹導致臉部浮腫	浮躁衝動	吃到感覺麻木／感到舒適
正常體重或極端體重波動	抑鬱、焦慮、憤怒	暴食後感到內疚、羞愧，退縮和自卑
自行催吐引起的 指關節擦傷	身體意象的不滿與扭曲	清除行為—嘔吐、輕瀉
月經不規則	專注於食物、身體意象、 外觀和體重	經常量體重
肌肉抽筋／虛弱		飯後不見人影，清除攝入的食物
經常發生脫水		秘密進食 可能偷食物／瀉藥

壓力性骨折的跑者相比，近期患有壓力性骨折的女跑步者更容易出現節制飲食（Guest & Barr, 2005）。他們伴隨的腸胃道問題、電解質紊亂、腎臟和腸道疾病及憂鬱症都很常見。厭食症可能會導致高血壓和低體溫症，在暴食症中，反覆嘔吐和使用瀉藥會導致胃和食道疼痛、牙齒琺瑯質受損和蛀牙。

飲食失調的運動員如何繼續訓練？

攝取卡路里非常低的運動員在運動與比賽時，其表現似乎沒有受到影響，這聽起來非比尋常。毫無疑問，這涉及心理和生理的雙重因素。

在心理方面，厭食症患者儘管感到疲憊，卻能激勵逼促自己運動，且有著堅強的意志與強烈成功的渴望。因此，就算卡路里攝取量過低，但短期內他們仍能持續訓練和比賽。

部分科學家認為，有些運動員低報了他們的食物攝取量，他們實際上吃得比承認的要多。例如：印第安納大學（Indiana University）從9位訓練有素的越野跑者的研究發現，他們平均每天進食2100大卡，但他們預測的能量消耗卻是3000大卡（Edwards, 1993）。接著從「食物意見問卷」的結果進行分析，研究人員則發現許多人對於自

己的身體外觀不滿意，並在研究過程沒有確實報告他們所吃進的東西。

在生理方面，身體可能透過維持最低運作，降低新陳代謝率來適應（可能達到10–30%）。這將使運動員能夠以比預期更少的卡路里支持訓練和保持能量平衡。但有些科學家建議，節食期間過度運動可能會促使新陳代謝率下降。

為了克服身體和情緒上的疲勞，許多厭食症和暴食症患者會使用含咖啡因的飲料，例如較濃的咖啡和「無糖」可樂。但是，從長遠來看，運動員的表現最終會下降。隨著體內糖原和營養的長期消耗，運動員的健康將會受到損害，並且無法持續維持最佳表現。造成最大攝氧量（Maximal oxygen consumption）降低、心臟血液輸出量減少，並開始出現慢性疲勞。

身體沒有足夠的蛋白質來維持和修復肌肉，就會造成肌肉流失、力量和耐力的下降很快，變得更容易受傷、生病和感染。如果脂肪攝取量過低（少於卡路里的10%），脂溶性維生素（Fat–soluble vitamins）和必需脂肪酸（Essential fatty acids）的缺少會產生疲勞及表現不佳，最終導致維生素和礦物質的缺乏，也會影響運動表現，造成肌肉無力、受傷和感染的風險。

使用利尿劑、瀉藥或自行催吐的運動員，會造成身體脫水，這樣會導致疲勞和表現下降，還可能對健康產生嚴重的影響。當血容積減少會導致流向皮膚的血液減少，意味著身體在運動時無法正常出汗及保持正常的體溫。換句話說，這會增加身體的核心溫度，並增加熱衰竭（Heat exhaustion）和中暑（Heat stroke）的風險。

總而言之，飲食失調的運動員身上很有可能會造成營養不足、慢性疲勞以及身體脫水與運動

改善你的身體外觀

以下並非飲食失調的治療方法，你應隨時向飲食失調專家尋求治療。

- 學會接受身型，強調自己的優點。

- 瞭解減少體脂肪，也無法解決根本的問題或情緒。.

- 不要為自己設下嚴格的飲食規定，或者因違反規定而感到內疚。

- 不要禁止食用任何食物或對吃東西感到內疚。

- 不要太嚴格去計算卡路里。

- 從口味和健康的角度來考慮食物，而不是卡路里的來源。

- 建立合理健康的飲食方式，而不是嚴格的飲食習慣。

- 聆聽身體食慾的暗示，並學習在飢餓時用餐。

- 如果你進食過多，不要以餓死自己或以運動消耗卡路里當作「付出代價」。

- 享受訓練或運動帶來的樂趣，而不要為了減低體脂肪而忍受折磨。

- 設定與減重無關的運動訓練目標。

表現顯著下降的情形。

我應該如何幫助可能有飲食失調的人？

與疑似飲食失調的人接觸時，需要有高度的智慧與敏感度。患者可能會否認自己有問題，他們會感到尷尬和自尊受到威脅。因此，避免與他們的飲食行為或身體症狀直接對抗，這點相當重要。千萬不要突然拿出「證據」，也要避免當下進行嚴厲的指責。

如果患者承認飲食有問題（請參閱「你有飲食失調嗎？」），建議最好諮詢飲食失調專家，專業人士可提供各種形式的幫助，例如：飲食失調自助組織或私人診所的專業顧問（請參閱第378-9頁），或者透過家庭醫師的轉介，接受由心理師與營養師組成的跨專業團隊進行治療。

月經週期異常與骨質流失
女性運動員是否在月經週期異常方面有較高的風險？

女性運動員較易出現月經異常的情形。幾項研究發現，參加耐力或審美型運動的女性運動員中，月經週期異常更為常見（Beals & Hill, 2006; Torstveit & Sundgot-Borgen, 2005; Sundgot-Borgen, 1994; Sundgot-Borgen & Larsen, 1993）。

在猶他大學（University of Utah）和印第安納波利斯大學（University of Indianapolis）的一項研究中，比起身材勻稱或壯碩的運動員，身

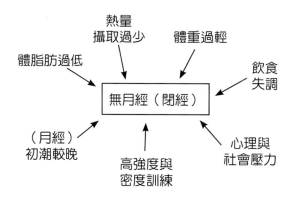

圖11.1 運動員無月經（閉經）的危險因素

型精瘦的運動員月經不規律的情形要來得更多（Beals & Hill, 2006）。這可能是由於耐力運動的訓練量較大。然而，聖地亞哥州立大學（San Diego State University）的一項研究表明，大約20%的女高中運動員，不論從事何種運動，都有飲食失調或月經異常的風險，且這兩種情況通常是相互關聯的（Nichols et al., 2007）。將近27%的精瘦運動員有月經異常的問題，而身材勻稱或壯碩的運動員中，則有17%的人出現月經異常。

月經異常或停經的發生，不太可能只是單純運動，或體脂肪率低於特定百分比而導致的。研究顯示，熱量可用性低的女性運動員發生月經異常的風險會增加（Loucks, 2003），通常得綜合考量各種因素，例如：熱量攝取過低、飲食不規律、初潮前進行密集訓練、高強度與密度的訓練，體脂過低及生理與情緒壓力（圖11.1）。這些風險因素越多，發生月經異常的機會就越大。

青春期前開始接受嚴格訓練的女孩通常月經來得比平均年齡晚，這可能是由於大量運動和低體脂的雙重原因。由於無排卵週期的關係，也就是不產卵的週期，有些女性運動員尤其是跑者，月經週期可能會較平均短，這樣的情況與女性荷爾蒙偏低有關，如雌激素、黃體素、促卵泡激素（FSH）和黃體成長激素（LH）。

飲食失調與月經異常有關嗎？

研究表示，持續低能量可用性的女性運動員較容易出現月經異常的情形，並提出這是身體對極低卡路里攝取的能量節約調適。換句話說，人體試圖透過節約月經的能量成本（即「關閉」正常月經）來節省能量。身體機制如下：精神或生理壓力與慢性負能量平衡的結合，增加了腎上腺的皮質醇生成，這擾亂促性腺素釋素（GnRH）從大腦的釋放。反過來說，這會減少促性腺素釋素（GnRH）、黃體成長激素（LH）和促卵泡激素（FSH）、雌激素和黃體素的產生（Loucks et al., 1989; Edwards et al., 1993）。

月經異常如何導致骨質流失？

這是一種迷思，閉經僅是高度運動訓練的結果，它應該被視為過度訓練的臨床狀態，因為它對人體許多系統產生負面影響。最嚴重的影響之一是骨密度的降低，以及早期骨質疏鬆和壓力性骨折的風險增加。部分原因是由於雌激素和黃體素偏低，兩者都直接作用於骨細胞，以維持骨骼的更新（Drinkwater et al., 1984）。當荷爾蒙下降時，舊骨頭的自然分解速度超過了新骨頭的形成速度，結果造成骨頭礦物質的流失和骨密度的

下降。因此，運動訓練不再對骨密度產生正面影響：它無法彌補低雌激素和黃體素所帶來的負面影響。另一方面，皮質醇偏高與營養狀況不佳，兩者都與月經異常有關，也被認為是造成骨質流失和骨密度低的原因（Carbon, 2002）。加拿大研究人員發現，飲食失調、月經異常與皮質醇升高有關，這些都是造成壓力性骨折的危險因素（Guest & Barr, 2005）。

研究發現，與正常月經的跑者相比，閉經的跑者，其腰椎骨礦物質密度降低20%至30%（Cann et al., 1984; Nelson et al., 1986），至於月經恢復後，骨礦物質密度是否「增加」尚不確定，根據一份長期研究發現，骨密度最初是增加的，但從長期來看，相較於活動與不活動的婦女來說，骨密度仍然較低（Drinkwater, 1986）。

月經異常會影響運動表現嗎？

月經異常會阻礙運動能力發揮，所有這些都與雌激素偏低有關，包括軟組織損傷的風險、壓力性骨折、傷口癒合延後以及從嚴格訓練恢復的能力降低（Lloyd et al., 1986）。例如，雌激素偏低會導致韌帶失去柔軟性，進而更容易受到傷害，同時，也會降低骨骼對運動的適應性，並較容易發生骨微裂，癒合速度也更慢。

但好消息是，一旦月經恢復正常，運動表現有可能改善。研究表示，閉經的運動員改變飲食，並調整其訓練計畫達到能量平衡時，正常的月經約在三個月內會恢復，運動表現也會持續進步（Dueck et al., 1996）。如果你出現閉經的症

狀，這可能是尋求治療最有說服力的理由。

月經異常如何治療？

　　如果你患有閉經（無月經）超過6個月，絕對應該尋求建議，與你的家庭醫生進行初步諮詢並排除閉經的臨床原因。然後，將你應該轉介給專家，例如：婦科醫生、運動醫師、內分泌專家或骨科專家，接受進一步的治療。你應考慮運動營養師、運動生理學家或運動心理學家的建議納入治療，使自己恢復「正常體重和體脂肪」，並減少或改變你的訓練計畫。例如：你可能必須降低訓練頻率、數量和強度，或者採用交叉訓練替代目前的訓練方式。你可能需要增加食物攝取量，使體重和體脂肪保持在正常範圍內。如果你的飲食有某種程度的混亂，需要藉由協助來克服這個問題（請參閱第223頁）。

　　如果經過這些類型的治療後閉經仍然存在，可給予荷爾蒙治療以防止骨密度持續的降低，通常使用與治療停經婦女相似的雌激素和黃體素。可能建議同時攝取鈣、鎂和其它重要礦物質的補充品。

缺鐵

人體需要鐵質的原因：

・製造血紅蛋白，也就是紅血球中的攜氧蛋白

・製造肌紅蛋白，這是一種在肌肉細胞中攜帶和儲存氧氣的蛋白質

・產生有氧能量（控制細胞能量釋放的「電子傳遞系統」）

・擁有健康的免疫系統。

　　據估計，儘管沒有貧血的問題，但仍有30%的女性運動員缺鐵，這就是所謂的「非缺鐵性貧血」或「潛在鐵缺乏症」。缺鐵時會減少運動中傳送給肌肉的氧氣量，以及肌肉細胞可產生的能量，你的最大氧氣消耗、運動耐力和表現都會隨之下降。根據美國體育學院會指出，缺鐵會對運動表現以及骨骼健康產生負面的影響（Rodriguez et al., 2009）。

缺鐵的症狀是甚麼？

缺鐵分為三個階段：

1.鐵的儲存量耗竭–當血清鐵蛋白低於每毫升18毫微克（ng／ml）

2.早期功能性鐵質缺乏–當紅血球生成開始受損，但不足以引起貧血

3.缺鐵性貧血–男性血紅素低於13g／100ml，女性低於12g／100ml時；鐵蛋白低於12ng／ml

　　缺鐵第一階段的特徵是疲倦、慢性疲勞、臉色蒼白、頭痛、頭暈、運動和心悸時不正常的呼吸急促、頻繁受傷、耐力和力量下降，食慾不振和訓練時興趣減弱等症狀。缺鐵的第二階段，人體產生的紅血球較小且血清鐵濃度降低，這樣會損害人體將氧氣攜帶到身體周圍的能力，並影響身體的機能。第三階段為缺鐵性貧血，發生在血紅蛋白不足以滿足人體需要的時候，可以通過簡單的血液檢查來診斷。

什麼是運動性貧血？

運動性貧血雖然與血紅蛋白濃度低有關，但並不是真正的貧血。它是定期進行有氧訓練，而導致紅血球破裂增加的結果，最有可能發生在訓練計畫的早期階段或訓練負荷增加的時候，由於血紅蛋白被「分解」，導致血紅素和血清鐵蛋白的含量也降低了。

女性運動員發生缺鐵性貧血的主要原因是什麼？

缺鐵性貧血可能是與訓練中血鐵質流失或飲食中鐵質攝入不足有關。

訓練影響

女子長跑運動員可能會發生尿中失血（稱為血尿），這是由於跑步過程中腹部內容物反覆撞

擊而導致膀胱內層淤青。另一種情況稱為血紅素尿症，可能是由於步態不佳或在堅硬表面跑步所引起的重複性腳部重擊所致，這會導致腳底的紅血球遭到破壞。在血尿症中尿液呈渾濁，而在血紅素尿症中，尿液呈澄清狀，如玫瑰葡萄酒。而長跑運動員血尿另一種途徑，可能是消化道出現腹瀉情形，這是由於每次踏步時腹部內容物都會上下反彈引起反覆的輕微創傷。但無論是透過以上哪種途徑，對於鐵質的損失都相對較少。

飲食

研究表明，許多女性運動員消耗的鐵皆少於鐵的建議攝入量（RNI），這可能是由於食物或卡路里攝取量低所引起的，對於注重體重的運動員和在需要降低體脂的運動中很常見。每天攝取卡路里少於1500大卡是很難獲得足夠的鐵。許多女性運動員會少吃紅肉（易吸收的鐵質來源），甚至未透過食用其它鐵質來彌補。

我需要攝取多少鐵？

在英國，男性鐵的建議攝取量為8.7毫克／天；19–50歲婦女建議攝取14.8毫克／天，50歲以上的女性則為8.7毫克／天，對於運動員並沒有正式的建議（Rodriguez et al., 2009），表11.4列出各種食品的鐵含量。

鐵補充劑能否改善運動表現？

許多研究表示，鐵補充劑對缺鐵但無貧血的運動員可能有幫助（Brownlie et al., 2004），不僅可以改善血紅素、血清鐵蛋白和鐵含量及增加身體能力，都可透過攝氧量增加、心跳減緩和運動中乳酸濃度降低來證明（Lukaski, 2004）。墨爾本大學研究人員對22項研究的回顧發現，鐵補充劑可改善貧血和非貧血女性最高和次高的運動表現（Pasricha et al., 2014），建議劑量通常是服用200毫克硫酸鐵，每日三次，持續1個月。但若非醫生建議，應該避免服用鐵補充劑，因為它會帶來副作用，例如：腸蠕動降低、便秘和糞便變深色。

哪些食物含有鐵？

富含鐵的食物包括紅肉、內臟（肉的深色部分）、魚、豆類、全穀類、深綠色葉菜、雞蛋、強化食品和乾果（參見表11.4）。肉類、內臟和魚類含有「血紅素鐵」；全穀類、穀類、蛋黃、豆類、小扁豆、綠葉蔬菜、堅果和種子等植物性食物中所含則為「非血紅素鐵」，「血紅素鐵」較「非血紅素鐵」更容易吸收。非血紅素鐵的吸收可透過以下幾種方法增強：

· 添加富含維生素C的食物、例如：紅辣椒、花椰菜、番茄、橘子、莓果類，或奇異果。
· 餐中加入水果和蔬菜，因為它們富含檸檬酸，可增加鐵的吸收。
· 用餐時避免喝咖啡或茶，因為所含的鞣質（稱做單寧）會減少鐵的吸收。
· 避免麥麩–麥麩含量高會抑製鐵的吸收。

懷孕

對女性運動員懷孕時的營養需求建議與非運動員相同，但是還有其它問題需要解決。主要如體重和身體組成也與非運動的女性明顯不同。有許多女性運動員，特別是那些需要身材非常苗

表11.4	各種食物的鐵含量mg鐵	
份量	**份量**	**鐵**（毫克）
牛肝	中等份量（100克）	12.2
杏桃乾（即食）	5顆（200克）	7.0
紅扁豆（煮熟）	4湯匙（160克）	4.0
李子（即食）	10顆（110克）	3.0
焗豆	1小罐（205克）	2.9
鷹嘴豆（煮熟）	4湯匙（140克）	2.8
南瓜種子	少量（25克）	2.5
牛里肌肉（煎）	中等份量（105克）	2.4
菠菜	3湯匙（100克）	2.1
全麥麵包	2大片（80克）	2.0
全麥麵包卷	1條（50克）	1.8
腰果	30顆（30克）	1.8
核桃	12顆（40克）	1.2
雞蛋	1大份（61克）	1.2
花椰菜	2大朵（90克）	1.0
深色雞肉（腿肉部分）	2片（100克）	0.8

條的運動（如耐力賽、審美型運動和重量分級運動）的體脂率往往低於非運動女性。此外，經常運動在身體和心理需求上，也可能會影響受孕與成功懷孕的機會。本節將重點介紹跟懷孕相關的運動問題。

我的體脂肪會影響我的生育力嗎？

體脂肪低於平均值通常與雌激素生成下降有關，反過來又影響正常的月經功能，並可能導致月經過少或閉經（參見第223頁，「女性運動員在月經異常方面有較高的風險嗎？」）。研究表示，體脂肪對於雌激素的產生以及將荷爾蒙從無活性轉化為具有活性形式都非常重要。但是如前所述，正常月經功能的喪失不僅是體脂率極低的關係，通常也是各種因素的結果，包括長期低卡路里攝入、高強度與密度訓練及情緒和身體壓力。

許多女性運動員會受到這些因素中一項或多項因素影響，導致生育能力可能降低，懷孕的機會也較小，這通常可藉由採取更合適的訓練計畫，在6個月內恢復正常的月經和生育能力，且增加食物攝取量，讓能量攝取與消耗達到平衡，並試圖減輕壓力。

懷孕期間體脂肪率偏低會有什麼問題？

這與孕婦體重增加不能相比，體脂肪低不是一個嚴重的問題，只要身體健康並依照建議的速率增重（請參閱第230頁），則體脂肪低不會有問題。但是，體重增加很少即意味長期禁食可能

會對嬰兒產生不利影響。會造成嬰兒出生時體重過輕、身材矮小且頭圍比正常小，因此不建議在懷孕期間節食或限制體重增加。

短期飲食失衡（如產生孕吐的前三個月）不會影響到嬰兒，母親和胎盤會分泌激素，以確保嬰兒在偶發的逆境中繼續接受必需的生長因子和營養。在這段期間，母親的健康有可能受到影響。

懷孕期間我應該增加多少體重？

建議在40週內平均體重增加10–12.5公斤。儘管在英國沒有針對懷孕期間體重增加的具體建議，但美國婦產科醫師學會（American College of Obstetricians and Gynecologists）鼓勵較瘦的女性要增加一點體重，大約12.8–18公斤（28–40磅）。

大部分重量平均分配於後面兩個孕期，每週約二分之一公斤（1磅），最後再增加一點。孕婦的體重增加大約四分之一（3–4公斤／6–9磅）是寶寶的體重；約一半（6公斤／13磅）是與懷孕相關的重量（胎盤、羊水、子宮、額外的血液、乳房組織）；大約四分之一（3–4公斤／6–9磅）為身體增加的脂肪，從表11.5可看出懷孕期間身體成分的變化。

大部分在第二孕期時，會有脂肪增加的情況，這時黃體素的增加有利於體脂肪的堆積，主要位在大腿、臀部和腹部的皮下。當發育中胎兒的能量需求達到顛峰時，這些額外的脂肪累積會

表11.5	懷孕期間身體成分的變化
身體成分	**平均體重增加（公斤）**
胎兒	3.4
胎盤素	0.65
羊水	0.8
子宮	0.97
乳房	0.41
血	1.25
細胞外液	1.68
脂肪	3.35
總計	12.5

引自：海頓和雷奇，1971。

為晚期妊娠提供能量的緩衝。如果卡路里攝取量下降，則在妊娠晚期和懷孕後會產生催乳素，促使脂肪的儲存為發育中的胎兒和產生母乳提供能量。實際上，額外的脂肪是不必要的，因為現在幾乎沒有食物供應短缺的問題（如飢荒）。大多數婦女已經有足夠的體脂肪來緩解食物短缺。

增加額外的脂肪對女性運動員來說不太有利，因為它代表著多餘的體重，一旦恢復訓練，就可能降低運動表現。因此，建議懷孕體重增加的12.5公斤，其中3.35公斤脂肪增加可視為女性運動員的不可要選項。如果你在懷孕期間飲食均衡，目標可設為增加9–10公斤，但千萬不要低於這個標準。

我應該吃多少卡路里？

英國衛生署建議一般人在前兩個孕期的卡路里攝入量不需改變。但是作為運動員，如果你在懷孕期間大量減少訓練，可能需要調整食物攝取量。在懷孕期間繼續訓練是可以的，但肯定需要減少訓練的強度或頻率，特別是在第三孕期（由於體重增加和懷孕相關的生理變化）。

不建議在第二和第三孕期進行長時間的高強度運動，例如：跑步、跳躍、增強式訓練和高強度有氧運動以及重量訓練，因為這些會對關節造成不適當的壓力。在懷孕期間，由於鬆弛素的作用，支撐關節的韌帶變得更軟及更鬆弛。因此，如果你在日常活動減少這些活動，那麼你的能量消耗可能會大大低於正常標準，就有不必要脂肪增加的風險，除非你減少進食或改變訓練計畫。

在懷孕末期，隨著嬰兒的成長，以及與妊娠相關的其它組織，能量需求會大大增加。英國衛生署建議，在此期間每天額外增加攝取200大卡的熱量，也不需要吃更多食物，因為挺著肚子的不適感可能會降低正常的訓練量。在懷孕最後幾週內，你的訓練量可能會進一步減少，甚至停止，因此你的淨卡路里攝取量可能沒有改變。

妊娠通用營養指南

· 在飲食中包括富含omega–3和omega–6脂肪酸的食物，這些對於大腦組織的正常發育以及大腦、中樞神經系統和眼睛功能都是必需的。（請參見第8章，第182頁：「必需脂肪酸的最佳食物來源是什麼？」）

· 每日多種維生素和礦物質補充品可能有助於滿足你不斷增加的需求。請參見第5章，第102頁。

· 美國衛生部建議每天服用400微克（0.4毫克）的葉酸補充劑，可在懷孕前和前12週內減少胎兒神經管畸形的風險。（有關葉酸的食物來源，請參見附錄2「維生素和礦物質詞彙表」）

· 完全避免飲酒，尤其是在前三個月。

· 避免使用維生素A補充劑（請參見附錄2「維生素和礦物質詞彙表」），魚肝油補充劑、肝臟和肝醬，因為劑量非常高的關係（超過建議攝入量的10倍）可能會導致胎兒先天缺陷。

- 避免使用生雞蛋或未煮熟雞蛋以及製作的食品，以減少沙門氏菌中毒的風險。

- 避免使用像卡芒貝爾乾酪和布里乳酪這樣的軟質黴菌熟化乳酪以及藍黴乳酪，以減少李斯特菌中毒的風險。

- 避免飲用未經滅菌的牛奶。

- 避免未煮熟的肉類及所有種類的肉餅，以避免食物中毒的風險。

- 避免食用鯊魚、箭魚和馬林魚，因為可能含有高含量的汞，同時也應該避免食用貝類。

- 每週避免吃超過吃兩塊鮪魚排（每塊重140克）或四罐（瀝乾為140克）鮪魚罐的份量，因為可能含有高含量的汞。

- 每週吃不超過兩份的油魚，因為其中含有二噁英和多氯聯苯之類的污染物。

重點摘要

- 運動中的能量相對能量缺乏症（RED-S）在女性運動員中相對普遍，尤其這些運動強調精瘦身或需要較輕體重。

- 運動中能量相對不足的特點是月經、代謝率、骨骼健康、免疫力、蛋白質合成和心血管健康受損。

- 運動中能量相對不足的潛在問題是低能量攝取（EA），其計算方式為能量攝取量（EI）減去運動能量消耗量（EE）。

- 每日每公斤30大卡去脂肪質量指數（FFM）應該是女性能量攝取的最低限度。

- 激烈且過度的訓練計畫與限制性飲食，可能導致人們過於沉迷體重和卡路里攝取的限制，最終導致飲食失調。

- 飲食失調在運動員中更為普遍，一般都認為低體重、低體脂或精瘦的體格是有益的。

- 容易飲食失調的人，可能都是被某些運動所吸引。

- 低能量攝取較低的女性運動員，在月經功能障礙的風險增加。

- 閉經的發展是由於多種因素的結合，例如：低能量攝取、飲食失調、初潮前開始劇烈訓練、訓練強度和量高、體脂肪低以及生理和情緒壓力。

- 閉經對身體的許多系統都有不利影響，包括骨密度降低，這會使你處於早期骨質疏鬆和壓力性骨折的風險中；軟組織損傷；延長傷口

癒合的時間，以及降低高度訓練後恢復的能力。

- 缺鐵性貧血的特徵是血液中的血紅蛋白濃度低於12g／dl，和鐵蛋白低於12ng／ml，但運動員中的發生頻率不會高於非運動員。

- 缺鐵性貧血可能是與訓練有關的血鐵質流失，或飲食攝入不足造成的結果。

- 運動性貧血與血紅蛋白濃度低、定期進行有氧訓練而引起的紅血球破裂皆有關。

- 經常性運動的生理和心理需求，加上極低的體脂肪，可能會降低受孕的機會。

- 低體脂比起少量的孕婦體重增加，更可能導致發育中的嬰兒生長減慢。不建議在懷孕期間節食或限制體重增加。

- 如果你在懷孕期間大量減少訓練，則可能需要減少食物攝入量。

寫給年輕運動員

像成年人一樣，年輕運動員需要均衡飲食以保持身體健康並達到最佳狀態。儘管對於持續運動的兒童研究有限，但仍可使用針對兒童和青少年的營養指南，或對成人運動員的研究結果，作為調適其運動的特定需求。本章涵蓋年輕運動員所需的能量、蛋白質和水分，以及進餐時間、旅行和比賽。體重也是年輕運動員重要的問題，超重不僅會影響他們的健康，還會降低他們的運動表現和自尊心。同樣，有些年輕運動員因其運動的能量需求高，在維持體重或增加體重上相對困難。本章將詳細介紹一些關鍵策略，藉此幫助家長和教練來處理這些問題。

年輕運動員需要多少能量？

目前並無兒童定期訓練能量需求的具體數據，但可藉由表12.1和12.2中的數值粗略估算。表12.1顯示各年齡層兒童平均熱量需求標準。此數值計算為英國衛生署公布，但未將日常訓練或競技運動的消耗能量納入考量，因此，需要預留一些能量供給的空間。

與年輕運動員更相關的是表12.2，該數值是根據個人體重和身體活動水平（PAL）顯示其能量需求。身體活動水平是每日總消耗能量與基礎代謝率（BMR）的比率，它取決於活動的強度和時間。從表12.3可估算身體活動水平，久坐的兒童（和成人）的身體活動水平為1.4，而活動量較大的兒童則在1.6至2.0之間。

表12.4列出一個體重33公斤的10歲兒童在各項運動中卡路里消耗的估計值，這些數值是基於對成年人進行的測量，並按比例縮小到兒童的體重，同時增加25%的彈性熱量（Astrand, 1952, 目前尚無針對兒童發表的數值），這是考慮到兒童與成人進行相同活動時，相較之下「浪費」更多能量，原因是他們在主動肌和拮抗肌群間尚缺乏協調，以致於兒童在新陳代謝方面不如青少年和成人有效率，而他們的生物力學效率也相對較差（如跑步時步頻往往較快），相對也增加了身體活動的能源成本。

隨著孩子變得更加熟練其從事的運動，體內能源成本會降低，而習慣運動的兒童確切應該吃多少是很難預測的，但對於那些沒有超重或體重過輕的孩子，則可依照他們的食慾作為食物份量的準則，並由他們的熱量水平作為準則。如果兒童飲食不足，使熱量水平持續偏低，他們將在運動中感到昏昏欲睡和表現不佳。另一方面，如果他們似乎有足夠的能量並且充滿活力，那麼他們可能已經吃得夠飽了。

表12.1	兒童平均熱量需求預估	
年齡	男生（大卡）	女生（大卡）
4–6歲	1715	1545
7–10歲	1970	1740
11–14歲	2220	1845
15–18歲	2755	2110

英國衛生署公布的膳食熱量和營養素參考攝取量（1991年）。London：HMSO

表12.2		根據體重和身體活動水平估算兒童和青少年的平均熱量需求					
	體重（公斤）	基礎代謝率（BMR）大卡／日	身體活動水平（PAL）				
			1.4	1.5	1.6	1.8	2.0
男生	30	1189	1675	1794	1914	2153	2368
	35	1278	1794	1914	2057	2297	2559
	40	1366	1914	2057	2177	2464	2727
	45	1455	2033	2177	2320	2632	2919
	50	1543	2153	2321	2464	2775	3086
	55	1632	2297	2440	2608	2943	3253
	60	1720	2416	2584	2751	3086	3445
女生	30	1095	1531	1651	1746	1962	2201
	35	1163	1627	1715	1866	2081	2321
	40	1229	1722	1842	1962	2201	2464
	45	1297	1818	1938	2081	2344	2584
	50	1364	1913	2033	2177	2464	2727
	55	1430	2009	2153	2297	2584	2871
	60	1498	2105	2249	2392	2703	2990

英國衛生署公布的膳食熱量和營養素參考攝取量（1991年）。London：HMSO

年輕運動員的熱量消耗是否與成年人不同？

研究顯示，從事運動的兒童相較於青少年或是成年人，消耗更多的脂肪和碳水化合物（Martinez & Haymes,1992; Berg & Keul, 1988）。無論在耐力運動和短時間高強度運動中，他們更加依賴有氧代謝（其中脂肪是主要燃料），雖然在營養學的涵義上尚未明確，但仍不建議兒童的脂肪攝取量超過成人的適當攝取量（總熱量的35%）。

表12.3	身體活動水平（PAL）
1.4	多半坐著，很少運動
1.5	主要是坐著，有時走路，運動量少
1.6	每日適度運動
1.8	每日中等至高強度運動
2.0	每日高強度運動

表12.4	各種活動所消耗的熱量
活動類型	30分鐘消耗的卡路里
自行車（11.2公里／小時）	88
跑步（12公里／小時）	248
靜坐	24
站立	26
游泳（自由式4.8公里／小時）	353
網球	125
步行	88

這些數值是基於成年人的測量結果，將體重縮減至33公斤，並增加25%的彈性熱量。體重較重的兒童會燃燒更多的卡路里，體重較輕的兒童則會減少卡路里的燃燒。

年輕運動員如何攝取蛋白質？

由於兒童的成長和發育，在相對體重上，他們比成人需要更多的蛋白質。英國衛生署公布的蛋白質營養素參考攝取量，為不同年齡男孩和女孩提供基本的指南（請參見表12.5）。大多數兒童每公斤體重需要大約1克蛋白質（成人需要0.75克／每公斤體重），例如體重40公斤的兒童，每天應該攝取約40克蛋白質。但是，上述公布的數值並沒有將運動消耗的熱量納入考量，因此經常運動的兒童可能需要更多蛋白質，約為每日每公斤體重1.1–1.2克（Ziegler et al., 1998）。

年輕運動員可在日常飲食中添加2–4份富含蛋白質的食物（瘦肉、魚、禽、蛋、豆、扁豆、堅果、豆腐和素肉）來滿足蛋白質需求，還有適量的穀物攝取（麵包、義大利麵、麥片）和乳製

表12.5	兒童每日蛋白質需求	
年齡	男生	女生
4–6歲	19.7 g	19.7 g
7–10歲	28.3 g	28.3 g
11–14歲	42.1 g	41.2 g
15–18歲	55.2 g	45.0 g

英國衛生署公布的膳食熱量和營養素參考攝取量（1991年）。London：HMSO

品（牛奶、優格、起司），以及各種含少量蛋白質的食物。

吃素的兒童應食用多種植物性蛋白質，例如豆類、扁豆、穀物、堅果、種子、大豆和素肉（請參閱第13章「寫給素食運動員」）。

運動營養完全指南

年輕運動員該吃蛋白質補充品嗎？

兒童不需要高蛋白、奶昔和蛋白能量棒等蛋白質補充品，因為即使是活動量大的人也應該能夠從飲食中獲取足夠的蛋白質。儘管此類的營養補充品可能會在某些成年運動員的飲食發揮作用，但沒有理由將其給予兒童。兒童應學習如何從原態食物中均衡飲食，以及如何從正確的食物組合中獲取蛋白質，這一點更為重要。

年輕運動員應攝取多少碳水化合物？

目前沒有針對年輕運動員的具體建議，但因為建議攝取量是根據體重計算的，成年人的建議攝取量應適用於該年齡層（Burke et al., 2011）。因此，每天訓練1–2個小時的年輕運動員，每1公斤體重需要約5–7克的碳水化合物。例如：體重為60公斤的運動員每天訓練1–2小時，則一天需要360–420克的碳水化合物。根據經驗法則，年輕運動員應該能夠藉由以下飲食滿足碳水化合物的需求：

· 4–6份富含碳水化合物食物（穀物、馬鈴薯）

· 5份以上的水果和蔬菜

· 2–4份乳製品

（有關飲食份量計算，請參見第16頁表1.3）

飲食確切的份量取決於其能量需求。一般來說，年齡較大、體重較重和活動量較大的兒童需要更多的比例。以他們的食慾為準則，但不要對他們應該吃多少份量有太多的規定，參見在附錄「升糖指數和升糖負荷」（第340–343頁）的食物碳水化合物含量表。

在訓練或比賽之前，年輕運動員應該吃什麼？

訓練所需的大部分能量是由運動員數小時甚至數天前所吃的食物提供。食物中的碳水化合物將被轉化為糖原，並儲存在體內的肌肉和肝臟。如果他們吃了適量的碳水化合物，肌肉中就會有較高的糖原含量，為其運動的燃料準備。反之，若是沒有攝取足夠的碳水化合物，糖原存量就會減少，使他們處於運動時提早疲勞的風險中。

運動前吃的食物須避免兒童在訓練過程中出現飢餓感和易於消化，並有較低至中等的升糖指數。可提供持續熱量的零食點心，有助於運動員在運動過程中保持更長的時間，但請避免在訓練前讓他們吃大量含糖食物，如糖果和飲料。這可能會導致血糖和胰島素激增，然後迅速下降，從而導致低血糖、早期疲勞和運動表現下降。

下一頁的方框為運動前正餐和點心提供一些建議，要找出哪些食物和多少份量適合個人需求，得經過反覆的試驗，根據食慾、感受和喜好調整份量，重點是要讓他們對食物的種類和份量感到滿意。需提醒的是，比賽前不要輕易嘗試新的飲食選擇，因為他們可能會不習慣。

運動前點心

運動前約一小時搭配水進食。

- 新鮮水果和一杯牛奶

- 一小塊全麥三明治，含雞肉、花生醬或鷹嘴豆泥

- 穀物棒或乾果棒

- 水果優格搭配新鮮水果

- 少量乾果，例如：杏桃乾、葡萄乾

- 牛奶麥片粥

- 含花生醬或優格的燕麥或米菓餅乾

- 自製鬆餅和蛋糕（請參閱第335–339頁的食譜）

運動前正餐

運動前2-3小時搭配水進食。

- 三明治／麵包捲／貝果／捲餅，內有雞肉、魚、起司、蛋或花生醬和沙拉

- 帶皮煮的馬鈴薯和豆子、起司、鮪魚、涼拌捲心菜或雞肉

- 義大利麵搭配番茄肉醬、起司和蔬菜

- 雞肉搭配白飯、沙拉

- 蔬菜和蝦或豆腐炒麵或炒飯

- 肉飯或白飯／魚／蔬菜

- 混合豆類與馬鈴薯火鍋

- 雞肉、蔬菜和馬鈴薯砂鍋菜

- 牛奶燕麥粥

- 全麥穀物（如麩皮或小麥片、麥果泥或維多麥）加牛奶或優格

- 魚和馬鈴薯派

運動前的飲食

運動前確切的用餐時間可能取決於實際情形的限制，例如：訓練課程可能在放學後馬上進行，所以很少有時間吃飯。如果進食和訓練間時間少於1小時，請提供一些零食（請參閱「運動前點心」）。如果進食和訓練之間超過2小時，那麼正常的均衡飲食是合適的，建議給他們攝取碳水化合物類的食物（如麵包或土豆）與少量蛋白質（如雞肉或豆類）以及些許蔬菜與飲品。

比賽前，年輕運動員應該吃什麼？

如果年輕運動員即將上場比賽，須確保他們獲得正確的飲食。自行攜帶絕對是個好主意，因為活動場地可能沒有合適的食物和飲料。年輕運動員應該在比賽開始前2-3小時吃一頓正餐，才有足夠的時間消化食物並排空肚子。舉例來說，如果賽事在早上，應在比賽前2–3小時吃早餐。同理，如果賽事在下午進行，則將午餐時間調整為比賽前2–3小時。

像成年人一樣，兒童在比賽當天可能會感到過於緊張或興奮而無法進食。因此，可提供有營

養的飲品（如稀釋果汁、運動飲料、奶製品或優酪乳）或點心。如果孩子們沒吃飯，在比賽中可能會頭昏眼花或噁心，並且無法達到最佳狀態。以下是比賽當天應遵循的簡單規則：

- 不要吃或喝未嘗試過的飲食

- 堅持熟悉的食物和飲料

- 盡可能帶自己的食物和飲料

- 比賽前後要多喝水或稀釋果汁

- 吃高碳水化合物的零食（請參閱「運動前點心」）

- 比賽前避免高脂食物

- 比賽前一個小時內避免吃甜食和巧克力

- 比賽前一個小時避免喝汽水（糖含量每100毫升超過6克）

- 鼓勵孩子在比賽前上廁所。

運動中的飲食

如果年輕運動員訓練少於90分鐘，那麼訓練過程中就不需要吃任何東西，但應鼓勵他們固定喝水休息，最好每15–20分鐘，或在訓練或比賽中適當的時機休息；同時確保他們有攜帶水瓶，並放在容易拿取的地方，例如在游泳池邊、足球場一側或賽道旁。

全天訓練或比賽時，請在短暫的休息時間中提供食物和飲料。例如在游泳、網球和體操比賽間補給；在持續1小時以上的比賽或錦標賽中（例如足球、板球或曲棍球），請在上下半場之間提供食物和飲料。高碳水化合物、低脂食品和飲料是常見的選擇，因為它們有助於保持體內較高的能量及維持血糖水平，同時延緩疲勞發生，並預防低血糖症狀。由於食物需要隨身攜帶，應選擇不易腐壞、便於攜帶、快速且易於食用的點心。一些賽事會供應食物給選手，但必須事先檢查，因為它們可能是薯片、巧克力棒、餅乾和非酒精飲料，而這些食物都不利於良好的運動表現，請參考以下方框選擇合適的點心。

訓練或比賽休息時間的點心

- 水、稀釋果汁或運動飲料

- 香蕉

- 新鮮水果–葡萄、蘋果、梨子、蜜柑

- 乾果–葡萄乾、杏桃乾、芒果乾

- 香蕉、蜂蜜、燕麥餅乾和米菓餅乾

- 麵包捲、三明治、英式瑪芬、迷你貝果，迷你鬆餅

- 水果、麥片和能量棒

運動後的飲食

運動後，首要任務是補充流失的液體，所以馬上讓年輕運動員喝杯水或稀釋果汁是最好的選擇。此外，他們還需要補充剛消耗的能量，所以

運動後的點心或正餐可說是非常重要的一餐，因為加速運動員在下一次訓練前的恢復。除非可以在半小時內用餐，否則應先給他們吃些點心，避免飢餓並促身體復原。至於應該提供多少份量，則依照他們的食慾和體型為準則，給予足夠的食物減輕飢餓感，使他們可以維持體力到下一次用餐。根據對成年運動員的研究顯示，在運動2小時內每公斤體重攝入1克碳水化合物，可加快身體恢復速度。

適合恢復體力的點心

所有點心都應搭配水或是稀釋果汁。

- 牛奶或奶製品

- 新鮮水果例如：香蕉、葡萄和蘋果

- 乾果

- 堅果和葡萄乾

- 優格

- 優酪乳

- 奶昔

- 塗有果醬或蜂蜜的麵包捲或貝果

- 迷你鬆餅

- 自製瑪芬、營養棒、餅乾（請參閱第335–339頁的食譜）

- 自製蘋果、胡蘿蔔或水果糕點

適合恢復體力的正餐

所有正餐都應當搭配水或稀釋果汁，以及1-2份蔬菜或沙拉。

- 帶皮煮的馬鈴薯、鮪魚或起司

- 義大利麵搭配番茄肉醬和起司

- 雞肉飯和炒蔬菜

- 魚派

- 焗豆吐司

- 魚餅、焗豆漢堡或沙拉三明治配馬鈴薯

選擇具有中等或較高升糖指數的食物，將使血糖迅速升高，並在肌肉中轉化為糖原。對成年運動員的研究中發現，加入少量蛋白質（比例約為3：1）可進一步提升恢復能力。參考本頁方框，選擇合適自己的點心與正餐，然而事實上，在學校餐廳、休閒育樂中心和運動中心的自動販賣機所提供的點心多半不適合。運動後食用炸薯條、巧克力棒、糖果和碳酸飲料等食物，不利於身體的復原，它們只是糖、脂肪或鹽的濃縮形式，實際上會減慢液體補充的速度。另一方面，雖然它們也提供大量得熱量，但這些食物反而會讓年輕運動員在下次用餐對健康食物失去胃口。

所以，你可以做什麼？讓上述單位知道你對於他們為兒童準備的點心感到不滿意，邀請其它父母和教練一起加入，並建議使用更健康的食物代替這些「垃圾」零食。左頁方框所列（「適合恢復體力的點心」建議清單）都是適合的，多鼓勵兒童自備點心和飲品。

旅途中或比賽時應該吃什麼？

當年輕運動員出門在外比賽之前，請提前準備食物和飲料並隨身攜帶。他們在旅途中可能需要點心，因此須選擇適當的食物，可參考「在旅途中適合的點心」方框中的建議，千萬不要依賴路邊的咖啡館、速食店、鐵路或機場的餐飲店，在這些場所健康的飲食選擇通常受到限制。當行程延誤時盡量多飲水，因為搭乘汽車、長途巴士和飛機旅行時，冷氣容易使兒童體內脫水。

旅途中適合的點心

· 夾有雞肉、鮪魚或起司的三明治，搭配沙拉、香蕉和花生醬或馬麥醬（使用啤酒釀造沉澱的酵母製作的醬料）

· 米菓餅乾、燕麥餅乾和全麥餅乾

· 燕麥或穀物棒

· 烙餅

· 優酪乳

· 各式起司

· 一小把堅果—花生、腰果、杏仁

· 新鮮水果—蘋果、香蕉、葡萄

· 乾果

· 水果棒或甘草棒

· 水煮蛋

· 生菜沙拉，如胡蘿蔔、甜椒、小黃瓜、芹菜和鷹嘴豆泥

出外參賽適合的餐廳和快餐

· 簡單的義大利麵食

· 簡單的炒菜

· 薄片披薩加番茄和蔬菜配料

· 簡單的麵條或米飯

· 帶皮煮的馬鈴薯、鮪魚、雞肉、豆類或起司

· 水果鬆餅

盡量搜尋比賽場地附近的餐飲服務，確認當地的餐館和外賣店，鼓勵兒童選擇碳水化合物含量高的食物，如麵食、披薩或米飯，並提醒他們不要嘗試不熟悉或不尋常的東西。

運動員最不希望發生的事就是在比賽前腸胃不適！出國旅行時，最好避免食物中毒常見的罪魁禍首，像是雞肉、海鮮和肉類，除非你確定它們已經正確烹飪並加熱到高溫，否則避免吃到不冷不熱的菜餚。出門旅行時，請在上面的方框中找到合適的飲食。

應避免的外食

- 漢堡和薯條
- 雞塊
- 奶油或油膩的義大利麵
- 熱咖哩
- 烤肉串
- 炸魚和薯條
- 不冷不熱的雞、火雞、肉、魚或海鮮料理
- 熱狗
- 炸雞餐

此外記住，年輕運動員在旅途時可能會感到緊張或憂慮，而不想吃太多食物。若遇到這種情況，鼓勵他們多喝營養飲，例如果汁、優酪乳和奶昔，並攜帶他們最喜歡且不易變質的食物來引起胃口。簡單來說，讓他們吃點食物總比不吃來的好，如果沒有進食，會消耗掉體內儲備的能量，使他們在競爭中處於劣勢。

年輕運更容易脫水嗎？

由於以下原因，年輕運動員比成年人更容易發生脫水和過熱：

- 他們的汗水比成人少（汗水有助於保持身體溫度穩定）
- 他們不能像成年人一樣應付非常炎熱的環境
- 他們在運動中較易過熱

- 他們的體重表面積相對較大
- 他們常常無法辨識或應對口渴的感覺。

在任何給定的脫水程度下，年輕運動員的核心溫度增加要比成人高得多，建議年輕運動員透過檢查排尿來檢視其體內水分的狀況（請參見第146頁）。

平均而言，年輕運動員每小時運動會損失350至700毫升的體液。如果天氣炎熱潮濕或穿很多衣服，他們會流更多汗，甚至流失更多水分，因此鼓勵他們在運動前、運動中和運動後多喝水。至於成年人，體液流失取決於：

- 環境的溫度和濕度－氣溫越高或濕度越高，汗水的損失就越多，因此他們需要多喝水。
- 運動的強度－運動越劇烈，出汗就越多，因此他們需要喝更多水。
- 運動的長度－運動時間越長，汗水流失就越多，因此他們需要喝相對應流失的水。
- 身體的尺寸－身材越高大，汗水流失就越多，因此他們需要喝更多水。
- 健康的程度－身體越健康，越容易出汗且汗水越充沛（這是體溫進行良好控制的指標），因此，他們所需的水分多於較不健康的人。

在某些運動項目上，體重是影響運動表現的因素（如體操），於是教練在訓練過程會限制飲水（希望少數如此），主因誤以為身體會適應低水分攝取的狀態，或僅僅是避免補充水分的麻煩與干擾。然而，此時孩子即便試圖持續運動，成

績也會低於標準，還會提高發生熱痙攣和熱衰竭的風險。

　　年輕運動員脫水的風險與成人相似，以下是幾點提醒事項：

- 運動感覺更加困難
- 心跳較平常增加許多
- 可能會出現抽筋、頭痛和噁心
- 注意力降低
- 執行運動技巧的能力下降
- 較快感到疲勞並失去耐力

運動前，年輕運動員應喝些什麼？

　　像成年人一樣，年輕運動員應該盡量在運動前補充水分。如果他們在此階段稍微有脫水的情形，那麼一旦開始訓練，發生體溫過熱的風險也就越高。可鼓勵他們白天攝取6–8杯（1–1.5升）水，作為最後的防護措施，並在運動前45分鐘補充150–200毫升（一大杯）水。

脫水的警訊

　　兒童比成年人更容易脫水，應特別注意以下徵兆：

初期症狀

- 異常缺乏能量
- 運動早期疲勞
- 抱怨身體太熱
- 皮膚出現潮紅並感覺濕冷
- 僅有少量深色尿液
- 噁心

採取的行動：每10–15分鐘攝取100–200毫升的水或運動飲料

後期症狀

- 嚴重的頭痛
- 頭暈或頭昏眼花
- 失去方向感
- 呼吸急促

採取的行動：每10–15分鐘攝取100–200毫升的運動飲料，並尋求專業協助

運動中，年輕運動員應喝些什麼？

雖然鼓勵成年運動員在運動中口渴時喝水請參閱第151頁），但兒童的口渴機制不見得可靠，因此需要更鼓勵兒童喝水。因此可能需要鼓勵兒童喝更多水，同時，注意以下事項，並依下列準則來規劃飲水策略：

運動前

活動前45分鐘攝取150–200毫升。

運動中

每15–20分鐘攝取75–100毫升。

運動後

隨時喝水，喝到不再口渴後再加一杯，或者每減少0.2公斤體重喝300毫升。

你可以藉由訓練前、後對年輕運動員測量體重，以估計他們在運動過程中損失多少水分。每損失1公斤應喝1.5升液體。這說明了一個現象，在運動後他們會持續出汗並在這段期間藉由尿液流失更多的水分。舉例來說，如果年輕運動員運動後的體重減輕0.3公斤，就等同於損失了0.3升（300毫升）的水分，要補充300毫升液體，他需要在運動中和運動後攝取450毫升水分。別預期年輕運動員在運動後會大量飲水，因此建議將他們的飲用水分裝成適當的份量，以便在運動中和運動後服用，而好的飲水策略是在運動中選擇三個固定的時段喝100毫升，然後再喝150毫升。

如何鼓勵年輕運動員在運動時喝足夠的水？

· 用擠壓式水瓶或新穎的水瓶使飲水更有樂趣。

· 確保水瓶放在容易拿到的地方，例如在泳池畔，或在賽道、球場、體育館或球場旁。

· 在訓練／比賽中留一些喝水的時間，並鼓勵他們定時喝一口，最好每10 - 20分鐘喝一次。

· 告訴他們不要等到口渴時才喝水，即使不覺得口渴，也應在運動前20分鐘內喝水，並在訓練中定時喝水。

· 如果是團隊比賽，請制訂適當的休息時間，例如在比賽期間半場休息，或在訓練中聽取教練建議時休息。

· 如果他們不喜歡水，請提供有口味的飲料，例如：稀釋果汁、經稀釋的濃縮果汁或是運動飲料。

· 將飲料稍微冷卻（約8°C–10°C）通常會促進兒童多喝水，並給他們有口味的飲料。

年輕運動員應該喝什麼？

與成年人一樣，對於大多數少於90分鐘的運動，最好飲用白開水。它可以迅速補充流失的液體，是運動的理想飲品。但是飲用水有兩個潛在問題：第一，許多年輕運動員不太愛喝白開水，因此可能造成飲水不足；第二，喝水往往會有壓抑口渴的訊息，儘管體內仍處於脫水狀態。總之，儘量鼓勵喝水，但如果年輕運動員很難完整補充水分，那就提供他們有味道的飲料。

稀釋果汁（水分與果汁比例 1：1 或 2：1）、無糖濃縮果汁，或一般經稀釋的濃縮果汁是較便宜的替代品，但請記住，大多數品牌都富含添加劑，包括人造甜味劑、色素和調味劑。如果你希望避免這些添加劑，有機的濃縮果汁雖然較為昂貴，但是更好的選擇。

儘管市售運動飲料可能無法提高年輕運動員進行少於90分鐘運動的表現，但仍要鼓勵他們攝取更多水分（Wilk & Bar-Or, 1996; Rivera-Brown et al., 1999）。然而實際上，許多兒童發現運動飲料成為胃中「沉重」的負擔，應特別注意市售的運動飲料，也可以用水稀釋運動飲料（如果是粉狀包裝，請加入更多的水），也可以用水代替運動飲料。

如果孩子持續訓練90分鐘以上，每100毫升約含4–6克糖的運動飲料可能會改善他們的運動表現。這是因為飲料中的糖分有助於增強運動中的肌肉並延遲疲勞，飲料中的電解質（鈉和鉀）用意在刺激口渴並使其增加飲水量（請參閱第7章：水分），但缺點是運動飲料相對昂貴。自製果汁（水分與果汁比例為 1：1 或 2：1）或有機的濃縮果汁（濃縮果汁加入6倍的水稀釋），價格相對便宜，這兩種飲品都有助於長時間運動時保持能量（血糖）水平。要促使兒童攝取足夠水量，水的味道很重要，如果他們不喜歡是不會喝的！因此，唯有經歷反覆試錯，才能找到最佳的能量飲料。建議嘗試不同的口味，直到他們找到喜歡的一種，同時注意如果濃度太高，可能會使得他們腸胃感到不舒服。

選擇適合運動的飲料

運動時間少於90分鐘

- 水
- 果汁與水的比例為二比一
- 運動飲料與水交替飲用

運動持續超過90分鐘

- 用1-2份的水稀釋為1份的果汁

- 濃縮果汁（以有機果汁為佳），以6份的水稀釋一份濃縮果汁

年輕運動員不該喝什麼？

- 碳酸飲料–碳酸飲料中的氣泡可能會在口腔引起刺激感，尤其是很快地喝下去的時候，這樣會導致兒童減少攝取液體。碳酸飲料還會使胃部不適，使他們在運動時感到腹脹和不舒服。

- 即飲的軟性飲料–這些飲料糖分太濃，運動期間在胃中停留的時間往往太長，可能會使孩子感到噁心和不適。

- 含咖啡因的飲料–含咖啡因的非酒精飲料、可樂、咖啡和茶會加速心跳，並可能在夜間引起顫抖和躁動，且兒童比成人對咖啡因更敏感。

保持涼快的六種方法

1. 在炎熱潮濕的天氣補充額外水分。

2. 在炎熱的天氣下，安排一天中較涼的時間運動。

3. 在運動期間定時喝水休息，天氣炎熱時，最好在陰涼處休息。

4. 鼓勵年輕運動員穿寬鬆的天然纖維衣服，能在運動時易於出汗、使水分蒸發。

5. 讓他們持續2週逐漸適應炎熱或潮濕的天氣。

6. 確保他們在比賽前24小時喝比平常更多的水。

如何選擇補充品

1. 選擇適合你孩子年齡階段的綜合配方；理想情況下，應含有以下營養素：維生素A、維生素C、維生素D、維生素E、硫胺素、核黃素、菸酸、維生素B6、葉酸、維生素B12、生物素、泛酸、β-胡蘿蔔素、鈣、磷、鐵、鎂、鋅、碘。

2. 檢查每種營養素的含量不超過標籤上註明之營養參考值的100%。

3. 避免添加色素過多的補充品。

4. 盡量選擇由知名廠商生產的品牌，這些品牌在質量控制和臨床研究方面通常有很高的聲譽。

年輕的運動員應該補充維生素嗎？

理論上，年輕的運動員如果飲食均衡，食物種類繁多，則無需補充營養。但實際上，沒有多少孩子能夠做到這一點。對於速食、即食和加工食品的依賴，以及同儕關係和時間壓力，很難實現均衡飲食。英國學童全國飲食和營養調查顯示，常見食物中，有80%的4–18歲孩子食用白麵包、薯片、餅乾，馬鈴薯和巧克力棒（Gregory et al., 2000），他們平均每天只吃2份水果和蔬菜，而吃綠葉蔬菜的比例不到一半。在15-18歲青少年族群中，鋅、鎂、鈣和鐵的攝取量低於建議攝入量。

為兒童精心配製的多種維生素和礦物質補充品可以幫助他們獲得足夠的維生素和礦物質，且不會損害他們的成長、身心發展和身體機能。某些維生素和礦物質的攝取不足與智商低落、推理能力、身體機能、注意力不集中和行為問題有關，補充品有可能幫助矯正並有效改善兒童體內營養素的缺乏。但如果他們已經得到了良好的營養，那麼額外的維生素和礦物質，並不會使他們變得更聰明或更會運動。

年輕運動員應該服用肌酸？

目前沒有任何研究支持年輕運動員使用運動補充品，且長期風險尚不清楚（Unnithan et al., 2001）。最受歡迎的補充品之一是肌酸，但沒有運動團體建議18歲以下的族群使用肌酸。美國運動醫學會和美國兒科學會（American Academy of Pediatrics）的立場聲明，建議在18歲以下的運動員不要使用肌酸。由於膳食補充品不受相關單位管控，因此肌酸補充品可能含有會導致藥物檢測呈陽性反應的雜質。

無論如何，肌酸對年輕運動員幾乎沒有好處。首先，它們比有氧代謝更加耗氧，因此透過補充肌酸來提高無氧運動能量的產生，效果相當有限。其次，運動表現的提升來自於訓練階段的成效，努力訓練和均衡飲食才是獲得最佳表現的關鍵，而非營養補充品的幫助。

年輕運動員何時應為運動減重？

有些年輕運動員可能會對於減重以提升運動表現感到壓力，因為體重或脂肪百分比降低，通常與跑步速度、跳躍能力、耐力和運動表現提升有關。不管他們是否超重，年輕運動員通常會受到隊友苗條身材的影響，或因為教練出自善意的建議而減肥。

教練不應鼓勵體重或脂肪百分比正常的年輕運動員（見圖12.1和12.2）減重。如果他們不滿意體重，可能問題是自尊心低落或無法達到良好的運動表現。例如體型較高大的兒童，較無法適應長跑、芭蕾舞或體操等需要苗條身材的運動。

如果你認為年輕運動員的確存在體重問題，且減少體脂肪將有益於他們的運動表現、身體健康與自尊心，請遵照第249頁「健康的減肥方法」之建議，或諮詢有執照的營養學家或營養師（請參見www.senr.org.uk）。通常，只需要增加每日活動量和訓練強度，加上健康的飲食策略即可，並設定足夠的時間（數月而不是數週）減重。在專業指導下，年輕運動員每月體重不得超過1-2公斤，具體上取決於他們的年齡和體重。減肥的目標必須是實際且可實現的，應該至少在比賽前3或4週達成設定的目標。這將使他們能更具有競爭力，但應該要避免嚴格的節食、利尿劑、過度運動和使用桑拿浴作為減肥方法，因為它們對成長中的運動員可能具有危險性。這些方法短期可能會導致水分流失過多，肌肉糖原儲存量下降、疲勞和表現不佳。從長遠看來，則可能導致節食、飲食失調、健康不良和發育障礙。

如何評估兒童和青少年是否過胖？

成年人通常使用身體質量指數（BMI，即體重（kg）／身高^2（m）^{2}（見表12.6）來定義超重；另有國際標準定義了與年齡有關的臨界點，以定義兒童的超重和肥胖（圖12.1和12.2）。身體質量指數高於同年齡的正常值，代表過重；如果身體質量指數高於肥胖值，則說明他們的健康受到威脅。

但是，與成年人一起使用BMI為指標，對兒童運動員來說可能會產生誤導，並且造成對超重分類錯誤，這是因為以體重計算無法區分脂肪或是非脂肪組織。

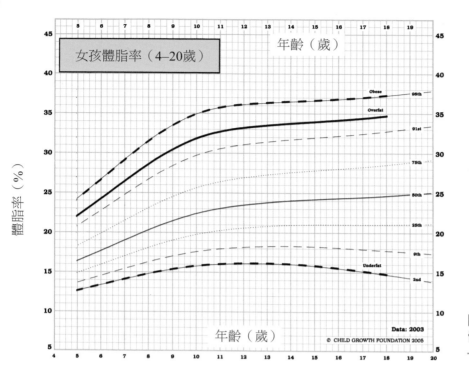

圖**12.1**女生正常的
體脂肪

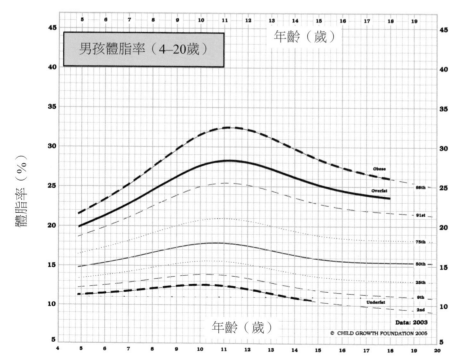

圖**12.1**男生正常的
體脂肪

體脂百分比圖表為評估兒童和年輕運動員提供了更準確的訊息。測量人體脂肪百分比的最簡單方法，是透過生物電阻抗分析身體組成比例。

健康的減肥方法

你可以為年輕運動員盡力的是，鼓勵他們均衡飲食和規律運動，並與其談論健康飲食和運動，以實際案例教導，讓他們自己選擇飲食的方式。以下是建議做和避免做的事：

- 不要對他們說「貪婪」或「懶惰」等字眼。

- 要告訴他們，你了解有時候做出健康的選擇是多麼困難。

- 不要讓他們對自己的飲食習慣感到內疚。

- 當看到他們選擇健康飲食時，要開口誇獎。

建立自尊心

如果你可以建立年輕運動員的自尊心，並幫助他們對自己感到更正向，那麼他們更有可能選擇較健康的食物。清楚地表揚他們的成就表現、強調他們的優勢，並鼓勵他們嘗試新的技能以獲取成功，切勿說他們胖或該去減肥。盡可能讓他們知道內在與涵養的重要性，然後淡化你對他們的體重，甚至你個人體重的擔憂。

不要「節食」

沒有在營養師的建議下，建議，就不應該限制年輕運動員的卡路里攝取量。兒童時期的營養需求很高，而節食可能會忽略掉對兒童健康至關重要的營養素；應取而代之的是，嘗試以健康方式對他們的飲食習慣進行改革。

樹立榜樣

與其聽你的話去做，年輕運動員更可能模仿你的行為。他們透過觀察父母了解食物和運動的概念，因此盡可能共同進餐且食用相同的飯菜，讓他們看到你規律運動並飲食均衡。

不要以食物作為獎勵

以甜食獎勵兒童只會強化他們特殊待遇的觀念，並使兒童渴望更多甜食。如果要讓他們節制攝取甜食，可以選擇只讓他們在一週中的某一天用餐後食用。

表12.6	兒童體重過重或肥胖的身體質量指數（BMI）			
年齡	過重		肥胖	
	男生	女生	男生	女生
5	17.4	17.1	19.3	19.2
6	17.6	17.3	19.8	19.7
7	17.9	17.8	20.6	20.5
8	18.4	18.3	21.6	21.6
9	19.1	19.1	22.8	22.8
10	19.8	19.9	24.0	24.1
11	20.6	20.7	25.1	25.4
12	21.2	21.7	26.0	26.7
13	21.9	22.6	26.8	27.8

來源：Cole et al., 2000

不要禁止任何食物

允許他們吃所有食物，但要說明某些食物只能偶爾食用或作為零食。嚴禁食物反而會增加孩子對食物的渴望，使他們更可能偷偷食用。

提供健康的點心

確保健康的點心在身邊，而不是餅乾、薯片和巧克力。將新鮮水果、蔬菜、沙拉和原味優格等健康選擇放置在你的孩子可輕鬆拿取的位置，

表12.7	4–18歲男孩的膳食營養素參考攝取量				
	膳食營養素參考攝量（DRV）	4–6	7–10	11–14	15–18
熱量	平均需要量（EAR）	1715大卡	1979大卡	2220大卡	2755大卡
脂肪	最多35%總熱量	67克	77克	86克	107克
飽和脂肪	最多11%總熱量	21克	24克	27克	34克
碳水化合物	最少50%總熱量	229克	263克	296克	367克
添加糖*	最多11%總熱量	50克	58克	65克	81克
纖維**	每1000大卡8克	14克	16克	18克	22克
蛋白質		19.7克	28克	42克	55克
鐵		6.1毫克	8.7毫克	11.3毫克	11.3毫克
鋅		6.5毫克	7.0毫克	9.0毫克	9.5毫克
鈣		450毫克	550毫克	1000毫克	1000毫克
維生素A		500微克	500微克	600微克	700微克
維生素C		30毫克	30毫克	35毫克	40毫克
葉酸		100微克	150微克	200微克	200微克
鹽***		3克	5克	6克	6克

英國衛生署（1991）的食品熱量和營養成分的膳食參考值。London：HMSO

EAR = 估計平均需要量

* 添加糖

** 成人膳食營養素參考攝量DRV（18克），即8克／1000大卡

*** 營養科學諮詢委員會（2003年）：鹽與健康。倫敦：HMSO

來源：S. Jebb et al., 2004

例如：桌上的水果盤、在冰箱內前排的優格。

但是在其餘時間，他們可能不會很活躍，找機會增加他們的日常活動，像是鼓勵他們步行或騎自行車往返學校，或嘗試增加與家人在一起做的活動，例如游泳、踢足球、散步或騎自行車。

增加他們的活動量

雖然年輕運動員會參加訓練和體育運動，

表12.8	4–18歲女孩的膳食營養素參考攝取量			
	膳食營養素參考攝量（DRV）	4–6	7–10	11–14	15–18
熱量	平均需要量（EAR）	1545大卡	1740大卡	1845大卡	2110大卡
脂肪	最多35%總熱量	60克	68克	72克	82克
飽和脂肪	最多11%總熱量	19克	21克	23克	26克
碳水化合物	最少50%總熱量	206克	232克	246克	281克
添加糖*	最多11%總熱量	45克	51克	54克	62克
纖維**	每1000大卡8克	12克	14克	15克	17克
蛋白質		19.7克	28克	41克	45克
鐵		6.1毫克	8.7毫克	14.8毫克	14.8毫克
鋅		6.5毫克	7.0毫克	9.0毫克	7.0毫克
鈣		450毫克	550毫克	800毫克	800毫克
維生素A		500微克	500微克	600微克	600微克
維生素C		30毫克	30毫克	35毫克	40毫克
葉酸		100微克	150微克	200微克	200微克
鹽***		3克	5克	6克	6克

英國衛生署（1991）的食品熱量和營養成分的膳食參考值。London：HMSO

EAR = 估計平均需要量

* 添加糖

** 成人膳食營養素參考攝量DRV（18克），即8克／1000大卡

*** 營養科學諮詢委員會（2003年）：鹽與健康。倫敦：HMSO

來源：S. Jebb et al., 2004

限制看電視時間

計畫並確實告知他們在一定時段內可觀看的電視內容。節目播放完畢後，無論他們如何抗議，都應關閉電視，也避免在孩子的臥室裡放置電視。

平衡活動與看電視時間

讓他們的運動時數等同於被允許看電視的時數，如果他們白天進行一個小時的運動訓練，則可以分配一個小時的電視觀看時間。

不要吃飯配電視

避免看電視時進餐或吃不健康的點心，因為這時他們會專注在電視而不是食物上，而沒注意到自己已吃飽。

保持健康的重要提示

- 每天要進食5份水果和蔬菜。

- 遵守三分之一原則，蔬菜應至少填滿盤子的三分之一，有助於滿足飢餓感，並提供具保護性的營養成分。

- 習慣坐在桌子上吃飯，否則在電視機前吃飯或在奔跑中吃飯會使你吃得較多，因為沒有充分集中精神。

- 下課時間給他們水果當點心，蘋果、蜜柑和葡萄都適合。

- 不要為了減低卡路里而放棄乳製品，改用低脂或脫脂牛奶，它們富含同樣多的鈣。

推薦的水果和健康點心

- 新鮮水果，例如：蘋果、蜜柑、柑桔、葡萄、草莓

- 塗有馬麥醬的全麥吐司

- 全麥吐司上烤番茄

- 低脂優格

- 低脂牛奶

- 堅果，例如：腰果、花生、杏仁等

- 全麥早餐麥片加牛奶

- 原味爆米花

- 生菜沙拉（胡蘿蔔、甜椒和黃瓜棒）

- 米菓餅乾加切片香蕉或乾酪。

兒童應該要有多少運動量？

根據目前的建議（英國衛生署，2011年），要維持基本健康水準，年齡在5至18歲的兒童和青少年需要做到：

- 每天至少60分鐘（1小時）中度至高強度運動，並混合中等強度的有氧運動（如快走）以及較高強度的有氧運動（如跑步）。

- 每週3天，安排運動應包括伏地挺身之類的肌肉強化活動，或是跑步之類的強化骨骼活動。

- 以棕色麵包取代白色麵包，如全麥麵包、麩皮穀物和全麥麵食富含纖維，這會使你的孩子感到更飽。但請逐步更換以免胃部不適。

- 不必禁止巧克力，提供零食時，請給予大小適中的巧克力棒。

- 用各種蔬菜作湯，既具有飽足感，熱量又低，且營養豐富。可請孩子一起幫忙做湯，或購買現成的蔬菜湯。

- 將馬鈴薯切成薄片，倒入少許橄欖油並在烤箱中烘烤，可以製作出更健康的薯條。

- 甜點中加入水果，如新鮮水果、燉蘋果或梨子配卡士達醬、烤蘋果和水果。

- 以身作則鼓勵他們慢慢進食，好好享受每一口食物。

- 每天早上從麥片粥開始，因為燕麥能使孩子飽足感維持更久，抑制對食物的渴望。

- 餐點中包括烤豆和小扁豆，它們具飽足感、營養豐富，不會引起血糖快速升高。

- 鼓勵兒童每天至少喝6杯水，有時口渴被誤認為飢餓。

年輕運動員怎樣才能增重？

許多年輕運動員想盡辦法維持體重或增加體重。因為他們運動時消耗大量能量，可以鼓勵他們更頻繁地吃正餐和點心，一天6–7次，因為他們可能無法僅由一天三餐來滿足其生長和活動所需的能量。

試著每天添加3–4次點心或迷你餐。為了增加體重，兒童需要攝取比生長和訓練所需更多的熱量，要使食物熱量和營養成分更有效地被利用，以下有一些建議：

· 提供更大份量的食物，例如義大利麵、馬鈴薯、米飯、乳製品和富含蛋白質的食物。

· 在兩餐間提供3–4次營養豐富的點心（請參考本頁方框建議）。

· 提供營養飲料，例如：牛奶、自製奶昔、優酪乳、水果冰沙和果汁。

· 將磨碎的起司撒在蔬菜、湯品、馬鈴薯、義大利麵和火鍋裡。

· 將乾果添加到早餐穀物、麥片粥和優格。

· 用花生醬或堅果醬塗麵包、吐司或餅乾。

· 蔬菜和主菜配上起司醬。

· 避免食用鬆軟的布丁、餅乾和蛋糕，提供了卡路里，但其營養成分卻很少。

增加體重的高熱量點心

· 堅果–花生、杏仁、腰果、巴西果、開心果

· 乾果–葡萄乾、蜜柑、杏桃、棗類

· 全麥三明治，夾起司、雞肉、火腿、鮪魚、花生醬或香蕉

· 優格和鮮乳酪

· 牛奶、奶昔、調味奶和優酪乳

· 麥片早餐或麥片粥加牛奶和乾果

· 起司–切片、切塊或新穎的起司點心

· 吐司加起司

· 烤餅、水果麵包、麥芽麵包

· 小煎餅

· 英式瑪芬、麵包捲或貝果

· 麥片或早餐棒（檢查是否含人工合成脂肪）

· 麵包或吐司塗上果醬或蜂蜜

· 吃乳製品或優格口味的布丁，例如：米布丁、水果脆皮加優格、水果沙拉加上優格、卡士達醬、香蕉卡士達醬、麵包布丁、水果鬆餅。

年輕運動員適合肌力訓練嗎？

精心設計的肌力訓練或重量訓練將提高年輕運動員的力量，降低他們受到運動傷害的風險，並改善運動表現。最近的研究發現證實了上述概念，與認為肌力訓練會損害軟骨或阻礙其生長的看法相反，肌力訓練被證實可以使骨骼更為堅固。況且，目前也沒有因肌力訓練造成骨損傷病例的報導。

接受肌力訓練的孩子會變得強壯，並具有較高的自尊心，因此對自己更有自信。但是，肌力訓練與健力、舉重或是不同健身項目，並不建議18歲以下的兒童參加。

肌肉增重不應成為肌力訓練計畫的目標，兒童和青少年應給予輕重量（或體重）訓練和不斷重複動作來鍛鍊肌肉，而不是舉重。兒童只有在青春期過後才應考慮增加肌肉。年幼的兒童應該從伏地挺身和仰臥起坐等體重訓練開始，較有經驗者則可使用舉重器材和儀器。

研究運動的科學家表示，精心設計的肌力訓練可以為兒童帶來很多健康的益處，並且可補強現有的訓練計畫。事實上，美國兒科學會運動醫學委員會對此表示贊同。以下是相關準則：

· 在訓練過程中，應對兒童進行適當的監督。

· 他們應該接受適合其年齡的訓練方式（成人的方式並不適合），通常間隔30秒，中間要有休息時間，並有充分的暖身與收操。

· 確保使用正確的方式和技巧進行訓練。

· 兒童應從相對輕級的體重訓練開始，並重複很多次。

· 不應進行重量級負重。

· 訓練應被視為整體健身計畫的一部分。

· 訓練課程應多樣且有趣。

注意：兒童應在肌力訓練前進行健康檢查。

重點摘要

- 與成人相比，年輕運動員進行各種運動消耗的卡路里大約多25%。

- 與成人相比，年輕運動員比成人需要更多蛋白質，每公斤體重約1克（成人僅需0.75克／千克），但不需要食用蛋白質補充品。

- 如果年輕運動員持續訓練少於90分鐘，在訓練期間不需要進食，但應鼓勵他們定時休息，最好每15–20分鐘休息一次。

- 運動後，立即給年輕運動員喝些飲料，水或稀釋果汁是最好的選擇，其次是高碳水化合物與高升糖指數的零食，防止飢餓並促進身體恢復。

- 與成人相比，年輕運動員更容易脫水和過熱。

- 鼓勵他們一天喝6–8杯（1–1.5升）水，並在運動前45分鐘補充150–200毫升（一大杯）水。

- 在運動期間，他們的目標是每15–20分鐘喝75–100毫升的水。

- 運動後，他們可任意喝水直到不再口渴為止，另再多喝一杯，或體重每減少0.2公斤就多喝300毫升。

- 與成年人一樣，對於大多數時間短於90分鐘的運動而言，白開水是最好的選擇，有味道的飲料則可促使他們攝取足夠的水分。

- 年輕運動員如果飲食均衡，攝取多種食物，則不需要補充品，但兒童綜合維生素和礦物質補充品可提供幫助。

- 目前沒有研究支持年輕運動員使用營養補充品，且長期風險尚不清楚。美國運動醫學會特別警告18歲以下的運動員不要使用肌酸。

- 如果運動員確實存在體重問題，請尋求專業意見。與年輕運動員談論健康的飲食和運動時，以實際案例教導，並讓他們自己決定飲食的選擇。

- 鼓勵努力維持體重或增加體重的年輕運動員經常進食與補充點心，並多攝取富含熱量和營養的食物。

寫給素食運動員

有許多的運動員都採用素食飲食方式，除了出於道德或信仰的原因之外，有一部分的人認為避免食用肉類，能讓飲食更加的健康。實際上，透過一些大規模的飲食調查發現，素食者攝取的水果、蔬菜、纖維、抗氧化營養物質及植物營養素較肉食者還多，並且，能攝取較少的飽和脂肪與膽固醇（Davey et al., 2003; Key et al., 1996）。

根據估算，英國有將近3%的人為素食主義者，且三分之二的人聲稱他們很少吃肉。這問題在於素食飲食的優點是否可延伸至體能與運動表現的提升。本章將參考此領域的研究，並涵蓋素食運動員重要的營養考量，此外，本章也提供實用的建議，以協助素食運動員達到他們的目的及要求。

素食主義的定義是什麼？

素食飲食被定義為，不包括肉類、禽類、野味、魚類、海鮮或屠宰副產品（如：明膠或動物性脂肪）的飲食，但包含穀物、豆類、堅果、種籽、蔬菜和水果，及食用或不食用乳製品和雞蛋。蛋奶素的素食者食用乳製品和雞蛋為常見的素食飲食。

而純素食主義者不食用乳製品、雞蛋和其它動物產品。

素食飲食是否適合運動員？

許多人都認為以植物做基礎的飲食，無法滿足運動員的營養需求，而肉類是增加肌力與耐力不可或缺的營養素，他們並認為相較於吃肉的運動員，素食飲食的運動員將會更為矮小、更為虛弱、肌肉較少，而且力量也更小。但並沒有任何事實支持這些錯誤的觀念。反之，美國飲食協會與加拿大營養師協會於1997年關於素食飲食的聲明文件中指出，競技運動員可透過素食飲食滿足訓練的需求（ADA，1997）。這樣的觀點在

2000年美國飲食協會（ADA）與美國運動醫學會針對體能及運動表現聯合發表的立場聲明中指出，「以動物來源的食物，不一定是確保運動表現必要的條件」（ADA／DC／ACSM, 2000）。

素食飲食對健康有什麼好處？

英國飲食協會指出，「經由妥善規劃的素食飲食，可以既健康又營養」（BDA，2014）。這與美國營養學會（前身為美國飲食協會）關於素食飲食之立場聲明看法一致，此份立場聲明表示「適當規畫的素食飲食，包含奶蛋素或純素飲食，是健康且營養豐富，並可能在預防與治療某些疾病方面對健康有益」（Craig et al., 2009）。

依據大規模的多項研究顯示，素食者罹患心血管疾病、某些類型癌症、2型糖尿病、肥胖和高血壓等慢性疾病的可能性較小（Appleby et al., 1999）。美國羅馬林達大學的研究人員發現，遵行素食主義飲食的人，在採取此飲食法6年中因為任何原因而死亡的風險，比非素食主義者低了12%（Orlich et al., 2013）。

英國牛津大學一項大型的研究EPIC–Oxford發現，相較於食用肉類和魚類的人相比，素食者罹患心臟病的可能性低了32%（Crowe et al., 2013），他們體重過重或患有2型糖尿病的可能性明顯降低，血壓與低密度膽固醇（LDL–C）的標準也較低。另外，素食者中較少罹患腸癌，世界癌症研究基金會（WCRF）與美國癌症研究機構（AICR）的報告發現，吃紅肉和加工肉品會增加罹患腸癌的風險（WCRF／AICR，2007）。

世界癌症研究基金會每（WCRF）與國民保健署（NHS）均建議，一週不能吃超過500克的肉類（或一天70克），盡可能減少吃加工肉品。世界衛生組織所屬的「國際癌症研究機構（WHO／IARC）」指出，加工肉品會致癌，紅肉則可能導致癌症（Bouvard etal., 2015）。

一般來說，素食者的身高體重指數（BMI）較吃肉者低（Spencer et al.,2003）。會出現這種狀況有部分是因為較健康的生活方式導致，亦歸因於植物性食品所含的熱量明顯少於肉類，另外，植物性食物中纖維與多酚的大量攝取，也會影響腸道微生物菌群的多樣性與平衡，這些微生物菌群會促進健康的腸道菌生長，並排擠不健康的腸道菌。研究人員認為，擁有健康的腸道微生物菌群平衡會減少由食物中吸收的能量（Spector, 2015）。

素食飲食對運動表現有沒有好處？

美國飲食協會（ADA）、美國運動醫學會（ACSM）和加拿大營養師協會（DC）就營養與運動表現的立場聲明中指出，妥善規畫的素食飲食似乎是能有效支持，並影響運動表現的參數（ADA，2009）。此項觀點也受到澳洲運動學院（AIS）的支持，該學院指出「素食可支援最佳運動表現」。

澳洲研究人員對之前8項研究分析，比較素食運動員與飲食中包含肉類之運動員的表現，結論顯示當妥善規畫且多樣化的素食飲食者，既不會阻礙也不會改變運動表現（Craddock etal.,

2015）。溫哥華英屬哥倫比亞大學的研究人員亦重新探討對素食運動員並獲得相同的結論（Barr & Rideout, 2004）。然而，素食飲食本身與改善有氧能力的表現並無關聯。（Nieman, 1999）。

多項研究發現，素食與非素食運動員在運動表現、體能（有氧或無氧能力）、四肢圍度及肌力各方面並無明顯差異（Williams, 1985; Hanne et al., 1986）。即使採取半素食的女性運動員（每週食用不到100克的紅肉），相較於肉食者相比，她們的最大有氧能力（或有氧體能）並無差別（Snyder, 1989）。根據另一項研究（Nieman, 1989），長期茹素的女性（平均持續素食的平均時間為46年）與非素食女性的健康狀況相同。

丹麥的研究人員，對採用素食與非素食的運動員進行6週的測試（Richter etal., 1991），兩種飲食的碳水化合物含量均維持相同（57%的熱量），研究後發現，無論他們採用何種飲食法，運動員的有氧能力、耐力、肌肉肝醣濃度或肌力方面都沒有產生變化。

在德國的一項研究中，跑者在補充碳水化合物含量（60%熱量）的素食或非素食飲食後，兩者完成賽事1000公里的比賽（Eisinger, 1994），然而，完成賽事的時間並未受到飲食的影響；因此，可了解素食跑者與非素食者跑的運動表現，並沒有顯著的差別。

總之，這些研究皆表明，即使遵行數十年的素食飲食，仍能有成功的運動表現。然而尚無研

究調查素食是否能增強運動表現，因此我們無法確定素食在強化運動表現上是否有真正的好處。

素食飲食可以為運動員提供足夠的蛋白質？

一般來說，採用素食飲食的蛋白質含量比非素食飲食低，儘管如此，素食飲食往往能達到或超過一般人蛋白質的建議攝取量（RNI）（Janelle & Barr, 1995）。但由於運動員所需的蛋白質比一般人建議攝取量（RNI）要多，一般人攝取量每日每公斤體重0.75克，相對於運動員的1.2–2.0克），因此，問題在於素食者是否能在不服用營養補充品的情況下，補充足夠的蛋白質。

研究人員的結論是，只要補充各種富含蛋白質的食物，並攝取足夠的熱量，大多數運動員都能由素食飲食，滿足額外的蛋白質需求（Nielson, 1999; Lemon, 1995; Barr& Rideout, 2004）。富含素食蛋白質的來源詳述如下（表13.1），美國運動醫學會（ACSM）建議素食運動員，攝取的蛋白質要比非素食者的建議量多10%，以彌補植物性食物中，必需胺基酸含量較低的不足（Rodriguez et al., 2009），你可以食用各種堅果、種籽、豆類、小扁豆、乳製品、豆製品（豆腐、天貝）、穀物食品（燕麥、麵食、米飯、栗米及其它穀物）、麵包和藜麥來補充，盡量達到每餐（包括運動後）攝取約20克的蛋白質量，麥克馬斯特大學研究人員進行多項研究顯示，這是啟動肌肉生長和運動後恢復的最佳攝取量（Moore et al., 2009; Mooreet al., 2012）。

表13.1		素食飲食中各種食物的蛋白質含量	
豐富來源	**（克）**	**一般來源**	**（克）**
鷹嘴豆、扁豆或豆類（煮熟的）（4大匙，200克）	18克	全麵或白麵製麵食（煮熟的230克）	7克
牛奶（1杯／200毫升）	7克	米飯、糙米或白米（煮熟的180克）	5克
雞蛋（1顆，約60–65克）	8克	全麥麵包或白麵包（1片）	3克
原味優格（125克）	6克	以水煮製的麥片粥（200克）	3克
瀝乾的低脂希臘優格（150克）	15克		
豆腐（100克）	13克	煮熟的馬鈴薯（200克）	4克
無麩質肉燥（100克）	12克	綠花椰菜（100克）	3克
花生（50克）	12克		
南瓜籽（50克）	12克		

與普遍看法相反的是，即使是肌力型運動員也可由素食飲中獲得足夠的蛋白質，因為，肌肉組織增加的限制因素，似乎與總熱量的攝取有關，而非蛋白質的攝取量。

對素食來說，哪些食物是好的蛋白質來源？

素食者豐富的蛋白質來源，包括豆類、小扁豆、堅果、種籽、乳製品、雞蛋、豆製品（豆腐、豆漿、豆製優格與素肉燥）與Quorn（英國最大素肉品牌廠商）的肉類替代食品，表13.1列出各種素食食物的蛋白質含量。

單一的植物性食物，並未依正確比例包含身體所需的必需胺基酸，但當你結合多種植物性食物時，同一種食物中所缺乏的蛋白質，便可由另一種含量較豐富的食物補償，這就是所謂的蛋白質互補。許多的植物性蛋白質中有一種必需胺基酸（也稱限制性胺基酸）含量較低，舉例來說，穀類缺乏離胺酸而豆類缺乏蛋胺酸，結合穀物與豆類可產生高品質的蛋白質，與動物性蛋白質一樣好，甚至於更好。舉幾個例子，如：吐司上放置豆類、吐司塗抹花生醬或米飯與扁豆，另外，在飲食中增加乳製品或雞蛋，也能增添流失的胺基酸，例：起司搭配義大利麵或麥片粥等等。蛋白質的其它組合包括：

· 墨西哥玉米餅與豆泥
· 豆類與蔬菜火鍋搭配米飯或麵食
· 印式扁豆糊搭配米飯
· 中東蔬菜捲
· 扁豆湯搭配麵包捲

素食者需要蛋白質補充品嗎？

若你已由食物中獲取足夠的蛋白質，則不需要營養補充品。然而，若你發現僅由食物中很難滿足蛋白質的需求，或者你採行純素飲食，那蛋白質的營養補充品可能是一項好選擇。這些補充品很方便，可更輕鬆的獲取你日常所需的蛋白質。多項研究顯示，運動後攝取20克蛋白質，可促進肌肉的恢復，但是，你也可飲用500毫升的牛奶獲得等量的蛋白質。

素食者可由肌酸營養補充品獲益更多

素食者的肌酸含量往往較非素食者低（Maughan, 1995）。由於一開始的肌肉肌酸含量較低，因此，當素食者補充肌酸後，將肌酸攝取進入肌肉的能力便會提升，並可能於需倚賴三磷酸腺苷—磷酸肌酸系統（ATP–PC system）的運動中發揮更好的表現（請見第21-22頁），例：採用無氧運動並重複訓練的運動類型（Wattet al., 2004）。

· Quorn肉類替代食品印度燉菜搭配薄餅
· 炒豆腐蔬菜搭配米飯

就本質上來說，你可以組合下列兩個或多個類別的植物食物來補充蛋白質：

1. 豆類：豆子、扁豆與豌豆

2. 穀物：麵包、麵食、米飯、燕麥、早餐穀片、玉米和黑麥

3. 堅果與種籽：花生、腰果、杏仁、葵瓜籽、芝麻、南瓜籽

4. Quorn肉類替代食品與豆製產品：豆漿、豆腐（類似於豆腐，但味道強烈的發酵豆腐）、豆製素肉燥、豆製素漢堡肉、Quorn肉排與Quorn香腸。

現今我們已知人體具有大量的胺基酸，因此，若一餐飯缺乏營養，可由身體自行儲存的胺基酸裡獲取，正因如此，只要你的飲食方式是多樣化且均衡，就不需一直擔心是否要補充胺基酸。即使是吃進那些蛋白質含量不那麼高的食物，也會為人體補充些許的胺基酸。

對運動員來說，素食飲食有什麼隱患？

如同任何一種飲食方式的改變，重點在於妥善的規畫飲食，並盡可能多取得素食飲食的知識。某些運動員採行素食或全素飲食，以減輕體脂肪，因為，他們認為此種飲食法可自動降低熱量。然而，這些運動員並沒有以適當的食物來取代肉類，因此，並未補充足夠的蛋白質及其它營養，以支撐他們的訓練，這樣飲食失調的運動員可能在飲食中忽略肉類及其它食物種類，因此飲食失調的結果，就不全然是素食主義所造成的。

假使你有高熱量的需求，食用大量高纖食物（如：豆類、全麥）可能會太飽，為了確保攝取足夠的熱量，你可能需要在飲食中包含更多複合性的碳水化合物的來源（如：果乾、果汁），或包含全麥與精製穀物產品的混合食品（如：全麥與白麵包）。

最常見的營養不足，是缺蛋白質、鐵質、omega-3脂肪和維生素D，純素者可能會缺乏維生素B12和鈣。這些營養成分將影響運動表現與健康，並增加疾病、疲勞與受傷的風險。好消息是，可選擇食用替代性的食物，輕鬆避免這些營養不足的問題，並獲取所有維持最佳健康狀態及運動表現所需的營養素。

素食飲食的特殊注意事項
鐵與鋅

停止食用肉類可能導致鐵與鋅的攝取量減少，理論上來說缺乏鐵質會增加貧血的風險。然而，有證據顯示，身體會隨著時間及藉由增加從食物吸收其它礦物質的比例，來調節並適應這兩種營養成分減少的狀況。另外，飲食中鐵和鋅的含量偏低也會帶動本身吸收率的增加。

儘管植物中的鐵質不易吸收，但研究顯示，相較於肉食者來說，素食者產生缺鐵性貧血的機率也不常見（Alexander etal., 1994; Janelle & Barr, 1995）。即使在女性耐力運動員中，素食者缺少鐵的風險並未更高，根據研究人員發現，非素食者與素食跑者的血紅素含量及跑步表現非常類似（Snyder, 1989; Seiler, 1989）。

當食用富含鐵質的食物時，同時攝取富含維生素C的食物（例：水果和蔬菜）可大幅提高鐵質的吸收率，而檸檬酸（天然存在於水果和蔬菜中）及胺基酸也能促進鐵質的吸收。對素食者來說，豐富的鐵質來源，包括有全麥穀物、全麥麵包、堅果、豆類、綠色蔬菜（綠花椰菜、水芥菜和菠菜）、強化穀物、種籽和果乾。表13.2有列出各種素食物的鐵質含量。

麩質及其它植物性聚合物（植酸、草酸）會減少鋅和其它微量礦物質（如：銅、錳和硒）的吸收，但是大部分的研究都未能顯示素食者血

液中，這些礦物質的含量是否因此較低（Fogelholm, 1995）。然而，還是建議避免食用過多富含麩質的食物，全麥、豆類、堅果、種籽和雞蛋是鋅的豐富來源。表13.3列出各種素食物中的鋅含量。

Omega-3

脂肪豐富的魚類，富含長鏈omega–3脂肪酸，因此，不吃魚的素食者需要由其它食物中來獲取。在某些植物性食物中（如：南瓜籽和亞麻籽油）發現一種主要的omega–3脂肪酸，即為α-次亞麻油酸（ALA）（請見表13.4，此表列出

表13.2	素食飲食中各種食物的鐵質含量		
豐富來源	**鐵，毫克**	**一般來源**	**鐵，毫克**
5大匙（250克）煮熟的藜麥（75克乾燥的重量）	5.9毫克	白煮蛋（1）	1.3毫克
4大匙（200克）煮熟的豆子	5.0毫克	腰果（25克或4盎司）	1.5毫克
4大匙（200克）煮熟的扁豆（75克乾燥的重量）	4.8毫克	酪梨（75克或3盎司）	1.1毫克
燕麥麩片（45克或1½盎司）	5.3毫克	蘆筍（125克或4盎司）	1.1毫克
水煮菠菜（100克或3½盎司）	4.0毫克	1片全麥麵包（40克）	1.0毫克
100克豆腐	3.5毫克		
烤豆子（225克或8盎司）	3.2毫克	水煮綠花椰菜（100克或3½盎司）	1.0毫克
穀麥片（60克或2¼盎司）	2.76毫克	糙米（200克或7盎司）	0.9毫克
4顆無花果乾（60克或2¼盎司）	2.1毫克	花生醬（20克或⅔盎司）	0.5毫克
8杏仁乾（50克或2盎司）	2.1毫克		

表13.3		素食飲食中各種食物的鋅含量		
豐富來源	**鋅，毫克**	**一般來源**	**鋅，毫克**
鷹嘴豆（200克或7盎司）	2.8毫克	花生醬（20克或2/3盎司）	0.6毫克
烤豆子（225克或8盎司）	1.6毫克	冷凍／罐頭豌豆（80克或3⅓盎司）	0.6毫克
1份漢堡（100克或3½盎司）	1.6毫克	3個無花果乾（60克或2¼盎司）	0.5毫克
南瓜籽（20克或⅔盎司）	1.3毫克	3個巴西堅果（10克或1/3盎司）	0.4毫克
穀麥片（60克或2¼盎司）	1.3毫克	水煮馬鈴薯（200克或7盎司）	0.4毫克
巧達乳酪（30克或1盎司）	1.2毫克	1顆橘子（140克或5盎司）	0.3毫克
中東芝麻醬（20克或⅔盎司）	1.1毫克	6粒杏仁（10克或1/3盎司）	0.3毫克
1份水果優格（150克或5盎司）	0.9毫克	花生醬（20克或2/3盎司）	0.6毫克

表13.4		素食飲食中各種食物的OMEGA–3含量		
豐富來源	**克／每100克**	**每一份**	**克／份**
亞麻籽油	57克	1茶匙（14克）	8.0克
亞麻籽（研磨）	16克	1茶匙（24克）	3.8克
葡萄籽油	9.6克	1茶匙（14克）	1.3克
核桃	7.5克	1茶匙（28克）	2.6克
核桃油	11.5克	1茶匙（14克）	1.6克
地瓜	0.03克	中份（130克）	1.3克
花生	0.4克	一把（50克）	0.2克
綠花椰菜	0.1克	3茶匙（125克）	1.3克
南瓜籽	8.5克	2茶匙（25克）	2.1克
Omega–3雞蛋	0.8克	1顆雞蛋	0.4克

各種食物中omega–3脂肪酸的含量）。omega–3脂肪酸在體內會轉化為二十碳五烯酸（EPA）和二十二碳五烯酸（DPA），這兩種脂肪酸於脂肪豐富的魚類中含量很高，但於其它食物中卻非如此，而α-次亞麻油酸（ALA）能提供保護心臟的作用。

因此，素食協會建議次α-次亞麻油酸（ALA）的攝取量為1.5%或每日約4克，這能提供足夠的omega–3脂肪酸，以確保體內形成足夠的EPA和DHA（EPA的轉化率為5–10%，DHA的轉化率為2–5%），所以，你的日常飲食中必須包含表13.4所列出的某些食物。

你也應以亞油酸（LA）與次α-次亞麻油酸（ALA）比例達到4：1或略低做為目標，因為攝取大量亞油酸會妨礙α-次亞麻油酸（ALA）轉化為EPA和DHA的過程。以富含單一飽和脂肪酸的油脂（如：橄欖油和堅果）取代omega–6含量高的油脂（如：葵花油或玉米油），就不會破壞EPA和DHA的形成。若你沒有定期攝取Omega–3的食物來源，那食用素食的Omega–3營養補充品則是一個好方法。

相較於亞麻籽油製品，由藻類油脂製成的營養補充品是較好的選擇，因為它們富有高含量的Omega–3脂肪酸DHA和EPA，而不是α-次亞麻油酸（ALA）。在脂肪豐富的魚類中，富含omega–3是因為這些魚類透過食用海藻而產生的油脂。

簡易菜單規畫

以下列五種食物類別規畫你的素食飲食，以確保你獲得胺基酸與其它營養成分的均衡。

水果與蔬菜

· 一天5份或更多
· 一份的份量＝約80克，相當於1個中等的水果（如：蘋果）、2顆小水果（如：奇異果）、1杯滿滿的莓果（如：草莓）或3大匙煮熟的蔬菜。

豆類與其它富含蛋白質的食物

· 一天2–4份（若排除乳製品則為4–5份）
· 此類別食物包括豆類、小扁豆、雞蛋、堅
 果、種子、豆漿、豆製素肉燥、Quorn肉類替
 代食物、豆腐和丹貝（tempeh）。
· 一份的份量=125克（4盎司）煮熟的豆類、豆
 腐、豆製素肉燥、2顆雞蛋、25克（1盎司）
 堅果或種籽。

穀物和澱粉類蔬菜

· 每天4–6份，根據活動的程度而決定
· 此類食物包括麵包、米飯、麵食、早餐穀片
 和馬鈴薯。食物中至少有一半應為穀物。
· 一份的份量=2片麵包、60克（未烹煮的重
 量）的穀物或早餐穀片、175克馬鈴薯。

牛奶和乳製品

· 每天2–4份
· 此類食物包括牛奶、優格和乳酪。請盡可能
 選擇低脂的食品。
· 一份的份量=200毫升（1/3品脫）牛奶、1盒優
 格（150毫升）/新鮮乳酪、40克硬起司、125
 克茅屋起司。

健康的脂肪與油脂

· 每天2–4份
· 此類別的食物包括所有的植物油（每天至少
 嘗試包含一種富含omega–3的油脂）、堅果、
 種籽、與酪梨。
· 每一份的份量=2茶匙（10毫升）油脂、25克
 堅果或種籽、1/2顆酪梨。

重點摘要

· 整體而言，相較於肉食者，素食者攝取更多的
 水果和蔬菜、纖維、抗氧化營養品與植物營
 養成分，而飽和脂肪的攝取則較肉食者低。

· 相較於肉食者，素食者罹患心臟病、高血壓、
 肥胖、2型糖尿病及某些癌症的機率較低。

· 素食飲食可完全滿足運動員的營養需求。

· 多項研究表示，妥善規畫且多樣化的素食飲食
 並不會影響運動能力，而且確實對運動表現
 有幫助。

· 素食運動員與非素食運動員在表現、體能（有
 氧或無氧能力）、四肢圍度與肌力方面並沒
 有明顯差異。

· 素食飲食的蛋白質含量比非素食飲食低，但
 是，只要補充各種富含蛋白質的食物，且攝
 取足適量的熱量，大多數的運動員仍能由素
 食飲食滿足這些額外的蛋白質需求。

· 素食運動員經由肌酸的營養補充，他們的表現
 較肉食運動員還要好，這是因為他們一開始
 的肌肉內的肌酸含量較低。

· 不當的素食飲食規畫可能會導致鐵、鋅及ome-
 ga–3脂肪酸的攝取量偏低，但研究表示，相較
 於肉食者，素食者產生缺鐵性貧血的機率較
 不常見。

· 素食者可由富含α-次亞麻油酸（ALA）的食物
 中獲取omega–3脂肪酸，並應以α-次亞麻油酸
 （ALA）攝取1.5%的熱量。則每日攝取約4克
 為目標。

寫給年長運動員

現在有許多50歲至60歲甚至更年長者，更加重視健康與想改善健康狀態、維持高標準的體能，並保持同年齡的競爭力，然而，老化的過程伴隨著許多生理的變化，會影響運動能力、肌肉組織與肌力。大多數的運動員通常於30歲左右，就開始發現運動表現已從巔峰狀態開始下降。

幸運的是，當我們只要規律的運動、搭配良好的營養補給（尤其是蛋白質的攝取）就能有助於預防並減少與老化相關的肌肉組織、肌力及生理功能衰退。本章將介紹如何調整你的飲食，讓你隨著年齡的增長，仍能發揮運動的潛能。

老化對健康有什麼影響？

對大部分運動員而言，根據運動的種類和項目，他們的運動表現的巔峰期從20歲至30歲開始下降，至40歲、50歲和60歲時，身體衰老的速度每年會逐漸增加0.7%，此後將日漸增加（Tanaka & Seals, 2008）。在表14.1裡將匯整了與年齡相關的主要變化，以及可能影響的營養補給需求。

關於各種身體衰退的生理原因有許多種，但一般人來說並不十分的了解，然而，現在大眾已知的自然衰老過程以及心血管和呼吸功能，與肌肉組織逐漸減少有關。在20歲中期開始，靜息時的中風量（SV）、最大心率和有氧運動的能力（最大攝氧量）每十年會下降約10%。自中年開始耐力表現的下降，主要是因為最大攝氧量的降低，然而，自壯年至中年的表現下降，則主要是由於乳酸閾值（無氧閾值）的降低（Tanaka &Seals, 2008）。

身體也由於日積月累的磨損，靈活度也往往會跟隨著降低。將會讓身體從嚴苛的訓練中恢復，以及傷後的復原，會需要更長的時間，慢性過度使用的傷害也變得更為普遍，而且這種傷害佔年齡在60歲以上運動員傷害的70%。為減少受傷的風險，你可能需要減少重複性與衝擊性高的運動量，進而著重於於低衝擊力的運動，並在運動計劃裡增加額外的休息與睡眠時間。

然而，當你訓練計劃中如果沒有包含阻力型訓練，會讓肌力與肌肉的衰退速度更加快速。

表14.1	可能影響營養補給需求且與年齡相關的主要變化
與年齡有關的變化	營養指示
有氧能力降低	減少熱量的需求
肌肉組織減少	減少熱量的需求
骨骼組織減少	鈣質與維生素D的需求增加
皮膚維生素D的合成能力下降	維生素D的需求增加
胃酸減少	B12、葉酸、鈣、鐵和鋅的需求增加
鈣吸收減少	鈣質與維生素D的需求增加
口渴感降低	水分的需求增加
腎功能衰退	水分的需求增加

肌肉組織的流失通常發生於30歲左右的年紀（Janssen et al., 2000），然後每十年下降8%直到70歲，此後衰退的速度是每10年約增加15%（Mitchell et al., 2012）。

當我們所有生理機能與肌肉，都會隨著年齡的增加而逐漸下降之外，骨量也會從30歲時開始下降，然而，50歲以上的女性中有1／3將因為骨質疏鬆症導致骨折，在男性中也有約1／5的人會經歷這項問題。

在美國梅約醫學中心的一份研究發現，相較於久坐的人，每天進行至少1小時耐力運動的年長者（59–76歲），具有更高的有氧能力、較少體脂肪與更高的胰島素敏感度，因此，產生代謝症候群的風險也較低（Lanza et al., 2008）。

然而，年紀較大與較年輕的人之間，在粒腺體功能的差異並不大，這表示規律的耐力運動在很大程度上，有防止隨著年齡增長而產生的有氧能力衰退。根據密蘇里大學的研究人員表示，維持終身規律從事有氧運動的習慣，能將有氧能力衰退的發生時間延後約30年（Booth & Zwetsloot, 2010）。這也就表示，一位經常運動的80歲長者，其健康狀態可能較一位50歲並經常久坐的人要好，尤其是最大攝氧量、肌力與耐力方面。

多份研究顯示，阻力訓練可防止隨著年齡增長而肌肉流失的現象，甚至還能增加肌肉。荷蘭「頂尖食品及營養品機構」（Top Institute Food and Nutrition）的研究人員針對24位女性與29位介於70–71歲的男性進行一項研究結果表示，為期6個月的阻力訓練讓腿部肌肉增加10%，而腿部肌力增加42%（Leenderset al., 2013）。

眾所皆知的是，只要規律的體能訓練與健康的飲食，尤其是攝取適量的鈣質與維生素，將有助於維持骨骼組織、防止或延緩骨質疏鬆症的產生（Warburton et al., 2006）。此外，運動也對提升心理健康有額外的好處，能有效降低罹患慢性疾病的風險，並降低與年齡有關的整體死亡率。

熱量

隨著年齡的增長，我們的日常熱量需求會逐漸減少。這種現象有部分原因是因為與年齡相關的瘦體組織減少，導致靜止代謝率（RMR）的整體下降，另一部分則是因為體能活動標準的降低。然而，這些問題都可透過在訓練規畫中，納入阻力訓練來防止肌肉的流失，關於這點我們在下一章節將提供更全面的說明。

靜止代謝率（RMR）是估算若24小時內什麼都不做，只是休息時身體所需燃燒的卡路里。這代表維持身體機能（包括呼吸並維持心跳）所需的熱量。你可使用Mifflin–St.Jeor公式進行估算，此公式以年齡身高和體重，來考慮與年齡相關的肌肉流失（請參閱第268頁）。然而，此公式並不考慮運動或對身體組成狀態進行任何調整。

舉例來說，一位身高178公分體重70公斤的60歲男性運動員，其靜止代謝率（RMR）為1518大卡，而一位身高體重相同的30歲男性運動員的靜止代謝率（RMR）則為1668大卡。換句

體能測量說明

最大攝氧量（VO2max）是人體每分鐘可輸至作用肌的最大氧氣量，這是測量運動員心血管健康狀況與有氧耐力的絕佳指標。身體健康者的最大攝氧量數值較健康狀態較差者高。

乳酸閾值（無氧閾值；LT）是指血液中乳酸濃度明顯增加至基準線的運動強度，乳酸是肌肉細胞分解葡萄糖的副產物，高乳酸閾值（無氧閾值）代表你可以更長時間地從事更高強度運動。

話說，與30歲的男性相比，年齡60歲的男性每天於休息時消耗的卡路里少了150大卡。然而，這是根據60歲的人肌肉量必然少於30歲者的假設來估算。

然而，每天的熱量消耗將相對減少，我們可將靜止代謝率（RMR）乘以體能活動標準（Physical Activity Level, PAL），再加上預估的運動熱量消耗來計算（請參閱第291頁）。舉例來說，對於一位60歲長期久坐的人，他的PLA為1.4，每天活動時平均消耗500卡路里的人而言：

· 每日熱量消耗 1518×1.4+500=2625大卡

相較之下，30歲的人，他們每日消耗2835大卡，差了210大卡的熱量，這相當於兩塊巧克力餅乾或一品脫啤酒的熱量！顯然，你可以透過補充較少量的熱量，並增加訓練消耗的熱量，以補償與年齡有關的熱量消耗下降，或於訓練規畫中納入阻力訓練，以避免一開始產生的肌肉流失。

熱量的攝取應來自營養豐富的食物，這些食物可促進發揮最佳運動表現，提升訓練後的恢復，並減少如心血管疾病、第2型糖尿病、癌症和骨質疏鬆等老化慢性疾病的風險。

蛋白質

蛋白質的攝取與阻力訓練，都是強大的合成代謝刺激，觸發肌肉蛋白質的合成（MPS）。然而，隨著年齡的增長，肌肉對膳食蛋白質的合成代謝效果，對肌肉蛋白質合成（MPS）的活動反應能力減弱，遂形成「合成代謝阻抗」（Burd et al.,2013; Rennie, 2009）。關於確切的機制尚不明確，但一般認為腸道中胺基酸的吸收減少，肌肉對胺基酸的攝取也同樣減少，從本質上來說，這表示若沒有定期進行阻力運動，肌肉蛋白質的合成（MPS）就會下降，這也就是許多人會產生與年齡有關的肌肉流失問題。

50歲以後，大部分的人每年會流失0.5–1.2%的肌肉組織與3%的肌力（Bell et al., 2016）。對於不運動的人，這種與年齡相關的肌肉和肌力流

Mifflin-St Jeor 公式估算靜止代謝率（RMR）

男性

10 × 體重（公斤）+ 6.25 × 身高（公分）– 5 × 年齡（歲）+ 5

女性

10 × 體重（公斤）+ 6.25 ×身高（公分）– 5 × 年齡（歲）– 161

Mifflin et al., 1990。

什麼是肌少症？

肌少症是指隨著年齡增長而逐漸失去肌肉、肌力和活動能力的症狀，可能發生於30歲左右，通常於60歲左右開始加快，除非採取具體措施才能防止症狀發生。

通常每年減少0.5–1.2%；大部分的人於70多歲時僅擁有30多歲時60–80%的肌肉組織。此種與年齡有關的肌肉流失，是蛋白質合成與分解平衡受到長期破壞的結果（Koopman,2011），是因缺乏運動與營養不均衡（尤其是蛋白質攝取不足）、荷爾蒙標準下降（生長激素和睪酮）、慢性發炎和DNA損傷的結果。

於不運動的人，這種與年齡相關的肌肉和肌力流失，稱為「肌少症」，會大幅降低活動、生活品質與從事日常活動的能力（請參閱「什麼是肌少症？」）。此症狀亦會增加跌倒和骨折的風險，並引發如2型糖尿病等慢性代謝疾病。但是肌少症並非無法避免，但可藉由適當的蛋白質攝取，並每週兩次定期進行的重量訓練與阻力訓練，就能防止肌少症的問題，甚至還能增加瘦體組織（Booth & Zwetsloot, 2010; Peterson etal. 2011）。

我應補充多少蛋白質？

根據多項新的研究發現，活躍與不活躍年長者的蛋白質攝取量，可能需要比以往認為的量更高，以補償蛋白質的流失，並維持肌肉組織、肌力和生理功能（Booth & Zwetsloot, 2010; Peterson etal. 2011）。

對於65歲以上健康但不活躍的成年人，歐洲臨床營養醫學會（European Society for Clinical Nutrition and Metabolism）建議每日攝取每公斤1.0–1.2克的蛋白質，以防止肌少症並維持肌肉組織（Deutz et al., 2014），此攝取量建議較年輕成年人每天每公斤0.75克的量要多。至於健康且活躍的年長者，研究人員建議每天的蛋白質攝取量為每日每公斤1.2–1.5克（Witard et al., 2016）。以70公斤的人來說，相當於每天84至105克。然而，更實際的作法是以每餐，而非每天來表示蛋白質的攝取建議。一般相信用於刺激最大程度肌肉蛋白質合成（MPS）的最佳蛋白質攝取量，為每餐每公斤0.4克，這明顯高於年成人，每日每公斤0.25克的建議攝取量（Moore et al., 2015; Witard et al., 2016）。這樣的量對體重70公斤的長者等於每餐攝取28克蛋白質。

在一項針對年長男性（平均年齡73歲）的研究中顯示，相較於攝取10–20克乳清蛋白的人，補充35克乳清蛋白者，胺基酸吸收與後續產生的MPS明顯較高（Pennings et al., 2012）。

下列的食物量可提供30克蛋白質，相當於70公斤年長者最佳的蛋白質需求。

- 2片紅肉（100克）
- 1塊中等份量（125克）雞肉或火雞胸肉
- 1塊魚排（150克）
- 1小罐（120克）鮪魚
- 6茶匙（300克）瀝乾希臘乳酪
- 4杯（900毫升）牛奶（任何種類）
- 4顆大雞蛋
- 1罐（400克）豆子與2片全麥吐司
- 2碗（600克）牛奶做的麥片粥
- 400毫升蛋白質奶昔（20克乳清蛋白加上400毫升牛奶）

蛋白質攝取時間對於建構肌肉重要嗎？

這如同攝取量於肌肉建構的重要性，蛋白質攝取的時機，對於刺激年長運動員的最大肌肉蛋白質的合成（MPS）相當重要。研究發現，於運動期間或運動後立即補充蛋白質，能改善合成代

肉蛋白質（Penningset al., 2011）。這種補充方式將有助於防止運動期間蛋白質的分解，並可補償隨著年齡增長而產成的合成代謝阻抗，進而建構新的肌肉組織。

我們都知道，運動後蛋白質對於肌肉的合成至少會延續長達24小時，因此透過整天的蛋白質攝取（不僅止於訓練後用餐），對於肌肉的成長將更為有益（Wall et al., 2014）。美國德州大學醫學院的一項研究比較了偏差的用餐模式—僅在晚餐才攝取蛋白質者，與志願者平均以3份X30克的餐點，攝取90克蛋白質時，後者餐後24小時的MPS明顯的增加（Mamerow et al., 2014）。實際上，這表示每餐都要含有類似的蛋白質數量，如：牛奶、雞蛋、肉類、魚類、家禽、豆腐、豆類和小扁豆，這也包括早餐適合的高蛋白點心例如：優格、堅果和堅果醬。

哪種類型的蛋白質最好？

理想的情況下，你應該在餐點中包含提供所有8種必需胺基酸的高品質蛋白質，包括胺基酸內的白胺酸，如：牛奶和奶製品、乳清蛋白補充品、雞蛋與肉類。白胺酸不僅提供構成新肌肉蛋白質的基礎，也能透過活化雷帕黴素標靶蛋白訊息傳遞路徑（mTOR signaling pathway）內的酶，而成為MPS重要的合成代謝信號（請參閱第85頁）。另外，素食主義者的餐點則應混合植物性蛋白質（如：豆類和穀物類），以獲得完整的必需胺基酸。

我在睡前應補充蛋白質嗎？

多項研究也顯示，在睡前攝取蛋白質可致使年輕者的MPS更高（請參閱第83頁），然而，這對於年長者也有利。荷蘭馬斯垂克醫學中心針對16名健康年長男性（平均年齡74歲）的一項研究中發現，相較於接受安慰劑治療者，攝取40克酪蛋白者的MPS和全身蛋白質的合成過夜後明顯較高（Groen et al., 2012）。儘管對大部分的人，一夜之間補充蛋白質並不是可行的策略，但是睡前吃進大量的蛋白質點心或飲料，可幫助耐力運動的效果最大化，並協助你增加更多的肌肉，睡前適合補充的蛋白質選項包括：

- 300毫升的牛奶或熱巧克力（10克蛋白質）
- 300毫升的牛奶與20克酪蛋白、香蕉或一把莓果（30克蛋白質）混合
- 250克瀝乾的希臘優格，與莓果、蜂蜜或燕麥片混合（20克蛋白質）

碳水化合物

當我們隨著年紀的增長，同樣保留將碳水化合物儲存作為肝臟和肌肉糖原的能力，使用糖原作為運動期間的燃料；並於運動後恢復肌肉肝醣的含量。因此，在碳水化合物的需求，年長運動員與年輕運動員並無不同，然而，如前文所述，由於每天的熱量消耗通常會下降，因此你每日碳水化合物的需求量也可能變少。

要攝取多少碳水化合物？

　　碳水化合物的攝取量應符合訓練計畫的燃料需求，因此，表3.1中的碳水化合物需求準則（每日碳水化合物攝取準則，第34頁），同樣適用於年長運動員。這些準則是根據體重及運動負荷而制訂，因此體重越重（代表肌肉組織）及運動量越大，碳水化合物需求就越高。舉例來說，當你每天進行中強度運動約1小時，每日就需要每公斤5–7克的碳水化合物；若進行數小時的低強度運動，則每日需要每公斤3–5克的碳水化合物。然而對於訓練負荷量較高的運動員來說，每日攝取每公斤6–10克的碳水化合物是適當的。

我如何安排運動前後的碳水化合物攝取？

　　如第2章中所述，運動前、運動時和運動後的碳水化合物攝取時機相當重要。對於運動前的飲食，建議應於運動前1–4小時補充每公斤1–4克的碳水化合物（ASCM／AND／DC，2016）。基本上人體需要保留足夠的時間消化食物，但時間也不能過長，否則當你開始運動時就已消耗掉

　　這些能量，這時就可能會感到飢餓且缺乏能量。運動前進食越接近訓練前，就應包含越少量的碳水化合物，當訓練時間越久強度越高時，事先需要的碳水化合物就越多。一些經驗法則，於運動前1小時補充每公斤1克的碳水化合物，於運動前2小時補充每公斤2克的碳水化合物，依此類推。

　　對於持續時間不到45–60分鐘的運動，在運動過程中攝取碳水化合物，並不會帶來任何好處。而持續超過60分鐘的運動，則可每小時補充30–60克碳水化合物，以幫助維持血糖濃度、節省肌肉糖原、延緩疲勞度並提高耐力。然而，對於持續45–75分鐘的高強度運動，以碳水化合物「嗽口」可能改善運動表現（將碳水化合物飲料遍佈於口腔周圍，但不吞嚥），這時碳水化合物將刺激口腔中向大腦發出訊號的傳感器，通知大腦碳水化合物正在傳送，進而刺激大腦的愉悅與獎勵中心，掩蓋疲勞並減少精疲力盡的感知。

　　肌肉在執行離心運動時較容易受傷，進行此種運動，肌肉纖維的長度會隨著收縮，例如：阻力訓練運動、增強式訓練或下坡跑步，且無法於訓練期間迅速修復。這時可透過補充碳水化合物與蛋白質，以減少長時間劇烈運動中的肌肉損傷與蛋白質分解（請參閱第81頁）。

　　為了促進運動後的快速恢復，若你計畫於8小時內再次進行訓練，那應於下次訓練4小時內補充每公斤1.0–1.2克的碳水化合物。另外，在運動後的餐點或點心中增加蛋白質，可提升肌肉修復、糖原的儲存與MPS。採用高或中度升糖指數的碳水化合物，將促進最快速的糖原補充，但針

復、糖原的儲存與MPS。採用高或中度升糖指數的碳水化合物，將促進最快速的糖原補充，但針對24小時或更長時間的恢復期，碳水化合物攝取的類型和時間就顯得不那麼重要，這時請盡可能選擇營養豐富的食物來源，例如：燕麥、全麥義大利麵或麵包、水果、馬鈴薯、糙米或藜麥，而非糖分。

低碳水飲食補充法有什麼好處？

以「低碳水化合物效益」的訓練概念（限制碳水化合物的攝取，並於糖原消耗的情況下進行訓練），已成為菁英耐力型運動員所喜愛的方式（請參閱第36–46頁）。這個概念是為了刺激更高的訓練適應性和鼓勵肌肉快速燃燒脂肪，並改善耐力運動中的表現。然而，以「低碳水化合物進行訓練」也可能會妨礙肌肉於高運動強度（最大攝氧量高於65%）下運用碳水化合物的能力，減少肌肉力量的輸出，並會使任何強度的運動都變得更為困難，換句話說，你將無法像以前一樣接受同樣強度的訓練。同時，也沒有明確的證據表示，長期執行低碳水化合物的飲食，可為最大攝氧量高於65%的運動、或參加短跑這樣高強度的比賽，發揮任何運動表現的優勢。

另一方面，低碳水化合物飲食可能適合某些年長運動員，特別是那些從事低強度至中強度運動者、2型糖尿病患者或具有胰島素阻抗者（當細胞對胰島素敏感度較低時，無法將碳水化合物加工為燃料）。此種飲食法也可能吸引那些希望阻止增重或減少體脂肪的人，但是，如前文所述，許多的研究資料都表示，相較於其它類型飲食法，低碳水化合物飲食對於減重和胰島素阻抗未必更有效（Pagoto & Appelhans, 2013; Hu et al., 2012,Johnston et al., 2006）。減重最重要的是降低熱量攝取，然後能夠長期堅持的飲食法，才能達到目的。若你參加菁英級的競賽，碳水飲食週期化可能是一個好選擇，採用此種策略可讓你以低碳水飲食的效益進行某些（低強度）訓練，並以高碳水飲食的效益進行高強度的訓練。這個構想是為了讓碳水飲食的攝取與訓練課程要求相符，使你獲得「低碳水化合物效益」的訓練、以及高強度訓練帶來表現優勢的雙重好處。

脂肪
我應補充多少脂肪？

由於脂肪含豐富熱量（每克9卡路里），因此可以成為極佳的燃料來源。然而，你應主要著重於符合你碳水化合物與蛋白質的目標，而脂肪則補足了熱量的平衡。堅持攝取所建議的20–35%總能量分配範圍（請參見第176頁）。不建議採用低脂肪攝取，因為可能會產生脂溶性維生素及必需脂肪酸攝取不足的風險。.

哪些類別的脂肪最健康？

要將心血管疾病的風險降至最低時，你吃進的脂肪類型比攝取的量更為重要。人造反式脂肪酸（存在於氫化脂肪中）相較於脂肪對心臟的危害較大。某些類別的飽和脂肪酸會增加低密度膽固醇（LDL cholesterol），而其它類型則會減少低密度膽固醇（LDL cholesterol），這讓科學家

們很難獲得完整的結論，但整體效果可能是中性的。遵循英國衛生署指南，將每日飽和脂肪的攝取量限制在總能量的11%以下。大多數的研究還建議以不飽和脂肪（存在於植物油、堅果、種籽和脂肪豐富的魚類中）取代某些飽和脂肪。不飽和脂肪會減少低密度膽固醇（LDL cholesterol），並提升高密度膽固醇（HDL cholesterol），因此降低罹患心血管疾病的風險。

是否需要補充更多的OMEGA–3？

嘗試在日常飲食中包含必需脂肪酸。Omega–3可能有助於降低心血管疾病風險、降低膽固醇、防止心律不整與動脈中脂肪斑的堆積，並有助於大腦功能和防止記憶力衰退，但是，omega–3也被證實具有抗發炎的作用。慢性發炎被認為是許多慢性疾病發展的關鍵因素，包括心臟病、某些癌症、2型糖尿病、骨質疏鬆和失智症。然而，對於運動員來說，omega–3可以提升有氧代謝、改善氧氣向細胞的輸送、將運動後的酸痛降至最低並減輕運動後發炎的症狀。英國衛生署建議，每日至少攝取450–900毫克的Omega–3脂肪酸，並建議每週至少吃2份魚肉，其中之一為脂肪豐富的魚類。最佳來源的Omega–3包括脂肪豐富的魚類（如：鯖魚和鮭魚）、亞麻籽、南瓜籽、核桃、奇亞籽及其油脂。

水分

隨著年齡漸長，我們除了對口渴的感知下降之外，排汗率也跟著下降。你可能會注意到運動出汗量變少，同時腎臟功能也降低，這代表腎臟濃縮尿液的功能減弱（Kenney & Chiu,

2001; Miescher et al., 1989;Phillips et al., 1984）。以上所有的狀況代表隨著年齡的增長，將變得更容易脫水，所以，請確保於訓練前維持充足的水分，你可於運動前24小時喝進大量的水、或於訓練前2–4小時飲用約為每公斤5–10毫升的水分，以達到充分補水的目的。上述作法可促進水分補充，並有足夠的時間排出多餘的水分（ACSM／AND／DC，2016）。在運動過程中，你可以設定好按照計畫的時間表飲水，而不在完全依賴口渴的感覺來飲水，因為隨著年齡漸長，口渴的感覺變得不那麼明顯，因此，口渴將不會再是身體需要水分時的指標。

根據經驗法則，每小時攝取400–800毫升水分，可防止脫水及過度脫水（Sawka et al., 2007; ACSM／AND／DC, 2016）。你可以透過在典型訓練前後進行測量體重，以確定排汗後流失了多少水分，再以飲用足夠的量為目標，以確保體重減輕不到2%（請參閱第146頁）。每次訓練後，應為了運動期間每損失1公斤的液體，再多飲用1.2–1.5公升的水分（IAAF,2007; Shirreffs et al., 2004; Shirreffs et al., 1996）。

維生素D

血液中維生素D含量偏低的狀態，在各年齡層都很常見，但是隨著年齡漸長，經由皮膚照射紫外線UV產生維生素D的能力也隨之降低，這也成為一種嚴重的問題。依據英國國家飲食和營養調查（NDNS）顯示，有17%年齡在65歲以上的男性與24%的女性有維生素D缺乏症（Bates et al., 2014）。

運動營養完全指南

維生素D在人體的健康中，佔有相當重要的作用，無論是骨骼、牙齒、肌肉功能、支持免疫系統、肺功能、心血管健康以及大腦和神經系統方面，都扮演重要的角色。維生素D偏低可能會降低肌肉功能與肌力，並對運動表現造成損害（Hamilton, 2011;Larson-Meyer, 2010; Halliday et al., 2011）。因此，無論於日光照射下或膳食中獲取足夠的維生素D，都是發揮運動效能最重要的條件。在食物中僅有這三項含有大量的維生素D：雞蛋、肝臟與脂肪豐富的魚類。下列各項提供建議的每日攝入量10微克（400IU／國際單位）：

- 5顆雞蛋
- 1茶匙（5毫升）魚肝油
- 200克罐頭沙丁魚
- 120克鯖魚
- 140克鮭魚
- 340克罐頭鮪魚（油漬）

重點摘要

- 有氧能力、肌肉組織與骨骼密度，會隨著年齡增長而逐漸下降。

- 熱量攝取的需求可能因肌肉組織的流失而減少（並由此導致靜止代謝率下降），體能活動標準亦降低。

- 肌肉的減少是因為飲食中蛋白質的攝取量，及運動之間的合成代謝作用反應變差。

- 每日蛋白質攝取量的增加（每日每公斤1.2–1.5克）將有助於補償蛋白質的流失，並維持肌肉組織和肌力。

- 為了提高MPS的最大化，建議每餐攝取每公斤0.4克的蛋白質。

- 餐點中包含富含白胺酸的蛋白質，並於運動後補充蛋白質都可能有助於增加MPS的效率。

- 根據你的訓練規畫調整碳水化合物的攝取量。

- Omega–3對年長運動員尤其重要，它能幫助降低心血管疾病的風險與慢性發炎，並提升有氧代謝。

- 口渴感會隨著年齡增長變得不那麼明顯，因此口渴感並不是你身體水分需求的可靠指標。

- 皮膚由紫外線UV產生維生素D的能力降低，因此飲食攝取的來源變得更為重要。

// 競賽營養補給

比賽前的飲食習慣對你的運動表現會產生重大的影響，並可為你帶來致勝優勢。此外，比賽當天的飲食會影響你於各場比賽之間的恢復，以及你在後續幾場賽次中的運動表現。本章涵蓋整場比賽的營養說明，包括比賽前、比賽期間與比賽後，整合前幾章中介紹的許多資訊，尤其是第3章碳水化合物的攝取與第7章水分的攝取，並針對你出賽時充分補水與充足的糖原儲存提供具體的指導。本章並提供賽前的飲食計畫範例，你可作為制訂你個人計畫的參考基礎，適合於預賽和賽事之間食用的賽前餐食與點心。對於需要為比賽增重的運動員而言，本章提供一項簡單、可循序漸進的營養補給策略，協助你安全且有效地減少體脂肪。

賽前一週

在比賽前一週，你的兩個主要目的是：

1.補充肌肉與肝臟的糖原儲存，及水分補充，你才能以「完全補滿」的燃料供應進行比賽。

2.你的準備工作根據你參加的比賽類型、賽事的重要性、以及你參賽的頻率多寡而決定。

4分鐘內的短時間運動

從事4分鐘內短促且需盡全力的訓練，必須補充含有三磷酸腺苷（ATP）、磷酸肌酸（PC）和肌肉糖原為燃料的食物。若你參加的是衝刺比賽，在你最後一次訓練後要保留足夠的恢復時間，並確保有足夠的肌肉糖原儲存。由於肌肉損傷時會延遲恢復的過程，因此，可能會導致肌肉纖維損傷的訓練應安排在賽前一週或更早的時間，讓肌肉有足夠恢復的時間，或完全避免此類型的訓練。此類型訓練包含：增強式訓練、重量訓練與耐力跑步訓練。攝取碳水化合物對4分鐘內短時間運動並無好處，因此請維持你一般的飲食，根據你每日的活動調整你的碳水化合物攝取量。

請使用表15.1作為賽前最後3天碳水化合物應攝取量的指南。

持續90分鐘以上的耐力競賽

若參加的耐力競賽持續時間超過90分鐘，你可能由碳水化合物負荷中獲益。此部分於第3章「碳水化合物負荷」，第71-2頁中詳細說明。總而言之，你應該於前3天攝取適量的碳水化合物飲食（每日每公斤5-7克），接著於最後36-48小時攝取大量碳水化合物（每日每公斤10-12克）。使用表15.1作為比賽前一週內你碳水化合物應攝取量的指南。你最後一次的大量訓練課程應於你比賽開始前一週完成，並在最後一週減少訓練，也就是說，你只能進行少量的運動，並於比賽前一天休息。

持續時間不到90分鐘的耐力競賽；或多賽次競賽。

若你比賽持續的時候不到90分鐘，或若你的比賽日程包含一天中數次的短暫賽次，你的肌肉糖原儲存可能消耗殆盡。多場賽次的運動包含游泳、場地自行車賽、田徑比賽。你可以藉由逐漸減少最後一週的訓練補充你的肌肉糖原，並於比賽前3天維持或將你的碳水化合物攝取量增加至每日每公斤7-8克。請使用表15.1作為賽前最後3天碳水化合物應攝取量的指南。

每週競賽

若你每週很頻繁地參加比賽（例：足球、籃球和自行車賽），每場比賽或競賽的前3天都不太可能休息，你最後將沒有訓練的時間。

如必須要訓練，將於比賽的前2天進行強度較低的訓練。在賽前2天將你碳水化合物的攝取量增加為每日每公斤8-10克，請使用表15.1作為賽前最後3天碳水化合物應攝取量的指南。

關於所有比賽，在賽前一週的總熱量攝取應維持與平常相同，但碳水化合物、脂肪和蛋白質的比例將改變。多吃富含碳水化合物的食物（例如：馬鈴薯、麵包、米、果乾），以及碳水化合

表15.1	針對不同體重運動員建議的碳水化合物攝取量	
體重（公斤）	每日碳水化合物攝取量相當於每公斤7-8克	每日碳水化合物攝取量相當於每公斤8-10克
55	385-440克	440-550克
60	420-480克	480-600克
65	455-520克	520-650克
70	490-560克	560-700克
75	525-600克	600-750克
80	560-640克	640-800克

物飲品，並少吃脂肪與蛋白質。然而，若你正在進行為期一週逐漸減少的訓練，你可能需要略為減少熱量的攝取，以符合你減少訓練的需求。你亦可透過減少脂肪的攝取而做到這一點；否則，你的脂肪可能會增加。

實際上，平均分配正餐間的碳水化合物，避免間隔超過3個小時，並於餐食中包含一些蛋白質和脂肪，以達到持久的血糖反應與最大量的糖原補充。使用表15.2的飲食計畫範例，作為制訂你比賽前一週個人飲食計畫的基礎，儘管這些飲食可提供比賽前碳水化合物的需求，但低脂、低蛋白質的飲食，對於賽季的其餘時間並不理想。

檢查：

· 確定你於訓練後已完全補充水分，請見第146–154頁，計算你在訓練前與訓練後應補充多少水分。在比賽前一週，透過監測排尿頻率、尿液量與顏色來檢查你的水合狀態

· 比賽前一週請避免任何新的亦是未嘗試過的食物，或食物組合。

· 若你將旅行或出門在外，請妥善準備攜帶食物隨行。請試著事先了解競賽場地將提供何種食物，並預測任何營養不足的情況。

為我的比賽增重最佳方式是什麼？

對於如拳擊、柔道、武術、輕型划船與健美等量級運動，盡可能接近你的競賽量級是一項優勢，然而，不應以流失瘦體組織（透過快速且嚴格的節食）、消耗你的糖原儲存（透過忍耐飢餓）或脫水（透過水分限制、三溫暖、穿著運動服、利尿劑）來達成此目的。為競賽增重的原則與減重類似，總而言之：

· 設立一個實際可行的目標。

· 保留足夠的時間，以每週減去0.5公斤的脂肪為目標。這對你的策略極其重要，切勿過分強調。你必須於競賽開始前數週、而非最後一分鐘才規畫開始「增重」，但情況往往就是如此。

· 以皮皺厚計的測量值與體圍測量監控你的體重與身體組成狀態（請見第8章，第168–70頁）

· 減少15%的熱量攝取且飲食量切勿比你的靜止代謝率還低（請見第16章，第289–93頁）。

· 增加有氧訓練的量和頻率。

· 根據你的訓練負荷量，調整你的碳水化合物攝取量，當你從事較低強度訓練或訓練時間較短時，吃少一點。

· 調整脂肪攝取量，以達到15%的熱量不足。

· 透過補充約每日每公斤1.8–2.7克蛋白質、以及每餐每公斤0.25克蛋白質的方式，將肌肉的流失降到最小。

避免於比賽前因飢餓或脫水造成快速減重，因為這種作法很危險。快速減重會導致糖原儲存消耗殆盡，因此你可能無法發揮最佳表現。脫水會導致電解質不平衡、抽筋與心律不整。

表15.2	比賽前飲食計畫範例	
	提供500克碳水化合物	提供700克碳水化合物
早餐	1大碗（85克）早餐穀物	4片厚片吐司與蜂蜜
	200毫升脫脂牛奶	1杯（200毫升）果汁
	2茶匙（60克）葡萄乾	1根香蕉
	1杯（200毫升）果汁	
上午點心	1香蕉三明治（2片麵包與1根香蕉）	2片蘇格蘭煎餅
		2顆蘋果
午餐	1大顆烤馬鈴薯（300克）	1大碗（125克未烹調的重量）米飯沙拉與60克火雞肉或125克豆子與蔬菜
	3茶匙（90克）甜玉米與1茶匙（50克）鮪魚或茅屋起士	2片麵包
	2片新鮮水果	
	1盒盒裝低脂乳酪	2片水果
訓練前點心	1能量營養棒	2根香蕉
訓練	1公升運動飲料	1公升運動飲料
訓練後點心	500毫升牛奶	2穀物營養棒
		1罐盒裝（500毫升）調味牛奶
晚餐	1碗（85克未烹調前重量）麵	2大顆（2×300克）烤馬鈴薯
	125克炒青菜	100克雞肉或魚肉
	60克炒雞肉或豆腐	綠花椰菜或其它蔬菜
	2片麵包與奶油	1片新鮮水果
	1大碗（200克）水果沙拉	
點心	2片吐司與蜂蜜	1罐盒裝（200克）低脂米布丁
	1罐盒裝低脂優格	

愈是接近比賽，是否能依靠補充燃料和水份來增加重量是令人懷疑的，因此，請於賽前一天補充飲食及水分後務必量體重，來維持你的量級體重比賽策略。若你發現，借助這些極有風險的方法也可能無法達到目標體重，請考慮參加下一個量級。

於比賽前一週，在你膳食中增加碳水化合物含量的主要考量在於，多餘的碳水化合物與相當於其3倍重量的水分一起儲存，可能導致體重增加。這些多餘的糖原對大多數的運動有利，但卻對於量級運動卻可能沒有好處，而且減重的成效往往僅能達到分毫之差，因此理想的情況下賽前一週最多增加1公斤的體重。

換句話說，增減減重的策略要提早完成，然後讓體重在賽前一週補充碳水後的增重控制在1公斤以內。

競賽前一天

比賽前一天，你的主要目標是：

1.補充肌肉糖原的標準含量
2.確保你充分補水

持續在一天內攝入高碳水化合物的食物，並喝大量的水，是為了大量補充肌肉糖原，同時，請進行少量的運動或完全休息。即使你感到賽前「緊張」，也不要略過晚餐，因為這是補充肌肉

糖原的重要的時候。然而，請堅持吃簡單的食物，同時避免充滿脂肪的食物以及避免酒精，因為它們對身體有利尿作用。

比賽前我感到緊張，我應該吃什麼？

大多數的運動員都會賽前「緊張」，這會降低你的食慾，並導致噁心、腹瀉和胃痙攣等問題。若你在此時覺得難以吃進固體食物，請食用流質食物，如：代餐產品（蛋白質碳水化合物運動補充飲料、奶昔、優格飲品和水果冰沙）。請試著食用果泥這類滑順的半流質食物（例：蘋果泥、香蕉泥、蘋果和杏桃泥）、優格、粥、蛋奶凍和米布丁。如粗粒小麥粉、馬鈴薯泥、或玉米粉及磨成粉的米製成的粥品，這些溫和而不刺激的食物可能更適合你的消化系統。為了減少腸胃的問題，請避免如麥麩穀物、果乾及豆類等高纖食物。你可能希望避免食用會引起胃脹氣的蔬菜，如：甘藍類蔬菜（高麗菜、白花椰菜、球芽甘藍、綠花椰菜）。當你感到緊張時，咖啡因可能引起焦慮與腹瀉的問題，因此在比賽前一天你不妨避免。本質上，避免任何新的或不熟悉的食物，比賽前飲食的黃金法則，就是堅持你已嘗試過且測試過的食物，你知道適合你的食物！

競賽當日

在你比賽的當日，你的目標是：

1.前一晚禁食前充分補充肝臟糖原
2.維持血糖標準
3.避免飢餓
4.保持水分充足

規畫你於比賽前2–4小時的主要賽前餐食，此作法將讓你的胃有足夠的時間排空，讓血糖和胰島素恢復正常標準，亦能將肝臟糖原補充至應有標準。緊張感會減緩你的消化速度，因此，若你容易產生賽前神經緊張，你在用餐和競賽之間可能需要預留較長的時間。

儘管多項研究建議，於運動前4小時補充200–300克碳水化合物，但比賽前實際用餐時機及食物的份量視個人狀況而定。關鍵在於找出適合你的作法並堅持為之。

舉例來說，若你於上午參加比賽，你可能需要稍早起床，吃完賽前早餐。若你的比賽是在上午10點，那麼你應於上午7點吃早餐。

某些運動員略過早餐，以在比賽時感到「輕盈」，然而，空腹參加比賽並不是一項好的策略，尤其當你的比賽持續超過1小時、或者你將參加多場賽次時。低糖原與低血糖可能會降低你的耐力，並導致提早感到疲勞。如同第3章所述，肝臟糖原對於維持血糖標準、並於肌肉糖原耗盡時提供運動肌肉燃料是相當重要的。

若你於下午參加比賽，應享用豐盛的早餐，並於比賽前2–4小時安排午餐，若你於晚間參加心賽，在一天當中請每3小時用餐一次，並於賽前約2–4小時安排最後一頓餐食。

比賽前餐點

比賽前的早餐

（比賽前2–4小時）

- 香蕉麥片粥
- 燕麥搭配牛奶與果乾
- 吐司或麵包搭配果醬／蜂蜜
- 低脂優格
- 吐司與雞蛋
- 奶昔代餐

比賽前的午餐

（比賽前2–4小時）

- 三明治或鮪魚捲、茅屋乳酪或雞肉；新鮮水果

- 蕃茄醬汁的麵食或飯；新鮮水果

- 烤馬鈴薯與低脂內陷；新鮮水果

比賽前的點心

（比賽前1小時）

- 冰沙
- 水果與堅果營養棒或燕麥棒
- 新鮮水果或果乾
- 能量營養棒
- 低脂水果優格
- 米蛋糕與花生醬
- 迷你（蘇格蘭）煎餅

比賽當天我該吃什麼？

比賽前的餐食應為：

- 以低升糖指數碳水化合物為基礎

- 低脂

- 低含量或中度含量蛋白質

- 低含量或中度含量纖維

- 勿過度大量或補充

- 不鹹不辣

- 可口且熟悉的食物

- 容易消化

- 包括一杯飲料（於比賽前2小時喝約500毫升）

　　於左側方框內說明「比賽前餐點」適合的餐點類別。請記住，你可以透過增加蛋白質減少餐點的升糖指數，若你真的不想進食，請選擇流質或半流質的餐點（請參閱第281頁「當我比賽前感到緊張時應吃什麼？」）。

在比賽前我應該喝或吃什麼嗎？

　　於比賽開始前2–4小時用餐，這樣能在比賽中持續補充能量、維持血糖標準（特別於後期階段）以及延緩疲勞，要以每公斤2.5克的碳水化合物來補充。大多數的運動員發現，補充低升糖指數的食物，可預防比賽開始時低血糖的風險。然而，請確保你在競賽前的訓練期間，要詳細規

劃你的飲食策略。用餐的時間相當取決於個人身體狀況，因此在訓練期間先勿嘗試！

你亦應確保於比賽前補足水分（請檢查尿液的顏色），並於比賽開始前15–30分鐘再喝125–250毫升飲品，務必隨身攜帶飲料瓶。

比賽當中我是否應該喝或吃什麼嗎？

若你參加的比賽時間超過60分鐘，你可能發現多餘的碳水化合物將有助於延遲疲勞的產生，並維持你的運動表現，尤其是在比賽後期。

根據你運動的強度與持續的時間，在每小時攝取30–60克碳水化合物。大約於30分鐘後補充食物或飲料，並持續維持規律的間隔，因為消化和吸收大約需要30分鐘。

若在比賽開始時，你的糖原儲存量低（希望並非如此），那麼在比賽中補充額外的碳水化合物將對你的運動表現產生相當直接的影響。

任何具有高度或中度升糖指數的碳水化合物

都是合適的，但你可能會發現液體較固體容易補充。等滲透運動飲料或碳水化合物（麥芽糊精）飲料受到歡迎，是因為它們可以補充水分的流失、預防脫水、並提供碳水化合物。避免選擇高果糖飲料，因為它們的吸收速度沒有蔗糖、葡萄糖、和葡萄糖聚合物快，亦可能導致胃痙攣或腹瀉。表15.3針對不同類型競賽提供等滲透飲的建議量。

於持續超過2.5小時的競賽，將碳水化合物的攝取量增加至每小時90克是有效的，最好是兩種能量來源的飲料或果凍的形式攝取，如含有葡萄糖／麥芽糊精和果糖的混合物，讓碳水化合物吸收更快。口渴時就補充水份或遵循你訓練中採用的飲水策略，而且你可以根據天氣的溫度和濕度進行調整。

若你將參加某些競賽，如：自行車、帆船運動、長程獨木舟或跑步，你可以隨身攜帶固體食物或安排補充地點。適合的食物包括能量營養棒、果乾營養棒、穀物棒、香蕉、果凍、燕麥營養或葡萄乾。若你參加競賽或聯賽（例：足球、網球），請為休息時間攜帶適合的點心和飲料，並將它們放在手邊。

表15.3	運動過程中6%等滲透飲料的建議量（60克葡萄糖／蔗糖／葡萄糖聚合物溶於1公升水）		
中等強度（30克碳水化合物／小時）	**中等–高強度（45克碳水化合物／小時）**	**高強度（60克碳水化合物／小時）**
500毫升／小時	750毫升／小時	1000毫升／小時

表15.4	適合於各場賽次之間、或競賽後立即食用的食物
運動飲料	奶製飲料或代餐奶昔
香蕉	早餐穀片
果乾營養棒或能量營養棒	燕麥營養棒或煎餅
三明治或麵包捲	燕麥餅或米糕
新鮮水果或果乾	手工製鬆餅和營養棒–請見第333–37頁的食譜
冰沙	優格飲品

（固態食物與足量的水搭配食用，以補充水分的流失）

在各場比賽之間，應該吃什麼補充？

若你白天有數場賽次或競賽，盡快補充燃料和水分非常重要，如此一來，你有很大的機會能在下場比賽中有好的表現。運動後2小時內應攝取每公斤1–1.2克碳水化合物（此時肌肉糖原補充的速度較快）

若你於兩場賽事之間僅間隔數小時，你可能必須補充代餐產品、運動飲料和奶製飲品這類的流質餐食，這些食品有助補充糖原與水分。若你能夠進食固體食物，請選擇易於消化、不會太飽的高升糖指數碳水化合物。適合的食物列於表15.4，請將這些食物置於你的背包內。比賽後請立即喝水，並規律地喝水以補充水分的流失。

比賽之後應吃些什麼？

比賽後，當下的目標是補充糖原的儲存與水分的流失。如果要在隔天或接下來數日內要參加比賽，你的賽後食物攝取相當重要。選擇中或高升糖指數的食物，以確保快速補充燃料，並以於賽後2–6小時補充每公斤1–1.2克碳水化合物為目標。於恢復期補充蛋白質（每份15–25克）亦可促進糖原的恢復，提升肌肉蛋白質的重新合成。表15.4列出的食物皆適合此時食用。比賽後立即喝水，並持續於規律的間隔時間飲水以補充水分的流失。

運動員的腸胃問題

運動員經常有腸胃（Gi）問題與過渡時間的疼痛，尤其在比賽中。估計30–50%的耐力運動員曾遭遇與運動有關的腸胃問題，如：腹痛、抽筋、打嗝、腹脹、噁心、胃灼熱、胃氣脹、急需排便、排便、腹瀉與嘔吐（德奧利韋拉・奧托等人，2014）。若於極高頻率腸胃問題或身體不適的情況下，這稱為「跑者腹瀉（runners' diarrhoea）」或「跑步性腹瀉（runner's trots）」。在荷蘭馬斯垂克大學的一項研究中，91%的鐵人三項運動員至少有一種腸胃症狀，29%嚴重程度足以影響他們的運動表現（Jeukendrup et al., 2000）。

腸胃問題於跑步類型的運動中更為常見，可能是因為跑步時腸道的物理「推擠」而產生。腸胃道中的所有食物均受到搖晃並鬆動，腸道內的血液減少、並增加壓力荷爾蒙（皮質醇）（由於賽前焦慮而產生），此將影響腸道的蠕動，並可能進一步加重不適的情況，某些人的腸道較他人更為敏感。

然而某些食物可能會刺激腸道，例如，高纖、脂肪、蛋白質或果糖的攝取皆可能成為刺激。脫水或飲用碳水化合物含量過高的飲料，亦可能增加腸胃道的壓力。特別當你從事比你身體習慣的運動量更多訓練時，將增加腸道的活動。

解決之道

1. 為了減輕問題，請於賽前試著短跑，或於訓練前在自家附近先行熱身訓練。此外，晨跑前先吃一點食物將有助於腸胃蠕動，讓你出門前排空腸道，然而必須在一天內不同時段進行訓練。

2. 減少前一天及比賽當天高纖和產氣食物的攝取，常見的罪魁禍首包括糙米、十字花科蔬菜（例：高麗菜、白花椰菜、綠花椰菜）、豆類、小扁豆與咖啡因。對某些人來說，能量果凍和營養棒可能引發腸胃問題，因為它們是高果糖的食物和飲料。腸道吸收果糖的速度相對較慢，高濃度（特別是飲料形式）可能引發腸胃不適的症狀。

3. 在開始的訓練或競賽前，請充分補充水份，某些運動員會有錯誤觀念，以為在賽前飲水會造成腸胃在比賽時的不適，事實上，脫水可能才是造成腸胃不適的主因。

4. 有些人腸胃裡若含有每100克超過5克的物質，就會引起不適。此時，可以將運動飲料加以稀釋來緩解。

5. 在訓練過程中，規律補充碳水化合物的食物或飲料，以訓練你的腸道，先以非常少量開始，再逐漸增加餐飲的數量和頻率。此方法可能會增加腸道中碳水化合物轉運蛋白的量，讓你於運動過程中更能消化吸收碳水化合物。

6. 找到適合你的方法。你可能需要花許多時間「反覆試驗」，但透過訓練你比賽時供給燃料與補充水分的策略，可減少比賽當天產生腸胃問題的風險。

如要恢復身體能量，必須在賽後2小時內立即攝取富含碳水化合物的食。賽後適合的餐點包含義大利麵、馬鈴薯與米飯。但是，請避免吃富含脂肪的餐點（例：油膩的咖哩、薯片、漢堡），因為這些餐點會延遲燃料的補充，並讓你在賽後感到腫脹。在開始飲用慶祝的酒精飲料前，請別忘了大量喝水！飲用比流失的汗水多25–50%的液體補充水分。

重點摘要

時間點	目的	飲食的建議	範例
比賽前一週	補充肌肉糖原儲存	逐漸減緩	魚類或豆類義大利麵 雞肉或豆腐配米飯 烤馬鈴薯與鮪魚或茅屋乳酪
	維持水分	若採用醣類負荷法（carbohydrate loading），於賽前36–48小時攝取每日每公斤10–12克碳水化合物	
		低升糖指數餐點	
		監測水分的攝取與尿液	
比賽前一晚	補充肌肉糖原 維持水分	高碳水化合物餐點（低升糖指數） 大量水分 中低纖食品 低脂 熟悉的食物	蕃茄醬汁為基底的義大利麵 米餐或麵食
比賽前2–4小時	補充糖原 維持水分 避免飢餓	低升糖指數餐點 高碳水化合物、低脂、低蛋白質餐點 容易消化 400–600毫升液體	麥片粥或麥片與低脂牛奶 麵包、吐司、三明治、麵包捲 馬鈴薯搭配鮪魚或茅屋乳酪
比賽前1小時	維持血糖	每公斤1克碳水化合物	運動飲料
	維持水分	容易消化	香蕉 冰沙 能量營養棒或果乾營養棒 果乾
比賽前15–30分鐘	維持水分	最多150毫升液體	水 運動飲料
於持續時間75分鐘的競賽中	補充水分流失	無 以碳水化合物漱口	水 運動飲料

時間點	目的	飲食的建議	範例
於持續1–2.5小時的競賽中	維持血糖 補充水分流失	每小時30–60克碳水化合物 高度或中度升糖指數	運動飲料 能量營養棒或流質果凍 果乾、香蕉
於持續時間2.5小時的競賽中		最多每小時90克碳水化合物 高度或中度升糖指數 每15–20分鐘 150–350毫升的液體	雙能量來源飲料
於多場賽次或競賽間	補充肌肉與肝臟糖原 補充水分	於2小時內補充每公斤1–1.2克 高升糖指數碳水化合物	運動飲料 奶製飲品
		比賽後立即補充500毫升液體	新鮮水果或果乾 米蛋糕、能量營養棒
		持續補水	香蕉
競賽後	補充肌肉與肝臟糖原	於2小時內補充每公斤1–1.2克	水 運動飲料
	補充水分	高升糖指數碳水化合物	能量營養棒
		較流失汗水多出25–50%的液體	義大利麵、米飯、馬鈴薯或麵食

個人營養計畫

　　為了最佳化運動員之運動表現，營養科學家針對運動員所需的營養素量訂立了參考標準。而下一個關鍵步驟則是利用此標準，針對你個人的特定目標，做適當的調整。營養需求量受很多因素影響，包括體重、身體組成分、訓練計畫的熱量需求、日常活動程度、健康狀況以及個人的新陳代謝率。

　　本章將統整運動員巨量營養素的建議攝取量，並提供逐步計算個人熱量、碳水化合物、蛋白質和脂肪需求量的指南。某些計算法已在先前的其它章節中分別詳細介紹，在此處合併這些計算法，以幫助你制訂個人的營養計畫。

表16.1	運動營養巨量營養素指南摘要
巨量營養素	每日指南
醣類	3–5克／公斤，在進行低強度訓練時
	5–7克／公斤，在進行中等強度訓練時（約1小時）
	6–10克／公斤，在進行中等至高等耐力訓練時（1–3小時）
	8–12克／公斤，在進行高強度訓練時（4小時），或者是在進行耐力運動前的補給負載期
蛋白質	1.2–2.0克／公斤
	每餐0.25克／公斤
	訓練後攝取0.25克／公斤
脂肪	每日熱量的20-35%

估算靜止代謝率（RMR）的公式

目前已開發很多依據體重來計算靜止代謝率的公式。在1990年代開發的經典公式，Harris and Benedict一直以來都被經常使用，然而現今新的公式，例如Mifflin–st Jeor已取代此舊公式，利用體重、身高、年齡來計算靜止代謝率（Mifflin et al., 1990）。研究比較了幾種計算靜止代謝率的公式，發現Mifflin–st Jeor公式是最準確的（Mifflin et al., 1990）。然而Mifflin–st Jeor公式並未針對運動程度或是身體組成分作調整，所以僅適用於一般身體組成的人。

為了幫助你了解，此處以一位30歲、身高178公分、體重70公斤、中度活動程度、每天從事1小時高強度訓練課程（以14–16公里／小時速度騎行）的男運動員當作示範。

1：估算你的熱量需求量

每日熱量需求量取決於你的基因、年齡、體重、身體組成分、日常活動程度和訓練計畫。

步驟1：估算你的靜止代謝率（RMR）

靜止代謝率是估算如果你什麼事情都不做，休息24小時，這種狀態下所燃燒的熱量。它代表身體維持正常運作（包括呼吸和保持心臟跳動）所需的最低能量。可以透過Mifflin–st Jeor公式進行估算。

表16.2	液體攝取量指南摘要
運動前	· 確保身體含水量足夠。 · 運動前的2至4小時緩慢的攝取5–10毫升／公斤的液體，以確保身體含水量足夠，並且能有足夠時間排除多餘的水分。這相當於60公斤的人補充300–600毫升液體，或70公斤的人補充350–700毫升的液體。
運動中	· 根據口渴程度補充水分。 · 對於大多數運動員和運動種類來說，每小時補充400～800毫升的液體，能夠預防脫水以及水分過多。 · 對於大多數持續時間1小時或更短的運動，水已能很充足地補足液體的流失。 · 對於持續時間超過1小時的高強度運動，補充含有40–80克碳水化合物／升的低滲或等滲運動飲料，可以減少疲勞和提高表現性能。 · 對於持續時間1–3小時的高強度運動，每小時補充30–60克碳水化合物，將有助於提高耐力。 · 對於持續時間超過3個小時的高強度運動，建議每小時攝取90克碳水化合物。此時應提供葡萄糖和果糖的混合物，例如雙能源能量飲料。
運動後	· 每流失一公斤液體，就應補充1.2–1.5公升的水，已彌補運動中流失的汗水。

運動營養完全指南

男生

10×體重（公斤）+6.25×身高（公分）−5×年齡（歲）+5

女生

10×體重（公斤）+6.25×身高（公分）−5×年齡（歲）−161

以男性運動員（70公斤，178公分）為例：

靜止代謝率＝（10×70）＋（6.25×178）−（5×30）+5=1668大卡

步驟2：計算你的每日能量消耗

估算你的身體活動程度（PAL）。這是一個你的每日總能量消耗與靜止代謝率的比率值，大概衡量你的日常活動程度。

- 大部分時間不太活動或靜態：1.2
- 頗為活躍：1.3
- 中等活躍：1.4
- 活躍：1.5
- 非常活躍：1.7

以男性運動員（中等活躍）為例：每日能量消耗：1668x1.4=2335大卡

步驟3：估算運動過程中消耗的熱量（請參閱表16.3）以男性運動員為例（1小時騎行時間，14−16公里／小時）：

運動中消耗的熱量 715大卡

步驟4：將步驟2和3中的數值加總起來

這是維持你目前體重所需的熱量值。

表16.3	運動時消耗的熱量	
運動		大卡／小時
有氧運動（高衝擊力）		500
有氧運動（低衝擊力）		357
羽毛球		250
拳擊（對打）		643
騎自行車（14−16公里／小時）		715
騎自行車（10−12英里／小時公里／小時）		429
柔道、空手道、跆拳道		715
划船練習器，100瓦特（中等）		500
划船練習器，200瓦特（劇烈）		751
跑步，6英里／小時（10分鐘／英里）		715
跑步，8英里／小時（7.5分鐘／英里）		965
橄欖球		715
足球		715
游泳，自由式（快）		786
游泳，自由式（慢）		572
網球（單人）		572
重量訓練		429

引自：安斯沃思等人，2011。

範例：

維持體重熱量攝取量 2335+715=3050大卡

然後，如果你的目標是：

- 減去體脂肪／體重：那那麼你應該減少15%的熱量攝取，也就是將你維持體重的熱量攝取

量乘上0.85（85％）。範例：3050x0.85=2593大卡

- 增加瘦體重／肌肉：那麼你應該增加20％的熱量攝取。也就是將你維持體重的熱量攝取量乘上1.2（120％）。範例：3050x1.2=3660大卡

2：計算你的碳水化合物需求量

利用表16.1：運動營養巨量營養素指南摘要，並根據你的活動程度和體重，來估算你的碳水化合物需求量。

- 減重：因為你的熱量需求減少了15％，所以碳水化合物的攝取量也應該跟著減少。

- 增重：因為你對熱量的需求增加了20％，所以你的碳水化合物攝取量也應該跟著增加。

表16.4舉例，當70公斤男運動員在維持體重，減重或增重的的目標下的需要量。

3：計算你的蛋白質需求量

根據以下建議找出你的蛋白質需求量：

- 耐力訓練：每日1.2–1.4克／公斤
- 爆發力和重量訓練：每日1.4–2.0克／公斤
- 減重：每日1.8–2.7克／公斤
- 增重：增加20％

表16.4 維持體重、減重或增重的目標下，所需要的熱量和碳水化合物量		維持體重	減重	增重
熱量需求		3050	2593	3660
碳水化合物需求，克／公斤		5–7克	（5–7克）×0.85	（5–7克）×1.2
例如：70公斤運動員的碳水化合物需求量，克／日		350–490克	298–417克	420–588克

表16.5 維持體重、減重和增重的蛋白質需求量	耐力訓練	爆發力和重量訓練	減重	增重
蛋白質，克／公斤／日	1.2–1.4克／公斤	1.4–2.0克／公斤	1.8–2.7克／公斤	增加20％
例如：70公斤運動員，克／日	84–98克	98–140克	126–189克	101–118克（耐力） 118–168克（爆發力和重量）

表16.5 顯示了在不同訓練目標和身體組成目標下，所需要的蛋白質量。

4：計算你的脂肪需求量

在你計算出碳水化合物和蛋白質需求量後，即可計算出你的脂肪需求量。請使用以下方式計算：

· 碳水化合物熱量 碳水化合物克數×4

· 蛋白質熱量 蛋白質克數×4

· 脂肪熱量 每日總熱量–碳水化合物熱量–蛋白質熱量

· 脂肪克數 脂肪熱量÷9

表16.6 列出了在不同訓練目標和身體組成目標下，所需要的脂肪量。

膳食計畫

為了幫助你計畫個人飲食，以下提供2套每日膳食計畫參考，分別為葷食者和素食者的2000大卡、2500大卡、3000大卡、3500大卡、4000大卡、4500大卡和5000大卡的每日飲食計畫範例。每份飲食計畫範例均遵循本章概述的營養建議量。請選擇與你的熱量需求量最相近的膳食計畫範例，並以此為基準，調整為你個人的每日飲食計畫。根據你的個人食物喜好，調整類型和食物並根據你的每日訓練目標去調整份量。

例如。比起在高強度訓練期，在低強度訓練或恢復期時，你只需要攝取較低的熱量和碳水化合物，因此你的攝取份量也應該跟著調整。同樣的道理，在執行較高強度或更長時間的訓練時，你的攝取份量就會較大。關於更多餐點，請參見

表16.6	維持體重、減重和增重的脂肪需求量			
		維持體重	減重	增重
A	每日總熱量	3050	2593	3660
B	碳水化合物攝取量	420克（350–490克）	358克（298–417克）	504克（420–588克）
C	平均碳水化合物熱量（B×4）	1680	1432	2016
D	平均蛋白質攝取量（耐力）	91克（84–98克）	158克（126–189克）	110克（101–118克）
E	蛋白質熱量（D×4）	364	632	440
F	脂肪熱量（A–C–E）	1006	529	1204
	脂肪攝取量（F×9）	112克	59克	134克

第17章包括超過50種各種飲食類型的食譜。

　　飲食計畫範例中列出了每種食材的熱量、蛋白質、碳水化合物和脂肪含量，以便你對照你的每日目標攝取量。

　　如果你想對其他食品進行類似的計算方式，並制定新的膳食計畫，你可以利用營養素組成分表，線上營養素計算器或營養分析軟體程序進行計算（請參見，第376頁）。

註記：

· 烹飪和調味時，請使用富含單元不飽和脂肪酸的油，例如橄欖油、油菜籽油、亞麻籽油、大豆油、核桃油。

· 抹醬時，請使用富含單元不飽和脂肪酸或多元不飽和脂肪酸的油，避免使用含氫化或反式脂肪酸的抹醬。

2000大卡膳食計畫

		大卡	蛋白質（克）	碳水化合物（克）	脂肪（克）
早餐	2個小柑桔	65	1	13	0
	1片（40克）全麥吐司	95	4	16	1
	2茶匙（10克）橄欖油抹醬	57	0	0	6
	2個炒蛋或水波蛋	148	12	0	11
早午餐	100克零脂肪希臘優格	57	10	4	0
	100克草莓	30	1	6	0
午餐	50克義大利麵	179	7	35	1
	75克鹽水漬鮪魚	75	18	0	1
	100克切碎的青椒	36	1	6	0
	100克番茄	20	1	2	0
	1湯匙（11克）油	69	0	0	7
	1顆梨子	69	1	14	0
點心	25克綜合堅果	149	7	3	12
健身鍛鍊	水	0	0	0	0
健身鍛鍊後	25克乳清蛋白	174	18	26	0
晚餐	100克烤火雞胸肉	155	35	0	2
	75克米粉	249	4	58	0
	100克羽衣甘藍	42	3	1	2
	100克花椰菜	39	4	3	1
	150克芒果	98	1	20	0
總計		2037	122	256	51

2500大卡膳食計畫

		大卡	蛋白質（克）	碳水化合物（克）	脂肪（克）
早餐	75克燕麥	320	10	52	7
	300毫升脫脂牛奶	104	10	14	1
	100克藍莓	68	1	15	0
早午餐	25克杏仁	158	6	2	14
	100克低脂原味希臘優格	98	8	9	4
午餐	200克烤馬鈴薯	158	4	33	0
	10克橄欖油抹醬	57	0	0	6
	100克鹽水漬鮪魚	99	24	0	1
	芝麻葉沙拉	16	1	2	0
	15克油／醋調味料	69	0	0	7
	2顆奇異果	65	1	12	1
點心	1個燕麥甜餅	265	5	24	16
健身鍛鍊	水	0	0	0	0
健身鍛鍊後	25克乳清	100	18	2	2
	300毫升脫脂牛奶	104	10	14	1
晚餐	125克烤雞胸肉	127	30	0	1
	75克義大利麵	269	10	53	1
	1湯匙（11克）橄欖油	99	0	0	11
	100克花椰菜	40	4	2	1
	100克胡蘿蔔	42	1	8	0
	30克義大利麵醬／番茄莎莎醬	13	0	2	0
宵夜	2片（80克）全麥吐司	190	8	32	2
	20克花生醬	124	5	3	10
總計		2587	157	276	87

3000大卡膳食計畫

		大卡	蛋白質（克）	碳水化合物（克）	脂肪（克）
早餐	75克燕麥	320	10	52	7
	300毫升半脫脂牛奶	140	10	13	5
	100克藍莓	68	1	15	0
	1片（40克）全麥吐司	95	4	16	1
	10克花生醬	62	3	1	5
早午餐	25克杏仁	158	6	2	14
	100克低脂原味希臘優格	98	8	9	4
	1根香蕉	99	1	22	0
午餐	200克烤馬鈴薯或地瓜	158	4	33	0
	10克橄欖油抹醬	57	0	0	6
	100克鹽水漬鮪魚	99	24	0	1
	芝麻葉沙拉	16	1	2	0
	15克油／醋調味料	69	0	0	7
	2個小柑桔	65	1	13	0
點心	1個燕麥甜餅	265	5	24	16
健身鍛鍊	水	0	0	0	0
健身鍛鍊後	25克乳清	100	18	2	2
	300毫升半脫脂牛奶	140	10	13	5
	1根香蕉	99	1	22	0
晚餐	125克烤雞胸肉	127	30	0	1
	75克義大利麵	269	10	53	1
	1湯匙（11克）橄欖油	99	0	0	11
	100克花椰菜	40	4	2	1
	100克胡蘿蔔	42	1	8	0
	30克義大利麵醬／番茄莎莎醬	13	0	2	0
宵夜	2片（80克）全麥吐司	190	8	32	2
	20克花生醬	124	5	3	10
總計		3013	165	338	102

3500大卡膳食計畫

		大卡	蛋白質（克）	碳水化合物（克）	脂肪（克）
早餐	75克燕麥	320	10	52	7
	300毫升半脫脂牛奶	140	10	13	5
	25克葡萄乾	70	1	17	1
	100克藍莓	68	1	15	0
	1片（40克）全麥吐司	95	4	16	1
	10克花生醬	62	3	1	5
早午餐	50克綜合堅果和葡萄乾	252	8	15	17
	100克低脂原味希臘優格	98	8	9	4
	1根香蕉	99	1	22	0
午餐	200克烤馬鈴薯或地瓜	158	4	33	0
	10克橄欖油抹醬	57	0	0	6
	100克鹽水漬鮪魚	99	24	0	1
	150克甜玉米	191	4	38	2
	芝麻葉沙拉	16	1	2	0
	15克油／醋調味料	69	0	0	7
	2個小柑桔	65	1	13	0
點心	1個燕麥甜餅	265	5	24	16
健身鍛鍊	500毫升等滲透運動飲料	130	0	33	0
健身鍛鍊後	25克乳清	100	18	2	2
	300毫升半脫脂牛奶	140	10	13	5
	1根香蕉	99	1	22	0
晚餐	125克烤雞胸肉	127	30	0	1
	75克義大利麵	269	10	53	1
	1湯匙（11克）橄欖油	99	0	0	11
	100克花椰菜	40	4	2	1
	100克胡蘿蔔	42	1	8	0
	30克義大利麵醬／番茄莎莎醬	13	0	2	0
宵夜	2片（80克）全麥吐司	190	8	32	2
	20克花生醬	124	5	3	10
總計		3500	172	438	107

4000大卡膳食計畫

		大卡	蛋白質（克）	碳水化合物（克）	脂肪（克）
早餐	100克燕麥	427	13	69	9
	400毫升半脫脂牛奶	187	14	18	7
	25克葡萄乾	70	1	17	1
	100克藍莓	68	1	15	0
	1片（40克）全麥吐司	95	4	16	1
	2顆蛋	148	12	0	11
早午餐	50克綜合堅果和葡萄乾	252	8	15	17
	100克低脂原味希臘優格	98	8	9	4
	1根香蕉	99	1	22	0
午餐	300克烤馬鈴薯或地瓜	237	6	49	1
	20克橄欖油抹醬	114	0	0	13
	100克鹽水漬鮪魚	99	24	0	1
	150克甜玉米	191	4	38	2
	芝麻葉沙拉	16	1	2	0
	15克油／醋調味料	69	0	0	7
	2個小柑桔	65	1	13	0
點心	1個燕麥甜餅	265	5	24	16
健身鍛鍊	500毫升等滲透運動飲料	130	0	33	0
健身鍛鍊後	25克乳清	100	18	2	2
	300毫升半脫脂牛奶	140	10	13	5
	1根香蕉	99	1	22	0
晚餐	125克烤雞胸肉	127	30	0	1
	75克義大利麵	269	10	53	1
	1湯匙（11克）橄欖油	99	0	0	11
	100克花椰菜	40	4	2	1
	100克胡蘿蔔	42	1	8	0
	30克義大利麵醬／番茄莎莎醬	13	0	2	0
	150克芒果	98	1	20	0
宵夜	2片（80克）全麥吐司	190	8	32	2
	20克花生醬	124	5	3	10
總計		3973	192	496	123

4500大卡膳食計畫

		大卡	蛋白質（克）	碳水化合物（克）	脂肪（克）
早餐	100克燕麥	427	13	69	9
	400毫升半脫脂牛奶	187	14	18	7
	25克葡萄乾	70	1	17	1
	100克藍莓	68	1	15	0
	2片（80克）全麥吐司	190	8	32	2
	2顆蛋	148	12	0	11
早午餐	50克綜合堅果和葡萄乾	252	8	15	17
	100克低脂原味希臘優格	98	8	9	4
	1根香蕉	99	1	22	0
	1條能量棒	173	5	13	11
午餐	300克烤馬鈴薯或地瓜	237	6	49	1
	20克橄欖油抹醬	114	0	0	13
	200克鹽水漬鮪魚	199	47	0	1
	150克甜玉米	191	4	38	2
	芝麻葉沙拉	16	1	2	0
	15克油／醋調味料	69	0	0	7
	2個小柑桔	65	1	13	0
點心	1個燕麥甜餅	265	5	24	16
	25克綜合堅果	149	7	3	12
健身鍛鍊	500毫升等滲透運動飲料	130	0	33	0
健身鍛鍊後	25克乳清	100	18	2	2
	300毫升半脫脂牛奶	140	10	13	5
	1根香蕉	99	1	22	0
晚餐	125克烤雞胸肉	127	30	0	1
	75克義大利麵	269	10	53	1
	1湯匙（11克）橄欖油	99	0	0	11
	150克花椰菜	59	7	3	1
	150克胡蘿蔔	63	1	11	1
	30克義大利麵醬／番茄莎莎醬	13	0	2	0
	150克芒果	98	1	20	0
宵夜	2片（80克）全麥吐司	190	8	32	2
	20克花生醬	124	5	3	10
總計		4529	234	532	148

5000大卡膳食計畫

		大卡	蛋白質（克）	碳水化合物（克）	脂肪（克）
早餐	100克燕麥	427	13	69	9
	400毫升半脫脂牛奶	187	14	18	7
	25克葡萄乾	70	1	17	1
	100克藍莓	68	1	15	0
	2片（80克）全麥吐司	190	8	32	2
	2顆蛋	148	12	0	11
早午餐	50克綜合堅果和葡萄乾	252	8	15	17
	100克低脂原味希臘優格	98	8	9	4
	1根香蕉	99	1	22	0
	1條能量棒	173	5	13	11
午餐	300克烤馬鈴薯或地瓜	237	6	49	1
	20克橄欖油抹醬	114	0	0	13
	200克鹽水漬鮪魚	199	47	0	1
	150克甜玉米	191	4	38	2
	芝麻葉沙拉	16	1	2	0
	15克油／醋調味料	69	0	0	7
	2個小柑桔	65	1	13	0
點心	2個燕麥甜餅	530	10	47	32
	25克綜合堅果	149	7	3	12
健身鍛鍊	500毫升等滲透運動飲料	130	0	33	0
健身鍛鍊後	25克乳清	100	18	2	2
	300毫升半脫脂牛奶	140	10	13	5
	1根香蕉	99	1	22	0
晚餐	125克烤雞胸肉	127	30	0	1
	100克義大利麵	359	13	71	2
	1湯匙（11克）橄欖油	99	0	0	11
	150克花椰菜	59	7	3	1
	150克胡蘿蔔	63	1	11	1
	60克義大利麵醬／番茄莎莎醬	27	1	5	0
	150克芒果	98	1	20	0
宵夜	2片（80克）全麥吐司	190	8	32	2
	20克花生醬	124	5	3	10
	100克低脂原味希臘優格	98	8	9	4
總計		4995	250	584	169

2000大卡素食膳食計畫

		大卡	蛋白質（克）	碳水化合物（克）	脂肪（克）
早餐	2個小柑桔	65	1	13	0
	1片（40克）全麥吐司	95	4	16	1
	2茶匙（10克）橄欖油抹醬	57	0	0	6
	2個炒蛋或水波蛋	148	12	0	11
早午餐	100克0%脂肪希臘優格	57	10	4	0
	100克草莓	30	1	6	0
午餐	50克義大利麵	179	7	35	1
	125克綜合豆類	144	11	17	3
	100克切碎的青椒	36	1	6	0
	100克番茄	20	1	2	0
	1湯匙（11克）油	69	0	0	7
點心	25克綜合堅果	149	7	3	12
健身鍛鍊	水	0	0	0	0
健身鍛鍊後	25克乳清蛋白	174	18	26	0
晚餐	豆腐麵（食譜請參見第322頁）	555	21	75	19
	100克羽衣甘藍	42	3	1	2
	100克花椰菜	39	4	3	1
	150克芒果	98	1	20	0
總計		2010	89	251	68

2500大卡素食膳食計畫

		大卡	蛋白質（克）	碳水化合物（克）	脂肪（克）
早餐	75克燕麥	320	10	52	7
	300毫升脫脂牛奶	104	10	14	1
	100克藍莓	68	1	15	0
早午餐	25克杏仁	158	6	2	14
	100克低脂原味希臘優格	98	8	9	4
午餐	200克烤馬鈴薯	158	4	33	0
	100克茅屋起司或低脂軟質起司	100	12	3	4
	芝麻葉沙拉	16	1	2	0
	15克油／醋調味料	69	0	0	7
	2顆奇異果	65	1	12	1
點心	1個燕麥甜餅	265	5	24	16
健身鍛鍊	水	0	0	0	0
健身鍛鍊後	25克乳清	100	18	2	2
	300毫升脫脂牛奶	104	10	14	1
晚餐	鷹嘴豆佐冬南瓜和番茄（請參見食譜第324頁）	342	15	48	10
	50克義大利麵	179	7	35	1
	100克花椰菜	40	4	2	1
	100克胡蘿蔔	42	1	8	0
宵夜	2片（80克）全麥吐司	190	8	32	2
	20克花生醬	124	5	3	10
總計		2544	127	307	82

3000大卡素食膳食計畫

		大卡	蛋白質（克）	碳水化合物（克）	脂肪（克）
早餐	75克燕麥	320	10	52	7
	300毫升半脫脂牛奶	140	10	13	5
	100克藍莓	68	1	15	0
	1片（40克）全麥吐司	95	4	16	1
	10克花生醬	62	3	1	5
早午餐	25克杏仁	158	6	2	14
	100克低脂原味希臘優格	98	8	9	4
	1根香蕉	99	1	22	0
午餐	200克烤馬鈴薯	158	4	33	0
	100克茅屋起司或低脂軟質起司	100	12	3	4
	芝麻葉沙拉	16	1	2	0
	15克油／醋調味料	69	0	0	7
	2個小柑桔	65	1	13	0
點心	1個燕麥甜餅	265	5	24	16
健身鍛鍊	水	0	0	0	0
健身鍛鍊後	25克乳清	100	18	2	2
	300毫升半脫脂牛奶	140	10	13	5
	1根香蕉	99	1	22	0
晚餐	鷹嘴豆佐冬南瓜和番茄（請參見食譜第324頁）	342	15	48	10
	75克義大利麵	269	10	53	1
	100克花椰菜	40	4	2	1
	100克胡蘿蔔	42	1	8	0
宵夜	2片（80克）全麥吐司	190	8	32	2
	20克花生醬	124	5	3	10
總計		3060	139	387	97

3500大卡素食膳食計畫

		大卡	蛋白質（克）	碳水化合物（克）	脂肪（克）
早餐	75克燕麥	320	10	52	7
	300毫升半脫脂牛奶	140	10	13	5
	100克藍莓	68	1	15	0
	25克葡萄乾	70	1	17	1
	1片（40克）全麥吐司	95	4	16	1
	10克花生醬	62	3	1	5
早午餐	50克綜合堅果和葡萄乾	252	8	15	17
	100克低脂原味希臘優格	98	8	9	4
	1根香蕉	99	1	22	0
午餐	200克烤馬鈴薯	158	4	33	0
	100克茅屋起司或低脂軟質起司	100	12	3	4
	150克甜玉米	191	4	38	2
	芝麻葉沙拉	16	1	2	0
	15克油／醋調味料	69	0	0	7
	2個小柑桔	65	1	13	0
點心	1個燕麥甜餅	265	5	24	16
健身鍛鍊	500毫升等滲透運動飲料	130	0	33	0
健身鍛鍊後	25克乳清	100	18	2	2
	300毫升半脫脂牛奶	140	10	13	5
	1根香蕉	99	1	22	0
晚餐	鷹嘴豆佐冬南瓜和番茄（請參見食譜第324頁）	342	15	48	10
	75克義大利麵	269	10	53	1
	100克花椰菜	40	4	2	1
	100克胡蘿蔔	42	1	8	0
宵夜	2片（80克）全麥吐司	190	8	32	2
	20克花生醬	124	5	3	10
總計		3546	145	487	102

4000大卡素食膳食計畫

		大卡	蛋白質（克）	碳水化合物（克）	脂肪（克）
早餐	100克燕麥	427	13	69	9
	400毫升半脫脂牛奶	187	14	18	7
	100克藍莓	68	1	15	0
	25克葡萄乾	70	1	17	1
	1片（40克）全麥吐司	95	4	16	1
	2顆蛋	148	12	0	11
早午餐	50克綜合堅果和葡萄乾	252	8	15	17
	100克低脂原味希臘優格	98	8	9	4
	1根香蕉	99	1	22	0
午餐	300克烤馬鈴薯或地瓜	237	6	49	1
	20克橄欖油抹醬	114	0	0	13
	100克茅屋起司或低脂軟質起司	100	12	3	4
	150克甜玉米	191	4	38	2
	芝麻葉沙拉	16	1	2	0
	15克油／醋調味料	69	0	0	7
	2個小柑桔	65	1	13	0
點心	1個燕麥甜餅	265	5	24	16
健身鍛鍊	500毫升等滲透運動飲料	130	0	33	0
健身鍛鍊後	25克乳清	100	18	2	2
	300毫升半脫脂牛奶	140	10	13	5
	1根香蕉	99	1	22	0
晚餐	鷹嘴豆佐冬南瓜和番茄（請參見食譜第324頁）	342	15	48	10
	75克義大利麵	269	10	53	1
	100克花椰菜	40	4	2	1
	100克胡蘿蔔	42	1	8	0
宵夜	2片（80克）全麥吐司	190	8	32	2
	20克花生醬	124	5	3	10
總計		3978	164	524	124

4500大卡素食膳食計畫

		大卡	蛋白質（克）	碳水化合物（克）	脂肪（克）
早餐	100克燕麥	427	13	69	9
	400毫升半脫脂牛奶	187	14	18	7
	100克藍莓	68	1	15	0
	25克葡萄乾	70	1	17	1
	2片（80克）全麥吐司	190	8	32	2
	2顆蛋	148	12	0	11
早午餐	50克綜合堅果和葡萄乾	252	8	15	17
	100克低脂原味希臘優格	98	8	9	4
	1根香蕉	99	1	22	0
	1條能量棒	173	5	13	11
午餐	300克烤馬鈴薯或地瓜	237	6	49	1
	20克橄欖油抹醬	114	0	0	13
	100克茅屋起司或低脂軟質起司	100	12	3	4
	150克甜玉米	191	4	38	2
	芝麻葉沙拉	16	1	2	0
	15克油／醋調味料	69	0	0	7
	2個小柑桔	65	1	13	0
點心	2個燕麥甜餅	530	10	47	32
健身鍛鍊	500毫升等滲透運動飲料	130	0	33	0
健身鍛鍊後	25克乳清	100	18	2	2
	300毫升半脫脂牛奶	140	10	13	5
	1根香蕉	99	1	22	0
晚餐	鷹嘴豆佐冬南瓜和番茄（請參見食譜第324頁）	342	15	48	10
	75克義大利麵	269	10	53	1
	100克花椰菜	40	4	2	1
	100克胡蘿蔔	42	1	8	0
宵夜	2片（80克）全麥吐司	190	8	32	2
	20克花生醬	124	5	3	10
總計		4511	178	577	153

5000大卡素食膳食計畫

		大卡	蛋白質（克）	碳水化合物（克）	脂肪（克）
早餐	100克燕麥	427	13	69	9
	400毫升半脫脂牛奶	187	14	18	7
	100克藍莓	68	1	15	0
	25克葡萄乾	70	1	17	1
	2片（80克）全麥吐司	190	8	32	2
	2顆蛋	148	12	0	11
早午餐	50克綜合堅果和葡萄乾	252	8	15	17
	100克低脂原味希臘優格	98	8	9	4
	1根香蕉	99	1	22	0
	1條能量棒	173	5	13	11
午餐	300克烤馬鈴薯或地瓜	237	6	49	1
	20克橄欖油抹醬	114	0	0	13
	200克茅屋起司或低脂軟質起司	200	25	6	9
	150克甜玉米	191	4	38	2
	芝麻葉沙拉	16	1	2	0
	15克油／醋調味料	69	0	0	7
	2個小柑桔	65	1	13	0
點心	2個燕麥甜餅	530	10	47	32
	25克綜合堅果	149	7	3	12
健身鍛鍊	500毫升等滲透運動飲料	130	0	33	0
健身鍛鍊後	25克乳清	100	18	2	2
	300毫升半脫脂牛奶	140	10	13	5
	1根香蕉	99	1	22	0
晚餐	鷹嘴豆佐冬南瓜和番茄（請參見食譜第324頁）	342	15	48	10
	25克切達起司	103	6	0	9
	75克義大利麵	269	10	53	1
	100克花椰菜	40	4	2	1
	100克胡蘿蔔	42	1	8	0
	150克芒果	98	1	20	0
宵夜	2片（80克）全麥吐司	190	8	32	2
	20克花生醬	124	5	3	10
	100克低脂原味希臘優格	98	8	9	4
總計		5059	212	611	182

食譜

早餐
水果麥片

份量4

175克（6盎司）燕麥

300毫升（1／2品脫）牛奶

40克（1½盎司）蘇丹娜葡萄乾

40克（1.5盎司）烤片狀杏仁，切碎的榛果或腰果

225克（8盎司）新鮮水果，例如香蕉、藍莓、草莓、覆盆子

1顆蘋果，去皮並磨碎

1湯匙蜂蜜

· 準備一個大碗，將燕麥、牛奶、蘇丹娜葡萄乾和堅果混合在一起。蓋上蓋子，放在冰箱裡一夜。

· 食用前，將水果、磨碎的蘋果和蜂蜜加入並攪拌均勻。舀入碗裡，即可食用。

營養素含量（每份）：

熱量 329；蛋白質 11克；碳水化合物 52克；脂肪 10克；纖維6克

運動員的粥

份量1

50克（2盎司）燕麥粥

350毫升（12盎司）牛奶

1根香蕉，切成薄片

25克（1盎司）果乾，例如葡萄乾、紅棗或無花果

· 在平底鍋中混合燕麥和牛奶。煮沸後，轉成小火煨煮約5分鐘，途中需一直攪拌。

· 撒上香蕉和水果乾，即可食用。

營養素含量（每份）：

熱量 476；蛋白質 20克；碳水化合物 85克；脂肪 5克；纖維5克

早餐馬芬鬆餅

份量8

125克（4盎司）自發麵粉

125克（4盎司）燕麥片

25克（1盎司）奶油或人造奶油

40克（1.5盎司）軟質紅糖

1顆雞蛋

150毫升（5盎司）牛奶

50克（2盎司）切碎的棗乾或葡萄乾

- 將烤箱預熱至220℃／425℉／燃氣標記（Gas mark）7。
- 將麵粉和燕麥混合在碗中。
- 接著加入奶油、糖、雞蛋和牛奶，並混合均勻。
- 再加入果乾，拌勻。
- 舀入不會沾黏的鬆餅盤中，烘烤約15分鐘，直到變成金黃色。

糖漬果乾優格

份量4

1顆柳橙的果皮（刨絲）與新鮮果汁

2湯匙（30毫升）槐花蜜蜂蜜

300毫升（1／2品脫）水

150毫升（5盎司）柳橙汁

75克（3盎司）即食無花果乾，切半

75克（3盎司）即食杏乾

75克（3盎司）即食去核梅子

450毫升（¾品脫）全脂牛奶或希臘式優格

- 將柳橙的果皮（刨絲）與新鮮柳橙果汁、蜂蜜、水和柳橙汁放在鍋中。
- 煮沸，並攪拌直到蜂蜜溶解，然後加入乾燥果乾，蓋上蓋子小火煨煮約15分鐘，直至果乾變得膨脹柔軟。冷卻並蓋上蓋子放置冰箱中，食用前再拿出。
- 將優格平均分成4碗。淋上糖漬果乾醬。

營養素含量（每份）：

熱量 189卡；蛋白質 5克；碳水化合物 33克；脂肪 5克；纖維 2克

營養素含量（每份）：

熱量 223卡；蛋白質 9克；碳水化合物 41克；脂肪 4克；纖維 4克

希臘優格配香蕉蜂蜜

份量2

2根香蕉

300克（11盎司）希臘式優格

1–2湯匙蜂蜜（調味）

2湯匙烤片狀杏仁（或核桃、榛果或山核桃）

· 將香蕉切成小塊，分入兩個碗中。將優格分別再舀入碗中。再將蜂蜜和堅果撒在上面。

主餐
鮭魚蔬菜義大利麵

份量2

175克（6盎司）義大利麵

175克（6盎司）鮭魚排

1個紅椒，去籽並切碎

1個小胡瓜，切成薄片

1瓣大蒜，切碎

75克（3盎司）櫻桃番茄

1湯匙橄欖油

1把芝麻葉

· 按照包裝指示烹煮義大利麵，在起鍋前6分鐘，將鮭魚加入鍋中一起烹煮。

· 在另一鍋中加油，加熱，然後加入紅椒、小胡瓜和大蒜，煮5分鐘直到變軟。

· 當麵煮熟時，取出鮭魚，然後瀝乾麵。稍微用叉子將鮭魚切塊，並與麵、橄欖油、芝麻葉直接加入到蔬菜中，翻攪一下，即可上菜。

營養素含量（每份）：

熱量 368卡；蛋白質 12克；碳水化合物 43克；脂肪 18克；纖維 2克

營養素含量（每份）：

熱量 570卡；蛋白質 31克；碳水化合物 69克；脂肪 18克；纖維 6克

魚塔吉鍋佐鷹嘴豆

份量2

1湯匙淡色橄欖油

1顆洋蔥，切碎

1瓣大蒜，切碎

各1／2茶匙的小茴香、香菜、肉桂和薑黃

2顆小馬鈴薯，去皮，切成四瓣

300毫升（10盎司）魚或雞高湯

75克（3盎司）櫻桃番茄，切半

1湯匙的磨碎杏仁

½罐（200克／7盎司）鷹嘴豆，瀝乾

300克（10盎司）的白魚，切成塊

125克（4盎司）菠菜

25克（1盎司）片狀杏仁

檸檬汁

1把新鮮的香菜，切碎

1碗原味希臘優格

- 在一大鍋中加油，加熱。加入洋蔥烹煮幾分鐘直到變軟。再加入大蒜和其它香料多煮幾分鐘。

- 接著加入馬鈴薯、高湯、番茄、杏仁碎和鷹嘴豆。小火煮約10分鐘，再放入魚。蓋上蓋子，小火繼續煨煮2–3分鐘，直到剛好煮熟。拌入菠菜，使葉軟化，大約1–2分鐘，最後再加入檸檬汁和香菜，並灑上片狀杏仁。與希臘優格一起盛盤食用。

藜麥雞肉沙拉與甜菜根優格

份量2

125克（4盎司）藜麥

1個熟的小甜菜根，切碎

2湯匙原味希臘優格

1瓣大蒜，切碎

2個去皮的熟雞胸肉，切絲

½個紫洋蔥，切碎

½罐（200克／7盎司）笛豆（或其它各種豆類）

2個番茄，切碎

100克（3½盎司）菠菜、水芥菜和芝麻葉

鹽和現磨黑胡椒

- 按照包裝指示烹煮藜麥，瀝乾。

- 同時在一碗中混合甜菜根、優格和大蒜，撒上一點點的鹽和新鮮的黑胡椒。

- 在一個大碗中，混合藜麥、雞肉、蔬菜和豆類。與甜菜根優格一起盛盤食用。

> **營養素含量（每份）：**
>
> 熱量 598卡；蛋白質 46克；碳水化合物 49克；脂肪 21克；纖維 14克

> **營養素含量（每份）：**
>
> 熱量 496卡；蛋白質 58克；碳水化合物 58克；脂肪 6克；纖維 9克

雞肉花椰菜義大利麵

份量2

175克（6盎司）全麥義大利麵

150克（5盎司）花椰菜，切成小花狀

1–2湯匙淡色橄欖油

2個去皮雞胸肉，切成小塊

1瓣大蒜，壓碎

150克（5盎司）純番茄汁

1湯匙番茄泥

75克（3盎司）菠菜

25克（1盎司）片狀杏仁，烘烤過

· 依據包裝指示烹煮義大利麵。最後3分鐘時，加入花椰菜一起烹煮。

· 同時，用一半的橄欖油，油煎雞胸肉約8–10分鐘，或至雞肉熟且呈現金黃色。

· 加熱剩餘的橄欖油，加入大蒜煮約2分鐘，接著加入純番茄汁和番茄泥，攪拌並小火煮約5分鐘。

· 瀝乾義大利麵和花椰菜。在番茄泥的鍋中加入義大利麵和花椰菜，然後再加入雞肉、菠菜和杏仁。待菠菜軟化，即可食用。

快炒雞肉蔬菜

份量2

1湯匙淡色橄欖油

1顆小洋蔥，切碎

1公分（1／2英寸）鮮薑，切成薄片

1瓣大蒜，切碎

2個雞腿肉，切成薄片

1個紅椒，去籽，切成薄片

75克（3盎司）綠色或白色高麗菜，切絲

1把豆芽

1個小胡瓜，切片

1湯匙醬油

2捲雞蛋麵

· 炒鍋或煎鍋中加油，加熱，放入洋蔥炒約2分鐘。接著加入薑、大蒜和雞肉，直至雞肉呈焦黃。將蔬菜倒入鍋中繼續煎炒，約2至3分鐘，直到變軟。

· 拌入醬油和少量水攪拌。繼續用中火炒約3–4分鐘，或直到雞肉熟透。

· 根據包裝指示烹煮麵條。加入雞肉和蔬菜中，攪拌均勻即可。

營養素含量（每份）：

熱量 618卡；蛋白質 50克；碳水化合物 62克；脂肪 16克；纖維 14克

營養素含量（每份）：

熱量 497卡；蛋白質 29克；碳水化合物 47克；脂肪 20克；纖維 7克

火雞鷹嘴豆抓飯

份量2

1湯匙淡色橄欖油

1顆洋蔥，切碎

1根韭菜，切薄

1瓣大蒜，切碎

150克（5盎司）火雞胸肉排，切成1公分（1／2英寸）的條狀

½罐（200克／7盎司）罐裝番茄

½罐（200克／7盎司）鷹嘴豆，瀝乾

125克（4盎司）糙米

250毫升（9盎司）雞高湯

200克（7盎司）花椰菜，切成小花狀

100克（3½盎司）冷凍豌豆

1把新鮮香菜，切碎

1碗原味希臘優格

· 將油加入一個大的煎鍋或耐火砂鍋，加熱，再加入洋蔥、韭菜和大蒜，翻攪並用小火煮約5分鐘。

· 加入火雞、番茄、鷹嘴豆、飯和高湯。待煮沸，蓋上蓋子，小火煨煮約20分鐘，或直到米粒吸收了所有的液體。拌入花椰菜和豌豆，繼續再煮5分鐘，必要時再加一點水。

· 拌入香菜，再與希臘優格一起盛盤食用。

營養素含量（每份）：

熱量 606卡；蛋白質 40克；碳水化合物 76克；脂肪 13克；纖維 17克

摩洛哥燉魚

份量4

225克（8盎司）印度香米

2湯匙淡色橄欖油

1顆紫洋蔥，切碎

2瓣大蒜，壓碎

1茶匙新鮮磨碎的薑

各1／2茶匙的肉桂粉和小茴香

1湯匙哈里薩辣醬

1湯匙番茄泥

500毫升（16盎司）魚或蔬菜高湯

400克（14盎司）罐裝碎番茄

500克（1磅2盎司）白色魚片，切成小塊

400克（14盎司）罐裝白腰豆，沖洗後瀝乾

· 依據包裝指示烹煮香米。

· 同時，在鍋中加油，加熱，並加入洋蔥炒至變軟。再加入大蒜、薑、香料、哈里薩辣醬和番茄泥，煮約1分鐘。接著加入高湯和番茄，直至煮沸，再煮約10分鐘。

· 加入魚塊和白腰豆，繼續煮約5分鐘。再與煮熟的飯一起盛盤，即可食用。

營養素含量（每份）：

熱量 471卡；蛋白質 40克；碳水化合物 58克；脂肪 8克；纖維 6克

辣子雞飯

份量2

2塊雞胸肉（每個約175克／6盎司）

175克（6盎司）糙米

2茶匙（10毫升）葵花籽油

1顆洋蔥，切碎

2瓣大蒜，壓碎

1–2茶匙咖哩粉（調味用）

1湯匙番茄泥

1湯匙水

綠色蔬菜，盛盤用

· 烤盤烘烤雞胸肉約10–15分鐘，持續翻面避免烤焦。

· 烹煮糙米約20–25分鐘直至煮熟，瀝乾。

· 同時，在一個大的不沾鍋中加油，加熱，放入洋蔥煮約5分鐘，直到變成金黃色。

· 加入大蒜和咖哩粉，再煮約2分鐘。

· 雞肉切成小塊，與番茄泥和水一起加入鍋中。

· 蓋上鍋蓋，並煮約5–10分鐘。

· 與飯和綠色蔬菜一起盛盤食用。

南瓜雞

份量4

400克（14盎司）胡桃南瓜

1湯匙特級初榨橄欖油

2湯匙切碎新鮮百里香（或2茶匙乾燥百里香）

4個雞胸肉，含骨

少許鹽和現磨黑胡椒

· 烤箱調到200℃／400℉／煤氣爐轉至6。

· 將胡桃南瓜去皮，並將果肉切成5毫米（¼英寸）的薄片，將薄片平均分散在烤盤的錫箔紙上，撒上一點點油，再撒上百里香和調味料。

· 將雞胸肉鋪在冬南瓜上，再撒上剩下的橄欖油，稍微翻面確認整塊肉皆有覆裹油。

· 烤箱烤約20–30分鐘，直到雞呈金黃色，確切時間取決於雞胸肉的大小。冬南瓜應該會很軟但不糊爛。

> **營養素含量（每份）：**
>
> 熱量 657卡；蛋白質 58克；碳水化合物 74克；脂肪 16克；纖維 2克

> **營養素含量（每份）：**
>
> 熱量 252卡；蛋白質 40克；碳水化合物 8克；脂肪 7克；纖維 2克

摩洛哥雞肉飯

份量1

1塊去皮雞胸肉

1瓣大蒜，切碎

½紅辣椒，去籽，切碎（調味用）

少許辣椒粉

少許孜然粉

1／2顆檸檬的汁

1湯匙新鮮薄荷葉，切碎

75克（3盎司）全麥米

1湯匙烤南瓜籽

· 拍打雞胸肉約3或4次。

· 將大蒜、辣椒、辣椒粉、孜然、檸檬汁和切碎的薄荷，放入碗中一起拌勻。加入雞肉，稍微攪拌。醃漬約30分鐘。

· 同時，依照包裝的指示烹煮米飯，大約25分鐘。瀝乾，加入烤南瓜籽拌勻混合。

· 預熱烤爐。將雞肉放在烘烤托盤上，每面烘烤大約6或7分鐘，直到熟透。

· 飯舀到盤上，再將雞肉置於飯上，與綠色蔬菜一起盛盤食用。

鮭魚豆子沙拉

份量4

150克（5盎司）綠葉蔬菜

400克（14盎司）罐裝混合豆類，瀝乾並沖洗

4湯匙法國調味料

2湯匙新鮮香芹，切碎

200克（7盎司）罐裝野生紅鮭魚，瀝乾

200克（7盎司）櫻桃番茄，切半

4根蔥，切碎

現磨黑胡椒

· 將綠葉蔬菜平均分放在4個盤上。

· 將豆子與油醋汁、香芹和現磨黑胡椒混在一起攪拌。

· 將鮭魚去皮和去骨，並將肉稍微撥成絲。再與番茄、蔥和豆類混合物一起攪拌。盛盤堆放在綠葉蔬菜上即可。

營養素含量（每份）：

熱量 545卡；蛋白質 48克；碳水化合物 63克；脂肪 13克；纖維 2克

營養素含量（每份）：

熱量 219卡；蛋白質 17克；碳水化合物 14克；脂肪 9克；纖維 7克

糖醋芒果雞

份量4

糖醋醬：

4湯匙水

各2湯匙雪利酒、麻油和白葡萄酒醋

1湯匙淡醬油

2茶匙蜂蜜

1顆大芒果，去皮，切丁

2湯匙葵花籽油

4個雞胸肉片，切成1公分（1／2英寸）小塊

2顆洋蔥，切成薄片

250克（9盎司）花椰菜，分成小花狀

1茶匙新鮮生薑，磨碎

印度香米，盛盤用

- 製作糖醋醬，將水、雪利酒、麻油、醋、醬油和蜂蜜混合。

- 在炒鍋或煎鍋中放入一半的葵花籽油，加熱，加入雞肉並快速翻炒每面約2–3分鐘。將雞肉移到一個溫的盤子內。

- 將剩餘的油加熱，加入洋蔥並煮1–2分鐘直至變軟。接著放入花椰菜與薑，隨後再加入糖醋醬汁和芒果。

- 煮至沸騰，再以小火燉約3分鐘。接著可將雞肉放回鍋內，繼續煎煮約2–3分鐘，直到徹底煮熟。與印度香米一起盛盤食用。

營養素含量（每份）：

熱量 255卡；蛋白質 23克；碳水化合物 9克；脂肪 14克；纖維 3克

雞肉扁豆沙拉

份量4

2湯匙橄欖油

4片雞胸肉片，切成薄片

1瓣大蒜，切碎

1顆小洋蔥，切碎

400克（14盎司）罐頭扁豆，瀝乾並沖洗

3–4個番茄，切碎

2湯匙檸檬汁

1湯匙蜂蜜

2湯匙新鮮扁葉香芹，切碎

- 大煎鍋以高溫加熱1湯匙橄欖油，放入雞肉炒約5–6分鐘，或至熟透且沒有粉紅色的生肉。

- 加入大蒜、洋蔥、扁豆和番茄，繼續翻炒攪拌約2分鐘直至煮熟。

- 調味料的部分，在瓶子或螺旋蓋的罐子中，將剩餘的橄欖油與檸檬汁和蜂蜜一起搖晃混合。

- 將調味料和一半的香芹攪拌到鍋中。盛盤到大盤中，撒上剩餘的香芹，趁熱上桌。

營養素含量（每份）：

熱量 347卡；蛋白質 45克；碳水化合物 20克；脂肪 10克；纖維 2克

鰈魚抓飯

份量2

175克（6盎司）糙米

600毫升（1品脫）水

1顆小洋蔥，切碎

1小撮薑黃（或淡咖哩粉）

1個小胡瓜，切成薄片

1個小紅椒，去籽切碎

350克（12盎司）鰈魚片，切成條

鹽和現磨的黑胡椒

1湯匙葵花籽（可選用）

・將米、水、洋蔥和薑黃放在一個大煎鍋裡。

・煮沸，加蓋小火燜煮約20分鐘。

・加入小胡瓜、紅椒和鰈魚，調味。

・煮約5分鐘，或到魚煮熟且水分被吸收為止。

・撒上葵花籽，即可上菜。

蝦子四季豆麵

份量2

225克（8盎司）冷凍或新鮮的四季豆

175克（6盎司）雞蛋麵

1茶匙葵花籽油

175克（6盎司）去殼蝦子

1湯匙醬油

・水煮四季豆大約5分鐘，然後瀝乾。

・大平底鍋中放入雞蛋麵烹煮，約10分鐘。

・同時，在一個炒鍋或煎鍋加熱油，拌炒蝦子約2分鐘。

・加入四季豆、麵條和醬油，徹底加熱煮熟。

營養素含量（每份）：

熱量 530卡；蛋白質 40克；碳水化合物 76克；脂肪 10克；纖維 3克

營養素含量（每份）：

熱量 483卡；蛋白質 32克；碳水化合物 66克；脂肪 12克；纖維 5克

馬鈴薯魚餅

份量2

450克（1磅）馬鈴薯

200克（7盎司）白色魚片（例如鱈魚或鰈魚）

3湯匙脫脂牛奶

2顆雞蛋

1湯匙香菜

1湯匙檸檬汁

綠色蔬菜，盛盤用

- 將馬鈴薯切塊，煮到軟。

- 瀝乾水分，然後與魚、牛奶、雞蛋、香菜和檸檬汁一起混合搗碎。

- 放置在盤中，高功率微波5分鐘，或將烤箱調到200°C／400°F／煤氣爐轉至6下烤20分鐘。

- 與綠色蔬菜一起盛盤食用。

素食主餐
烘蛋配地中海烤蔬菜

份量2

½個茄子，切成薄片

1個小胡瓜，切成薄片

½個黃椒，切成薄片

½個紅椒，切成薄片

1／2球茴香，切成楔形

1顆小洋蔥，切成薄片

1湯匙橄欖油

1瓣大蒜，切碎

幾小撮迷迭香

1把黑橄欖

2顆大雞蛋

硬皮麵包，盛盤用

- 烤箱調到200°C／400°F／煤氣爐轉至6。

- 取一烤箱用盤子，放上所有蔬菜，放入烤箱。

- 淋上橄欖油，加入大蒜和迷迭香，然後輕輕晃動混合，使所有蔬菜都能覆蓋在油中。烤箱烤約20分鐘，直到蔬菜變軟。

- 拌入黑橄欖。在蔬菜的中間挖兩個洞。將雞蛋分別打入兩個凹槽中。再烘烤8–10分鐘，或直到雞蛋凝固。

- 與硬皮麵包一起盛盤食用。

營養素含量（每份）：

熱量 352卡；蛋白質 33克；碳水化合物 39克；脂肪 8克；纖維 3克

營養素含量（每份）：

熱量 201卡；蛋白質 10克；碳水化合物 9克；脂肪 14克；纖維 4克

地瓜扁豆咖哩

份量2

1湯匙精製橄欖油或菜籽油

1顆小洋蔥,切碎

1瓣大蒜,切碎

½茶匙孜然粉

1茶匙切碎香菜

½茶匙薑黃

100克（3½盎司）紅色扁豆

1個中等大小的地瓜,去皮,切成塊

250毫升（9盎司）蔬菜高湯

½罐（200克／7盎司）罐裝切碎番茄

50克（2盎司）菠菜

25克（1盎司）烤腰果

½顆檸檬的汁

鹽

一小撮新鮮香菜,切碎

糙米飯,盛盤用

- 在一個大平底鍋中加油,加熱,接著加入洋蔥煮幾分鐘,直到軟化。加入大蒜和香料,再煮1分鐘。

- 加入扁豆、地瓜、高湯和切碎的番茄。煮沸後,上蓋並小火煮約20分鐘,直到扁豆和地瓜變軟。然後關火,拌入菠菜。

- 再拌入腰果、檸檬汁、鹽和香菜,與糙米飯一起盛盤食用。

營養素含量（每份）：

熱量 414卡；蛋白質 18克；碳水化合物 52克；脂肪 13克；纖維 9克

蔬菜塔吉佐鷹嘴豆

份量2

1湯匙精製橄欖油或菜籽油

1顆小洋蔥,切薄片

2瓣大蒜,切薄片

各½茶匙磨碎的香菜和孜然

1個地瓜,去皮,切成塊

½個茄子,切成塊

1個小胡瓜,切成薄片

½個紅椒,去籽,切碎

½罐（200克／7盎司）番茄

1茶匙哈里薩醬

½罐（200克／7盎司）鷹嘴豆,瀝乾並沖洗

150毫升（5盎司）蔬菜高湯

50克／2盎司即食杏乾,切半

1把新鮮香菜,切碎

庫司庫司（Couscous）,盛盤用

- 在一個大的不沾鍋中加油,加熱。加入洋蔥拌炒約4–5分鐘,直到軟化。再加入大蒜和香料,稍加攪拌。接著加入蔬菜,繼續煮幾分鐘,再加入罐裝番茄、哈里薩醬、鷹嘴豆、蔬菜高湯和杏乾。

- 攪拌至煮沸。蓋上鍋蓋小火煮15分鐘,或直到蔬菜變軟為止。拌入切碎的香菜,與庫司庫司一起盛盤食用。

營養素含量（每份）：

熱量 346卡；蛋白質 11克；碳水化合物 49克；脂肪 9克脂肪；纖維 15克

鮮蔬牧羊人派配地瓜泥

份量4

1湯匙精製橄欖油

1顆洋蔥，切碎

2瓣大蒜，壓碎

4根胡蘿蔔，切碎

1個紅椒，切碎

125克（4盎司）蘑菇，切成薄片

2湯匙切碎的新鮮百里香（或2茶匙乾燥的）

400克（14盎司）罐裝綠色或棕色扁豆

400克（14盎司）罐裝切碎番茄

1茶匙蔬菜清湯

2湯匙番茄泥

1公斤（2.2磅）地瓜，去皮，切成大塊

2湯匙橄欖油

鹽和現磨的黑胡椒

花椰菜和四季豆，盛盤用

- 烤箱調到190°C／170°C風扇／煤氣爐轉至5。

- 準備一個大平底鍋，加入橄欖油加熱，翻炒洋蔥和大蒜約3–4分鐘，直到軟化。加入蔬菜和百里香，煮約10分鐘。再加入扁豆、番茄、蔬菜清湯和番茄泥，蓋上鍋蓋小火煮約10分鐘。

- 同時，水煮地瓜約15–20分鐘，直到變軟，瀝乾後加入橄欖油、鹽和胡椒粉一起搗成泥。

- 取一個烤爐用的盤子，舀出扁豆混合物，再將地瓜泥堆放在最上面，再烤20分鐘。

地瓜西班牙薄餅

份量1

1個小地瓜（175克／6盎司），去皮，切厚片

1湯匙橄欖油

1顆小洋蔥，切碎

2顆大雞蛋，打散

1湯匙切碎的新鮮香芹

鹽和現磨黑胡椒

沙拉，盛盤用

- 水煮地瓜約5–6分鐘，直到變軟為止。瀝乾，先放在一邊。

- 將烤爐以中火預熱。

- 取一烤箱用的煎鍋，加油，加熱，翻炒洋蔥約3–4分鐘，或直至軟化。再加入地瓜，並以鹽與黑胡椒調味。

- 倒入雞蛋，並煮1–2分鐘，直到雞蛋開始凝固。放到烤爐中，烤約3–4分鐘，或直至頂部呈金黃色並熟透。

- 將薄餅滑到盤子中，撒上香芹，切成楔形。搭配沙拉一起盛盤食用即可。

營養素含量（每份）：

熱量 490卡；蛋白質 13克；碳水化合物 78克；脂肪 10克脂肪；纖維 18克

營養素含量（每份）：

熱量 447卡；蛋白質 18克；碳水化合物 42克；脂肪 25克脂肪；纖維 5克

炒蔬菜歐姆蛋

份量1

2茶匙植物油

1顆小洋蔥，切薄片

1瓣大蒜，切碎

1茶匙切碎的新鮮生薑

蔬菜，例如胡蘿蔔，切成條狀；紅椒，去籽切成薄片；嫩豌豆，修剪切半；蘑菇，切薄片

1湯匙醬油

½顆萊姆的汁

2顆大雞蛋

2茶匙植物油

鹽和現磨黑胡椒

麵或飯，盛盤用

- 炒蔬菜的部分，在一個炒鍋或煎鍋中加油，加熱，並加入洋蔥、大蒜和薑。煮約2分鐘，接著加入蔬菜。炒約3–4分鐘，直到變軟。拌入醬油和萊姆汁，先放置一旁備用。

- 歐姆蛋的部分，將雞蛋打在一個小碗裡，打散，再以鹽和胡椒調味。取一不沾鍋，加油加熱，中火煎蛋約2–3分鐘直至熟透。

- 將炒好的蔬菜堆在煎蛋的一半邊上，再將另一半邊折疊在上面。將煎蛋滑到盤子中，然後搭配麵或飯一起食用即可。

豆腐麵

份量2

醃料：

2湯匙醬油

2湯匙雪利酒

1湯匙葡萄酒醋

主食：

225克（8盎司）豆腐，切成立方塊狀

1湯匙橄欖油

1瓣大蒜，切碎

1根新鮮生薑，切碎

1個紅椒，切成薄片

100克（3½盎司）嫩豌豆

1茶匙玉米粉

175克（6盎司）麵條，用水煮熟

- 將醃料的食材混合一起。再加入豆腐，並在冰箱中放置至少30分鐘（或放置一夜）。

- 將油倒入鍋中加熱，翻炒大蒜、薑和蔬菜約4分鐘。

- 將豆腐從醃料中取出。

- 將醃料汁和玉米粉混合，然後倒在蔬菜上。攪拌直至醬汁變稠。將蔬菜和醬汁盛盤。

- 翻炒豆腐約2分鐘，加入蔬菜中。搭配麵條即可食用。

營養素含量（每份）：

熱量 372卡；蛋白質 20克；碳水化合物 16克；脂肪 26克；纖維 4克

營養素含量（每份）：

熱量 533卡；蛋白質 21克；碳水化合物 75克；脂肪 19克；纖維 4克

馬鈴薯豌豆菠菜煎蛋餅

份量2

1個馬鈴薯（175克／6盎司），去皮，切成薄片

75克（3盎司）冷凍豌豆

2茶匙橄欖油

1個洋蔥，切薄片

1瓣蒜，壓碎

4顆大雞蛋

200克（7盎司）新鮮菠菜

鹽和現磨的黑胡椒

沙拉，盛盤用

· 以小鍋水煮馬鈴薯約5–6分鐘，或直到變軟。在最後3分鐘加入豌豆一起煮。瀝乾。

· 在煎鍋中倒入橄欖油加熱，翻炒洋蔥和大蒜約4–5分鐘或直到變軟。

· 將雞蛋打在一個大碗中，打散，並以鹽和胡椒調味。倒入鍋中，拌入馬鈴薯、豌豆、菠菜，中火煮幾分鐘，直到蛋熟透。將平底鍋放在熱烤架下繼續烘烤。煎蛋應會熟透且表面呈現金黃色。

· 以小刀沿著煎蛋餅的邊緣鏟起並放入大盤子上。切成楔型，與沙拉一起盛盤食用即可。

松子鷹嘴豆

份量4

400克（14盎司）罐裝鷹嘴豆或125克（4盎司）乾燥鷹嘴豆，浸泡過夜並煮約45分鐘

1–2瓣大蒜，壓碎

2湯匙特級初榨橄欖油

1湯匙芝麻醬

½顆檸檬的汁

2–4湯匙水

1–2湯匙松子

鹽和現磨黑胡椒

· 瀝乾並沖洗鷹嘴豆。先舀1–2湯匙另外放，把剩餘的鷹嘴豆與大蒜、橄欖油、芝麻醬、檸檬汁和2湯匙的水，一起放入食物處理器或攪拌器攪打。攪打至看起來滑順，再加入一點點的鹽和黑胡椒繼續攪打。試嚐一下味道。如果有必要，可以添加額外的水以調整稠度。

· 同時，熱鍋輕輕翻炒松子約3–4分鐘，直到上色，但不呈棕色（須小心觀察，因為很快速就會上色）。

· 拌入舀出的1–2湯匙鷹嘴豆，盛至淺盤中。撒上松子，淋上幾滴橄欖油。食用前至少冷藏2個小時。

營養素含量（每份）：

熱量 347卡；蛋白質 23克；碳水化合物 27克；脂肪 18克；纖維 6克

營養素含量（每份）：

熱量 193卡；蛋白質 7克；碳水化合物 12克；脂肪 13克；纖維 4克

胡桃南瓜番茄鷹嘴豆

份量4

2湯匙特級初榨橄欖油

2顆洋蔥，切碎

1個紅椒，去籽，切碎

225克（8盎司）冬南瓜，去皮，切碎

400克（14盎司）罐裝切碎番茄

250毫升（8盎司）蔬菜高湯

2×400克（14盎司）罐裝鷹嘴豆，瀝乾並沖洗

225克（8盎司）馬鈴薯，去皮，切碎

起司絲，盛盤用

- 取一鍋加油加熱，加入洋蔥和紅椒，中火炒約5分鐘。
- 再加入南瓜、番茄、蔬菜高湯、鷹嘴豆和馬鈴薯，攪拌直到沸騰。轉小火，攪拌並慢燉約20分鐘。
- 撒上少許起司絲即可食用。

營養素含量（每份）：

熱量 331卡；蛋白質 15克；碳水化合物 48克；脂肪 10克；纖維 10克

辣味庫司庫司（辣味北非小米）

份量4

250克（9盎司）庫司庫司

400毫升（14盎司）熱蔬菜高湯或水

½個紅椒，去籽

½個黃椒，去籽

1個紫洋蔥，切成薄片

10–12個櫻桃番茄，切半

2湯匙特級初榨橄欖油

½茶匙小茴香種子

1把新鮮香菜，切碎

1湯匙檸檬汁

鹽和現磨黑胡椒

- 烤箱調到200°C／400°F／煤氣爐轉至6。
- 將庫司庫司放入一個大碗中，以熱高湯或水浸泡。輕輕攪拌，上蓋並靜置5分鐘，直到高湯被吸收。用叉子稍微抖散。
- 將椒切成寬條狀。與洋蔥片和櫻桃番茄一起放置在一個鋪好鋁箔的大烤盤上，淋上橄欖油，散上小茴香種子，並輕輕翻拋使蔬菜均勻裹覆油。
- 烤箱烤約15分鐘，直到椒表面呈略焦，但內部軟嫩。待冷卻，然後將椒切碎。
- 將烤蔬菜（含小茴香種子）、香菜和檸檬汁，加到庫司庫司中，調味，攪拌均勻即可上菜。

營養素含量（每份）：

熱量 224卡；蛋白質 5克；碳水化合物 39克；脂肪 7克；纖維 2克

蔬菜腰果燉飯

份量2

2湯匙橄欖油

1顆洋蔥,切碎

1個紅椒,切碎

1瓣蒜,切碎

1片月桂葉

150克(5盎司)全麥米

500毫升(18盎司)熱蔬菜高湯

75克(3盎司)四季豆,切成2公分(¾英寸)長

125克(4盎司)甜豆

2個番茄,去籽並切碎

50克(2盎司)菠菜葉

50克(2盎司)腰果,稍微烘烤過

新鮮現磨黑胡椒

· 取一大煎鍋,加熱橄欖油,加入洋蔥、紅椒、大蒜、月桂葉,中火翻炒。

· 再拌入米炒約1–2分鐘,繼續翻炒直至米粒平均裹覆油脂,且呈半透明。

· 加入一半的熱蔬菜高湯,直到沸騰。轉小火煮到高湯都被吸收。一勺一勺拌入剩下的高湯,並繼續煨煮直到米變軟(約25–30分鐘)。加入四季豆、甜豆和番茄,繼續煮約5分鐘。總烹飪時間大約應為35分鐘左右。

· 將菠菜葉拌入熱燉飯中。攪拌直至葉子軟化。將鍋從火上移開。

· 以黑胡椒調味,然後撒上腰果。

營養素含量(每份):

熱量 652卡;蛋白質 16克;碳水化合物 84克;脂肪 29克;纖維 9克

烤蔬菜佐豆腐

份量2

1顆小紅洋蔥，切成薄片

½個紅椒，切成條

½個黃椒，切成條

½個橙椒，切成條

1個小胡瓜，修剪並切成厚片

¼個茄子，切成2公分（¾英寸）的方塊

2瓣大蒜，壓碎

2湯匙特級初榨橄欖油

200克（7盎司）醃製豆腐塊

一小把新鮮羅勒，撥碎

現磨黑胡椒

- 烤箱調到200°C／400°F／煤氣爐轉至6。

- 將準備好的蔬菜放在鋪好錫箔紙的烤盤上，撒上碎大蒜。倒入橄欖油，輕輕地翻攪，使蔬菜能平均裹覆油脂。

- 烤箱烤25分鐘，過程中適時翻攪。撒上豆腐，並繼續烤約5分鐘，直到將蔬菜表面呈微焦而內部軟嫩。

- 從烤箱中取出，舀至餐盤上。以黑胡椒調味，並撒上羅勒。

鷹嘴豆菠菜義大利麵

份量4

400克（14盎司）罐裝鷹嘴豆，瀝乾並沖洗

350克（12盎司）新鮮番茄義大利麵醬

400克（14盎司）新鮮筆管麵

200克（7盎司）新鮮菠菜

25克（1盎司）帕瑪森起司，刨成片

橄欖油，盛盤時淋在麵上用

現磨黑胡椒

- 取一中型鍋，加入鷹嘴豆與番茄醬，倒入100毫升（3½盎司）冷水。用小火煮沸。關火並蓋上蓋子。

- 同時，以大鍋將水煮沸。加入筆管麵煮沸約5分鐘或直到麵變軟為止，瀝乾。拌入菠菜，直到軟化。

- 將麵盛盤，淋上醬汁，然後拌攪並以黑胡椒調味。最後將帕瑪森起司撒在最上面，並淋上橄欖油。

營養素含量（每份）：

熱量 245卡；蛋白質 11克；碳水化合物 14克；脂肪 16克；纖維 4克

營養素含量（每份）：

熱量 434卡；蛋白質 20克；碳水化合物 76克；脂肪 8克；纖維 7克

芝麻麵佐炒蔬菜

份量4

1茶匙蜂蜜

1顆大柳橙的汁

3湯匙醬油

2湯匙油

1個洋蔥，切成薄片

1個大胡蘿蔔，去皮切成細條

225克（8盎司）白菜或嫩洋甘藍菜，切絲

2.5公分（1英寸）生薑，去皮並磨碎

1瓣大蒜，切碎

225克（8盎司）即食雞蛋麵

3湯匙烘烤芝麻

· 取一個小碗，混合蜂蜜、橙汁和醬油，先放在一旁。

· 在炒鍋或大煎鍋中加熱油。

· 加入洋蔥和胡蘿蔔炒約2–3分鐘。加入白菜或甘藍菜、薑和大蒜，再炒2–3分鐘。

· 再加入雞蛋麵，接著倒入混合好的醬汁，攪拌一下，再煮約2–3分鐘，或直到滾燙為止。撒上烤芝麻即可食用。

蔬菜豆子炒飯

份量2

175克（6盎司）糙米

1湯匙橄欖油

1顆洋蔥，切碎

2瓣大蒜，壓碎

1根新鮮生薑，切碎

125克（4盎司）大蘑菇，切成薄片

2根芹菜莖，切碎

125克（4盎司）豌豆

½罐（200克／7盎司）紅腰豆罐頭，沖洗並瀝乾

· 用大量沸騰的水倒至覆蓋米上。再煮至沸騰，接著轉小火煮約25–30分鐘。

· 同時，大火加熱鍋中的油。

· 加入洋蔥，煎炒1分鐘。

· 加入大蒜、薑、香菇、芹菜及豌豆炒3分鐘。

· 再加入腰豆和煮熟的飯。

· 再煮2分鐘，直到所有食材完全加熱為止。

營養素含量（每份）：

熱量 330卡；蛋白質 9克；碳水化合物 44克；脂肪 14克；纖維 4克

營養素含量（每份）：

熱量 526卡；蛋白質 18克；碳水化合物 94克；脂肪 11克；纖維 11克

素食辣椒

份量2

1瓣大蒜，切碎

1顆洋蔥，切碎

1個青椒或紅椒，去籽並切碎

½茶匙辣椒粉（或調味用）

225克（8盎司）罐頭番茄

50克（2盎司）紅色扁豆

175克（6盎司）米

300毫升（1／2品脫）水

½罐（200克／7盎司）紅腰豆罐頭，沖洗後瀝乾

鹽和現磨黑胡椒

花椰菜或綠色沙拉，盛盤用

· 將大蒜、洋蔥、椒、辣椒、番茄、扁豆、米和水放入大鍋中。

· 煮沸並小火燉煮約20分鐘。

· 加入紅腰豆再煮5分鐘。

· 調味。

· 與花椰花或沙拉一起盛盤食用。

混合豆火鍋

份量2

400克（14盎司）罐頭混合豆（例如紅腰豆、鷹嘴豆或白腰豆），洗淨並瀝乾

125克（4盎司）四季豆

225克（8盎司）罐頭番茄

1湯匙番茄泥

1茶匙混合香草

450克（1磅）馬鈴薯，煮熟並冷卻

綠色蔬菜或沙拉，盛盤用

· 大砂鍋中放入豆子，接著混入四季豆、番茄、番茄泥和香草。

· 將馬鈴薯切成薄片，並在最上面。

· 烤箱調到170°C／325°F／煤氣爐轉至3下，烘烤30分鐘，直到馬鈴薯煮熟，或者用微波爐高功率加熱8分鐘。

· 與綠色蔬菜或沙拉一起盛盤食用。

營養素含量（每份）：

熱量 550卡；蛋白質 21克；碳水化合物 119克；脂肪 2克；纖維 10克

營養素含量（每份）：

熱量 346卡；蛋白質 17克；碳水化合物 71克；脂肪 2克；纖維 14克

扁豆蔬菜千層麵

份量2

6片千層麵

扁豆蔬菜醬：

100克（4盎司）紅色扁豆

1顆洋蔥，切碎

400克（14盎司）罐裝番茄

2根胡蘿蔔，切碎

1茶匙牛至（香料）

150毫升（¼品脫）水

淋醬：

125克（4盎司）低脂鮮乳酪

2顆蛋

1湯匙現磨的帕瑪森起司

沙拉，盛盤用

· 將扁豆蔬菜醬的所有配料放入鍋中，煮沸。

· 文火煮20分鐘，或用高壓鍋煮3分鐘（緩慢釋放蒸氣）。

· 將一半的醬汁盛到盤中，鋪上3片千層麵。倒入其餘醬汁，再鋪上剩餘的千層麵。淋醬的部分，將低脂鮮乳酪與蛋一起攪打，然後舀出放置在千層麵上，撒上帕瑪森起司。在烤箱200°C／400°F／煤氣爐轉至6下烘烤40分鐘，直到表面變成金黃色。與沙拉一起盛盤食用。

腰豆漢堡

份量2

1顆小洋蔥，切碎

1瓣大蒜，切碎

2茶匙油

400克（14盎司）罐裝紅色腰豆，沖洗後瀝乾

1湯匙香菜

1湯匙檸檬汁

麵粉（可選擇）

燕麥，用於最外層的裹衣

全麥圓麵包或口袋餅和沙拉，盛盤用

· 油煎洋蔥和大蒜約5分鐘。

· 用叉子或攪拌機，將上述燕麥之外所有食材壓碎混合，直到呈粗泥狀。

· 如有必要，添加少量麵粉可以有更硬的口感。

· 將燕麥倒入盤子中。

· 用手將混合物切分成4份大漢堡形狀，並裹覆燕麥。

· 每面約燒烤2分鐘，接著以熱油煎炒或燒烤。

· 全麥圓麵包或口袋餅，搭配沙拉盛盤食用。

營養素含量（每份）：

熱量 513卡；蛋白質 33克；碳水化合物 75克；脂肪 11克；纖維 6克

營養素含量（每份）：

熱量 234卡；蛋白質 12克；碳水化合物 34克；脂肪 7克；纖維 10克

甜點
香蕉煎餅

份量8（塊）

100克（3½盎司）全麥麵粉或細燕麥粉

300毫升（1／2品脫）牛奶

2顆雞蛋

1茶匙油

3根熟成香蕉

低脂優格，盛盤用

- 所有食材（香蕉除外）放入果汁機攪拌30秒。

- 取一個不沾鍋並加熱油。

- 舀入1湯匙麵糊，傾斜鍋子，使麵糊均勻散開。

- 煎至煎餅的底面呈棕色。

- 翻面，再煮10秒鐘，直到另一面也變成棕色。

- 重複直到麵糊用完。

- 將煎餅堆放在烤箱用的盤子上，放置在烤箱中轉小熱，以維持煎餅熱度。

- 將一個搗碎的香蕉，與兩個切成薄片的香蕉混合攪拌。

- 將香蕉泥舀至煎餅上，並摺疊成四分之一大小。

- 與低脂優格一起盛盤食用。

烤蘋果

份量1

1個大顆蘋果

1湯匙葡萄乾或蘇丹娜葡萄乾

1茶匙蜂蜜

1茶匙碎的烤榛果（可選擇）

優格、低脂卡士達醬或低脂鮮乳酪，盛盤用

- 蘋果去核。

- 稍微在蘋果的中段輕輕劃幾刀。將蘋果放在小盤子裡。

- 將葡萄乾或蘇丹娜葡萄乾、蜂蜜和堅果混合在一起，倒入蘋果的中心。

- 用鋁箔紙覆蓋，並在烤箱180°C／350°F／煤氣爐轉至4下烘烤45–60分鐘，或在微波爐的中等功率下用另一盤子覆蓋並微波5–7分鐘（取決於蘋果的大小），直到變軟。

- 與優格、低脂卡士達醬或低脂鮮乳酪，一起盛盤食用。

營養素含量（每份）：

熱量 103卡；蛋白質 5克；碳水化合物 17克；脂肪 2克；纖維 2克

營養素含量（每份）：

熱量 144卡；蛋白質 1克；碳水化合物 33克；脂肪 2克；纖維 1克

全麥麵包與奶油布丁

份量4

8片全麥麵包

40克（1½盎司）低脂抹醬

75克（3盎司）蘇丹娜葡萄乾

1湯匙黑糖

3顆雞蛋

600毫升（1品脫）牛奶

現磨肉豆蔻（香料）

· 全麥麵包塗上低脂抹醬。

· 每片分切為4等份，並層層堆放在1公升（2品脫）的器皿中，在層與層之間撒上葡萄乾。

· 將糖、雞蛋和牛奶一起混合攪打，然後倒在麵包上。

· 撒上肉豆蔻。

· 如果時間允許，可浸泡30分鐘。

· 在烤箱350°F／180°C／燃氣爐轉至4下烘烤1小時，直到頂部變成金黃色。

蘋果燕麥酥

份量6

700克（1.5磅）蘋果，去皮，切成薄片

75克（3盎司）透明蜂蜜

1/2茶匙肉桂

4湯匙水

上層裝飾配料

125克（4盎司）麵粉

75克（3盎司）橄欖油抹醬

50克（2盎司）燕麥

50克（2盎司）黑糖

· 將烤箱預熱至190°C／375°C／燃氣爐轉至5。

· 將蘋果、蜂蜜和肉桂一起放入一個較深的烤盤中。混合均勻後，倒入水。

· 上層裝飾配料的部分，把麵粉放入碗中，並揉入橄欖油抹醬，直到該混合物呈現類似粗糙麵包屑的樣子。再混入燕麥和糖。也可以使用食物處理器或攪拌器攪拌。

· 將裝飾配料混合物撒在水果上。

· 烘烤20–25分鐘，直到表面變成金黃色，且水果軟化。

營養素含量（每份）：

熱量 345卡；蛋白質 17克；碳水化合物 49克；脂肪 11克；纖維 4克

營養素含量（每份）：

熱量 311卡；蛋白質 3克；碳水化合物 52克；脂肪 11克；纖維 3克

調味水果串

份量4

50克（2盎司）蜂蜜

1湯匙檸檬汁

1顆柳橙的汁

8個小荳蔻莢，稍微碾碎

1根肉桂棒，切成兩半

8顆帝王椰棗，去核

8顆杏子，切半，去核

4顆李子，切半，去核

- 將蜂蜜、檸檬汁、柳橙汁、小荳蔻莢和肉桂放在一淺盤中。接著加入椰棗、杏子和李子。醃製至少30分鐘。

- 瀝乾水果，保留蜂蜜糖漿，串到4根木串上。在事先預熱的燒烤架上烤10–15分鐘，或直至上色。

- 將小荳蔻莢和肉桂棒從蜂蜜糖漿中取出。水果串淋上蜂蜜糖漿即可食用。

異國萊姆水果

份量4

2湯匙蜂蜜

100毫升（3½盎司）熱水

1顆萊姆的皮（刨成絲）

20g（²∕³盎司）新鮮薄荷葉

1顆鳳梨，去皮、核心，切成四等份

3顆奇異果，去皮，切成大塊

1顆芒果，去皮，切片

優格，盛盤用

- 將蜂蜜、水、萊姆皮和一半的薄荷放入一個水壺中。靜置1小時後過濾。

- 將鳳梨切成小楔形，然後與奇異果和芒果片一起放入大碗中。倒入冷卻的糖漿並混合均勻。

- 將水果分成4碗，利用剩下的薄荷稍微裝飾，並與優格一起食用。

營養素含量（每份）：

熱量 147卡；蛋白質 2克；碳水化合物 37克；脂肪 1克；纖維 3克

營養素含量（每份）：

熱量 124卡；蛋白質 1克；碳水化合物 30克；脂肪 1克；纖維 4克

烤水蜜桃和李子佐優格

份量4

4顆成熟的水蜜桃

4顆成熟的李子

1根肉桂，切半

2顆柳橙的汁與果皮（刨絲）

2湯匙蜂蜜

400克（14盎司）希臘式優格

- 將烤箱預熱至200°C／400°F／燃氣爐轉至6。

- 將桃子和李子切半，去核，切面朝上排開在一淺盤中，不重疊擺放。

- 將肉桂棒、柳橙皮與汁、蜂蜜加入一個小鍋中。小火加熱直到蜂蜜融化並均勻地倒在水果上。放入烤箱烤25–30分鐘，期間稍微將汁重複淋灑在水果上，直到水果變軟嫩。

- 冷卻10分鐘，然後分盤。挖一勺優格放入每個水果的中心，並淋上一些蜂蜜糖漿，再與剩餘的優格一起盛盤食用。

零食
水果蘇格蘭鬆餅

份量2–4

100克（3½盎司）中筋麵粉

1湯匙糖

1茶匙泡打粉

2個中型雞蛋

150毫升（5盎司）半脫脂牛奶

50克（2盎司）葡萄乾

50克（2盎司）即食杏乾，切碎

油，用於刷鍋上油用

新鮮水果和蜂蜜，盛盤用

- 將乾的食材全部混合在碗中。

- 加入雞蛋和少量牛奶，攪拌均勻。拌入葡萄乾和杏乾。

- 煎鍋或不沾鍋加熱，輕輕刷一些油。舀入一小匙麵糊，使在鍋中形成8–10公分（3–4英寸）的圓，加熱約2分鐘或直至表面開始產生氣泡。翻面加熱約1–2分鐘或直到呈金黃。此份量可能需要分兩批烹調。

- 與新鮮水果和蜂蜜一起盛盤食用。

營養素含量（每份）：

熱量 179卡；蛋白質 6克；碳水化合物 26克；脂肪 6克；纖維 3克

營養素含量（每份）：

兩份：熱量 423卡；蛋白質 25克；碳水化合物 76克；脂肪 9克；纖維 4克

四份：熱量 212；蛋白質 8克；碳水化合物 38克；脂肪 5克；纖維 2克

香蕉瑪芬

份量10（個）

50克（2盎司）奶油

75克（3盎司）黑糖

1顆雞蛋

225克（8盎司）麵粉（全麥，或一半全麥加一半白麵粉）

2根香蕉泥

1小搓鹽

1茶匙泡打粉

1茶匙香草精

5湯匙牛奶

· 在大碗內將所有食材混合均勻。

· 舀入10格的杯子蛋糕模具中（或是杯子蛋糕紙模）。

· 在烤箱190°C／375°F／燃氣爐轉至5下烘烤約20分鐘，直到膨發並表面呈金黃色。

變化版：

· 在混合物中再加入50克（2盎司）巧克力碎片（極力推薦）。

· 用225克（8盎司）新鮮藍莓或75克（3盎司）藍莓乾代替香蕉。

· 用225克（8盎司）新鮮蔓越莓或75克（3盎司）蔓越莓乾代替香蕉。

· 用100克（3.5盎司）切碎的杏乾代替香蕉。加入磨碎的1顆檸檬皮代替香草精。

· 加入50克（2盎司）切碎的核桃。

> **營養素含量（每份）：**
>
> 熱量 164卡；蛋白質 4克；碳水化合物 27克；脂肪 5克；纖維 2克

葡萄乾麵包

份量10（片）

225克（8盎司）高筋麵粉（一半全麥加一半白麵粉）

½茶匙鹽

1½湯匙糖

1小袋易混合酵母

1湯匙融化奶油

180毫升（6盎司）溫水

100克（3.5盎司）葡萄乾

· 將麵粉、鹽、糖、酵母和奶油混合均勻，加入溫水，揉成麵團。

· 在灑了麵粉的檯面上揉捏約5–10分鐘，直到麵團滑順、揉入葡萄乾。

· 麵團放在一個碗裡，蓋上蓋子，靜置在溫暖或室溫下，待麵糰膨發為兩倍大（約1小時）。再搓揉幾分鐘，然後塑型成一個圓麵包狀。

· 放置在一個上油的烤盤上，在220°C／425°F／燃氣爐轉至7下，烤約20分鐘，或直到輕拍烤盤底部時，麵包聽起來是空心的狀態。

變化版：

· 在麵粉混合物中加入2茶匙肉桂粉。

· 用100克（3.5盎司）切碎的杏乾代替葡萄乾。

· 用100克（3.5盎司）蘇丹娜葡萄乾代替葡萄乾。

· 加入一茶匙磨碎的柳橙果皮。

· 加入50克（2盎司）切碎的烤榛果和葡萄乾。

> **營養素含量（每份）：**
>
> 熱量 120卡；蛋白質 3克；碳水化合物 25克；脂肪 2克；纖維 7克

蘋果肉桂燕麥棒

份量12（條）

2顆蘋果，切成薄片並煮熟，或175克（6盎司）
蘋果泥

175克（6盎司）燕麥

2茶匙肉桂

4顆雞蛋的蛋白

1湯匙蜂蜜

50克（2盎司）葡萄乾

6湯匙脫脂牛奶

· 將所有食材混合在一個碗中。

· 倒入一個23公分×15公分（約9英寸×6英寸）的
  不沾烤盤中。

· 以烤箱200°C／400°F／燃氣爐轉至6，烘烤15
  分鐘。

· 冷卻時，切成正方形小塊狀。

蘇丹娜葡萄乾燕麥餅

份量12（片）

200克（7盎司）奶油或人造奶油

200克（7盎司）糖

200克（7盎司）蜂蜜或金色糖漿

400克（14盎司）燕麥

75克（3盎司）蘇丹娜葡萄乾

· 將烤箱預熱至180°C／350°F／燃氣爐轉至4。

· 將20×30公分的蛋糕烤盤塗上奶油。

· 取一煎鍋，放入奶油、糖和蜂蜜，持續攪拌並
  加熱，直到奶油融化和糖溶解。加入燕麥和蘇
  丹娜葡萄乾並混合均勻。

· 將燕麥混合物倒到準備好的蛋糕烤盤中，鋪成
  約2公分（3／4英寸）的厚度。用勺子的背面
  平整混合物表面。

· 在烤箱中烘烤15–20分鐘，直到邊緣略微呈金
  黃色，但中間仍略軟。在烤盤中冷卻，然後取
  出切成正方形。

營養素含量（每份）：

熱量 87卡；蛋白質 3克；碳水化合物 17
克；脂肪 1克；纖維 1克

營養素含量（每份）：

熱量 389卡；蛋白質 5克；碳水化合物
59克；脂肪 17克；纖維 2克

香蕉核桃麵包

份量10或12（個）

2個中型香蕉

125克（4盎司）奶油

125克（4盎司）黑糖

2顆雞蛋

1茶匙香草精

1茶匙肉桂粉

250克（9盎司）中筋麵粉

1茶匙泡打粉

3湯匙牛奶

125克（4盎司）核桃

- 將烤箱預熱至180°C／350°F／燃氣爐轉至4。

- 在1公斤（2磅）的麵包烤盤上塗奶油，或使用12個大的瑪芬烘培紙。

- 搗碎香蕉。將奶油和糖混合至滑順，然後拌入搗碎的香蕉泥。加入雞蛋、香草精和肉桂，混合均勻。

- 再加入麵粉、泡打粉和牛奶，攪拌至滑順。拌入核桃。

- 用勺子將混合物舀入烤盤中，烤約50分鐘，直到麵包表面酥脆，用竹叉子插入中間再取出時是乾淨的。直接在烤盤中冷卻，然後取出至一個冷卻架上。瑪芬的話，只需烤約20–25分鐘。

營養素含量（每份）：

熱量 348卡；蛋白質 6克；碳水化合物 37克；脂肪 217克；纖維 1克

藍莓瑪芬

份量18（個）

250克（9盎司）麵粉

1茶匙泡打粉

100克（3½盎司）細砂糖

2顆雞蛋

50克（2盎司）融化的奶油

200毫升（7盎司）白脫牛奶或優格

125克（4盎司）藍莓

- 將烤箱預熱至200°C／400°F／燃氣爐轉至6。在2個12孔烤盤中放入瑪芬烘培紙。

- 將麵粉和泡打粉過篩到大碗裡，再拌入糖。

- 在另一個碗中，將雞蛋、融化的奶油和白脫牛奶或優格一起攪拌均勻。將該混合物拌入麵粉中，再拌入藍莓。舀入烘培紙中，烘烤20–25分鐘，直到煮熟並呈金黃色。

營養素含量（每份）：

熱量 164卡；蛋白質 4 克；碳水化合物 26克；脂肪 6克；纖維 1克

覆盆莓瑪芬

份量10個

4湯匙葵花籽油

5湯匙牛奶

1顆大雞蛋

150克（5盎司）自發麵粉

100克（4盎司）細砂糖

175克（6盎司）新鮮或解凍的冷凍覆盆莓

4湯匙糖粉，過篩

2茶匙檸檬汁

· 將烤箱預熱至200°C／400°F／燃氣爐轉至6。

· 在12孔烤盤中放入瑪芬烘培紙。

· 將油、牛奶和雞蛋混合在一起。將麵粉和糖過篩到一個碗中。加入混合好的液體和一半的覆盆莓到麵粉中，稍微混合。舀入烘培紙中，撒上剩餘的覆盆莓。烘烤25–30分鐘。

· 將瑪芬置於冷卻架上冷卻。

· 將糖粉過篩到一個碗中，加入檸檬汁，使呈液體狀。淋在瑪芬上即完成。

櫻桃杏仁燕麥餅乾

份量15（個）

125克（4盎司）奶油或人造奶油

125克（4盎司）顆粒狀砂糖或細砂糖

1湯匙金色糖漿

½茶匙香草精

150克（5盎司）中筋麵粉

100克（3½盎司）燕麥片

100克（3½盎司）杏仁粉

100克（3½盎司）糖漬櫻桃，切碎

油，用於潤滑

· 將烤箱預熱至170°C／350°F／燃氣爐轉至3，並取兩個烤盤，抹油（或使用烘培紙）。

· 將奶油或人造奶油和糖一起攪打至滑順。

· 拌入金黃糖漿和香草精。

· 加入麵粉、燕麥和杏仁，攪拌均勻再拌入櫻桃。

· 利用湯匙將麵團混合物一匙匙舀在烤盤上，之間約間隔2.5公分（1英寸），然後用手壓平。烘烤10–12分鐘，或直至變成金黃色。

營養素含量（每份）：

熱量 131卡；蛋白質 3克；碳水化合物 19克；脂肪 5克；纖維 1克

營養素含量（每份）：

熱量 216卡；蛋白質 3克；碳水化合物 27克；脂肪 11克；纖維 1克

附錄一
升糖指數與升糖負荷

食物	份量大小	升糖指數值	每份碳水化合物含量（克）	每份升糖負荷值
高升糖指數（>70）				
椰棗	6（60克）	103	40	42
葡萄糖	2茶匙（10克）	99	10	10
法國麵包	5公分切片（30克）	95	15	15
葡萄適（運動飲料）	1瓶250毫升	95	42	40
烤馬鈴薯	平均1顆（150克）	85	30	26
西式爆米香（Rice crispies）	1小碗（30克）	82	26	22
玉米片	1小碗（30克）	81	26	21
開特力（運動飲料）	1瓶250毫升	78	15	12
米餅	3塊（25克）	78	21	17
炸薯條	平均份量（150克）	75	29	22
小麥絲早餐穀物	2塊（45克）	75	20	15
麩皮片早餐穀物	1小碗（30克）	74	18	13
Cheerios早餐穀物	1小碗（30克）	74	20	15
馬鈴薯泥	4湯匙（150克）	74	20	15
Weetabix小麥早餐穀物	2塊（40克）	74	22	16
貝果	1個（70克）	72	35	25
早餐穀物棒（堅果玉米片）	1根（30克）	72	26	19
西瓜	1片（120克）	72	6	4
Golden Grahams全麥早餐	1小碗（30克）	71	25	18
小米	5湯匙（150克）	71	36	25
薄硬餅乾	3塊（25克）	71	18	13
全麥麵包	1片（30克）	71	13	9
Isostar（運動飲料）	1罐250毫升	70	18	13

食物	份量大小	升糖指數值	每份碳水化合物含量（克）	每份升糖負荷值
白麵包	1片（30克）	70	14	10
中升糖指數（56–69）				
芬達	262毫升	68	34	23
蔗糖	2茶匙（10克）	68	10	7
牛角麵包	1個（57克）	67	26	17
速食粥	1碗250克	66	26	17
哈密瓜	1片（120克）	65	6	4
庫司庫司	5湯匙（150克）	65	35	23
瑪氏巧克力棒	1根（60克）	65	40	26
葡萄乾	3湯匙（60克）	64	44	28
黑麥薄脆餅乾	2塊（25克）	64	16	11
奶油酥餅	2塊（25克）	64	16	10
白米	5湯匙（150克）	64	36	23
玉米餅／玉米片	1袋（50克）	63	26	17
冰淇淋	1球（50克）	61	13	8
牛奶穀物棒	1根（30克）	61	21	13
地瓜	1顆中型（150克）	61	28	17
Just Right穀物麥片	1小碗（30克）	60	22	13
披薩	1片（100克）	60	35	21
消化餅乾	2塊（25克）	59	16	10
鳳梨	2片（120克）	59	13	7
印度香米	5湯匙（150克）	58	38	22
稀飯	1碗250克	58	22	13
果汁飲料（稀釋）	1杯250毫升	58	29	17
杏子	3個（120克）	57	9	5
口袋塔餅	1小片（30克）	57	17	10
能量棒	1根（65克）	56	42	24
蘇丹娜葡萄乾	3湯匙（60克）	56	45	25

食物	份量大小	升糖指數值	每份碳水化合物含量（克）	每份升糖負荷值
富貴佐茶餅乾（Rich Tea Biscuit）	2塊（25克）	55	19	10
水煮馬鈴薯	2個中型（150克）	54	27	15
低升糖指數（<55）				
糙米	5湯匙（150克）	55	33	18
蜂蜜	1湯匙（25克）	55	18	10
Alpen牛奶穀物麥片	1小碗（30克）	55	19	10
蕎麥	5湯匙（150克）	54	30	16
洋芋片	1大包（50克）	54	21	11
甜玉米	4湯匙（150克）	54	17	9
奇異果	3顆（120克）	53	12	6
香蕉	1根（120克）	52	24	12
柳橙汁	1大杯（250毫升）	52	23	12
芒果	½顆（120克）	51	17	8
草莓醬	1湯匙（30克）	51	20	10
裸麥麵包	1片（30克）	50	12	6
牛奶穀物麥片	1小碗（30克）	49	20	10
焗豆	1小罐（150克）	48	15	7
保加利亞小麥	5湯匙（150克）	48	26	12
豌豆	2湯匙（80克）	48	7	3
蘿蔔	2湯匙（80克）	47	6	3
通心麵	5湯匙（180克）	47	48	23
葡萄	1小串（120克）	46	18	8
鳳梨汁	1大杯（250毫升）	46	34	15
海綿蛋糕	1片（63克）	46	36	17
瑪芬，蘋果	1個（60克）	44	29	13
牛奶巧克力	1根（50克）	43	28	12
All Bran高纖維麥麩早餐麥片	1小碗（30克）	42	23	9
柳橙	1顆（120克）	42	11	5

運動營養完全指南

食物	份量大小	升糖指數值	每份碳水化合物含量（克）	每份升糖負荷值
桃子	1顆（120克）	42	11	5
蘋果汁	1大杯（250毫升）	40	28	11
草莓	21顆（120克）	40	3	1
義大利麵	5湯匙（180克）	38	48	18
李子	3顆（120克）	39	12	5
蘋果	1顆（120克）	38	15	6
梨子	1顆（120克）	38	11	4
蛋白質棒	1根（80克）	38	13	5
水蜜桃罐頭	½罐（120克）	38	11	4
優酪乳	1杯（200毫升）	38	29	11
原味優格，低脂	1大盒（200克）	36	9	3
卡士達醬	2湯匙（100克）	35	17	6
巧克力牛奶	1大杯（250毫升）	34	26	9
低脂水果優格	1大盒（200克）	33	31	10
高蛋白奶昔飲品	1盒（250毫升）	32	3	1
脫脂牛奶	1大杯（250毫升）	32	13	4
杏乾	5個（60克）	31	28	9
黃帝豆	4湯匙（150克）	31	20	6
代餐棒	1根（40克）	31	19	6
扁豆（綠色／棕色）	4湯匙（150克）	30	17	5
鷹嘴豆	4湯匙（150克）	28	30	8
紅腎豆	4湯匙（150克）	28	25	7
全脂牛奶	1大杯（250毫升）	27	12	3
扁豆（紅色）	4湯匙（150克）	26	18	5
葡萄柚	½個（120克）	25	11	3
櫻桃	1小把（120克）	22	12	3
果糖	2茶匙（10克）	19	10	2
花生	1小把（50克）	14	6	1

維生素和礦物質列表

取得《美國臨床營養雜誌》改編許可©Am J Clin Nutr American Society for Nutrition（Foster- Powell et al., 2002）。

維生素	功能	來源	參考營養攝取量和安全上限值*
維生素A	維持正常顏色視覺與在昏暗燈光中的視覺；促進皮膚與口腔、鼻腔、消化道系統等之黏膜的健康。	肝臟、肉、蛋、全脂牛奶、起司、油性魚、奶油、人造奶油	男性：700微克／天 女性：600微克／天 安全上限值：1500微克／天（孕婦800微克）
β–胡蘿蔔素	轉化為維生素A（6微克產生1微克維生素A）是一種強大的抗氧化劑和自由基清除劑	鮮豔色的水果和蔬菜（例如胡蘿蔔、菠菜、杏子、番茄）	無官方的胡蘿蔔素參考營養攝取量分行建議攝取15毫克 安全上限值：7毫克
維生素B1（硫胺素）	將碳水化合物轉化為能量所必需的輔酶成分；維持神經、大腦和肌肉正常運作所必需	全麥麵包和穀物、肝臟、腎臟、紅肉、豆類（豆、扁豆、豌豆）	男性：0.4毫克／1000大卡 女性：0.4毫克／1000大卡 沒有安全上限值 食品標準局認為上限值為100毫克
維生素B2（核黃素）	將碳水化合物轉化為能量所必需；促進皮膚和眼睛健康與維持正常的神經功能	肝臟、腎臟、紅肉、雞肉、牛奶、優格、起司、雞蛋	男性：1.3毫克／天 女性：1.1毫克／天 沒有沒有安全上限值 食品標準局認為上限值為40毫克

*RNI=參考營養攝取量（英國衛生署，1991）

**NV=無公佈參考值。

SUL=安全上限值，由食品標準局獨立諮詢委員會的維生素和礦物質專家小組提供建議（英國食品標準局，2003）

補充品宣稱	證據	高劑量攝取可能存在的危險
維持正常視力、健康的皮膚、頭髮和黏膜；可以幫助治療皮膚問題，例如痤瘡和癤；可能會影響蛋白質的製造	不涉及能源產生的過程；幾乎沒有證據顯示它可以改善運動表現	服用補充品過量導致的肝毒性：症狀包括肝和骨頭損傷、腹痛、皮膚乾燥、複視、嘔吐、落髮、頭痛。也可能導致先天缺陷。懷孕婦女應避免肝臟。切記攝取超過9000微克／天（男性），7500微克／天（女性）
降低心臟病、癌症和肌肉酸痛的風險	作為抗氧化劑，可能有助於預防某些癌症。食物中的其它類胡蘿蔔素也可能很重要	皮膚呈橙色（可能是無害）且可逆）
可能能夠最佳化能量的產生和運動表現；通常存在於維生素B群或綜合維生素產品中	參與能源（ATP）的產生，因此能量消耗的需求越高，硫胺素的需求量也越高；通常飲食中即可滿足增高的需求量；目前沒有證據顯示高攝取量能夠提高運動表現；補充品可能是不必要的	不會被堆積儲存，多餘的會被排泄出去，因此不太可能會有中毒現象；中毒症狀（罕見）包括失眠、脈搏加快、無力和頭痛。避免每天服用超過3克
運動員可能需要更多B2，因為他們有更高的能量需求。補充品能夠最佳化能量的產生。通常存在於維生素B群或綜合維生素產品中	構成能量生產相關酶的一部分，所以運動可能會增加身體的需求量；然而，這些通常透過攝取均衡的飲食即可被滿足；目前沒有證據顯示補充品可以提高運動表現；如果你正在服用避孕藥，可能需要補充額外的B2	很少會產生毒性，因為它無法被堆積儲存；多餘的將會被排泄在尿液中（呈亮黃色）

維生素	功能	來源	參考營養攝取量和安全上限值*
菸鹼酸	幫助將碳水化合物轉化為能量；促進健康的皮膚、正常的神經功能和消化功能	肝臟、腎臟、紅肉、雞肉、火雞、堅果、牛奶、優格和起司、雞蛋、麵包、穀物	男性：6.6毫克／1000大卡 女性：6.6毫克／1000大卡 安全上限值：17毫克
B6（吡哆醇）	參與脂肪、蛋白質和碳水化合物的代謝；促進健康的皮膚、頭髮，形成正常的紅血球；參與體內許多氨基酸和蛋白質的化學反應	肝臟、堅果、豆類、雞蛋、麵包、穀物、魚、香蕉	男性：1.4毫克／天 女性：1.2毫克／天 安全上限值：80毫克
泛酸（B族維生素）	參與脂肪、蛋白質和碳水化合物的代謝；促進健康的皮膚、頭髮和正常的成長；幫助製造對抗感染的激素和抗體；幫助食物中的能量被釋放	肝臟、全麥麵包、糙米、堅果、豆類、雞蛋、蔬菜	在英國沒有參考營養攝取量 沒有安全上限值
葉酸（B族維生素）	DNA形成所必需；紅血球製造所必需	肝臟和內臟、綠色蔬菜、酵母萃取物、小麥胚芽、豆類	男人：200微克／天 女性：200微克／天 安全上限值：1000微克（1毫克）
B12	製造紅血球和預防某種類型的貧血所必需；用於脂肪、蛋白質和碳水化合物的代謝；促進細胞生長和發育；維持正常神經功能所必需	肉、魚、內臟、牛奶、起司、優格；素食來源（強化食品）為大豆蛋白和牛奶、酵母萃取物、穀物早餐	男人：1.5微克／天 女性：1.5微克／天 安全上限值：2毫克

補充品宣稱	證據	高劑量攝取可能存在的危險
運動員需要攝取更多的菸鹼酸，因為它與代謝有關；高劑量可幫助減少血膽固醇水平	沒有足夠的證據證明高劑量可以幫助改善運動表現；均衡飲食即可滿足需求量	過量的菸鹼酸將由尿液排出體外；劑量超過200毫克可能會導致皮膚表面血管擴張（潮紅）
因為能量需求的增加，運動員可能需要攝取更多	需求量與蛋白質攝取量有關，因此攝取高蛋白質飲食的運動員可能需要額外的B6；耐力型工作可能會流失較多的B6；沒有證據證明高劑量能提高運動表現；額外的補充可能有助於緩解PMS（經前症候群）	過量的B6將由尿液排出體外；非常高的劑量（超過2克／天）持續幾個月或幾年可能導致麻木和肢體不穩定
因為它涉及蛋白質、脂肪和碳水化合物的代謝，運動員可能需要較高的劑量；通常會出現在一般的B群或綜合維生素補充劑中	沒有證據表示高劑量可改善運動表現	過量的將由尿液排出體外
補充品有助於整體健康，也能預防葉酸缺乏和貧血；理論上，葉酸缺乏和貧血會妨礙有氧運動的表現	沒有針對運動表現和葉酸之間關係的研究	造成毒性的危險性很小，儘管高劑量可能會減少鋅的吸收掩蓋維生素B12缺乏的症狀。
由於它參與了紅血球的製造，推測B12可提高人體的氧氣攜帶能力（從而提高有氧運動能力）。眾所周知運動員會在比賽前注射維生素B12，以期望改善他們的耐力表現，通常會出現在B群或綜合維生素補充劑中	額外的維生素B12並不會對耐力或力量產生影響；額外補充補充品沒有好處（B12缺乏症是非常罕見的）	過量將由尿液排出體外

維生素	功能	來源	參考營養攝取量和安全上限值*
生物素	參與脂肪酸和糖原的製造，以及蛋白質的代謝；正常生長和發育所需	蛋黃、肝臟和內臟、堅果、全穀物、燕麥	在英國沒有參考營養攝取量；10–200微克／日被認為是安全且適當的劑量 安全上限值：900微克
維生素C	生長和修復身體細胞；膠原蛋白的合成（在結締組織）和組織的修復；促進健康的血管、牙齦和牙齒；血紅蛋白和紅細胞的製造；腎上腺素的製造；強大的抗氧化劑	新鮮水果（特別是柑橘）、莓果和醋栗、蔬菜（特別是深綠色、葉菜類、番茄、椒類）	男性：40毫克／天 女性：40毫克／天 安全上限值：1000毫克
維生素D	控制從腸道吸收的鈣，並幫助調節鈣的代謝；防止兒童佝僂症和成年骨軟化症；有助於調控骨質形成	陽光（UV光接觸皮膚）、新鮮的油、油性魚、雞蛋、維生素D強化穀物、人造奶油和一些優格	10微克 安全上限值：25微克
維生素E	作為一個抗氧化劑，它能夠防止組織受到自由基的傷害；促進正常生長和發育；有助於正常紅血球的形成	純植物油、小麥胚芽、全麥麵包和穀類、蛋黃、堅果、葵花籽、酪梨	在英國沒有參考營養攝取量；食品標準局建議4毫克（男性）3毫克（女性）（歐盟為10毫克） 安全上限值：540毫克
礦物質	功能	來源	參考營養攝取量和安全上限值*
鈣	對骨骼和牙齒結構很重要；幫助血液凝結；傳遞神經衝動；幫助肌肉收縮	牛奶、起司、優格、小魚的軟骨、海鮮、綠葉蔬菜、強化的白麵粉和麵包、豆類	700毫克 安全上限值：1500毫克

補充品宣稱	證據	高劑量攝取可能存在的危險
儘管生物素曾在健美運動員中被稱為「炸藥維生素」，但生物素針對運動表現，並沒有宣稱擁有任何特殊的作用。通常會出現在B群或綜合維生素補充品中	身體可以自己製造生物素，所以補充品是非必要的	目前沒有已知的生物素毒性案例
維生素C可能可幫助增加攝氧量和有氧能量的產生；運動導致維生素C消耗量增加，因此需求量可能也增加；激烈的運動往往會導致更大的自由基損傷，因此運動員需要較高的劑量	缺乏維生素C會降低身體機能表現；運動會增加需求量至約80毫克／日，這可以透過每天攝取5份新鮮水果與蔬菜來達到；100–150毫克的攝取量可能有助於預防心臟疾病和癌症	過量會排出體外，所以不太可能出現中毒症狀。高劑量可能導致腹瀉，並增加易結石者的腎臟結石風險
沒有針對運動表現的具體宣稱	到目前為止未顯示對運動表現有任何益處	脂溶性，且可以儲存在體內；不常見，中毒但症狀可能包括高血壓、噁心、不規則的心臟跳動和口渴
由於它是一個抗氧化劑，它可改善肌肉細胞的氧氣利用率；它也可能有助於保護細胞在劇烈運動後所遭受的破壞；可能有助於預防心臟病和癌症	補充品可能有益於高海拔地區的運動，並可能有助於減少心臟病、癌症風險和運動後肌肉酸痛；需求量與多元不飽和脂肪酸攝取量有關	儘管無法被排出，但毒性案例極為少見
補充品宣稱	**證據**	**高劑量攝取可能存在的危險**
可能有助於預防鈣缺乏症，在某些情況下還可以預防骨質疏鬆症（脆骨病）	沒有證據顯示額外的鈣質補充能夠預防骨質疏鬆症；運動（配合充足的鈣攝取量）能夠防止骨質流失，所以補充品似乎是非必要的；那些幾乎不吃或完全不吃乳製品的運動員，可以透過鈣補充品來滿足基本鈣質需求量。額外的鈣可以幫助降低壓力型月經不規則的風險	骨骼和血液中鈣的平衡受到荷爾蒙的嚴格控制–因此鈣毒性很少見。非常高的攝取量可能會干擾鐵的吸收和腎功能

礦物質	功能	來源	參考營養攝取量和安全上限值*	
鈉	幫助維持體液平衡；涉及肌肉和神經的功能運作	食鹽、罐頭蔬菜、魚、肉、現成的調味料和調味品、加工的肉、麵包、起司	男性：1.6克／天（=4克鹽） 女性：1.6克／天（=4克鹽） 食品標準局建議每日最高攝取量為2.5克（6克鹽）	
鉀	與鈉一起調控體液平衡，以及肌肉和神經的功能	蔬菜、水果和果汁、未加工的穀物	男子：3.5克／天 女性：3.5克／天 安全上限值：3.7克	
鐵	涉及紅血球的形成和氧氣的運輸和利用	紅肉、肝臟、內臟、強化早餐穀物、貝類、全麥麵包、義大利麵食和穀物、豆類、綠葉蔬菜	男性：6.7毫克／天 女性：16.4毫克／天 安全上限值：17毫克	
鋅	是參與蛋白質、碳水化合物和脂肪代謝許多酶的組成成分；幫助傷口癒合；協助免疫系統；建構細胞所需	肉、蛋、全麥穀物、牛奶和乳製品	男性：9.5毫克／天 女性：7毫克／天 安全上限值：25毫克	
鎂	涉及新的細胞形成、肌肉的收縮和神經的功能；協助能量產生；有助於調節鈣質代謝；構成骨骼礦物質結構的一部分	穀物、蔬菜、水果、馬鈴薯、牛奶	男性：300毫克／天 女性：270毫克／天 安全上限值：400毫克	
磷	協助骨骼和牙齒的形成；作為三磷酸腺苷（ATP）的一部分以參與能量代謝	穀物、肉、魚、牛奶和奶製品、綠色蔬菜	550毫克／天 安全上限值：補充劑250毫克	

補充品宣稱	證據	高劑量攝取可能存在的危險
據稱如果你大量出汗或在炎熱潮濕的環境下運動，則需要補充額外的鹽分；宣稱可以治療抽筋	運動時出汗過多可能會導致鈉的明顯流失，但由於大多數食物中皆存在鹽分，通常不需要攝取補充劑；多餘的鹽可能會反而導致而不是預防抽筋−脫水通常是抽筋的主因（可能伴隨鉀缺乏）	高鹽攝取量可能會增加血壓、中風風險和體液滯留，並破壞體內電解質平衡
可能有助於降低血壓並促進鈉排泄	額外的鉀並不會增強運動表現。可能有助於預防抽筋	過量會被排出體外，因此毒性非常罕見
多餘的鐵可以提高紅血球的攜氧能力，因此改善有氧運動表現；可以預防或治療貧血	缺鐵性貧血會損害運動能力，尤其是有氧運動。運動會破壞紅血球和血紅蛋白，增加鐵的流失，因此運動員的鐵需求量可能會稍微高於那些久坐不動的人；鐵會在月經期間流失，所以對女性運動員來說，補充劑可能是明智的選擇	高劑量可能會導致便秘和胃部不適；也可能會與鋅相互作用，進而降低其吸收
可能對高強度和與力量相關的運動中有幫助；可以幫助提升免疫功能	研究未能證明額外的鋅對運動表現有任何好處。鋅缺乏的運動員可能會導致免疫系統受損，因此充足的攝取量很重要	高劑量可能引起噁心和嘔吐；每日劑量超過50毫克也會干擾鐵和其它礦物質的吸收，導致鐵缺乏性貧血
鎂狀態可能與有氧能力有關	研究未能證明鎂補充劑對運動表現有益	可能引起腹瀉
據稱磷酸鹽負荷法可增強有氧運動表現並延緩疲勞	共識是，磷酸鹽的額外攝取對運動表現幾乎是沒有好處的	長時間的高劑量攝取可能會降低血液中鈣的水平

縮寫列表

ACSM American College of Sports Medicine
ADP adenosine diphosphate
ALA alpha-linolenic acid
ATP adenosine triphosphate
BCAA branched-chain amino acids
BMI Body Mass Index
BMR basal metabolic rate
BV Biological Value
EAA essential amino acid
DHA docosahexanoic acid
DHEA dehydroepiandrosterone
DoH Department of Health
DRV Dietary Reference Value
EFA essential fatty acid
EPA eicosapentanoic acid
FT fast-twitch（type II）muscle fibres
GI glycaemic index
GL glycaemic load
HDL high density lipoprotein
HMB beta-hydroxy beta-methylbutyrate
IGF-I insulin-like growth factor-I
IOC International Olympic Committee
LDL low density lipoprotein
MRP Meal Replacement Product
NEAA non-essential amino acid
PC phosphocreatine
NRV Nutrient Reference Value（on supplement labels）
RMR resting metabolic rate
RNI Reference Nutrient Intake
ST slow-twitch（type I）muscle fibres
SUL safe upper limit
VO2max maximal aerobic capacity

使用符號與單位

Symbols used

g	gram
h	hour
kcal	kilocalorie
kJ	kilojoule
m	metre
min	minute
mcg	microgram
mg	milligram （1000 g = 1 g）
ml	millilitre
mmol	millimole
mph	miles per hour
sec	seconds
tbsp	tablespoon
tsp	teaspoon
dl	decilitre （10 dl = 1 l）
µg	microgram （1000 µg = 1 mg）
<	less than
>	greater than
°C	degree Celsius

Conversions

1 kcal	=	4.2 kJ
25 g	=	1 oz
450 g	=	1 lb
1 kg	=	2.2 lb
5 ml	=	1 tsp
15 ml	=	1 tbsp
25 ml	=	1 fl oz
600 ml	=	1 pint

延伸閱讀

Antonio J., Kalman, D. et al. （eds） （2008）, Essentials of Sports Nutrition and Supplements, Humana Press.

Benardot, D. （2012）, Advanced Sports Nutrition, 2nd edn, Human Kinetics.

Burke, L. （2007）, Practical Sports Nutrition, Human Kinetics.

Burke, L. and Deakin, V. （2015）, Clinical Sports Nutrition, McGraw-Hill Medical.

Dunford, M. （2010）, Fundamentals of Sport and Exercise Nutrition, Human Kinetics.

Food Standards Agency （2002）, McCance and Widdowson's The Composition of Foods, 6th summary ed., Royal Society of Chemistry.

Jeukendrup, A. and Glesson, M. （2010）, Sport Nutrition, 2nd ed., Human Kinetics.

Lanham-New, S. et al. （eds） （2011）, Sport and Exercise Nutrition, Wiley-Blackwell.

McArdle, W. et al. （2006）, Exercise Physiology: Energy, Nutrition, and Human Performance, 6th ed., Lippincott, Williams and Wilkins.

Wilmore, J. and Costill, D. （2005）, Physiology of Sport and Exercise, 3rd ed., Human Kinetics.

參考資料

Aceto, C.（1997）, Everything You Need to Know about Fat Loss（Adamsville TN: Fundco）.

Achten J. et al.（2004）, 'Higher dietary carbohydrate content during intensified running training results in better maintenance of performance and mood state'. J. Appl. Physiol., vol. 96（4）, pp. 1331–40.

Ackland T. et al.（2012）, 'Current Assessment of Body Composition in Sport'. Sports Med., vol. 42（3）: 227–49.

ACSM（1996）, 'Position stand on exercise and fluid replacement'. Med. Sci. Sports and Ex., vol. 28, pp. i–vii.

ACSM（2007）, Armstrong, L.E., Casa, D.J. et al. 'American College of Sports Medicine position stand. Exertional heat illness during training and competition'. Med. Sci. Sports and Ex., vol. 39（3）: 556–72.

ACSM/AND/DC /2016/, 'Nutrition and Athletic Performance'. Med Sci in Sports and Ex, vol. 48（3）pp. 543–568.

Adams, R.B., Egbo, K.N., & Demmig-Adams,B.（2014）'High-dose vitamin C supplements diminish the benefits of exercise in athletic training and disease prevention', Nutrition & Food Science, vol. 44（2）, pp. 95–101

Ahlborg, B. et al.（1967）, 'Human muscle glycogen content and capacity for prolonged exercise after different diets'. Forsvarsmedicin, vol. 3, pp. 85–99.

Ainsworth, B. E. et al.（2011）'Compendium of physical activities: A second update of codes and MET values'. Med. Sci. Sports and Ex., vol. 43. p. 1575. Accessed from http://www.shapesense.com/fitness-exercise/calculators/activity-based-calorie-burn-calculator.aspx#change-activity-category, March 2016.

Alexander, D., Ball, M. J. and Mann, J.（1994）, 'Nutrient intake and hematological status of vegetarians and age-sex matched omnivores'. Eur. J. Clin. Nutr., vol. 48, pp. 538–46.

Alghannam, A. F. et al.（2016）, 'Impact of muscle glycogen availability on the capacity for repeated exercise in man'. Med. Sci. Sports and Ex., vol. 48（1）, pp. 123–31.

American Dietetic Association（1997）, 'Vegetarian diets – ADA position'. J. Am. Diet. Assoc., vol. 97, pp. 1317–21.

Anderson, M. et al.（2000）, 'Improved 2000m rowing performance in competitive oarswomen after caffeine ingestion'. Int. J. Sport Nutr., vol. 10, pp. 464–75.

Anthony, J. C. et al.（2001）'Signaling pathways involved in translational control of protein synthesis in skeletal muscle by leucine'. J. Nutr., vol. 131（3）, pp. 856S–860S.

Antonio, J. and Street, C.（1999）, 'Glutamine: a potentially useful supplement for athletes'. Can. J. Appl. Physiol., vol. 24（1）: S69–77.

Appleby, P. N. et al.（1999）, 'The Oxford Vegetarian Study: an overview'. Am. J. Clin. Nutr., vol. 70（3 Suppl）, pp. 525S–31S.

Areta J. L. et al.（2013）, 'Timing and distribution of protein ingestion during prolonged recovery from resistance exercise alters myofibrillar protein synthesis'. J. Physiol., vol. 591（9）, pp. 2319–31.

Armstrong, L. E.（2002）, 'Caffeine, body fluid-electrolyte balance and exercise performance'. Int. J. Sport Nutr., vol. 12, pp. 189–206.

Armstrong, L. E. et al.（1985）, 'Influence of diuretic induced dehydration on competitive running performance'. Med. Sci. Sports Ex., vol. 17, pp. 456–61.

Armstrong, L. E. et al.（1998）, 'Urinary indices during dehydration, exercise and rehydration'. Int. J. Sport Nutr., vol. 8, pp. 345–55.

Armstrong, L. E. et al.（2005）, 'Fluid, electrolyte and renal indices of hydration during 11 days of controlled caffeine consumption'. Int. J. Sport Nutr. Exerc. Metab., vol. 15, pp. 252–65.

Ashwell, M. et al.（2011）, 'Waist-to-height ratio is a better screening tool than waist circumference and BMI for adult cardiometabolic risk factors: systematic review and meta-analysis'. Obes. Rev. vol 13（3）, pp. 275–86.

Astrand, P. O.（1952）, Experimental studies of physical working capacity in relation to sex and age（Copenhagen, Munksgaard）.

Astrup, A., et al.（2010）, 'The role of reducing intakes of saturated fat in the prevention of cardiovascular disease: where does the evidence stand in 2010?' Am. J. Clin. Nutr., vol. 93, pp. 684–8.

Atallah, R. et al. （2014）, 'Long-term effects of 4 popular diets on weight loss and cardiovascular risk factors: a systematic review of randomized controlled trials'. Circ. Cardiovasc. Qual. Outcomes, vol. 7 （6）, pp. 815–27.

Bacon, L. et al. （2005）, 'Size acceptance and intuitive eating improve health for obese, female chronic dieters'. J. Am. Diet. Assoc., vol. 105 （6）, pp. 929–36.

Barr, S. I. and Costill, D. L. （1989）, 'Water. Can the endurance athlete get too much of a good thing?' J. Am. Diet. Assoc., vol. 89, pp. 1629–32.

Barr, S. I. and Rideout, C. A. （2004）, 'Nutritional considerations for vegetarian athletes'. Nutrition, vol. 20 （7–8）, pp. 696–703.

Bartlett, J. D. et al. （2015）, 'Carbohydrate availability and exercise training adaptation: too much of a good thing?' Eur. J. Sport Sci., vol. 15 （1）, pp. 3–12.

Bates et al. （2014）, National Diet and Nutrition Survey. Headline results from years 1, 2, 3, 4 of the Rolling Programme （2208/9–2011/12）（Public Health England, London）.

Bauer, J. et al. （2013）, 'Evidence-based recommendations for optimal dietary protein intake in older people: a position paper from the PROT-AGE Study Group'. J. Am. Med. Dir. Assoc., vol. 14, pp. 542–59.

Bazzare, T. L. et al. （1986）, 'Incidence of poor nutritional status among triathletes, endurance athletes and controls'. Med. Sci. Sports Ex., vol. 18, p. 590.

BDA （British Dietetic Association）（2014） https://www.bda.uk.com/foodfacts/vegetarian foodfacts.pdf, accessed March 2016.

Beals, K. A. and Hill, A. K. （2006）, 'The prevalence of disordered eating, menstrual dysfunction and low bone mineral density among US collegiate athletes'. Int. J. Sports Nutr. Exerc. Metab., vol. 16, pp. 1–23.

Beals, K. A. and Manore, M. M. （1994）, 'The prevalence and consequences of subclinical eating disorders in female athletes'. Int. J. Sport Nutr., vol. 4, pp. 157–95.

Beals, K. A. and Manore M. M. （2002）, 'Disorders of the female athlete triad among collegiate athletes'. Int. J. Sport Nutr. Exerc. Metab., vol. 12, pp. 281–93.

Beelen, M. et al. （2008）, Protein coingestion stimulates muscle protein synthesis during resistance type exercise'. Am. J. Physiol. Endocrinol Metab., vol. 295, pp. E70–7.

Beelen, M. et al. （2010）, 'Nutritional strategies to promote postexercise recovery'. Int. J. Sport Nutr. Exerc. Metab., vol. 20, pp. S15–32.

Beis, L. Y. et al. （2011）, 'Food and macronutrient intake of elite Ethiopian distance runners'. J. Int. Soc. Sports Nutr., vol. 8 pp. 7–11.

Bell, D. G. et al. （2001）, 'Effect of caffeine and ephedrine ingestion on anaerobic exercise performance'. Med. Sci. Sport Exerc., vol. 33 （8）, pp. 1399–1403.

Bell, P. G. et al. （2015）, 'Recovery facilitation with Montmorency cherries following high-intensity, metabolically challenging exercise'. Appl. Physiol. Nutr. Metab., vol. 40, pp. 414–23.

Below, P. R. et al. （1995）, 'Fluid and carbohydrate ingestion independently improve performance during one hour of intense exercise'. Med. Sci. Sports Exerc., vol. 27, pp. 200–10.

Belza, A., Ritz, C., Sørensen, M. Q. et al. （2013）, 'Contribution of gastroenteropancreatic appetite hormones to protein-induced satiety'. Am. J. Clin. Nutr., vol. 97 （5）, pp. 980–9.

Bennell K. L. et al. （1995）, 'Risk factors for stress fractures in female track and field athletes: a retrospective anaysis'. Clin. J. Sports Med., vol. 5, pp. 229–35.

Beradi, J. M. et al. （2008）, 'Recovery from a cycling time trial is enhanced with carbohydrate-protein supplementation vs. isoenergetic carbohydrate supplementation'. J. Int. Soc. Sports Nutr. 2008, vol. 5, p. 24.

Berg, A. and Keul, J. （1988）, 'Biomechanical changes during exercise in children'. Young athletes: Biological, psychological and educational perspectives, ed. R. M. Malina （Champaign, IL, Human Kinetics） pp. 61–77.

Bergstrom, J. et al. （1967）, 'Diet, muscle glycogen and physical performance'. Acta. Physiol. Scand., vol. 71, pp. 140–50.

Bescos, R. et al. （2012）, 'The effect of nitric oxide related supplements on human performance'. Sports Med., vol. 42 （2）, pp. 99–117.

Betts, J. et al. （2007）, 'The influence of carbohydrate and protein ingestion during recovery from prolonged exercise on subsequent endurance performance'. J. Sports Sci., vol. 25 （13）, pp. 1449–60.

Betts, J. et al.（2014）,‘The causal role of breakfast in energy balance and health: a randomized controlled trial in lean adults’. Am. J. Clin. Nutr., vol. 100（2）, pp. 539–47.

Bishop, N. C. et al.（2002）,‘Influence of carbohydrate supplementation on plasma cytokine and neutrophil degranulation responses to high intensity intermittent exercise’. Int. J. Sport Nutr., vol. 12, pp. 145–56.

Bloomer, R. J. et al.（2000）,‘Effects of meal form and composition on plasma testosterone, cortisol and insulin following resistance exercise’. Int. J. Sport Nutr., vol. 10, pp. 415–24.

Boirie, Y. et al.（1997）,‘Slow and fast dietary proteins differently modulate postprandial protein accretion’. Proc. Nat. Acad. Sci. USA., vol. 94（26）, pp. 14930–5.

Bompa, T. O. and Cornacchia, L. J.（2013）, Serious Strength Training（Champaign, IL, Human Kinetics）.

Booth, F. and Zwetsloot, K.（2010）,‘Basic concepts about genes, inactivity and aging’. Scand. J. Med. Sci. Sports, vol. 20, pp. 1–4.

Borsheim E et al.（2004）,‘Effect of an amino acid, protein, and carbohydrate mixture on net muscle protein balance after resistance training’. Int. J. Sport. Nutr. Exerc. Metab., vol. 14, pp. 255–71.

Bosch, A. N. et al.（1994）,‘Influence of carbohydrate ingestion on fuel substrate turnover and oxidation during prolonged exercise’. J. Appl. Physiol., vol. 76, pp. 2364–72.

Bounous, G. and Gold, P.（1991）,‘The biological activity of un-denatured whey proteins: role of glutathione’. Clin. Invest. Med., vol. 4, pp. 296–309.

Bouvard, V. et al.（2015）,‘Carcinogenicity of consumption of red and processed meat’, The Lancet Oncology, Oct. 26.

Bowtell, J. L., Sumners, D. P., Dyer, A. et al.（2011）, ‘Montmorency cherry juice reduces muscle damage caused by intensive strength exercise’, Medicine and Science in Sports Exercise, vol. 43（8）, pp. 1544–51.

Brand-Miller, J., Foster-Powell, K. and McMillan Price J.（2005）, The Low GI Diet.（Hodder Mobius）.

Brand-Miller, J. et al.（2003）,‘Low GI diet in the management of diabetes’. Diabetes Care, vol. 26, pp. 2261–7.

Brilla, L. R. and Conte, V.（2000）,‘Effects of a novel zinc-magnesium formulation on hormones and strength’. J. Exerc. Physiol. Online, vol. 3（4）, pp. 1–15.

Brinkworth, G. D. and Buckley, J. D.（2003）,‘Concentrated bovine colostrum protein supplementation reduces the incidence of self-reported symptoms of upper respiratory tract infection in adult males’. Eur. J. Nutr., vol. 42, pp. 228–32.

Brinkworth, G. D. et al.（2004）,‘Effect of bovine colostrum supplementation on the composition of resistance trained and untrained limbs in healthy young men’. Eur. J. Appl. Physiol., vol. 91, pp. 53–60.

British Nutrition Foundation（1999）, Briefing paper: n3 Fatty acids and health.

Broeder, C. E. et al.（2000）,‘The Andro Project’. Arch. Intern. Med., vol. 160（20）, pp. 3093–104.

Brouns, F. et al.（1998）,‘The effect of different rehydration drinks on post-exercise electrolyte excretion in trained athletes’. Int. J. Sports Med., vol. 19, pp. 56–60.

Brown, E. C. et al.（2004）,‘Soy versus whey protein bars: Effects of exercise training impact on lean body mass and antioxidant status’. J. Nutr., vol. 3, pp. 22–7.

Brown, G. A. et al.（2000）,‘Effects of anabolic precursors on serum testosterone concentrations and adaptations to resistance training in young men’. Int. J. Sport Nutr., vol. 10, pp. 340–59.

Brownlie, T., et al.（2004）‘Tissue iron deficiency without anemia impairs adaptation in endurance capacity after aerobic training in previously untrained women’. Am. J. Clin. Nutr., vol. 79（3）, pp. 437–43.

Bryce-Smith, D. and Simpson, R.（1984）,‘Anorexia, depression and zinc deficiency’. Lancet, vol. 2, p. 1162.

Bryer S. C. and Goldfarb, A. H.（2006）,‘Effect of high dose vitamin C supplementation on muscle soreness, damage, function and oxidative stress to eccentric exercise’. Int. J. Sport Nutr. Exerc. Metab., vol. 16, pp. 270–80.

Buckley, J. D. et al.（2003）,‘Effect of bovine colostrum on anaerobic exercise performance and plasma insulin-like growth factor’. J. Sports Sci., vol. 21, pp. 577–88.

Buford, T. W., et al.（2007）.‘International Society of Sports Nutrition position stand: creatine supplementation and exercise’. J. Int. Soc. Sports Nutr., vol. 4, p. 6.

Burd, N. A. et al.（2009）,‘Exercise training and protein metabolism: influences of contraction, protein intake, and sex-based differences’. J. Appl. Physiol., vol. 106（5）, pp. 1692–701.

Burd, N. A. et al.（2011）,‘Enhanced amino acid sensitivity of myofibrillar protein synthesis persists for up to 24 h after resistance exercise in young men’. J. Nutr., vol. 141（4）, pp. 568–73.

Burd, N. A. et al.（2013）,‘Anabolic resistance of

muscle protein synthesis with aging'. Exerc. Sport Sci. Rev., vol. 41, pp. 169–73.

Burke, D. G. et al. （1993）, 'Muscle glycogen storage after prolonged exercise: effect of glycaemic index of carbohydrate feedings'. J. Appl. Physiol., vol. 75, pp. 1019–23.

Burke, D. G. et al. （1998）, 'Glycaemic index – a new tool in sports nutrition'. Int. J. Sport Nutr., vol. 8, pp. 401–15.

Burke, D. G. et al. （2000）, 'The effect of continuous low dose creatine supplementation on force, power and total work'. Int. J. Sport Nutr., vol. 10, pp. 235–44.

Burke, D. G. et al. （2001a）, 'The effect of alpha lipoic supplementation on resting creatine during acute creatine loading' （conference abstract）. FASEB Journal, vol. 15 （5）, p. A814.

Burke, D. G. et al. （2001b）, 'The effect of whey protein supplementation with and without creatine monohydrate combined with resistance training on lean tissue mass and muscle strength'. Int. J. Sport Nutr., vol. 11, pp. 349–64.

Burke, L. M. （2001） 'Nutritional practices of male and female endurance cyclists'. Sports Med., vol. 31 （7）, pp. 521–32.

Burke, L. M. （2007）, Practical Sports Nutrition （Champaign, IL, Human Kinetics）.

Burke, L. M. （2010） 'Fueling strategies to optimize performance: training high or training low?' Scand. J. Med. Sci. Sports, vol. 20, Suppl. 2, pp. 48–58.

Burke, L. M. et al. （2004）, 'Carbohydrates and fat for training and recovery'. J. Sports Sci., vol. 22 （1）, pp. 15–30.

Burke L. M. et al. （2011）, 'Carbohydrates for training and competition'. J. Sports Sci., vol. 29, Suppl. 1, pp. S17–27.

Burke, L. M. et al. （2012）, 'Effect of intake of different dietary protein sources on plasma amino acid profiles at rest and after exercise'. Int. J. Sport Nutr. and Exerc. Metab., vol. 22, pp. 452–62.

Burke, L. M. et al （2017）, 'Low carbohydrate, high fat diet impairs exercise economy and negates the performance benefit from intensified training in elite race walkers'. J. Physiol., doi:10.1113/JP273230

Bussau, V. A. et al., （2002）, 'Carbohydrate loading in human muscle: an improved 1-day protocol'. Eur. J. Appl. Physiol., vol. 87, pp. 290–5.

Butterfield G. E. （1996）, 'Ergogenic Aids: Evaluating sport nutrition products'. Int. Sport Nutr., vol. 6, pp. 191–7.

Cahill, C. F. （1976）, 'Starvation in Man'. J. Clin. Endocrinol. Metab., vol. 5, pp. 397–415.

Cameron S. L. et al. （2010）, 'Increased blood pH but not performance with sodium bicarbonate supplementation in elite rugby union players'. Int. J. Sport Nutr. Exerc. Metab., vol. 20 （4）, pp. 307–21.

Campbell, W. W. et al. （1995）, 'Effects of resistance training and dietary protein intake in protein metabolism in older adults'. Am. J. Physiol., Vol 268, pp. 1143–53.

Candow, D. G. et al. （2001）, 'Effect of glutamine supplementation combined with resistance training in young adults'. Eur. J. Appl. Physiol., vol. 86 （2）, pp. 142–9.

Candow, D. G. et al. （2006）, 'Effect of whey and soy protein supplementation combined with resistance training in young adults'. Int. J. Sports Nutr. Exerc. Metab., vol. 16, pp. 233–44.

Cann, C. E. et al. （1984）, 'Decreased spinal mineral content in amenhorreic women'. JAMA, vol. 251, pp. 626–9.

Cannell, J. et al. （2009）, 'Athletic performance and vitamin D'. Med. Sci. Sports Exerc., vol. 41, pp. 1102–10.

Carbon, R. （2002）, 'The female athlete triad does not exist'. Sports Care News, 26, pp. 3–5.

Carr, A. J. （2011）, 'Effects of acute alkalosis and acidosis on performance: a meta-analysis'. Sports Med., vol. 41 （10）, pp. 801–14.

Carter, J. M. et al. （2004）, 'The effect of carbohydrate mouth rinse on 1-h cycle time-trial performance'. Med. Sci. Sports Exerc., vol. 36, pp. 2107–11.

Castell, L. M. and Newsholme, E. A. （1997）, 'The effects of oral glutamine supplementation on athletes after prolonged exhaustive exercise'. Nutrition, vol. 13, pp. 738–42.

Cermak N. M. et al. （2012）, 'Nitrate supplementation' s improvement of 10 km time trial performance in trained cyclists'. Int. J. Sport Nutr. Exerc. Metab., vol. 1, pp. 64– 71.

Cheung, S. S. et al. （2015）, 'Separate and combined effects of dehydration and thirst sensation on exercise performance in the heat'. Scand. J. Med. Sci. Sports, vol. 25, Suppl. 1, pp. 104–11.

Cheuvront, S. N., Carter, R., and Sawka, M. N. （2003）, 'Fluid balance and endurance exercise performance', Current Sports Medicine Reports, vol. 2 pp. 202–8.

Chowdhury, E. A. et al. （2015）, 'Carbohydrate-rich breakfast attenuates glycaemic, insulinaemic and ghrelin response to ad libitum lunch relative to morning fasting in lean adults'. Br. J. Nutr., vol. 114 （1）, pp. 98–107.

Chowdhury R. et al. （2014）, 'Association of dietary, circulating, and supplement fatty acids with coronary risk: A systematic review and meta-analysis'. Ann. Intern. Med., vol. 160 （6）, pp. 398–406.

Christensen, E. H. and Hansen, O. （1939）, 'Arbeitsfähigheit und Ernährung'. Skand. Arch. Physiol., vol. 81, pp. 160–71.

Chryssanthopoulos, C. et al. （2002）, 'The effect of a high carbohydrate meal on endurance running capacity'. Int. J. Sport Nutr., vol. 12, pp. 157–71.

Clark, J. F. （1997）, 'Creatine and phosphocreatine: a review'. J. Athletic Training, vol. 32 （1）, pp. 45–50.

Clark, N. （1995）, 'Nutrition quackery: when claims are too good to be true'. Phys. Sports Med., vol. 23, pp. 7–8.

Clayton, D. J. and James, L. （2015）, 'The effect of breakfast on appetite regulation, energy balance and exercise performance'. Proc. Nutr. Soc., vol. 14, pp. 1–9 （Epub ahead of print）.

Clayton D. J. et al. （2015）, 'Effect of breakfast omission on energy intake and evening exercise performance'. Med. Sci. Sports Exerc., vol. 47 （12）, pp. 2645–52.

Close, G. L., Cobley, R. J., Owens, D. J. et al. （2013a）, 'Assessment of vitamin D concentration in non-supplemented professional athletes and healthy adults during the winter months in the UK: implications for skeletal muscle function'. J. Sports Sci., vol. 31 （4）, pp. 344–53.

Close, G. L., et al. （2013b）, 'The effects of vitamin D3 supplementation on serum total 25 （OH） D concentration and physical performance: a randomised dose-response study'. Br. J. Sports Med., vol. 47, pp. 692–6.

Cobb, K. L. et al. （2003）, 'Disordered eating, menstrual irregularity and bone mineral density in female runners'. Med. Sci. Sports Exerc., vol. 35, pp. 711–19.

Cockburn, E., Robson-Ansley, P., Hayes, P. R., Stevenson, E. （2012）, 'Effect of volume of milk consumed on the attenuation of exercise-induced muscle damage'. Eur. J. Appl. Physiol., Jan 7. （Epub ahead of print.）

Cockburn, E. et al. （2008）, 'Acute milk-based protein-CHO supplementation attenuates exercise-induced muscle damage'. Appl. Physiol. Nutr. Metab., Aug; 33 （4）: 775–83.

Coggan, A. R. and Coyle, E. F. （1987）, 'Reversal of fatigue during prolonged exercise by carbohydrate infusion or ingestion'. J. Appl. Physiol., vol. 63, pp. 2388–95.

Coggan, A. R. and Coyle, E. F. （1991）, 'Carbohydrate ingestion during prolonged exercise: effects on metabolism and performance'. In J. Holloszy （ed.）, Exercise and Sports Science Reviews, vol. 19 （Williams and Wilkins）, pp. 1–40.

Cole, T. J., Bellizzi, M., Flegal, K. and Dietz, W. H. （2000）, 'Establishing a standard definition for child overweight and obesity worldwide: international survey'. British Medical Journal, vol. 320, pp. 1240–3.

Cook, M. D. et al. （2015）, 'New Zealand blackcurrant extract improves cycling performance and fat oxidation in cyclists'. Eur. J. Appl. Physiol., vol. 115 （11）, pp. 2357–65.

Cooper, R. et al. （2012）, 'Creatine supplementation with specific view to exercise/sports performance: an update'. J. Int. Soc. Sports Nutr., vol. 9, p. 33.

Corder, K. E. et al. （2016）, 'Effects of short-term docosahexaenoic acid supplementation on markers of inflammation after eccentric strength exercise in women'. J. Sports Sci. Med., vol 15, pp. 176–83.

Costill, D. L. （1985）, 'Carbohydrate nutrition before, during and after exercise'. Fed. Proc., vol. 44, pp. 364–368.

Costill, D. L. （1986）, Inside Running: Basics of Sports Physiology （Benchmark Press）, p. 189.

Costill, D. L. （1988）, 'Carbohydrates for exercise: dietary demands for optimal performance'. Int. J. Sports Med., vol. 9, pp. 1–18.

Costill, D. L. and Hargreaves, M. （1992）, 'Carbohydrate nutrition and fatigue'. Sports Med., vol. 13, pp. 86–92.

Costill, D. L. et al. （1971）, 'Muscle glycogen utilisation during prolonged exercise on successive days'. J. Appl. Physiol., vol. 31, pp. 834–8.

Cox, A. J., Pyne, D. B., Saunders, P. U., and Fricker, P. A. （2008）, 'Oral administration of the probiotic Lactobacillus fermentum VRI-003 and mucosal immunity in endurance athletes'. Br. J. Sports Med. （Epub Feb. 13）.

Cox, G. et al. （2002）, ʻAcute creatine supplementation and performance during a field test simulating match play in elite female soccer playersʼ. Int. J. Sport Nutr., vol. 12, pp. 33–46.

Coyle, E. F. （1988）, ʻCarbohydrates and athletic performanceʼ. Sports Sci. Exch. Sports Nutr., Gatorade Sports Science Institute, vol. 1.

Coyle, E. F. （1991）, ʻTiming and method of increased carbohydrate intake to cope with heavy training, competition and recoveryʼ. J. Sports Sci., vol. 9 （suppl.）, pp. 29–52.

Coyle, E. F. （1995）, ʻSubstrate utilization during exercise in active peopleʼ. Am. J. Clin. Nutr., vol. 61 （suppl）, pp. 968–79.

Coyle, E. （2004）, ʻFluid and fuel intake during exerciseʼ. J. Sports Sci., vol. 22, pp. 39–55.

Craddock, J. et al. （2015）, ʻVegetarian and omnivorous nutrition – comparing physical performanceʼ. Int. J. Sport Nutr. Exerc. Metab., Nov 16 （Epub ahead of print）.

Craig, W. J., Mangels, A. R.; American Dietetic Association （2009）, Position of the American Dietetic Association: vegetarian dietsʼ. J. Am. Diet. Assoc., vol. 109 （7）, pp. 1266–82.

Cribb P. J. et al. （2006）, ʻThe effect of whey isolate and resistance training on strength, body composition and plasma glutamineʼ. Int. J. Sports Nutr. Exerc. Metab., vol. 16, pp. 494–509.

Crooks, C. V. et al. （2006）, ʻThe effect of bovine colostrum supplementation on salivary IgA in distance runnersʼ. Int. J. Sport Nutr. Exerc. Metab., vol. 16, pp. 47–64.

Crowe, M. J., Weatherson, J. N., Bowden, B.F. （2006）, ʻEffects of dietary leucine supplementation on exercise performanceʼ. Eur. J. Appl. Physiol., vol. 97 （6）, p. 664.

Cupisti, A. et al. （2002）, ʻNutrition knowledge and dietary composition in Italian female athletes and non-athletesʼ. Int. J. Sport Nutr., vol. 12, pp. 207–19.

Currell, K. and Jeukendrup, A. E. （2008）, ʻSuperior endurance performance with ingestion of multiple transportable carbohydratesʼ. Med. Sci. Sports Exerc., vol. 40 （2）, pp. 275–81.

Dangin, M. et al. （2001）, ʻThe digestion rate of protein is an independent regulating factor of postprandial protein retentionʼ. Am. Physiol. Soc. Abstracts, vol. 7: 022E.

Dansinger, M. et al. （2005）, ʻComparison of the Atkins, Ornish, Weight Watchers, and Zone diets for weight loss and heart disease risk reduction: a randomized trialʼ. JAMA, vol. 293 （1）, pp. 43–53.

Danz, M. et al. （2016）, ʻHyponatremia among triathletes in the Ironman European Championshipʼ. N. Engl. J. Med., vol. 374, pp. 997–9.

Davey, G. K. et al. （2003）, ʻEPIC-Oxford: Lifestyle characteristics and nutrient intakes in a cohort of 33,883 meat-eaters and 31,546 non meat-eaters in the UKʼ. Public Health Nutrition, vol. 6 （3）, pp. 259–68.

Davis, C. （1993）, ʻBody image, dieting behaviours and personality factors: a study of high-performance female athletesʼ. Int. J. Sport Psych., vol. 23, pp. 179–92.

Davis, J. M. et al. （1988）, ʻCarbohydrate-electrolyte drinks: effects on endurance cycling in the heatʼ. Am. J. Clin. Nutr., vol. 48, pp. 1023–30.

Davison, G. （2012）, ʻBovine colostrum and immune function after exerciseʼ. Med. Sport Sci. vol. 59, pp. 62–9.

de Ataide e Silva, T. et al. （2013）, ʻCan carbohydrate mouth rinse improve performance during exercise? A systematic reviewʼ. Nutrients. Dec 19, 6 （1）, pp. 1–10. doi: 10.3390/nu6010001.

DeMarco, H. M. et al. （1999）, Med. Sci. Sports Ex., vol. 31 （1）, pp. 164–70.

de Oliveira, E. P., Burini, R. C., Jeukendrup, A. （2014）, ʻGastrointestinal complaints during exercise: prevalence, etiology, and nutritional recommendationsʼ. Sports Med. vol. 44 Suppl 1, pp. S79–85.

de Oliveira Otto, M. C., Mozaffarian, D., Kromhout, D. et al. （2012）, ʻDietary intake of saturated fat by food source and incident cardio vascular disease: the multi-ethnic study of atherosclerosisʼ. Am. J. of Clin. Nutr., vol. 96 （2）, pp. 397–404.

De Souza, R. J. et al. （2015）, ʻIntake of saturated and trans unsaturated fatty acids and risk of all cause mortality, cardiovascular disease, and type 2 diabetes:

systematic review and meta-analysis of observational studies'. BMJ, vol. 351, h3978.

Department of Health （1991）, 'Dietary Reference Values for Food Energy and Nutrients for the United Kingdom'. London: HMSO.

Department of Health （1994）, Nutritional Food Guide （HMSO）.

Department of Health （2004）, At least five a week: Evidence on the impact of physical activity and its relationship to health. A report from the Chief Medical Officer.

Derave, W. et al. （2007）, 'Beta-alanine supplementation augments muscle carnosine content and attenuates fatigue during repeated isokinetic contraction bouts in trained sprinters'. J. Appl. Physiol., vol. 103, pp. 1736–43.

Desbrow, B. et al. （2004）, 'Carbohydrate-electrolyte feedings and 1 h time trial cycling performance'. Int. J. Sport Nutr. Exerc. Metab., vol. 14, pp. 541–9.

Desbrow, B. et al. （2014）, 'Comparing the rehydration potential of different milk-based drinks to a carbohydrate-electrolyte beverage'. Appl. Physiol. Nutr. Metab., vol. 39（12）, pp. 1366–72.

Deutz, N. E. P. et al. （2014）, 'Protein intake and exercise for optimal muscle function with aging: Recommendations from the ESPEN Expert Group'. Clin. Nutr., vol. 33（6）, pp. 929–36.

Dodd, H. et al. （2011）, 'Calculating meal glycaemic index by using measured and published food values compared with directly measured meal glycaemic index'. Am. J. Clin. Nutr., vol. 95, pp. 992–6.

Dodd, S. L. et al. （1993）, 'Caffeine and exercise performance'. Sports Med., vol. 15, pp. 14–23.

Doherty, M. and Smith, P. M. （2004）, 'Effects of caffeine ingestion on exercise testing: a meta-analysis'. Int. J. Sport Nutr. Exerc. Metab., vol. 14, pp. 626–46.

Donnelly, J. E. et al. （2009）, 'American College of Sports Medicine Position Stand. Appropriate physical activity intervention strategies for weight loss and prevention of weight regain for adults'. Med. Sci. Sports Exerc., pp. 459–71.

Downes, J. W. （2002）, 'The master's athlete: Defying aging' Topics in Clinical Chiropractic, vol.9（2）, pp. 53–9.

Drinkwater, B. L. （1986）, 'Bone mineral content after resumption of menses in amenorrheic athletes'. JAMA, vol. 256, pp. 380–2.

Drinkwater, B. L. et al. （1984）, 'Bone mineral content of amenorrheic and eumenorrheic athletes'. New England. J. Med., vol. 311, pp. 277–81.

Drummond, M. J. and Rasmussen, B. B. （2008）, 'Leucine-enriched nutrients and the regulation of mammalian target of rapamycin signalling and human skeletal muscle protein synthesis. Curr. Opin. Clin. Nutr. Metab. Care, vol. 11, pp. 222–6

Ducker, K. J., Dawson, B., Wallman, K. E. （2013）, 'Effect of beta-alanine supplementation on 800-m running performance'. Int. J. Sport Nutr. Exerc. Metab., vol. 23（6）, pp. 554–61.

Dueck, C. A. et al. （1996）, 'Role of energy balance in athletic menstrual dysfunction'. Int. J. Sport Nutr., vol. 6, pp. 165–90.

Dulloo, A. G. et al. （1999）, 'Efficacy of a green tea extract rich in catechin polyphenols and caffeine in increasing 24 hour energy expenditure and fat oxidation in humans'. Am. J. Clin. Nutr., vol. 70, pp. 1040–5.

Durnin, J. V. G. A. and Womersley, J. （1974）, 'Body fat assessed from total body density and its estimation from skinfold thickness: measurements on 481 men and women ages from 16 to 72 Years'. Brit. J. Nutr., vol. 32, p. 77.

Easton, C. et al. （2007）, 'Creatine and glycerol hyperhydration in trained subjects before exercise in the heat'. Int. J. Sports Nutr. Exerc. Metab., vol. 17, pp. 70–91.

Eckerson, J. M., Bull, A. J., Baechle, T. R., Fischer, C. A., O'Brien, D. C., Moore, G. A., Yee, J. C., Pulverenti, T. S. （2013）, 'Acute ingestion of sugar-free Red Bull energy drink has no effect on upper body strength and muscular endurance in resistance trained men'. J. Strength Cond. Res., vol. 27（8）, pp. 2248–54.

Edwards, J. R. et al. （1993）, 'Energy balance in highly trained female endurance runners'. Med. Sci. Sports Ex., vol. 25（12）, pp. 1398–404.

EFSA Panel on Dietetic Products, Nutrition, and Allergies （2010）, 'Scientific opinion on Dietary Reference Values for water'. EFSA Journal, vol. 8（3）, p. 1459.

EFSA （2015）, 'Scientific and technical assistance on food intended for sportspeople'. http://www.efsa.europa.eu/sites/default/files/scientific_output/files/main_documents/871e.pdf accessed March 2016.

Egli, L. et al. （2013）, 'Exercise prevents fructose-induced hypertriglyceridemia in healthy young subjects'. Diabetes, vol. 62（7）, pp. 2259–65.

Eisinger, M. （1994）, 'Nutrient intake of endurance runners with lacto-ovo vegetarian diet and regular Western diet'. Z. Ernährungswiss, vol. 33, pp. 217–29.

Elliot, T. A. et al. （2006）, 'Milk ingestion stimulates

net muscle protein synthesis following resistance exercise', Med. Sci. Sports Exer., vol. 38（4）pp. 667–74.

Erlenbusch, M. et al. （2005）, 'Effect of high fat or high carbohydrate diets on endurance exercise: a meta-analysis'. Int. J. Sport Nutr. Exerc. Metab., vol. 14, pp. 1–14.

Estruch, R. et al. （2013）, 'Primary prevention of cardiovascular disease with a Mediterranean diet'. N. Engl. J. Med., vol. 368, pp. 1279–90.

Fairchild, T. J. et al. （2002）, 'Rapid carbohydrate loading after a short bout of near maximal-intensity exercise'. Med. Sci. Sports Exer., pp. 980–6.

Farajian, P. et al. （2004）, 'Dietary intake and nutritional practices of elite Greek aquatic athletes'. Int. J. Sport Nutr. Exerc. Metab., vol 14, pp. 574–85.

Febbraio, M. A. and Stewart, K. L. （1996）, 'CHO feeding before prolonged exercise: effect of glycaemic index on muscle glycogenolysis and exercise performance'. J. Appl. Phsyiol., vol. 81, pp. 1115–20.

Febbraio, M. A. et al. （2000）, 'Effects of carbohydrate ingestion before and during exercise on glucose kinetics and performance'. J. Appl. Physiol., vol. 89, pp. 2220–6.

Ferguson-Stegall, L. et al. （2011）, 'Aerobic exercise training adaptations are increased by post-exercise carbohydrate-protein supplementation'. J. Nutr. Metab., Epub Jun 9.

Fiala, K. A. et al. （2004）, 'Rehydration with a caffeinated beverage during the non-exercise periods of 3 consecutive days of 2-a-day practices'. Int. J. Sport Nutr. Exerc. Metab., vol 14. pp. 419–29.

Fleck, S. J. and Reimers, K. J. （1994）, 'The practice of making weight: does it affect performance?' Strength and Cond., vol. 1, pp. 66–7.

Fogelholm, M. （1994）, 'Effects of bodyweight reduction on sports performance'. Sports Med., vol. 18 （14）, pp. 249–67.

Fogelholm, M. （1995）, 'Indicators of vitamin and mineral status in athletes' blood: a review'. Int. J. Sports Nutr., vol. 5, pp. 267–84.

Food Standards Agency （2003）, Safe upper levels for vitamins and minerals （HMSO）.

Food Standards Agency and Department of Health （2004）. National diet and nutrition survey of adults aged 19–64, vol. 5 （HMSO）.

Forbes, S. C., Candow, DG., Little, J.P.,et al. （2007）, 'Effect of Red Bull energy drink on repeated Wingate cycle performance and bench-press muscle endurance'. Int. J. Sport Nutr. Exerc. Metab., vol. 17（5）, pp. 433–44.

Foster-Powell, K. and Brand-Miller, J. C. （1995）, 'International tables of glycaemic index'. Am. J. Clin. Nutr., vol. 62 （suppl）, pp. 871S–90S.

Foster-Powell, K., Holt,S.and Brand-Miller,JC. （2002）, 'International table of glycaemic index and glycaemic load values: 2002'. Am. J. Clin. Nutr., vol. 76, pp. 5–56.

Frankenfield D. C. et al. （2005）, 'Comparison of predictive equations for Resting Metabolic Rate in healthy nonobese and obese adults: a systematic review'. J. Am. Diet. Assoc., vol. 105, pp. 775–89.

Frentsos, J. A. and Baer, J. T. （1997）, 'Increased energy and nutrient intake during training and competition improves elite triathletes' endurance performance'. Int. J. Sport Nutr., vol. 7, pp. 61–71.

Gaeini, A. A., Rahnama, N., Hamedinia,M.R. （2006）, 'Effects of vitamin E supplementation on oxidative stress at rest and after exercise to exhaustion in athletic students'. J. Sports Med. Phys. Fitness, vol. 46（3）, pp. 458–61.

Galloway, S. D. R. and Maughan, R. （2000）, 'The effects of substrate and fluid provision on thermoregulatory and metabolic responses to prolonged exercise in a hot environment'. J. Sports Sci., vol. 18（5）, pp. 339–51.

Gant, N., Ali, A. and Foskett, A. （2010）, 'The influence of caffeine and carbohydrate coingestion on simulated soccer performance'. Int. J. Sport Nutr. Exerc. Metab., vol. 20, pp. 191–7.

Gardner, C. D. et al. （2007）, 'Comparison of the Atkins, Zone, Ornish, and LEARN Diets for change in weight and related risk factors among overweight premenopausal women: the A to Z weight loss study: a randomized trial'. JAMA, vol. 297（9）, pp. 969–77.

Garfinkel, P. E. and Garner, D. M. （1982）, Anorexia nervosa: a multidimensional perspective. （Brunner/Mazel）.

GSSI（1995），'Roundtable on methods of weight gain in athletes'. Sports Science Exchange, vol.6（3），pp. 1–4.

German, J. B. et al.（2009），'A reappraisal of the impact of dairy foods and milk fat on cardiovascular disease risk'. European Journal of Nutrition, vol48（4），pp. 191–203.

Geyer, H., Parr. M. K., Mareck, U., et al.,（2004），'Analysis of non-hormonal nutritional supplements for anabolic-androgenic steroids – results of an international study'. Int. J. Sports Med., vol. 25（2），pp. 124–9.

Gibala, M. J.（2000），'Nutritional supplementation and resistance exercise: what is the evidence for enhanced skeletal muscle hypertrophy?' Can. J. Appl. Physiol., vol. 25（6），pp. 524–35.

Gilchrist, M., Winyard, PG., and Benjamin, N.（2010），'Dietary nitrate – good or bad?' Nitric Oxide, vol. 22, pp. 104–9.

Gilson, S. F. et al.（2009），'Effects of chocolate milk consumption on markers of muscle recovery during intensified soccer training'. Medicine and Science in Sports and Exercise, vol. 41, p. S577.

Gisolphi, C. V. et al.（1992），'Intestinal water absorption from select carbohydrate solutions in humans'. J. Appl. Physiol., vol. 73, pp. 2142–50.

Gisolphi, C. V. et al.（1995），'Effect of sodium concentration in a carbohydrate-electrolyte solution on intestinal absorption'. Med. Sci. Sports Ex.vol.27（10），pp. 1414–20.

Gleeson, M.（2011），'Nutrition and immunity'. In Diet, Immunity and Inflammation, Calder, P. C. and Yaqoob, P（eds）（Woodhead Publishing）.

Gleeson, M. et al.（2008），'Exercise and immune function: is there any evidence for probiotic benefit for sportspeople?' Complete Nutrition, vol. 8, pp. 35–7.

Goldstone, A. P. et al.（2009），'Fasting biases brain reward systems towards high-calorie foods'. Eur. J. Neurosci., vol 30（8），pp. 1625–35.

Gomez-Cabrera et al.（2008），'Oral administration of vitamin C decreases muscle mitochondrial biogenesis and hampers training-induced adaptations in endurance performance'. Am. J. Clin. Nutr. 87（1），pp. 142–9.

Gontzea, I. et al.（1975），'The influence of adaptation to physical effort on nitrogen balance in man'. Nutr. Rep. Int., vol. 22, pp. 213–16.

Gonzalez-Alonzo, J. et al.（1992），'Rehydration after exercise with common beverages and water'. Int. J. Sports Med., vol. 13, pp. 399–406.

Goulet, E. D. B.（2011），'Effects of exercise-induced dehydration on time trial exercise performance: a meta-analysis'. Brit. J. Sports Med., vol. 45, pp. 1149–56.

Goulet, E. D. B.（2013），'Effect of exercise-induced dehydration on endurance performance: evaluating the impact of exercise protocols on outcomes using a meta-analytic procedure'. Br. J. Sports Med., vol. 47（11），pp. 679–86.

Graham, T. E. and Spriet, L. L.（1991），'Performance and metabolic responses to a high caffeine dose during prolonged exercise'. J. Appl. Physiol., vol. 71（6），pp. 2292–8.

Graham, T. E. and Spriet, L. L.（1995），'Metabolic, catecholamine and exercise performance responses to various doses of caffeine'. J. Appl. Physiol., vol. 78: pp. 867–74.

Grandjean, A.（2000），'The effect of caffeinated, non-caffeinated, caloric and non-caloric beverages on hydration'. J. Am. Coll. Nutr., vol. 19, pp. 591–600.

Gray-Donald, K. et al.（2014），'Protein intake protects against weight loss in healthy community-dwelling older adults'. J. Nutr. vol. 144, pp. 321–6.

Green, A. L. et al.（1996），'Carbohydrate augments creatine accumulation during creatine supplementation in humans'. Am. J. Physiol., vol. 271, E821–6.

Greenhaff, P. L.（1997），'Creatine supplementation and implications for exercise performance and guidelines for creatine supplementation'. In A. Jeukendrup et al.（eds），Advances in Training and Nutrition for Endurance Sports（Maastricht: Novertis Nutrition Research Unit），pp. 8–11.

Greenwood, M., et al.（2003），'Creatine cramps. Not'. J. Athletic Training, vol. 38（3），pp. 216–19.

Greer B. K. et al.（2007），'Branched chain amino acid supplementation and indicators of muscle damage after endurance exercise'. Int. J. Sports Nutr. Exerc. Metab., vol. 17, pp. 595–607.

Gregory, J. et al.（2000），The National Diet and Nutrition Survey: young people aged 4–18 years, vol. 1,（HMSO）.

Groen, B. et al.（2012），'Intragastric protein administration stimulates overnight muscle protein synthesis in elderly men'. Am. J. Physiol. Endocrinol. Metab., vol. 302, pp. 52–60.

Gualano, B., et al.（2012），'In sickness and in health: The widespread application of creatine supplementation'. Amino Acids, vol. 43, pp. 519–29.

Guest, N. S. and Barr, S.（2005），'Cognitive dietary restraint is associated with stress fractures in women runners'. Int. J. Sports Nutr. Exerc. Metab., vol. 15, pp.

147–59.

Hall, Kevin D. et al.（2015）, 'Calorie for calorie, dietary fat restriction results in more body fat loss than carbohydrate restriction in people with obesity'. Cell Metabolism, vol. 22（3）, pp. 427–36.

Halliday, T. et al.（2011）, 'Vitamin D status relative to diet, lifestyle, injury and illness in college athletes'. Med. Sci. Sports Exerc., vol. 43, pp. 335–43.

Halliwell, B. and Gutteridge, J. M. C.（1985）, Free Radicals in Biology and Medicine（Clarendon Press）, pp. 162–4.

Hamilton, B.（2011）, 'Vitamin D and athletic performance: the potential role of muscle'. Asian J. Sports Med., vol. 2（4）, pp. 211–19.

Hanne, N., Dlin, R. and Rotstein, A.（1986）, 'Physical fitness, anthropometric and metabolic parameters in vegetarian athletes'. J. Sports Med. Phys. Fitness., vol. 26, pp. 180–5.

Hansen, A. K. et al.（2005）, 'Skeletal muscle adaptation: training twice every second day vs. training once daily'. J. Appl. Physiol., vol 98（1）, pp. 93–9.

Hao, Q. et al.（2011）, 'Probiotics for preventing acute upper respiratory tract infections'. Cochrane Database Syst. Rev., 7（9）.

Hargreaves, M. and Snow, R.（2001）, 'Amino acids and endurance exercise'. Int. J. Sport Nutr., vol. 11, pp. 133–145.

Hargreaves, M. et al.（2004）, 'Pre-exercise carbohydrate and fat ingestion: effects on metabolism and performance'. J. Sports Sci., vol. 22（1）, pp. 31–38.

Harris, R. C.（1998）, 'Ergogenics 1'. Peak Performance, vol. 112, pp. 2–6.

Harris, R. C. et al.（2006）, 'The absorption of orally supplied beta-alanine and its effect on muscle carnosine synthesis in human vastus lateralis'. Amino Acids, vol. 30（3）, pp. 279–89.

Hartman, J. W. et al.（2007）, 'Consumption of fat-free fluid milk after resistance exercise promotes greater lean mass accretion than does consumption of soy or carbohydrate in young, novice, male weightlifters'. Am. J. Clin. Nutr., vol. 86（2）, pp. 373–81.

Haub, M. D.（1998）, 'Acute l-glutamine ingestion does not improve maximal effort exercise'. J. Sport Med. Phys. Fitness, vol. 38, pp. 240–4.

Haub, M. D. et al.（2002）, 'Effect of protein source on resistive-training-induced changes in body composition and muscle size in older men'. Am. J. Clin. Nutr., vol. 76, pp. 511–17.

Haussinger, D. et al.（1996）, 'The role of cellular hydration in the regulation of cell functioning'. Biochem. J., vol. 31, pp. 697–710.

Havemann, L. et al.（2006）, 'Fat adaptation followed by carbohydrate loading compromises high-intensity sprint performance'. J. Appl. Physiol., vol. 100（1）, pp. 194–202.

Hawley, J. A. and Burke, L. M.（2010）, 'Carbohydrate availability and training adaptation: effects on cell metabolism'. Exerc. Sports Sci. Rev., vol. 38, pp. 152–160.

Hawley, J. A. and Leckey, J.（2015）, 'Carbohydrate dependence during prolonged, intense endurance exercise'. Sports Med., vol 45（Suppl 1）, pp. S5–S12.

Hawley, J. A. and Lessard, S. J.（2008）, 'Exercise training-induced improvements in insulin action'. Acta Physiol（Oxf）, vol 192（1）, pp. 127–35.

Hawley, J. et al.（1997）, 'Carbohydrate loading and exercise performance'. Sports Med., vol. 24（1）, pp. 1–10.

Hawley, J. et al.（2011）'Nutritional modulation of training-induced skeletal muscle adaptations'. J. Appl. Physiol., vol. 100, pp. 834–45.

Heaney, R. P.（2011）, 'Assessing vitamin D status'. Curr. Opin. Clin. Nutr. Metab. Care, vol. 14, pp. 440–4.

Heaney, R. P.（2013）, 'Health is better at serum 25（OH）D above 30ng/mL'. J. Steroid Biochem. Mol. Biol., vol. 136, pp. 224–8.

Helge, J. W. et al.（2001）, 'Fat utilisation during exercise: adaptation to a fat rich diet increases utilisation of plasma fatty acids and very low density lipoprotein-triacylglycerol in humans'. J. Physiol., vol. 537; 3, pp. 1009–20.

Helms, E. R. et al.（2014）, 'A systematic review of dietary protein during caloric restriction in resistance trained lean athletes: a case for higher intakes'. Int. J. Sport Nutr. Exerc. Metab., vol. 24（2）, pp. 127–38.

Hemilä, H.（2011）. Zinc lozenges may shorten the duration of colds: a systematic review. The open respiratory medicine journal, 5（1）.

Herman, P. and Polivy, J.（1991）, 'Fat is a psychological issue'. New Scientist, 16 Nov., pp. 41–5.

Hickey, H. S. et al. (1994), 'Drinking behaviour and exercise-thermal stress: role of drink carbonation'. Int. J. Sport Nutr., vol. 4, pp. 8–12.

Higgins, S. et al. (2015), 'The effects of pre-exercise caffeinated-coffee ingestion on endurance performance: an evidence-based review'. Int. J. Sport Nutr. Exerc. Metab., Nov 16 (Epub ahead of print).

Hill, A. M. et al. (2007), 'Combining fish-oil supplements with regular aerobic exercise improves body composition and cardiovascular disease risk factors'. Am. J. Clin. Nutr., vol. 85 (5), pp. 1267–74.

Hitchins, S. et al. (1999), 'Glycerol hyperhydration improves cycle time trial performance in hot humid conditions'. Eur. J. Appl. Physiol. Occup. Physiol., vol. 80 (5), pp. 494–501.

Hobson, R. M. et al. (2012), 'Effects of -alanine supplementation on exercise performance: a meta-analysis'. Amino Acids, vol. 43 (1), pp. 25–37.

Hoffman, J. R. et al. (2008), 'Short-duration betaalanine supplementation increases training volume and reduces subjective feelings of fatigue in college football players'. Nutr. Res., vol. 28, pp. 31–5.

Holt, S. J. (1992), 'Relationship of satiety to postprandial glycaemic, insulin and cholecystokinin responses'. Appetite, vol. 18, pp. 129–41.

Hoon, MW1, Johnson NA, Chapman PG, Burke LM (2013) The effect of nitrte supplementation on exercise performance in healthy individuals: a systematic review and meta-analysis. Int J Sport Nutr Exerc Metab. 2013 Oct; 23 (5):52232. Epub 2013 Apr 9.

Hoon, M. W. et al. (2014), 'Nitrate supplementation and high-intensity performance in competitive cyclists'. Applied Physiology, Nutrition, and Metabolism, 0, 0, 10.1139/apnm-2013-0574.

Hooper, L. et al. (2012), 'Reduced or modified dietary fat for preventing cardiovascular disease'. Cochrane Database Syst. Rev., May 16;5.

Hooper, L. et al. (2015), 'Reduction in saturated fat intake for cardiovascular disease'. Cochrane Database Syst. Rev., Jun 10;6.

Hord N. G., Tang, Y. and Bryan, N. S. (2009), 'Food sources of nitrates and nitrites: the physiologic context for potential health benefits'. Am. J. Clin. Nutr., vol. 90 (1), pp. 1–10.

Houtkooper, L. B. (2000), 'Body composition', in Manore, M. M. and Thompson, J. L., Sport Nutrition for Health and Performance, Human Kinetics, pp. 199–219.

Howarth, K. R. et al. (2009), 'Coingestion of protein with carbohydrate during recovery from endurance exercise stimulates skeletal muscle protein synthesis in humans'. J. Appl. Physiol., vol. 106, pp. 1394–1402.

Howatson, G., McHugh, M. P., Hill, J. A., et al. (2010), 'Influence of tart cherry juice on indices of recovery following marathon running'. Scand. J. Med. Sci. Sports, vol. 20 (6), pp. 843–52.

Howe, S. T. et al. (2013), 'The effect of beta-alanine supplementation on isokinetic force and cycling performance in highly trained cyclists'. Int. J. Sport Nutr. Exerc. Metab. Dec, vol. 23 (6), pp. 562–70 (Epub 2013 Apr 18).

Hu, T. et al. (2012), 'Effects of low-carbohydrate diets versus low-fat diets on metabolic risk factors: a meta-analysis of randomized controlled clinical trials'. Am. J. Epidemiol., vol 176 Suppl 7, pp. S44–54.

Hulston CJ et al. (2010), 'Training with low muscle glycogen enhances fat metabolism in well-trained cyclists'. Med. Sci. Sports Exerc., vol. 42, pp. 2046–55.

Hultman, E. et al. (1996), 'Muscle creatine loading in man'. J. Appl. Physiol., vol. 81, pp. 232–9.

Hunter, A. M. et al. (2002), 'Caffeine ingestion does not alter performance during a 100-km cycling time trial performance'. Int. J. Sport Nutr., vol. 12, pp. 438–52.

Hytten, F. E. and Leitch, I. (1971), The Physiology of Human Pregnancy, 2nd ed. (Blackwell Scientific Publications).

IMMDA (2006), 'International Marathon Medical Director's Association's revised fluid recommendations for runners & walkers'. http://www.aims-association.org/guidelines_fluid_replacement.htm, accessed March 2016.

International Association of Athletic Federations (IAAF) (2007), Nutrition for athletics: The 2007 IAAF Consensus Statement.

International Olympic Committee (IOC) (2005) 'IOC Position Stand on the female athlete triad' http://www.olympic.org/assets/importednews/documents/en_report_917.pdf (Accessed March 2016).

International Olympic Committee (IOC) (2011), Consensus Statement on Sports Nutrition 2010, Sports Sci 4,29 Suppl 1: S3-4. http://www.olympic. org/Documents/Reports/EN/CONSENSUSFINAL-v8-en.pdf.

Ivy, J. L. et al. (1988), 'Muscle glycogen synthesis after exercise: effect of time of carbohydrate ingestion'. J. Appl. Physiol., vol. 64, pp. 1480–5.

Ivy, J. L. et al. (2002), 'Early post-exercise muscle glycogen recovery is enhanced with carbohydrate-protein supplement'. J. Appl. Physiol., vol. 93, pp. 1337–44.

Ivy, J. L. et al. (2003), 'Effect of a carbohydrate-

運動營養完全指南

protein supplement on endurance performance during exercise of varying intensity'. Int. J. Sport Nutr. Exerc. Metab., vol. 13, pp. 388–401.

Ivy, J. L. et al. （2009）, 'Improved cycling time-trial performance after ingestion of a caffeine energy drink'. Int. J. Sport Nutr. Exerc. Metab., vol. 19 （1）, pp. 61–78.

Jacobs, K. A. and Sherman, W. M. （1999）, 'The efficacy of carbohydrate supplementation and chronic high-carbohydrate diets for improving endurance performance'. Int. J. Sport Nutr., vol. 9, pp. 92–115.

Jäger, R. et al., （2011）, 'Analysis of the efficacy, safety, and regulatory status of novel forms of creatine'. Amino Acids, vol. 40 （5）, pp. 1369–83.

Jakobsen, M. U. et al. （2009）, 'Major types of dietary fat and risk of coronary heart disease: a pooled analysis of 11 cohort studies'. Am. J. Clin. Nutr., vol. 89, pp. 1425–32.

Jamurtas, A. Z. et al. （2011）, 'The effects of low and high glycemic index foods on exercise performance and beta-endorphin responses'. J. Int. Soc. Sports Nutr., vol. 8, p. 15.

Janelle, K. C. and Barr, S. I. （1995）, 'Nutrient intakes and eating behavior scores of vegetarian and nonvegetarian women'. J. Am. Diet. Assoc., vol. 95, pp. 180–6, 189.

Janssen, I. et al. （2000）, 'Skeletal muscle mass and distribution in 468 men and women aged 18–88 yr'. J. Appl. Physiol., vol. 89 （1）, pp. 81–8.

Jebb, S. et al. （2004）, 'New body fat reference curves for children'. Obesity Reviews （NAASO Suppl）, A146.

Jenkins, D. J. et al. （1987）, 'Metabolic effects of a low GI diet'. Am. J. Clin. Nutr., vol. 46, pp. 968–75.

Jeukendrup, A. （2004）, 'Carbohydrate intake during exercise and performance'. Nutrition, vol. 20, pp. 669–77.

Jeukendrup, A. （2008）, 'Carbohydrate feeding during exercise'. Eur. J. Sports Sci., vol. 8 （2）, pp. 77–86.

Jeukendrup, A. （2010）, 'Carbohydrate and exercise performance: the role of multiple transportable carbohydrates'. Curr. Opin. Clin. Nutr. Metab. Care, vol. 13 （4）, pp. 452–57.

Jeukendrup, A. （2014）, 'A step towards personalized sports nutrition: carbohydrate intake during exercise'. Sports Med., vol. 44 （Suppl 1）, pp. 25–33.

Jeukendrup, A. et al. （1997）, 'Carbohydrate-electrolyte feedings improve 1-hour time trial cycling performance'. Int. J. Sports Med., vol. 18, pp. 125–9.

Jeukendrup, A., et al. （2000）, 'Relationship between gastro-intestinal complaints and endotoxaemia, cytokine release and the acute-phase reaction during and after a long-distance triathlon in highly trained men'. Clin. Sci. （Lond.）, vol. 98 （1）, pp. 47–55.

Johnston, C. S. et al. （2006）, 'Ketogenic low-carbohydrate diets have no metabolic advantage over nonketogenic low-carbohydrate diets'. Am. J. Clin. Nutr., vol 83 （5）, pp. 1055–61.

Jonnalagadda, S. S. et al. （2004）, 'Food preferences, dieting behaviours, and body image perceptions of elite figure skaters'. Int. J. Sports Nutr. Exerc. Metab., vol. 14, pp. 594–606.

Josse A. R. et al. （2010）, 'Body composition and strength changes in women with milk and resistance exercise'. Med. Sci. Sports Exerc., vol. 42 （6）, pp. 1122–30.

Jouris K. et al. （2011）, 'The effect of omega3 fatty acid supplementation on the inflammatory response to eccentric strength exercise'. J. Sports Sci. Med., vol. 10, pp. 432–38.

Jowko, E. et al., （2001）'Creatine and HMB additively increase lean body mass and muscle strength during a weight training programme'. Nutrition, vol. 17 （7）, pp. 558–66.

Joyce, S., et al., （2012）, 'Acute and chronic loading of sodium bicarbonate in highly trained swimmers'. Eur. J. Appl. Physiol., vol. 112 （2）, pp. 461–9.

Judkins, C. （2008）, 'Investigation into supplementation contamination levels in the UK market'. HFL Sport Science. www.informed-sport.com

Kamber, M. et al. （2001）, 'Nutritional supplements as a source for positive doping cases?' Int. J. Sports Nutr., vol. 11, pp. 258–63.

Kammer L. et al.（2009）,'Cereal and non-fat milk support muscle recovery following exercise'. J. Int. Soc. Sports Nutr., vol. 6, p. 11.

Karlsson, J. and Saltin, B.（1971）,'Diet, muscle glycogen and endurance performance'. J. Appl. Physiol., vol. 31, pp. 201–6.

Karp, J. R. et al.（2006）,'Chocolate milk as a post-exercise recovery aid'. Int. J. Sport Nutr. Exerc. Metab., vol. 16, pp. 78–91.

Karsch–Völk, M., Barrett, B., Kiefer, D., Bauer, R., Ardjomand–Woelkart, K., & Linde, K.（2014）. Echinacea for preventing and treating the common cold. The Cochrane Library.

Kasper, A. M. et al.（2015）,'Carbohydrate mouth rinse and caffeine improves high-intensity interval running capacity when carbohydrate restricted'. Eur. J. Sport Sci., vol. 2, pp. 1–9（Epub ahead of print）.

Katsanos, C. S. et al.（2006）,'A high proportion of leucine is required for optimal stimulation of the rate of muscle protein synthesis by essential amino acids in the elderly'. Am. J. Physiol. Endocrinol. Metab., vol. 291, pp. E381–E387.

Keizer, H. A. et al.（1986）,'Influence of liquid or solid meals on muscle glycogen resynthesis, plasma fuel hormone response and maximal physical working capacity'. Int. J. Sports Med., vol. 8, pp. 99–104.

Kennerly, K. et al.（2011）, Influence of banana versus sports beverage ingestion on 75 km cycling performance and exercise-induced inflammation'. Med. Sci. Sports Exerc., vol. 43（5）, pp. 340–341.

Kenney, W. L. and Chiu, P.（2001）,'Influence of age on thirst and fluid intake'. Med. Sci. Sports Exerc., vol. 33（9）, pp. 1524–32.

Key, T. J. A. et al.（1996）,'Dietary habits and mortality in a cohort of 11,000 vegetarians and health conscious people: results of a 17-year follow-up'. Br. Med. J., vol. 313, pp. 775–9.

Keys, A.B.（1980）, Seven Countries: A Multivariate Analysis of Death and Coronary Heart Desease（Harvard University Press, 1980）.

Kiens, B. et al.（1990）,'Benefit of simple carbohydrates on the early post-exercise muscle glycogen repletion in male athletes'. Med. Sci. Sports Ex.（suppl.）, S88.

Killer, SC. et al（2014）,'No Evidence of Dehydration with Moderate Daily Coffee Intake: A Counterbalanced Cross-Over Study in a Free-Living Population'. PLoS ONE, vol. 9（1）: e84154.

King, D. S. et al.（1999）,'Effects of oral androstenedione on serum testosterone and adaptations to resistance training in young men'. J. Am. Med. Assoc., vol. 281（21）, pp. 2020–8.

Knez, W. L. and Peake, J. M.（2010）,'The prevalence of vitamin supplementation in ultra-endurance triathletes'. Int. J. Sport Nutr. Exerc.Metab., vol.20（6）, pp. 507–14.

Koopman, R.（2011）,'Dietary protein and exercise training in ageing'. Proc. Nutr. Soc., vol. 70, pp. 104–13.

Koopman, R. et al.（2005）,'Combined ingestion of protein and free leucine with carbohydrate increases post-exercise muscle protein synthesis in vivo in male subjects'. Am. J. Physiol. Endocrinol. Metab., vol. 288（4）, pp. E645–653.

Kreider, R.（2003）'Effects of whey protein supplementation with casein or BCAA and glutamine on training adaptations: body composition'. Med. Sci. Sport Exerc., vol. 35（5）, suppl. 1, p. S395.

Kreider, R. B.（2003）,'Effects of creatine supplementation on performance and training adaptations'. Mol. Cell Biochem., vol. 244（1–2）, pp. 89–94.

Kreider, R. B. et al.（1996）,'Effects of ingesting supplements designed to promote lean tissue accretion on body composition during resistance training'. Int. J. Sport Nutr., vol. 63, pp. 234–46.

Kreider, R. B. et al.（2000）,'Effects of calcium-HMB supplementation during training on markers of catabolism, body composition, strength and sprint. performance'. J. Exerc. Physiol., vol. 3（4）, pp. 48–59.

Kreider, R. B. et al.（2002）,'Effects of conjugated linoleic acid supplementation during resistance training on body composition, bone density, strength, and selected hematological markers'. J. Strength Cond. Res., vol. 16（3）, pp. 325–34.

Kristiansen, M. et al.（2005）,'Dietary supplement use by varsity athletes at a Canadian University'. Int. J. Sport Nutr. Exerc. Metab., vol. 15, pp. 195–210.

Lambert, E. V. et al.（1994）,'Enhanced endurance in trained cyclists during moderate intensity exercise following 2 weeks adaptation to a high fat diet'. Eur. J. Appl. Physiol, vol. 69, pp. 287–293.

Lane, S. C. et al.（2013）,'Caffeine ingestion and cycling power output in a low or normal muscle glycogen state'. Med. Sci. Sports Exerc., Aug. 45（8）, pp. 1577–84.

Lane, S. C. et al.（2013）,'Single and combined effects of beetroot juice and caffeine supplementation on cycling time trial performance'. Appl. Physiol. Nutr. Metab., 10.1139/apnm-2013-0336

運動營養完全指南

Lane, S. C. et al. （2015）, 'Effects of sleeping with reduced carbohydrate availability on acute training responses'. J. Appl. Physiol., vol. 119 （6）, pp. 643–55.

Lansley, K. I. et al. （2011）, 'Dietary nitrate supplementation reduces the O2 cost of walking and running: a placebo-controlled study'. J. Appl. Physiol., vol. 110, pp. 591–600.

Lansley, K. I., et al. （2011）, 'Acute dietary nitrate supplementation improves cycling time trial performance'. Med. Sci. Sports Exerc., vol. 43, pp. 1125–31.

Lanza, I. R. et al. （2008）, 'Endurance exercise as a countermeasure for aging'. Diabetes, vol. 57 （11）, pp. 2933–42.

Larson-Meyer, D. E. and Willis, K. S. （2010）, 'Vitamin D and athletes. Curr. Sports Med. Rep., vol.9 （4）, pp. 220–6.

Laursen, P. B. et al. （2006）, 'Core temperature and hydration status during an Ironman triathlon'. Br. J. Sports Med. 2006 Apr; 40 （4）, pp. 320–5; discussion 325.

Layman, D. K. et al. （2005）, 'Dietary protein and exercise have additive effects on body composition during weight loss in adult women'. J. Nutr. vol. 35 （8）, pp. 1903–10.

Lean, M. E. J. et al. （1995）, 'Waist circumference as a measure for indicating need for weight management'. BMJ, vol. 311, pp. 158–61.

Leckey, J. J. et al. （2016）, 'Altering fatty acid availability does not impair prolonged, continuous running to fatigue: Evidence for carbohydrate dependence'. J. Appl. Physiol., vol. 120 （2）, pp. 107–13.

Leeds, A., Brand Miller, J., Foster-Powell, K. and Colagiuri, S. （2000）, The Glucose Revolution （London: Hodder and Stoughton）, p. 29.

Leenders, M. et al. （2013）, 'Elderly men and women benefit equally from prolonged resistance-type exercise training'.J. Gerontol.A. Biol. Sci. Med. Sci.vol.68 （7）, pp. 769–79.

Lehnen, T. E. et al. （2015）, 'A review on effects of conjugated linoleic fatty acid （CLA） upon body composition and energetic metabolism'. J. Int. Soc. Sports Nutr., vol. 12, p. 36.

Lemon, P. W. R. （1992）, 'Protein requirements and muscle mass/strength changes during intensive training in novice bodybuilders, J. Appl. Physiol., vol. 73, pp. 767–75.

Lemon, P. W. R. （1995）, 'Do athletes need more dietary protein and amino acids?'. Int. J. Sport Nutr., vol. 5 pp. s39–61.

Lemon, P. W. R. （1998）, 'Effects of exercise on dietary protein requirements'. Int. J. Sport Nutr., vol. 8, pp. 426–47.

Lenn, J. et al. （2002）, 'The effects of fish oil and isoflavones on delayed onset muscle soreness'. Med. Sci. Sports Exerc., vol. 34 （10）, pp. 1605–13.

Levitsky, D. A. and Pacanowski, C. R. （2013）, 'Effect of skipping breakfast on subsequent energy intake'. Physiol Behav. vol. 119, pp. 9–16.

LGC （2015）, Clean Sport http://www.informed-sport.com/sites/default／files／LGC_Clean_Sport_trifold_0315_EN_4336_digital2_0.pdf. Accessed March 2016.

Li, Y., Hruby, A., Bernstein, A. M., et al. （2015）, 'Saturated fats compared with unsaturated fats and sources of carbohydrates in relation to risk of coronary heart disease: a prospective cohort study'. J. Am. Coll. Cardiol., vol. 66 （14）, pp. 1538–48.

Lloyd, T. et al. （1986）, 'Women athletes with menstrual irregularity have increased musculoskeletal injuries'. Med. Sci. Sports Ex., vol. 18, pp. 3427–9.

Lohman, T. G. （1992）, 'Basic concepts in body composition assessment'. In Advances in Body Composition Assessment, Human Kinetics, pp. 109–118.

Longland, T. M. et al. （2016）, 'Higher compared with lower dietary protein during an energy deficit combined with intense exercise promotes greater lean mass gain and fat mass loss: a randomized trial'. Am. J. Clin. Nutr. Jan 27 （Epub ahead of print）.

Loucks, A. B. et al. （1989）, 'Alterations in the hypothalamic-pituitary-ovarian and the hypothalamic-pituitary axes in athletic women'. J. Clinical Endocrinol. Metab., vol. 68, pp. 402–22.

Loucks, A. B. （2003）, 'Energy availability, not body fatness, regulates reproductive function in women'. Exerc. Sport Sci. Rev., vol. 31, pp. 144–148.

Lovell, G. （2008）, 'Vitamin D status of females in an elite gymnastic programme'. Clin. J. Sports Med., vol. 18, pp. 159–61.

Luden, N. D. et al.（2007）, 'Post-exercise carbo-hydrate-protein-antioxidant ingestion increase CK and muscle soreness in cross-country runners'. Int. J. Sports Exerc. Metab., vol. 17, pp. 109–122.

Lukaski, HC.（2004）, 'Vitamin and mineral status: effects on physical performance'. Nutrition, vol. 20, 632–44.

Lun, V. et al.（2012）, 'Dietary supplementation prac-tices in Canadian high-performance athletes'. Int. J. Sport Nutr. Exerc. Metab., vol. 22（1）, pp. 31–7.

Lyall, K. A. et al.（2009）, 'Short-term blackcurrant extract consumption modulates exercise-induced oxida-tive stress and lipopolysaccharide-stimulated inflamma-tory responses'. Am. J. Physiol. Regul. Integr. Comp. Physiol., vol, 297（1）, pp. R70–81.

Macintosh, B. R. et al.（1995）, 'Caffeine ingestion and performance of a 1500-metre swim'. Can. J. Appl. Physiol., vol. 20（2）: pp. 168–77.

Macnaughton, L. S. et al（2016）, 'The response of muscle protein synthesis following whole-body resist-ance exercise is greater following 40 g than 20 g of in-gested whey protein'. Physiol. Rep. vol. 4（15）. pii: e12893.

Madsen, K. et al.（1996）, 'Effects of glucose and glucose plus branched chain amino acids or placebo on bike performance over 100 km'. J. Appl. Physiol., vol. 81, pp. 2644–50.

MAFF/RSC（1991）, McCance and Widdowson's The Composition of Foods, 5th ed.（Cambridge: MAFF/RSC）.

Maffucci, D. M. and McMurray, R. G.（2000）, 'To-wards optimising the timing of the pre-exercise meal'. Int. J. Sport Nutr., vol. 10, pp. 103–13.

Mamerow, M. M. et al.（2014）, 'Dietary Protein Distribution Positively Influences 24-h Muscle Protein Synthesis in Healthy Adults'. J. Nutrition, vol. 144, pp. 876–80.

Marquet, L. A. et al.（2016）, 'Enhanced endurance performance by periodization of cho intake: 'sleep low' strategy'. Med. Sci. Sports Exerc., vol. 48（4）, pp. 663–72.

Marquet, L. A. et al（2016）, 'Periodization of Car-bohydrate Intake: Short-Term Effect on Performance'. Nutrients, vol. 8（12）, e 755.

Martinez, L. R. and Haymes, E. M.（1992）, 'Sub-strate utilisation during treadmill running in prepubes-cent girls and women'. Med. Sci. Sports Exerc., vol. 24, pp. 975–83.

Mason, W. L. et al.（1993）, 'Carbohydrate inges-tion during exercise: liquid vs solid feedings'. Med. Sci. Sports Ex., vol. 25, pp. 966–9.

Maughan, R. J.（1995）, 'Creatine supplementation and exercise performance'. Int. J. Sport Nutr., vol. 5, pp. 94–101.

Maughan, R. J. et al.（1996）, 'Rehydration and re-covery after exercise'. Sports Sci. Ex., vol. 9（62）, pp. 1–5.

Maughan, R. J. and Shireffs, S. M.（2012）'Nutri-tion for sports performance: issues and opportunities'. Proc. Nutr. Soc.; vol. 71（1）, pp. 112–19.

Maughan, R. J. et al（2016）, 'A randomized trial to assess the potential of different beverages to affect hy-dration status: development of a beverage hydration in-dex'. Am J. Clin. Nutr., vol. 103, pp. 717–23.

Mayhew, D. L. et al.（2002）, 'Effects of long term creatine supplementation on liver and kidney function in American Football players'. Int. J. Sport Nutr., vol. 12, pp. 453–60.

McConnell, G. K. et al.（1997）, 'Influence of in-gested fluid volume on physiological responses during prolonged exercise'. Acta. Phys. Scand., vol. 160, pp. 149–56.

McGlory, Chris et al.（2016）, 'Fish oil supplementa-tion suppresses resistance exercise and feeding-induced increases in anabolic signaling without affecting myofi-brillar protein synthesis in young men'. Physiological Reports, March 2016, vol, 4 no. e12715.

MacLean, D. A. et al.（1994）, 'Branch-chain amino acids augment ammonia metabolism while attenuating protein breakdown during exercise'. Am. J. Physiol., vol. 267, E1010–22.

Meier, C. et al.（2004）, 'Supplementation with oral vitamin D and calcium during winter prevents seasonal bone loss: a randomnised controlled openlabel prospec-tive trial'. J. Bone Mineral Res., vol. 19, pp. 1221–30.

Melby, C. et al.（1993）, 'Effect of acute resistance exercise on resting metabolic rate'. J. Appl. Physiol., vol. 75, pp. 1847–53.

Mensink, R.P et al.（2003）, 'Effects of dietary fatty acids and carbohydrate on the ratio of serum total to HDL cholesterol and on serum lipids and apolipo pro-teins: a meta-analysis of 60 controlled trials', American Journal of Clinical Nutrition, 77（5）, pp. 1146–1155.

MHRA（2012）http://www.mhra.gov.uk/home/groups/comms-po/ documents/news/con174847.pdf

Miescher, E. and Fortney, S. M.（1989）, 'Responses to dehydration and rehydration during heat exposure in young and older men'. Am. J. Physiol., vol. 257, pp.

R1050–R1056.

Mifflin, M. D. et al. （1990）, 'A new predictive equation for resting energy expenditure in healthy individuals'. J. Am. Diet. Assoc., vol. 51, pp. 241–7.

Mihic, S. et al. （2000）, 'Acute creatine loading increases fat free mass but does not affect blood pressure, plasma creatinine or CK activity in men and women'. Med. Sci. Sport. Exerc., vol. 32, pp. 291–6.

Millard-Stafford, M. L. et al. （2005）, 'Should carbohydrate concentration of a sports drink be less than 8% during exercise in the heat?'. Int. J. Sport Nutr. Exerc. Metab., vol. 15, pp. 117–130.

Miller, S. L. et al. （2002）, 'Metabolic responses to provision of mixed protein-carbohydrate supplementation during endurance exercise attenuate the increases in cortisol'. Int. J. Sport Nutr., vol. 12, pp. 384–97.

Minehan, M. R. et al. （2002）, 'Effect of flavour and awareness of kilojoule content of drinks on preference and fluid balance in teAm. sports'. Int. J. Sport Nutr., vol. 12, pp. 81–92.

Mitchell, W. K. et al. （2012）, 'Sarcopenia, dynapenia, and the impact of advancing age on human skeletal muscle size and strength; a quantitative review'. Front Physiol. vol. 3, p. 260.

Montain, S. J. and Coyle, E. F. （1992）, 'The influence of graded dehydration on hyperthermia and cardiovascular drift during exercise'. J. Appl. Physiol., vol. 73, pp. 1340–50.

Moore, D. R. et al. （2009）, 'Ingested protein dose response of muscle and albumin protein synthesis after esistence exercise in young men'. Am. J. Clin. Nutr., vol. 89, pp. 161–8.

Moore, D. R. et al. （2014）, 'Beyond muscle hypertrophy: why dietary protein is important for endurance athletes'. Appl. Physiol. Nutr. Metab., vol 39 （9）, pp. 987–97

Moore, D. R. et al. （2015）, 'Protein ingestion to stimulate myofibrillar protein synthesis requires greater relative protein intakes in healthy older versus younger men'. J. Gerontol. Λ. Biol. Sci. Med. Sci. vol. 70 （1）, pp. 57–62.

Morrison, L. J. et al. （2004）, 'Prevalent use of dietary supplements among people who exercise at a commercial gym'. Int. J. Sport Nutr. Exerc. Metab., vol. 14, pp. 481–92.

Morton, J. P. et al. （2009）, 'Reduced carbohydrate availability does not modulate training–induced heat shock protein adaptations but does upregulate oxidative enzyme activity in human skeletal muscle'. J. Appl.

Physiol., vol. 106 （5）, pp. 1513–21 （Epub 2009 Mar 5）.

Mozaffarian, D. et al. （2006）, 'Trans fatty acids and cardiovascular disease'. New Eng. J. Med., vol. 354, pp. 1601–13.

Mozaffarian, D. et al. （2011）, 'Components of a cardioprotective diet: new insights'. Circulation, vol. 123, pp. 2870–91.

Mullins, V. A. et al. （2001）, 'Nutritional status of US elite female heptathletes during training'. Int. J. Sport Nutr., vol. 11, pp. 299–314.

Muoio, D. M. et al. （1994）, 'Effect of dietary fat on metabolic adjustments to maximal VO2 and endurance in runners'. Med. Sci. Sports Exerc., vol. 26 （1）, pp. 81–8.

Murphy, C.H. et al. 2015）, 'Considerations for protein intake in managing weight loss in athletes'. Eur. J. Sport Sci., vol 15 （1）, pp. 21–8.

Murphy, M. et al. （2012）, 'Whole beetroot consumption acutely improves running performance'. J. Acad. Nutr. Diet., vol. 112, pp. 548–52.

Murray, R. et al. （1999）, 'A comparison of the gastric emptying characteristics of selected sports drinks'. Int. J. Sports Nutr., vol. 9, pp. 263–74.

Needleman I et al （2014） 'Oral health and impact on performance of athletes participating in the London 2012 Olympic Games: a cross-sectional study'. Br J Sports Med., vol. 47 （16）, pp. 1054-8.

Needleman, I. et al. （2015）, 'Oral health and elite sport performance'. Br. J. Sports Med., vol. 49, pp. 3–6.

Nattiv, A. et al. （2007）, 'American College of Sports Medicine position stand. The female athlete triad'. Med. Sci. Sports Exerc., vol. 39, pp. 1867–82.

Nelson, A. et al. （1997）, 'Creatine supplementation raises anaerobic threshold'. FASEB J., vol. 11, A586 （abstract）.

Nelson, M. E. et al. （1986）, 'Diet and bone status in amenorrheic runners'. Am. J. Clin. Nutr., vol. 43, pp. 910–16.

Neufer, P. D. et al. （1987）, 'Improvements in exercise performance: effects of carbohydrate feedings and diet'. J. Appl. Physiol., vol. 62, pp. 983–8.

附
錄

Neychev, V. K. and Mitev VI. （2005）, 'The aphrodisiac herb Tribulus terrestris does not influence the androgen production in young men'. J. Ethnopharmacol., vol. 101（1–3）, pp. 319–20.

Nichols, J. F. et al. （2007）, 'Disordered eating and menstrual irregularity in high school athletes in lean-build and non lean-build sports'. Int. J. Sport Nutr. Exerc. Metab., vol. 17, pp. 364–77.

Nieman, D. C. （1999）, 'Physical fitness and vegetarian diets: is there a relation?' Am. J. Clin. Nutr., （Sep） vol. 70（3 suppl）, pp. 570S–5S.

Nieman, D. C. et al. （1989）, 'Hematological, anthropometric, and metabolic comparisons between vegetarian and nonvegetarian elderly women'. Int. J. Sports Med., vol. 10, pp. 243–50.

Nieman, D. C., Henson, D. A., McAnulty, S. R., et al. （2004）, 'Vitamin E and immunity after the Kona Triathlon World Championship'. Med. Sci. Sports Exerc., Aug 36（8）, pp. 1328–35.

Nieman, D. C. et al. （2007）, 'Quercetin reduces illness but not immune perturbations after intense exercise'. Med. Sci. Sports Exerc., vol. 39, pp. 1561–69.

Nissen, S. et al. （1996）, 'Effect of leucine metabolite HMB on muscle metabolism during resistance exercise training'. J. Appl. Physiol., vol. 81, pp. 2095–104.

Nissen, S. et al. （1997）, 'Effect of feeding HMB on body composition and strength in women'. FASEB J., vol. 11, A150（abstract）.

Noakes, T. D. （1993）, 'Fluid replacement during exercise'. Exerc. Sport Sci. Rev., vol. 21, pp. 297–330.

Noakes, T. D. （2000）, 'Hyponatremia in distance athletes: pulling the IV on the dehydration myth'. Phys. Sportsmed., vol. 26（Sept）, pp. 71–6.

Noakes, T. D. （2007）, 'Drinking guidelines for exercise: what evidence is there that athletes should drink as much as possible to replace the weight lost during exercise or ad libitum?'. J. Sports Sci., vol. 25（7）, pp. 781–96.

Noakes, T. D. （2010）, 'Is drinking to thirst optimum?' Ann. Nutr. Metab., vol, 57, Suppl 2, pp. S9–17.

Noakes, T. D. （2012）, Waterlogged: The Serious Problem of Overhydration in Endurance Sports, （Champaign, IL:/Human Kinetics）.

Noreen, E. E. et al. （2010）, 'Effects of supplemental fish oil on resting metabolic rate, body composition, and salivary cortisol in healthy adults'. J. Int. Soc. Sports Nutr., vol. 7, p. 31.

Nosaka, K. et al. （2006）, 'Effects of amino acid supplementation on muscle soreness and damage'. Int. J. Sports Nutr. Exerc. Metab., vol. 16, pp. 620–35.

Onywera, V. O. et al. （2004）. 'Food and macronutrient intake of elite kenyan distance runners'. Int. J. Sport Nutr. Exerc. Metab., vol. 14（6）, pp. 709–19.

Ostojic, S. （2004）, 'Creatine supplementation in young soccer players'. Int. J. Sport Nutr. Exerc. Metab., vol. 14, pp. 95–103.

Otis, C. L. et al. （1997）, 'American College of Sports Medicine position stand. The Female Athlete Triad'. Med. Sci. Sport Exerc., vol. 29, pp. i–ix.

Owens, B. M. （2007）, 'The potential effects of pH and buffering capacity on dental erosion'. Gen. Dent., vol. 55（6）, pp. 527–31.

Paddon-Jones, D. et al. （2001）, 'Short term HMB supplementation does not reduce symptoms of eccentric muscle damage'. Int. J. Sport Nutr., vol. 11, pp. 442–50.

Pagoto S. L. and Appelhans B. M. （2013）, 'A call for an end to the diet debates'. JAMA, vol 310（7）, pp. 687–688.

Pannemans, D. L. et al. （1997）, 'Calcium excretion, apparent calcium absorption and calcium balance in young and elderly subjects: influence of protein intake'. Brit. J. Nutr., vol. 77（5）, pp. 721–9.

Parry-Billings, M. et al. （1992）, 'Plasma amino acid concentrations in over-training syndrome: possible effects on the immune system'. Med. Sci. Sport Ex., vol. 24, pp. 1353–8.

Pasiakos, S. M, and McClung, J. P. （2011）, 'Supplemental dietary leucine and the skeletal muscle anabolic response to essential amino acids'. Nutr. Rev., vol. 69（9）, pp. 550–57.

Pasiakos, S. M., McClung, H. L., McClung, J.P. （2011）, 'Leucine-enriched essential amino acid supplementation during moderate steady state exercise enhances post-exercise muscle protein synthesis'. Am. J. Clin. Nutr., vol. 94（3）, pp. 809–18.

Pasiakos S. M. et al. （2013）, 'Effects of high-protein diets on fat-free mass and muscle protein synthesis following weight loss: a randomized controlled trial'. FASEB J., vol 27（9）, pp.3837–47.

Pasricha, S. R. et al. （2014）, 'Iron Supplementation Benefits Physical Performance in Women of Reproductive Age: A Systematic Review and Meta-Analysis'. J. Nutr. 2014 jn.113.189589; first published online April 9, 2014.

Passe, D. H. et al. （2004）, 'Palatability and voluntary intake of sports beverages, diluted orange juice and water during exercise'. Int. J. Sport Nutr. Exerc. Metab., vol. 14, pp. 272–84.

運動營養完全指南

Patterson, S. D. and Gray, S. C. （2007）, 'Carbohydrate-gel supplementation and endurance performance during intermittent high-intensity shuttle running'. Int. J. Sports Nutr. Exerc. Metab., vol. 17, pp. 445–55.

Paulsen, G., Cumming, K. T. et al. （2013）, 'Vitamin C and E supplementation hampers cellular adaptation to endurance training in humans: a double-blind randomized controlled trial'. J. Physiol. 2013.267419

Pennings, B. et al. （2011）, 'Exercising before protein intake allows for greater use of dietary protein-derived amino acids for de novo muscle protein synthesis in both young and elderly men'. Am. J. Clin. Nutr., vol. 93, pp. 322–31.

Pennings, B. et al. （2012）, 'Amino acid absorption and subsequent muscle protein accretion following graded intakes of whey protein in elderly men'. Am. J. Physiol. Endocrinol. Metab., vol. 302, pp. E992–9.

Pereira, M. et al. （2004）, 'Effects of a low glycaemic load diet on resting energy expenditure and heart disease risk factors during weight loss'. JAMA, vol. 292, pp. 2482–90.

Perkins, I. C. et al. （2015）, 'New Zealand blackcurrant extract improves high-intensity intermittent running'. Int. J. Sport Nutr. Exerc. Metab., vol. 25 （5）, pp. 487–93.

Peternelj, T. T. and Coombes, J. S. （2011）, 'Antioxidant supplementation during exercise training: beneficial or detrimental?' Sports Med., vol. 41 （12）, pp. 1043–69.

Peters, E. M. et al. （1993）, 'Vitamin C supplementation reduces the incidence of post-race symptoms of upper-respiratory-tract infection in ultra-marathon runners'. Am. J. Clin. Nutr., vol. 57, pp. 170–4.

Peters, E. M. et al. （2001）, 'Vitamin C supplementation attenuates the increases in circulating cortisol, adrenaline and anti-inflammatory polypeptides following ultra-marathon running'. Int. J. Sports Med., vol. 22 （7）, pp. 537–43.

Peterson, M. et al. （2011）, 'Influence of resistance exercise on lean body mass in aging adults: a meta-analysis'. Med. Sci. Sports Exerc., vol. 43, pp. 249–58.

Petrie, T. A. （1993）, 'Disordered eating in female collegiate gymnasts'. J. Sport Ex. Psych., vol. 15, pp. 434–6.

Pfeiffer, B. et al. （2010a）, 'Oxidation of solid versus liquid CHO sources during exercise'. Med. Sci. Sports Exerc., vol. 42 （11）, pp. 2030–7.

Pfeiffer, B. et al. （2010b）, 'CHO oxidation from a CHO gel compared with a drink during exercise'. Med. Sci. Sports Exerc., vol. 42 （11）, pp. 2038–45.

Phillips, P. A. et al. （1984）, 'Reduced thirst after water deprivation in healthy elderly men'. N. Engl. J. Med., vol. 311, pp. 753–59.

Phillips, S. M. （2012）, 'Dietary protein requirements and adaptive advantages in athletes'. Br. J. Nutr., vol. 108, Suppl. 2, pp. S158–67.

Phillips, S. M. et al. （1997）, 'Mixed muscle protein synthesis and breakdown after resistance training in humans'. Am. J. Physiol., vol. 273 （1）, pp. E99–E107.

Phillips, S. M. et al. （1999）, 'Resistance training reduces acute exercise-induced increase in muscle protein turnover'. Am. J. Physiol., vol. 276 （1）, pp. E118–24.

Phillips, S. M. et al. （2005）, 'Dietary protein to support anabolism with resistance exercise in young men'. J. Am. Coll. Nutr., vol. 24 （2）, pp. 134S–9S.

Phillips, S. M. et al. （2007）, 'A critical examination of dietary protein requirements, benefits and excesses in athletes'. Int. J. Sports Nutr. Exerc. Metab., vol. 17, pp. 58–78.

Phillips, S. M. and Van Loon, L. J. （2011）, 'Dietary protein for athletes: from requirements to optimum adaptation'. J. Sports Sci., vol. 29, Suppl. 1, pp. S29–38.

Phillips, S. M., et al. （2011）, 'Nutrition for weight and resistance training'. In: Lanham-New, S. A. et al. （eds）, Sport and Exercise Nutrition （Oxford: Wiley-Blackwell）.

Phillips, T. et al. （2003）, 'A dietary supplement attenuates IL-6 and CRP after eccentric exercise in untrained males'. Med. Sci. Sports Exerc., vol. 35 （12）, pp. 2032–7.

Phinney, S. D. et al. （1983）, 'The human metabolic response to chronic ketosis without caloric restriction: preservation of submaximal exercise capability with reduced carbohydrate oxidation'. Metabolism, vol. 32 （8）, pp. 69–76.

Pilegaard, H. et al. （2005）, 'Substrate availability and transcriptional regulation of metabolic genes in human skeletal muscle during recovery from exercise'. Metabolism, vol. 54 （8）, pp. 1048–55.

Pöchmüller, M. et al（2016）, 'A systematic review and meta-analysis of carbohydrate benefits associated with randomized controlled competition-based performance trials'. J. Int. Soc. Sports Nutr. Vol. 13, pp 27.

Pollock, M. L. and Jackson, A. S.（1984）, 'Research progress invalidation of clinical methods of assessing body composition'. Med. Sci. Sport Ex., vol. 16, pp. 606–13.

Poortmans, J. R. and Francaux, M.（1999）, 'Longterm oral creatine supplementation does not impair renal function in healthy athletes'. Med. Sci. Sports Ex., vol. 31（8）, pp. 1103–10.

Pottier, A. et al.（2010）, 'Mouth rinse but not ingestion of a carbohydrate solution improves 1-h cycle time trial performance', Scand. J. Med. Sci. Sports, vol. 20（1）, pp. 105–11.

Powers, M. E.（2002）, 'The safety and efficacy of anabolic steroid precursors: what is the scientific evidence?'. J. Athol. Training, vol. 37（3）, pp. 300–5.

Powers, S. et al.（2011）, 'Antioxidant and vitamin D supplements for athletes: sense or nonsense?' J. Sports Sci., vol. 29, Suppl. 1, S47–55.

Quesnele, J. J. et al.（2014）, 'The effects of Beta-alanine supplementation on performance: a systematic review of the literature'. Int. J. Sport Nutr. Exerc. Metab., vol. 24（1）, pp. 14–27.

Rawson, E. S. and Volek, J. S.（2003）, 'Effects of creatine supplementation and resistance training on muscle strength and weightlifting performance'. J. Strength Cond. Res., vol. 17, pp. 822–31.

Ready, S. L. et al.（1999）, 'The effect of two sports drink formulations on muscle stress and performance'. Med. Sci. Sports Exerc., vol. 31（5）, p. S119.

Reidy, P. T. et al.（2013）, 'Protein blend ingestion following resistance exercise promotes human muscle protein synthesis'. J. Nutr., vol. 143（4）, pp. 410–16.

Rennie, M. J.（2009）, 'Anabolic resistance: the effects of aging, sexual dimorphism, and immobilization on human muscle protein turnover'. Appl. Physiol. Nutr. Metab., vol. 34, pp. 377–81.

Res, P. T. et al.（2012）, 'Protein ingestion prior to sleep improves post-exercise overnight recovery'. Med. Sci. Sports Exerc., Feb 9（Epub ahead of print）.

Ribeiro, A. S. et al.（2016）, 'Effect of conjugated linoleic acid associated with aerobic exercise on body fat and lipid profile in obese women: a randomized, double-blinded, and placebo-controlled trial'. Int. J. Sport Nutr. Exerc. Metab., vol. 26（2）, pp. 135–44.

Richter, E. A. et al.（1991）, 'Immune parameters in male athletes after a lacto-ovo-vegetarian diet and a mixed Western diet'. Med. Sci. Sports Exerc., vol. 23, pp. 517–21.

Rivera-Brown, A. M. et al.（1999）, 'Drink composition, voluntary drinking and fluid balance in exercising trained heat-acclimatized boys'. J. Appl. Physiol., vol. 86, pp. 78–84.

Rizkalla, S. et al.（2004）, 'Improved plasma glucose control, whole body glucose utilisation and lipid profile on a low glycaemic index diet in type 2 diabetic men: a randomised controlled trial'. Diab. Care, vol. 27, pp. 1866–72.

Robertson, J. et al.（1991）, 'Increased blood antioxidant systems of runners in response to training load'. Clin. Sci., vol. 80, pp. 611–18.

Robinson. T. M. et al.（2000）, 'Dietary creatine supplementation does not affect some haematological indices, or indices of muscle damage and hepatic and renal function'. Brit. J. Sports Med., vol. 34, pp. 284–8.

Rodriguez, N. R., Di Marco, N. M., Langley, S., et al.（2009）, 'American College of Sports Medicine position stand: Nutrition and athletic performance', Med. Sci. Sports Exerc., vol. 41（3）, pp. 709–31.

Rogers, J. et al.（2005）, 'Gastric emptying and intestinal absorption of a low carbohydrate sport drink during exercise'. Int. J. Sport Nutr. Exerc. Metab., vol. 15, pp. 220–35.

Rogerson, S. et al.（2007）, 'The effect of five weeks of Tribulus terrestris supplementation on muscle strength and body composition during preseason training in elite rugby league players'. J. Strength Cond. Res., vol. 21（2）, pp. 348–53.

Rokitzki, L. et al.（1994）, 'a-tocopherol supplementation in racing cyclists during extreme endurance training'. Int. J. Sports Nutr., vol. 4, pp. 235–64.

Rollo, I. et al.（2008）, 'The influence of carbohydrate mouth rinse on self-selected speeds during a 30-min treadmill run,' Int. J. Sport Nutr. Exerc. Metab., vol 18（6）, pp. 585–600.

Rolls, B. J. and Shide, D. J.（1992）, 'The influence of fat on food intake and body weight'. Nutr. Revs., vol. 50（10）, pp. 283–90.

Romano-Ely, B. C. et al.（2006）, 'Effects of an isocaloric carbohydrate-protein-antioxidant drink on cycling performance'. Med. Sci. Sports Exerc., vol. 38, pp. 1608–16.

Rosen, L. W. et al.（1986）, 'Pathogenic weightcontrol behavior in female athletes'. Phys. Sports Med., vol. 14, pp. 79–86.

Rowbottom, D. G. et al.（1996）, 'The energizing role of glutamine as an indicator of exercise stress and overtraining'. Sports Med., vol. 21（2）, pp. 80–97.

Rustad, P.I. et al（2016）, 'Intake of Protein Plus Carbohydrate during the First Two Hours after Exhaustive Cycling Improves Performance the following Day'. PLoS One, vol. 11（4）e0153229.

SACN（2015）, 'Carbohydrates and Health'. www.gov.uk/government/publications/sacn-carbohydrates-and-health-report. Accessed March 2016.

Santos, V. C. et al.（2013）, 'Effects of DHA-rich fish oil supplementation on lymphocyte function before and after a marathon race'. Int. J. Sport Nutr. Exerc. Metab., vol. 23（2）, pp. 161–9.

Saunders, M. J. et al.（2004）, 'Effects of a carbohydrate-protein-beverage on cycling endurance and muscle damage'. Med. Sci. Sports Exerc., vol. 36, pp. 1233–8.

Saunders, M. J.（2007）, 'Coingestion of carbohydrateprotein during endurance exercise: influence on performance and recovery'. Int. J. Sports Nutr. Exerc. Metab., vol. 17, S87–S103.

Sawka, M. N.（1992）, 'Physiological consequences of hypohydration: exercise performance and thermoregulation'. Med. Sci. Sports Exerc., vol. 24, pp. 657–70.

Sawka, M. N. et al.（2007）, 'American College of Sports Medicine Position stand. Exercise and fluid replacement'. Med. Sci. Sports Exerc., vol. 39, pp. 377–90.

Schoenfeld, B. J. et al.（2013）, 'The effect of protein timing on muscle strength and hypertrophy: a meta-analysis'. J. Int. Soc. Sports Nutr., vol. 10（1）, pp. 53.

Schoenfeld, B. J. et al（2017）, 'Pre- versus post-exercise protein intake has similar effects on muscular adaptations'. PeerJ., vol. 5, e2825.

Schokman, C. P. et al.（1999）, 'Pre- and post game macronutrient intake of a group of elite Australian Football Players'. Int. J. Sport Nutr., vol. 9, pp. 60–9.

Seebohar, B.（2014）, 'Metabolic efficiency training: teaching the body to burn more fat'.（2nd edn）, www.enrgperformance.com.

Seiler, D. et al.（1989）, 'Effects of long-distance running on iron metabolism and hematological parameters'. Int. J. Sports Med., vol. 10, pp. 357–62.

Seip, R. L. and Semenkovich, C. F.（1998）, 'Skeletal muscle lipoprotein lipase: molecular regulation and physiological effects in relation to exercise'. Exerc. Sport Sci. Rev., vol. 26, pp. 191–218.

Sherman, W. M. et al.（1981）, 'Effect of exercise-diet manipulation on muscle glycogen and its subsequent utilisation during performance'. Int. J. Sports Med., vol. 2, pp. 114–18.

Sherman, W. M. et al.（1991）, 'Carbohydrate feedings 1 hour before exercise improve cycling performance'. Am. J. Clin. Nutr., vol. 54, pp. 866–70.

Shimomura, Y. et al.（2006）, 'Nutraceutical effects of branched chain amino acids on skeletal muscle'. J. Nutr., vol. 136, pp. 529–32.

Shing, C. M., Hunter, D. C., Stevenson, L. M.（2009）, 'Bovine colostrum supplementation and exercise performance: potential mechanisms'. Sports Med., vol. 39（12）, pp. 1033–54.

Shing, C.M. et al.（2007）, 'Effects of bovine colostrum supplementation on immune variables in highly trained cyclists'. J. Appl. Physiol., vol. 102, pp. 1113–22.

Shirreffs, S. M., et al.（1996）, 'Post-exercise rehydration in man: effects of volume consumed. and drink sodium content'. Med. Sci. Sports Ex., vol. 28, pp. 1260–71.

Shirreffs S. M. et al.（2004）, 'Fluid and electrolyte needs for preparation and recovery from training and competition'. J. Sports Sci., vol. 22（1）, pp. 57–63.

Shirreffs, S. M. et al.（2007）, 'Milk as an effective post-exercise rehydration drink'. Br. J. Nutr., vol. 98, pp. 173–180.

Shirreffs, S. M. and Sawka, M. N.（2011）, 'Fluid and electrolyte needs for training, competition, and recovery'. J. Sports Sci., vol. 29, suppl 1, pp. S39–46.

Short, S. H. and Short, W. R.（1983）, 'Four-year study of university athletes' dietary intake'. J. Am. Diet. Assoc., vol. 82, p. 632.

Silva-Cavalcante, M. D. et al.（2013）, 'Caffeine increases anaerobic work and restores cycling performance following a protocol designed to lower endogenous carbohydrate availability'. PLoS One, vol.8（8）, e72025.

Simopoulos, A. P. and Robinson, J.（1998）. The Omega Plan（New York, HarperCollins）.

Sinning, W. E.（1998）, 'Body composition in athletes'. In Roche, A. F. et al.（eds.）Human Body Composition,（Champaign, IL: Human Kinetics）, pp. 257–73.

Skaug, A., Sveen, O., and Raastad, T.（2014）, 'An antioxidant and multivitamin supplement reduced improvements in VO2max'.

J. Sports Med. Phys. Fitness., vol. 54（1）, pp. 63–9.

Slater, G. et al.（2001）, 'HMB supplementation does not affect changes in strength or body composition during resistance training in trained men'. Int. J. Sport Nutr., vol. 11, pp. 383–96.

Sloth, B. et al.（2004）, 'No difference in body weight decrease between a low GI and high GI diet but reduced LDL cholesterol after 10 wk ad libitum intake of the low GI diet'. Am. J. Clin Nutr., vol. 80, pp. 337–47.

Snijders, T. et al.（2015）, 'Protein ingestion before sleep increases muscle mass and strength gains during prolonged resistance-type exercise training in healthy young men'. J. Nutr. In press, Apr 29, 2015.

Snyder, A. C. et al.（1989）, 'Influence of dietary iron source on measures of iron status among female runners'. Med. Sci. Sports Exerc.; vol. 21, pp. 7–10.

Spector, T.（2015）, The Diet Myth: The real science behind what we eat（WBH）.

Speedy, D. B. et al.（1999）, 'Hyponatremia in ultradistance triathletes'. Med. Sci. Sports Exerc., vol. 31, pp. 809–15.

Spencer, E. A. et al.（2003）, 'Weight gain over 5 years in 21,966 meat-eating, fish-eating, vegetarian, and vegan men and women in EPIC-Oxford'. Int. J. Obes. Relat. Metab. Disord. Jun; 27（6）, pp. 728–34.

Spriet, L.（1995）, 'Caffeine and performance'. Int. J. Sport Nutr., vol. 5, pp. S84–S99.

Steen, S. N. and McKinney, S.（1986）, 'Nutrition assessment of college wrestlers'. Phys. Sports Med., vol. 14, pp. 100–6.

Steenge, G. R. et al.（1998）, 'The stimulatory effect of insulin on creatine accummulation in human skeletal muscle'. Am. J. Physiol., vol. 275, pp. E974–9.

Stegen, S. et al.（2014）, 'The beta-alanine dose for maintaining moderately elevated muscle carnosine levels'. Med. Sci. Sports Exerc., 1（Epub ahead of print）.

Stellingwerff, T. et al.（2006）, 'Decreased PDH activation and glycogenolysis during exercise following fat adaptation with carbohydrate restoration'. Am. J. Physiol. Endocrinol. Metab., vol. 290（2）, pp. 380–8.

Stevenson, E. et al.（2005）, 'Improved recovery from prolonged exercise following the consumption of low glycaemic index carbohydrate meals'. Int. J. Sport Nutr. Exerc. Metab., vol. 15, pp. 333–49.

Sun, G. et al.（2005）, 'Comparison of multifrequency bioelectrical impedance analysis with dual-energy X-ray absorptiometry for assessment of percentage body fat in a large, healthy population'. Am. J. Clin Nutr., vol. 81, pp. 74–8.

Sundgot-Borgen, J.（1994a）, 'Eating disorders in female athletes'. Sports Med., vol. 17（3）, pp. 176–88.

Sundgot-Borgen, J.（1994b）, 'Risk and trigger factors for the development of eating disorders in female elite athletes'. Med. Sci. Sports Ex., vol. 26, pp. 414–19.

Sundgot-Borgen, J. and Larsen, S.（1993）, 'Nutrient intake and eating behaviour in elite female athletes suffering from anorexia nervosa, anorexia athletica and bulimia nervosa'. Int. J. Sport Nutr., vol. 3, pp. 431–42.

Sundgot-Borgen, J. and Torstveit M. K.（2004）, 'Prevalence of eating disorders in elite athletes is higher than in the general population'. Clin. J. Sport Nutr., vol. 14, pp. 25–32.

Sundgot-Borgen, J. and Torstveit, M. K.（2010）, 'Aspects of disordered eating continuum in elite high-intensity sports'. Scand. J. Med. Sci. Sports., vol. 20（Suppl 2）, pp. 112–21.

Swaminathan, R. et al.（1985）, 'Thermic effect of feeding carbohydrate, fat, protein and mixed meal in lean and obese subjects'. Am. J. Clin. Nutr., vol. 42, pp. 177–81.

Tanaka, H. and Seals, D.R（2008）'Endurance exercise performance in Masters athletes: age-associated changes and underlying physiological mechanisms.' J Physiol. Vol. 586（1）, p.55–63.

Tang, J. E. et al.（2009）, 'Ingestion of whey hydrolysate, casein, or soy protein isolate: effects on mixed muscle protein synthesis at rest and following resistance exercise in young men'. J. Appl. Physiol., vol.107（3）, pp. 987–92.

Tarnopolsky, M. and MacLennan, D. P.（1988）, 'Influence of protein intake and training status in nitrogen balance and lean body mass'. J. Appl. Physiol, vol. 64, pp. 187–93.

Tarnopolsky, M. and MacLennan, D. P.（1992）, 'Evaluation of protein requirements for trained strength athletes'. J. Appl. Physiol, vol. 73, pp. 1986–95.

Tarnopolsky, M. and MacLennan, D. P.（1997）, 'Post exercise protein–carbohydrate and carbohydrate supplements increase muscle glycogen in males and females'. J. Appl. Physiol., Abstracts, vol. 4, p. 332A.

Tarnopolsky, M. and MacLennan, D. P.（2000）, 'Creatine monohydrate supplementation enhances high-intensity exercise performance in males and females'. Int. J. Sport Nutr., vol. 10, pp. 452–63.

Theodorou, A.A. et al.（2011）, 'No effect of antioxidant supplementation on muscle performance and blood redox status adaptations to eccentric training'. Am. J. Clin. Nutr., vol. 93（6）, pp. 1373–83.

運動營養完全指南

Thomas, D. E. et al.（1991）, 'Carbohydrate feeding before exercise: effect of glycaemic index'. Int. J. Sports Med., vol. 12, pp. 180–6.

Thomas, D. E. et al.（1994）, 'Plasma glucose levels after prolonged strenuous exercise correlate inversely with glycaemic response to food consuMed. before exercise'. Int. J. Sports Nutr., vol. 4, pp. 261–73.

Thompson, C. et al（2016）, 'Dietary nitrate supplementation improves sprint and high-intensity intermittent running performance'. Nitric Oxide, vol. 61, pp. 55-61.

Tipton, C. M.（1987）, 'Commentary: physicians should advise wrestlers about weight loss'. Phys. Sports Med., vol. 15, pp. 160–5.

Tipton, K. D. and Witard, O. C.（2007）, 'Protein requirements and recommendations for athletes: relevance of ivory tower arguments for practical recommendations'. Clin. Sports Med., vol. 26（1）, pp. 17–36.

Tipton, K. D. and Wolfe, R.（2007）, 'Protein needs and amino acids for athletes'. J.Sports Sci.yol22（1）, pp. 65–79.

Tipton K. D. et al.（2001）, 'Timing of amino acid–carbohydrate ingestion alters anabolic response of muscle to resistance exercise'. Am.J. Physiol., vol.281（2）, pp. E197–206.

Tipton, K. D. et al.（2004）, 'Ingestion of casein and whey proteins result in muscle analbolism after resistance exercise'. Med. Sci. Sports Exerc., vol. 36（12）, pp. 2073–81.

Tipton, K. D et al.（2007）, 'Stimulation of net protein sythesis by whey protein ingestion before and after exercise'. Am. J. Physiol. Endocrinol. Metab., vol. 292（1）, pp. E71–6.

Tobias, Deirdre K. et al.（2015）, 'Effect of low-fat diet interventions versus other diet interventions on long-term weight change in adults: a systematic review and meta-analysis'. The Lancet Diabetes & Endocrinology, vol. 3（12）, pp. 968–79.

Torstveit, M. K. and J. Sundgot-Borgen（2005）, 'Participation in leanness sports but not training volume is associated with menstrual dysfunction: a national survey of 1276 athletes and controls'. Br. J. Sports Med., vol. 39, pp. 141–7.

Toth, P. P.（2005）, 'The "good cholesterol": High-density lipoprotein', Circulation, vol. 111（5）, pp. 89–91.

Truby, H. et al.（2008）, 'Commercial weight loss diets meet nutrient requirements in free living adults over 8 weeks: a randomised controlled weight loss trial'. Nutrition Journal 2008, vol. 7, p. 25.

Tsintzas, O. K. et al.（1995）, 'Influence of carbohydrate electrolyte drinks on marathon running performance'. Eur. J. Appl. Physiol., vol. 70, pp. 154–60.

Uauy, R. et al.（2009）, 'WHO Scientific Update on trans fatty acids: summary and conclusions'. Eur. J. Clin. Nutr., vol. 63, pp. S68–S75.

Unnithan, V. B. et al.（2001）, 'Is there a physiologic basis for creatine use in children and adolescents?' J. Strength Cond. Res., vol. 15（4）, pp. 524–8.

Vahedi, K.（2000）, 'Ischaemic stroke in a sportsman who consumed mahuang extract and creatine monohydrate for bodybuilding'. J. Neur., Neurosurgery and Psych., vol. 68, pp. 112–13.

Vandenbogaerde, T. J. and Hopkins, W. G.（2011）, 'Effects of acute carbohydrate supplementation on endurance performance: a meta-analysis'. Sports Med., vol. 41（9）, pp. 773–92.

Van Essen M. and Gibala, M. J.（2006）, 'Failure of protein to improve time trial performance when added to a sports drink'. Med. Sci. Sports Exerc.yol.38（8）, pp. 1476–83.

Van Loon, L. J. C.（2007）, 'Application of protein or protein hydrolysates to improve postexercise recovery'. Int. J. Sports Nutr. Exerc. Metab., vol. 17, S104–17.

Van Loon, L. J. C.（2014）, 'Is there a need for protein ingestion during exercise?' Sports Med., vol. 44（Suppl. 1）, pp. 105–11.

Van Proeyen, K. et al.（2011）, 'Beneficial metabolic adaptations due to endurance exercise training in the fasted state'. J. Appl. Physiol., vol. 110（1）, pp. 236–45.

Van Someren, K. A. et al.（2005）, 'Supplementation with HMB and KIC reduces signs and symptoms of exercise-induced muscle damage in man'. Int. J. Sport Nutr. Exerc. Metab., vol. 15, pp. 413–24.

Van Thienen, R. et al. (2009), 'Beta-alanine improves sprint performance in endurance cycling'. Med. Sci. Sports Exerc., vol. 41, pp. 898–903.

Venables, M. et al. (2005), 'Erosive effect of a new sports drink on dental enamel during exercise'. Med. Sci. Sports Exerc., vol. 37 (1), pp. 39–44.

Volek, J. S. (1997), 'Response of testosterone and cortisol concentrations to high-intensity resistance training following creatine supplementation'. J. Strength Cond. Res., vol. 11, pp. 182–7.

Volek, J. S. et al. (1999), 'Performance and muscle fibre adaptations to creatine supplementation and heavy resistance training'. Med. Sci. Sports Ex.vol.31 (8), pp. 1147–56.

Volek, J. S. et al. (2013), 'Whey protein supplementation during resistance training augments lean body mass'. J. Am. Coll. Nutr., vol. 32 (2), pp. 122–35.

Walser, B., Giordano, R. M. and Stebbins, C.L. (2006), 'Supplementation with omega3 polyunsaturated fatty acids augments brachial artery dilation and blood flow during forearm contraction'. Eur. J. Appl. Physiol. Jun; 97 (3), pp. 347–54.

Wang, Y. et al. (2005), 'Comparison of abdominal adiposity and overall obesity in predicting risk of type 2 diabetes among men'. Am. J. Clin. Nutr., vol. 8, pp. 555–63.

Wansink, B. (2005), 'Bad popcorn in big buckets: portion size can influence intake as much as taste'. J. Nutr. Educ. Behav., vol. 37 (5), pp. 42–5.

Wansink, B. et al. (2005), 'Bottomless bowls: why visual cues of portion size may influence intake'. Obes. Res., vol. 13 (1), pp. 93–100.

Warburton, D. E., Nicol, C. W. and Bredin, S.S. (2006), 'Health benefits of physical activity: the evidence'. CMAJ, vol. 174 (6), pp. 801–9.

Warren, J. et al. (2003), 'Low glycaemic index breakfasts and reduced food intake in preadolescent children'. Paediatrics, vol. 112, pp. 414–19.

Watt, K. K. O. et al. (2004), 'Skeletal muscle total creatine content and creatine transporter gene expression in vegetarians prior to and following creatine supplementation'. Int. J. Sport Nutr. Exerc. Metab., vol. 14, pp. 517–31.

WCRF/AICR (2007), 'Food, Nutrition, Physical Activity, and the Prevention of Cancer: a Global Perspective'.

Weisgarber, K. D., Candow, D. G. and Vogt, E. S. M. (2012), 'Whey protein before and during resistance exercise has no effect on muscle mass and strength in untrained young adults'. Int. J. Sport Nutr. Exerc. Metab., vol. 22 (6), pp. 463–9.

Wemple, R. D. et al. (1997), 'Caffeine vs. caffeine-free sports drinks: effects on urine production at rest and during prolonged exercise'. Int. J. Sports Med., vol. 18 (1), pp. 40–6.

West, N. P. et al. (2011), 'Supplementation with Lactobacillus fermentum VRI (PCC) reduces lower respiratory illness in athletes and moderate exercise-induced immune perturbations'. Nutrition Journal, vol. 10, p. 30.

Westerterp-Plantenga, M. S. et al. (2012), 'Dietary protein – its role in satiety, energetics, weight loss and health'. Br. J. Nutr., vol. 108, Suppl 2, pp. S105–12.

Wilborn, C. D. et al. (2004), 'Effects of zinc magnesium aspartate (ZMA) supplementation on training adaptations and markers of anabolism and catabolism'. J. Int. Soc. Sports Nutr., vol. 1 (2), pp. 12–20.

Wilk, B. and Bar-Or, O. (1996), 'Effect of drink flavour and NaCl on voluntary drinking and rehydration in boys exercising in the heat'. J. Appl. Physiol., vol. 80, pp. 1112–17.

Wilkinson, S. B. et al. (2007), 'Consumption of fluid skim milk promotes greater protein accretion after resuistece exercise than does consumption of an isonitrogenous and isoenergetic soy-protein beverage'. Am. J. Clin. Nutr., vol. 85 (4), pp. 1031–40.

Willems, M. E. T. et al. (2014), 'CurraNZ blackcurrant improves cycling performance and recovery in trained endurance athletes'. J. Int. Soc. Sports Nutr., vol. 11 (Suppl 1), p. 14.

Williams, M. H. (1985), Nutritional Aspects of Human Physical and Athletic Performance, (Springfield, IL: Charles C Thomas Publisher).

Williams, C. and Devlin, J. T. (eds) (1992), Foods, Nutrition and Performance: An International Scientific Consensus (London: Chapman and Hall). Williams, M. H. (1992), Nutrition for Fitness and Sport (Dubuque, IO: WilliAm. C. Brown).

Williams, M. H. (1999), Nutrition for Health, Fitness and Sport, 5th ed. (New York: McGraw-Hill). Williams, M. H. et al. (1999), Creatine: The Power Supplement (Champaign, IL: Human Kinetics).

Williams, M. H. (1998), The Ergogenics Edge (Champaign, IL: Human Kinetics).

Williamson, D. A. et al. (1995), 'Structured equation modeling of risk factors for the development of eating disorder symptoms in female athletes'. Int. J. Eating Disorders, vol. 17 (4), 387–93.

Willis, L. H. et al.（2012）, 'Effects of aerobic and/or resistance training on body mass and fat mass in overweight or obese adults'. J. Appl. Physiol. Dec, 113（12）, pp. 1831–7. http://www.ncbi.nlm.nih.gov/pubmed/23019316

Wilmore, J. H.（1983）, 'Body composition in sport and exercise'. Med. Sci. Sports Ex., vol. 15, pp. 21–31.

Witard, O. C. et al.（2011）, 'Effect of increased dietary protein on tolerance to intensified training'. Med. Sci. Sports Exerc., vol. 43（4）, pp. 598–607.

Witard, O. C. et al.（2014）, 'High dietary protein restores overreaching induced impairments in leukocyte trafficking and reduces the incidence of upper respiratory tract infection in elite cyclists'. Brain Behav. Immun., vol. 39, pp. 211–9.

Witard, O. C. et al.（2014）, 'Myofibrillar muscle protein synthesis rates subsequent to a meal in response to increasing doses of whey protein at rest and after resistance exercise'. Am. J. Clin. Nutr., vol. 99（1）, pp. 86–95.

Witard OC, et al（2016）, 'Protein Considerations for Optimising Skeletal Muscle Mass in Healthy Young and Older Adults.' Nutrients. Vol 8（4）, p.181.

Wright, D. W. et al.（1991）, 'Carbohydrate feedings before, during or in combination improve cycling endurance performance'. J. Appl. Physiol., vol. 71, pp. 1082–88.

Wu, C. L. and Williams, C.（2006）, 'A low glycaemic index meal before exercise improves endurance running capacity in men'. Int. J. Sports Nutr. Exerc. Metab., vol 16, pp. 510–27.

Wu, C. L. et al.（2003）, 'The influence of high carbohydrate meals with different glycaemic indices on substrate utilisation during subsequent exercise'. Br. J. Nutr., vol. 90（6）, pp. 1049–56.

Wylie, L. J. et al.（2013）, 'Beetroot juice and exercise: pharmacodynamic and dose-response relationships'. J. Appl. Physiol, vol 115（3）, pp. 325–36.

Yaspelkis, B. B., et al.（1993）, 'Carbohydrate supplementation spares muscle glycogen during variable-intensity exercise'. J. Appl. Physiol. Oct, 75（4）, pp. 1477–85.

Yeo, W. K. et al.（2008）, 'Skeletal muscle adaptation and performance responses to once a day versus twice-every-second-day endurance training regimens'. J. Appl. Physiol., vol. 105, pp. 1462–70.

Yfanti, C. et al.（2010）, 'Antioxidant supplementation does not alter endurance training adaptation'. Med. Sci. Sports Exerc., vol. 42（7）, pp. 1388–95.

Zajac, A. et al.（2014）, 'The effects of a ketogenic diet on exercise metabolism and physical performance in off-road cyclists'. Nutrients, vol. 6（7）, pp. 2493–508.

Zawadzki, K. M. et al.（1992）, 'Carbohydrate-protein complex increases the rate of muscle glycogen storage after exercise'. J. Appl. Physiol., vol. 72, pp. 1854–9.

Ziberna, L. et al.（2013）, 'The endothelial plasma membrane transporter bilitranslocase mediates rat aortic vasodilation induced by anthocyanins'. Nutr. Metab. Cardiovasc. Dis., vol. 23（1）, pp. 68–74.

Ziegenfuss, T. et al.（1997）, 'Acute creatine ingestion: effects on muscle volume, anaerobic power, fluid volumes and protein turnover'. Med. Sci. Sports Ex., vol. 29, supp. 127.

Ziegler, P. J. et al.（1999）, 'Nutritional and physiological status of US National Figure Skaters'. Int. J. Sport Nutr., vol. 9, pp. 345–60.

Ziegler, P. J. et al.（1998）, 'Nutritional status of nationally ranked junior US figure skaters'. J. Am. Diet. Assoc., vol. 98, pp. 809–11.

Zucker, N. L. et al.（1999）, 'Protective factors for eating disorders in female college athletes'. Eating Disord., vol. 7, pp. 207–18.

Nutrition analysis

Dietplan7: http://www.foresoft.co.uk/
Nutritics: www.nutritics.com
Nutrachek: www.nutracheck.co.uk

線上資源

British Nutrition Foundation
www.nutrition.org.uk
The website of the British Nutrition Foundation, contains information, fact sheets and educational resources on nutrition and health.

Academy of Nutrition and Dietetics
www.eatright.org
The website of the US Academy of Nutrition and Dietetics, provides nutrition articles, news, tips and resources.

British Dietetic Association
www.bda.uk.com
The website of the British Dietetic Association includes fact sheets and information on healthy eating for children. It also provides details of Registered Dietitians working in private practice.

Gatorade Sports Science Institute
www.gssiweb.com
This website provides a good database of articles and consensus papers on nutritional topics written by experts.

Runner's World
www.runnersworld.co.uk
The website of the UK edition of Runner's World magazine provides an extensive library of excellent articles on nutrition, training and sports injuries, and sports nutrition product reviews.

Vegetarian Society
www.vegsoc.org
This website provides comprehensive information and fact sheets on vegetarian nutrition and health, as well as recipes.

Weight Concern
www.weightconcern.org.uk
Excellent information on obesity issues, including a section on children's health and a BMI calculator.

Health Supplements Information Service
www.hsis.org
This website provides balanced information on vitamins, minerals and supplements.

Weight Loss Resources
www.weightlossresources.co.uk
This UK website provides excellent information on weight loss, fitness and healthy eating as well as a comprehensive calorie database and a personalised weight loss programme.

Diabetes UK
www.diabetes.org.uk
Diabetes UK is the leading charity for people with diabetes and this website provides authoritative information on living with diabetes, as well as sections for children, teenagers and young adults.

The Mayo Clinic

www.mayoclinic.com
Written by medical experts, this US site offers good nutrition and health information, as well as advice on medical conditions in a user-friendly format.

WebMD

www.webmd.com
This comprehensive US website has an A–Z dictionary of health topics and advice on many aspects of nutrition and fitness.

Health Status

www.healthstatus.com
This US website provides useful health calculators and assessments that help you work out your body mass index, body fat percentage, number of calories burned during exercise and daily calorie intake.

Nutrition Data

http://nutritiondata.self.com
This US website provides a detailed nutrition database together with nutritional information from food manufacturers and restaurants.

Net Doctor

www.netdoctor.co.uk/dietandnutrition
This UK website provides excellent advice on healthy eating, weight loss, health conditions, weight problems and lifestyle management.

Beat（Beat Eating Disorders）

www.b-eat.co.uk
The website of Beat（the working name of the Eating Disorders Association）provides helplines, online support and a network of UK-wide self-help groups as well as information sheets and booklets, which can be downloaded free.

Australian Institute of Sport

www.ausport.gov.au/ais/nutrition
The website of AIS provides excellent and up-to-date fact sheets on sports nutrition written by sports dietitians.

Sports Dietitians Australia

www.sportsdietitians.com.au
The SDA website provides excellent fact sheets on a wide range of sports nutrition topics.

To find a sport and exercise nutritionist:

www.associationfornutrition.org （the UK Voluntary Register of Nutritionists）
www.senr.org.uk （the voluntary competency-based register for Sport and Exercise Nutritionists）
www.scandpg.org （a register for dietitians specialising in sport nutrition in the US）

索引

Recipe Index